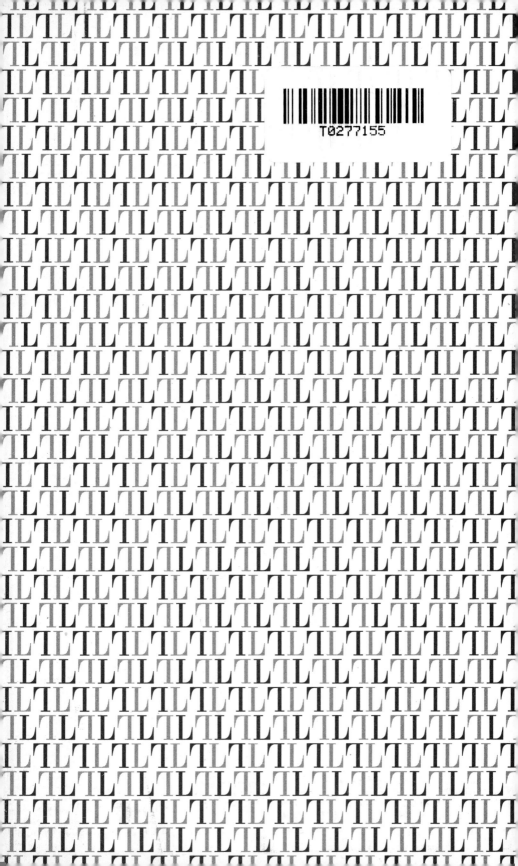

Mistral. Una vida

Mistral. Una vida

Solo me halla quien me ama
1889-1922

Elizabeth Horan

Traducción del inglés de
Jaime Collyer

Lumen

ensayo

Papel certificado por el Forest Stewardship Council®

Primera edición: enero de 2024

© 2023, Elizabeth Horan
© 2023, Jaime Collyer, por la traducción
© 2023, Penguin Random House Grupo Editorial, S. A.
Av. Andrés Bello 2299, of. 801, Providencia, Santiago de Chile
© 2024, Penguin Random House Grupo Editorial, S. A. U.
Travessera de Gràcia, 47-49. 08021 Barcelona

Printed in Spain – Impreso en España

ISBN: 978-84-264-2283-5
Depósito legal: B-19.371-2023

Impreso en Unigraf, Móstoles (Madrid)

H 4 2 2 8 3 5

Como la manzana dulce se vuelve roja en la rama, alta sobre la más alta y olvidada de los cosechadores —pero no la han dejado por olvido: es que no la pudieron alcanzar.

SAFO

Índice

Prólogo

Este libro, el primero de tres volúmenes de una amplia biografía de Gabriela Mistral, aborda hasta sus treinta y tres años, esto es, la mitad de su vida. Va desde su nacimiento en 1889 y su infancia en el rural Valle de Elqui, pasando por su educación truncada por las autoridades locales, hasta sus primeros trabajos en escuelas humildes. Lucila Godoy Alcayaga (su nombre de nacimiento) voló como un meteoro para dirigir, sucesivamente, tres liceos. Después de su éxito al reorganizar el primero de ellos en Punta Arenas —la ciudad más austral del mundo en ese momento—, antes calificado de «malo», se trasladó a Temuco, para finalmente arribar a Santiago, donde algunos miembros del *establishment* educacional, antes silentes, se quejaron de que ella no estaba calificada: le faltaban las credenciales necesarias.

Desde sus primeras publicaciones, Mistral demuestra su rechazo a las opciones que se ofrecían para las mujeres. Es una romántica fría: entiende que los sueños románticos nacen para morir. Un *leitmotiv* de sus cartas: la gente que la lee antes de conocerla en persona se sorprende por su calma, lo opuesto de sus versos fervorosos. Su fama temprana y duradera refleja la floreciente cultura literaria y la rápida expansión de las escuelas chilenas, argentinas y mexicanas a principios del siglo xx. Y la poesía de su primer libro, *Desolación*

(1922), evidencia su gran capacidad imaginativa y su fluidez ver-
bal al torcer los términos del género en versos dizque para niños y
de amor.

Al compilar y secuenciar las cartas que envió a múltiples des-
tinatarios, surge con claridad el contorno de su plan, intrincado
y estratégico. Su asombrosa ambición y su determinación quedan
patentes en la sumatoria de las cartas: no en uno o dos epistolarios,
sino al agregarlos todos. Si por una parte les comenta a Manuel
Magallanes Moure, Alone y Eduardo Barrios que está pensando
en cómo dejar la enseñanza, por otra busca convertirse en «amiga
oficial» de México cultivando correspondencia con cinco escrito-
res-diplomáticos de ese país, comenzando por el poeta Amado Ner-
vo en 1916 y siguiendo por Enrique González Martínez en 1918.
Esta amistad la puso en contacto con los diplomáticos Genaro
Estrada y Antonio Castro Leal, así como con el filósofo Antonio
Caso, a quien Mistral conoció cuando visitó Chile.

Este cuerpo de diplomáticos mexicanos la sometió a una serie
de pruebas sobre su disposición para promover la imagen de Mé-
xico en los últimos años de la Revolución. Mistral las pasó todas.
Aunque recibió otras invitaciones (para ir a trabajar en Argentina,
por ejemplo), el horizonte de México provocaba más su imagina-
ción. Su tenaz búsqueda de ofertas para salir de Chile derrumba el
cuento de hadas según el cual José Vasconcelos, jefe de la Secretaría
de Educación Pública mexicana, la invita como si fuera él un prín-
cipe azul y ella, la bella durmiente o la cenicienta. Cuando Mistral
partió a México en 1922, lo hizo acompañada de Laura Rodig, con
quien tenía una relación compleja que es revisada detalladamente
en esta biografía.

LAS SECRETARIAS

A la par de las cartas y las publicaciones de la poeta, este libro se nutre de las memorias inéditas de Laura Rodig, quien relata su papel en la vida de Mistral hasta el quiebre «definitivo» en 1925, quiebre que la poeta mantendría a pesar de los varios intentos reconciliadores de Rodig.

Cuando el vasto archivo privado de Mistral aún estaba cerrado, era fácil imaginar que el acceso a lo que contenía ayudaría a resolver preguntas biográficas recurrentes sobre la poeta. Pero hay que pensar y teorizar antes el trabajo de la secretaria, que implicaba llevar y guardar el archivo de la poeta, es decir, sus secretos... y mil cosas más. Hemos de preguntar: ¿cómo es que Laura Rodig, una artista nata, o Palma Guillén, un cerebro, tal vez un genio, se convirtieron en secretarias, en recaderas de la poeta? Sin descartar que estuvieran motivadas por el amor, los contemporáneos de estas dos mujeres tan capaces observaron la gran ambición que las impulsó. Esta ambición se manifestaba como energía y devoción al oficio, lo que es especialmente significativo en el contexto de las escasas oportunidades disponibles para las mujeres de la época. Cabe reparar en los beneficios que adquieren estando alrededor de una celebrada escritora, conocida por su fuerte presencia hipnótica. Tanto Rodig como Guillén (y especialmente esta última) disfrutaron de un acceso temprano a noticias y a las personas importantes que rodearon a Mistral o a las que ella buscaba.

El trabajo principal de las llamadas secretarias fue, literalmente, el de guardar los secretos de la poeta. Nacida en 1896, Laura Rodig tenía solo veinte años al comienzo de su trabajo con Gabriela Mistral. Cuando las dos rompieron en 1925, la sucesora ya estaba instalada: la brillante educadora mexicana y futura diplomática Palma Guillén, nacida en 1893.[1] Para realizar su sueño de representar a su país en Europa, Guillén enganchó su carro a la estrella de Mistral, quien a su vez dependería del cerebro, de los consejos y de las formidables calidades de observación de la mexicana. Guillén siempre buscó no el poder mismo, sino la cercanía al poder. No parece haber pretendido vivir en «un mundo de mujeres intelectuales y viajeras *queer*», sino en uno de poderosos hombres y, ocasionalmente, mujeres.[2] En este sentido, Palma Guillén se diferenciaba de Doris Dana, la joven y atractiva neoyorquina que con el tiempo lograría suplirla. Un resultado que Palma Guillén no parece haber anticipado cuando ella y Dana se unieron y lograron eliminar, una por una, a sus rivales entre el grupo de mujeres que rodeaba y ayudaba a la chilena.

Doris Dana es la última de las mujeres que fueron mucho más que secretarias de la poeta. Vivieron juntas en Nueva York desde 1953 en adelante. Dos meses antes de su muerte, la poeta firmó un testamento que nombró a Dana como su albacea y heredera principal. Con la muerte de la poeta en enero de 1957, la neoyorquina asumió el papel de toda una vida: la viuda literaria a quien la poeta había dejado a cargo de un vasto aunque algo fantasmagórico legado.

MAL DE ARCHIVO

Este libro lleva algunos años preparándose. Al principio, o sea durante veinticinco años, era de hecho imposible acceder a los archivos relevantes de Mistral. Con los años, Doris Dana recibió varias becas para organizarlos y microfilmarlos. Según ella misma me explicó en 1983 cuando le pregunté sobre el índice de dicho catálogo, trabajó con el afán de disuadir a los que consideraba aprovechadores que esperaban utilizar los contenidos para sus propias finalidades, esto es, según su mirada, para publicar a su antojo libros basados en los archivos de la poeta, libros que Dana misma intentó pero no logró editar. Dicho de otro modo, Doris Dana quiso publicar los manuscritos que Mistral le había dejado, pero el trabajo superó sus capacidades, aunque al mismo tiempo desconfió siempre de las motivaciones de los que se le acercaron para colaborar.

Amiga de la poeta, la escritora española Victoria Kent, residente en Nueva York, observó en una carta a la argentina Victoria Ocampo, escrita un año después de la muerte de Mistral: «Doris es un caso que yo no entiendo. Vino el crítico chileno Alone para hacer una selección de las poesías de Gabriela, en particular para ordenar el gran poema sobre Chile, inédito, como tú sabes. Se ha marchado ya y me dice Doris ¡asómbrate! que lo ha hecho muy mal y que lo mejor hubiese sido que ella misma hiciera el trabajo... Huelgan los comentarios. Tú conoces el español de Doris, así es que esa reacción suya me aterra, y me aterra por si se atreve a emprender la selección y las necesarias correcciones que hay que hacer. Tengo el temor de que se haga ayudar por alguna mediocridad y sea todo un desastre. [...] Tengo la penosa convicción de que es una muchacha con muchas ambiciones literarias y no es nada capaz. En fin, ya veremos, te daré las noticias que tenga sobre todo eso. Es triste».[3] Doris Dana tuvo muchas ambiciones y fue muy capaz en asuntos como la administración de bienes raíces y la inversión de dineros, pero sus pretensiones literarias no correspondían a sus capacidades.

Durante los largos años de la dictadura militar chilena, la desconfianza habitual de Doris Dana llegó a ser absoluta. Finalmente, dejó la cuestión en las manos de su sobrina y albacea, Doris Atkinson, cuya generosidad visionaria abrió por fin el paso: en 2007 dos toneladas de materiales mistralianos pasaron a la embajada chilena en Washington y desde allí a Chile, donde con el tiempo serían digitalizados. De una abundancia casi agobiadora, el material ha ido siendo puesto a disposición del público por parte del equipo de la Biblioteca Nacional, a través de su sitio web, a partir de 2011. He pasado cientos de horas aprendiendo (y sigo aprendiendo) a filtrar y rastrear los archivos digitalizados, relacionándolos con otros materiales de distintas fuentes que he investigado: libros que muchas veces incluyen información valiosa, periódicos históricos que otorgan precisión para rastrear hechos, manuscritos que he aprendido a relacionar con las distintas cartas que Mistral enviaba a sus corresponsales. Estas cartas se encuentran en una gran variedad de sitios institucionales, según las preferencias de los destinatarios y/o de sus herederos, a diferencia de las cartas recibidas por Mistral, que se encuentran en la Biblioteca Nacional de Chile.

Entre los más publicitados hallazgos están las cartas de amor (y de ira) que Gabriela Mistral le escribió a Doris Dana, editadas en el libro *Doris, vida mía* por Daniela Schütte (2021). Dana las había mantenido aparte, sin microfilmar ni catalogar. Sorpresa tanto o más trascendental trajeron los archivos de sonido que la neoyorquina solía registrar en casa con una grabadora. Así documentaba varios momentos de intimidad doméstica, a veces celebrados con visitas (otras mujeres) y a veces solo entre ambas. Archivos que, por razones no del todo claras, no parecen aún ser accesibles en su totalidad.

En este punto, Licia Fiol-Matta hace una valiosa observación al comentar la correspondencia entre Mistral y Doris Dana: «Si dos mujeres tuvieron una aventura no es, en mi opinión, el asunto más importante; sí lo es el interrogante sobre el mundo de las intelectuales y viajeras *queer*... sin un acceso ilimitado a un corpus mayor de archivos, no se puede estudiar plenamente el discurso personal de Mistral».[4] El rastreo de las redes de amistades y su impacto en el campo del arte, la literatura, la música y el teatro se constituye, entonces, como un desafío a la hegemonía patriarcal que equipara lo femenino con las emociones, la enfermedad y la abyección, que es lo que Fiol-Matta critica en el ámbito chileno.[5]

Entre las materias que Doris Dana mantuvo en secreto por medio siglo destacan las cartas que intercambiaron Gabriela Mistral y

Palma Guillén. Tan solo una pequeña parte de esa correspondencia ha sobrevivido. Guillén seguramente destruyó casi todas las cartas que tenía, cartas que hubieran mostrado cómo ella, brillante y discreta, acompañó a la poeta chilena de cerca y de lejos por más de treinta años. Guillén era la única que conocía las misteriosas circunstancias en que, entre 1926 y 1929, la pareja muy informalmente adoptó al niño al que con cariño llamaban «Yin Yin», cuya existencia mantuvieron casi como un secreto. Dieron versiones improbables y discordantes sobre sus orígenes y su edad. El segundo volumen de esta biografía se enfocará en esta relación que llevó a las dos mujeres a conseguir, contra viento y marea, puestos diplomáticos con los que pudieron vivir como una familia en Europa.

Los hallazgos siguen; sociabilidades *queer*

En el tiempo en que volví a revisar los capítulos del presente volumen, hacia 2020, mi búsqueda de materiales relacionados con Laura Rodig se encontró con más de dos mil manuscritos, todos recién digitalizados y/o montados en la web. Documentos que Rodig había, según ella misma, rescatado y guardado por más de cuarenta años. La mayoría proviene del período que va entre 1916 y 1922, cuando Rodig y Mistral vivieron y trabajaron juntas en Chile, época de fermento creativo y político reflejada en el primer libro de Mistral, *Desolación*, cuya poesía —diversa, extraña y atrevida— no deja de sorprendernos. Entre las páginas que Rodig recolectó y conservó hay múltiples borradores que la poeta en su momento descartó u olvidó, sin pulir ni publicar, como los del poema hasta ahora inédito «Este amor», una declaración erótica, muy directa, escrita en los años en que ella y Laura vivieron juntas.

A propósito de buscar y pensar la evidencia de lo *queer*, José Esteban Muñoz ha insistido en que «a menudo lo *queer* se transmite de forma encubierta... en vez de estar claramente disponible como evidencia visible, lo *queer* ha existido como insinuaciones, chismes, momentos fugaces y *performances* que están destinados a ser presentados en forma colaborativa, es decir, interactuados por *performers* y un público que comparten la misma esfera epistemológica» de la visibilidad *queer*.[6] Cristián Opazo interpreta esta frase de Muñoz de la siguiente manera: «No basta con hallar evidencia *queer* sobre Mistral. Igualmente importante es comprender cómo sus insinuaciones siguen más allá de su muerte. Sin descifrar esas insinuaciones, la evidencia que se archiva extravía su sentido».[7] Opazo hipotetiza que «ese *inuendo queer* de Mistral explica el pánico de las élites que no cejan en la tiranía de una identidad casta y unívoca». La persistencia de Mistral como una figura *queer*, incluso y tal vez especialmente después de su muerte, son manifestaciones de la presencia histórica y actual de lo *queer*, una presencia que la homofobia sigue tratando de negar y extirpar.

Hay muchos hallazgos relacionados con lo *queer* en el ambiente chileno de principios del siglo xx. Cuando me puse a revisar los capítulos de este libro hace un par de años, mis rastreos en el sitio web de la Biblioteca Nacional de Chile se toparon con un nuevo conjunto de cartas recién adquiridas y digitalizadas. Me refiero a la correspondencia que Mistral había enviado a Alone, el crítico y diarista chileno, fechables entre 1915 y 1921. Representa esta correspondencia los comienzos de la larga y profunda amistad que nace de lo entendido, pero no dicho, entre esos dos seres afines. Se reconocen mutuamente. Rechazan el matrimonio. Dan primacía a la amistad. Son dos autodidactas que comparten una profunda dedicación a la lectura. Que contemplan con desapego el intrincado sistema de castas chilenas. Que guardan sus sentimientos más profundos. Y construyen para ello múltiples pantallas. De más en más, las cartas de Mistral a Alone se asemejan a una diva que insta y alienta a su acólito. Los dos se hallan muy cómodos en sus respectivos papeles. Transcritas y compaginadas estas cartas con los diarios íntimos de Alone (y otra correspondencia relevante), se puede ver que Mistral y él hablaban de su diferencia sin explicitarla.

Los materiales resguardados por Laura Rodig y las cartas de Mistral a Alone nos hablan, sin duda, de la sociabilidad *queer* a principios del siglo xx. Materias semejantes de la misma época incluyen el extenso epistolario de Mistral a Eugenio Labarca y la importante amistad de la poeta con el uruguayo Alberto Nin Frías, que duró desde 1912 hasta 1923. En su correspondencia con ellos, Mistral hace y usa un lenguaje cifrado para representar la diversidad sexual. Las cartas también presagian las rivalidades y desacuerdos de Mistral con Amanda Labarca y Augusto d'Halmar. Todas estas páginas no forman parte de los materiales que Doris Dana controló.

PRELUDIO DE AGRADECIMIENTOS

A lo largo de todo el proceso de rastrear y compaginar nuevos archivos, revisé las primeras versiones de los capítulos que ya había redactado y que Jaime Collyer tradujo al español con mucha habilidad y fluidez. Dependí del paciente e inventivo editor Vicente Undurraga, experto en mantener el orden del libro y asegurar que la marcha siguiera. Me ofreció excelentes consejos sobre la elección de las palabras, señaló los puntos que requerían aclaración y tuvo un toque ligero y ágil al mostrarme los cabos sueltos. Agradezco también el trabajo de Paz Balmaceda recopilando y gestionando las fotos incluidas en este libro.

Cuando me reuní por primera vez con Melanie Jösch durante una visita a Santiago en 2013, me pidió que le describiera este proyecto. Y entendió de inmediato mi respuesta: «Uso métodos biográficos angloamericanos, pero con un sujeto latinoamericano». No tuve que detallarle tales métodos, pero los menciono aquí: la importancia de la documentación, la centralidad de las identidades fluctuantes raciales y de género. Melanie no dejó nunca de creer en este proyecto, que data del año 2000, que es cuando comencé a construir una cronología confiando únicamente en lo avalado por dos o más fuentes comprobables, siempre registrando y evaluando la procedencia de estas y basándome en los datos y solo en ellos para aproximar la fecha y el lugar de los hechos narrados. Esto contrasta con la tendencia, en América Latina, a depender mucho de entrevistas y reportajes de prensa y de anécdotas que nos tientan con relatos que son alegres, emocionantes o divertidos, pero carentes de comprobación.

LA HAGIOGRAFÍA NO CONCUERDA CON UNA VIDA MODERNA

El presente volumen dista de la mayoría de los anteriores acercamientos a la vida de Gabriela Mistral, cuyo estándar se expresa en relatos brotados de la hagiografía, es decir, de las vidas de los santos, o más bien de las santas... vidas ejemplares que las exaltan por la resistencia ante la castidad asediada, especialmente en la adolescencia, además de la misericordia y los actos caritativos para con los pobres, requisitos esenciales en las santas latinoamericanas.

Aunque los relatos hagiográficos sean congruentes con las anécdotas orales de calamidades que la misma poeta contaba, la fama de Gabriela Mistral no resulta de ser beata. Abarca más bien su sorprendente carrera educacional, su vasta obra poética y periodística, su sagacidad política y sus delicadezas diplomáticas, en fin, su presencia concreta en el mundo moderno, donde utiliza el teléfono desde 1906 (por lo menos), la radio (sobre todo en tiempos de guerra) y el telegrama (bastante). Medios comunicativos modernos que posibilitan su extensa participación en los servicios internacionales de noticias y su presencia en la literatura americana.

Tal vez la tendencia hagiográfico-nacionalista persiste por la costumbre de respetar la paz de los muertos. O de los sobrevivientes, aunque no haya en este caso sobrevivientes para perturbar: Mistral era (como ella misma observaba) la última de su estirpe.

La persistencia de lo hagiográfico en los acercamientos a Mistral se explica entonces, más bien, por el papel fundamental de la religión en promover y legitimar la nación como una formulación eterna, radicada en un pasado lejano, a pesar de la objetiva modernidad de toda nación. Es fundamentalmente religiosa la representación de Mistral como madre del Estado chileno que postula que su «familia» comprende a todos los ciudadanos chilenos.

Los que más se han beneficiado de una formulación que reduce a la mujer a una función reproductiva son los más propensos a quejarse si Mistral es —digamos— «difamada» como lesbiana. Tal como Sergio Fernández Larraín lo insinuó al justificar su publicación de dos epistolarios de la poeta, poniéndoles el título de *Cartas de amor* e indicando que quiso «ahuyentar definitivamente las sombras que las mentes enfermizas han pretendido tender... sobre la recia personalidad moral de nuestro insigne Premio Nobel».[8]

De hecho, Gabriela Mistral pertenece al mundo, no solo a Chile, de donde salió en 1922 y a donde regresó en visitas cada vez más cortas, entre ausencias más largas. Sin embargo, no debemos desentendernos del todo del concepto de la santidad, porque los santos son atractivos debido a que son, al fin y al cabo, excéntricos. Rechazan las normas que todos los demás dan por sentadas. En los cuentos hagiográficos, la santidad es el resultado de un largo proceso de normalizar la misma excentricidad, lo *queer*, el rechazo de lo mundano y lo anticipado que hizo al sujeto tan interesante, creativo, perturbador.

A diferencia de los cuentos hagiográficos, esta biografía no acontece en el tiempo mítico, sino en el histórico. Gabriela Mistral vivió en la época moderna. Este libro ubica a Mistral, un actor histórico, en los mundos políticos, literarios y poéticos en que ella vivía con sus amigas y amigos. Comprendemos su vida extraordinaria al restaurar el contexto histórico que la rodeaba, al que ella impactó, sin jactarse de ello. Una mujer nacida pobre en un apartado rincón de los Andes chilenos llega a ser una de las escritoras más leídas e influyentes en una época en que América Latina irrumpía en el escenario mundial. Sin embargo, a Gabriela Mistral no le faltaron detractores que la tildaban de escritorzuela de tercera. Entre ellos, envidiosos como el escritor español Pío Baroja, que en 1946, meses después de que Mistral recibiera el Nobel, la criticaba en estos términos: «Es una poetisa cacatúa».[9] O como Jorge Luis Borges, quien juzgaba mal tanto la poesía como los artículos de Mistral, según recuerda en sus diarios Adolfo Bioy Casares.

Así y todo, Gabriela Mistral es el primer, si no el único gran escritor latinoamericano del siglo XX en declarar su origen campesino y en describirse a sí misma como mestiza. Signo del racismo que la rodeaba: ella no asumió abiertamente aquella identidad sino hasta poco después de la muerte de su madre, la única con autoridad para contrariarla.

RAZA, GÉNERO; CÓMO ELLA SE GANÓ LA VIDA

La biografía y la autobiografía contemporáneas —dos ejemplos del género literario de «life writing»— se han convertido en lugares amenos para la configuración de las identidades de sexo-géneros y raciales del sujeto minoritario. Sigo a dos generaciones de biógrafos angloamericanos en mi intento de ubicar la raza y el género en el centro de mi relato. Hay que decir que era muy racista el ambiente chileno representado en las publicaciones regionales y nacionales de la época, amén de las escuelas de principios del siglo xx. Basta leer la obra superventas de Nicolás Palacios o ver las cifras de mortalidad entre los pueblos originarios para entender por qué Mistral, en su época chilena, apenas se refiere directamente a la identidad racial. Sin embargo, bien mirado, sí lo hace, pero en lengua cifrada y metafórica, del mismo modo en que hace referencia a lo *queer*, a su masculinidad femenina.

Ejemplos: a Alone, afrancesado, Mistral le escribe lo siguiente: «Ud. ha creído, entre otras fábulas, ésta de mi "fortaleza". Mi cuerpo de Walkiria india ¡cómo engaña a la gente! Está lleno de achaques y aparece como el prototipo de la salud, y en el alma, cuya firmeza va gritando, está más lisiada que los paralíticos de los portales».[10] Su apariencia es una cosa; su condición corporal, otra. «Gabriela Mistral» no es lo que parece. Y cuando el muy europeo Alone la acusa, pocos meses después, de «violencia», ella contrataca: «Usted no me conoce, Alone; y no me conoce porque usted está en Renán y yo... en el centro de África. Anatole France no puede saber».[11]

Y luego tenemos una carta que desde Punta Arenas Mistral le envía al escritor Eduardo Barrios: «Estoy colorada y fuerte como una salvaje, como una Walkiria, si lo prefiere».[12]

REDES SOCIALES Y POLÍTICAS FUTURAS

Si la primera orden del día es desechar la imagen sentimental de la poeta como madre que eternamente está pariendo al sujeto nacional, y la segunda es reconocer y evaluar los vínculos intelectuales y

afectivos de Mistral con otros escritores y políticos (que la influye-
ron y a quienes ella a su vez influyó), incluidos los hombres *queer*
que estuvieron entre los primeros en reconocerla por su originali-
dad, lo que toca después es identificar los principales movimientos
sociales, en América Latina y el resto del mundo, a los que ella
respondió y contribuyó.

Tanto o más que su preocupación política por los grandes mo-
vimientos sociales, la situación económica de la poeta es un tema
que las hagiografías ignoran o descuidan, a pesar de que las cartas
y los discursos de Mistral ofrecen abundante evidencia de cómo
los factores económicos afectaron su vida desde los quince años en
adelante. Era el principal sostén de su familia. Conoció la pobreza
desde su infancia. Creció en un hogar exclusivamente femenino
que pasaba de una vivienda precaria a otra. Pienso en las propias
palabras de la poeta en una carta a su buena (y extremadamente
rica) amiga Victoria Ocampo: «Durezas, fanatismos, fealdades, hay
en mí de que usted no podrá hacerse cargo ignorando como ignora
lo que son treinta años de mascar piedra bruta con encías de mujer,
dentro de una raza dura».[13]

Decidió evitar el matrimonio heterosexual, que reconoció
como una trampa que reforzaba la dependencia de las mujeres. La
poeta adolescente tomó el control de su vida al publicar en la pren-
sa provincial y mantener correspondencia con hombres y mujeres
interesantes e influyentes, quienes la ayudaron y a quienes ella ayu-
dó también.

Método; línea de tiempo

Después de publicar en 2003 con mi coeditora, Doris Meyer, la
edición en inglés de *Esta América nuestra*, las cartas de Gabriela

Mistral y Victoria Ocampo (luego publicadas en castellano en 2007), comencé a construir una cronología de la vida de Mistral que incluyó todas sus cartas transcritas. He utilizado este corpus y otras referencias para poner fechas en la mucha correspondencia que la poeta escribió sin datar. Sigo actualizando este corpus y línea de tiempo para incluir los contactos conocidos y sostenidos de la poeta con otras personas, entrevistas, fechas y lugares de sus viajes. Incluyo en ese material la consignación de importantes eventos geopolíticos: Mistral lee varios periódicos al día. Y su vasta red de contactos y viajes casi constantes la mantuvieron muy al tanto de la política mundial. Solía saber dónde estaba a punto de estallar un conflicto. Y muchas veces escogió trasladarse precisamente a los sitios en conflicto.

El proceso de redacción de los capítulos de este libro ha sido a la vez sencillo y laborioso. Cada capítulo trata de un lugar específico donde vivió la poeta, citando lo que escribió, ya sea cuando vivió allí o lo que luego recordó sobre ese lugar. He dependido del trabajo de historiadores para evocar la textura de su vida diaria. También me he basado en los escritos de los estudiosos de Mistral que escriben desde una perspectiva conscientemente regional. La conexión de la poeta con el lugar, con la tierra y el mar, expresa una profunda americanidad, y refleja la identidad mestiza que Mistral ya estaba desarrollando en Chile, una década antes de que comenzara a usar explícitamente esa palabra en sus conversaciones con Miguel de Unamuno y Federico de Onís, entre otros.

Poder político

La asociación, obsesiva y permanente, entre Mistral y la función reproductiva de la mujer en relación con el Estado es una manera de ignorar su fuerza política y su relación con las circunstancias económicas de su época. Esta equívoca asociación se centra sentimentalmente en su experiencia infantil de la pobreza, en lugar de pensar en su agencia política. Para entender su importancia histórica, pienso en su poder a la hora de influir en las personas y los acontecimientos. Un poder que es patente en sus cartas. Un poder que ella solo necesita amenazar con usar. Un poder que rápidamente se extendió mucho más allá de Chile, como veremos en el tomo dos de esta biografía. Escritora y oradora, Mistral fue una pensadora política cuya experiencia temprana de la pobreza la marcó de manera indeleble. Una joven de quince años que no tenía un hogar estable, que empezó a escribir en los diarios, cuya familia dependía del puñado de monedas que ella recibía como ayudante de maestra rural, con un jefe condescendiente.

En una imagen gráfica reciente y ampliamente reproducida del artista chileno Fab Ciraolo, la figura de Mistral está de pie y se mueve o está a punto de moverse, mirando hacia la izquierda, hacia el pueblo, hacia el futuro. Vestida con jeans descoloridos, ceñidos en la cintura, en una mano sujeta una versión negra de la bandera de Chile, en luto, y en la otra mano un libro abierto. Destaca el pañuelo verde que lleva alrededor del cuello, que separa su cabello gris, de corte sencillo, de la camiseta blanca con su proclama, en francés y tomada de una célebre canción del grupo Los Prisioneros, que expresa la identidad latinoamericana en la primera persona del plural («Nous sommes rockers sudamericaines»). Con sus botas de combate, un pie ligeramente levantado, esta Gabriela Mistral está alerta, lista para recibir y responder a lo que está por suceder. Es una proyección que encuentra sustento a lo largo de la siempre sorprendente vida de la poeta, como veremos en este libro.

1
Biógrafa de sí misma

Cuentos orales

¿Cómo fue que Lucila Godoy Alcayaga, nacida en 1889 y criada en la pobreza, entre los límites del remoto y andino Valle de Elqui, sin privilegios de ninguna índole en cuanto a raza o casta, se transformó en la aclamada y carismática poeta Gabriela Mistral? ¿Cómo hizo para ascender desde el último escalón social a la cima en cuatro dominios de actividad profesional, alcanzando renombre internacional en la enseñanza, el periodismo, la diplomacia y la literatura? «Si bien a primera vista el ascenso social de Mistral parece bastante espectacular, es menester observar que su situación social, a pesar de ser precaria, no era marginal».[1] Así arguye Marianne González Le Saux al sostener que la escritora provenía, al igual que muchos educadores e intelectuales chilenos, del sector empresarial-propietario de la clase media rural. Con todo, estuvo —junto a Neruda, catorce años menor que ella— entre los muy pocos escritores que se convirtieron en una celebridad y continuaron siéndolo hasta su muerte.

Este libro muestra cómo Gabriela Mistral se dedicó al magisterio, que fue la única profesión a su alcance, a pesar de ser autodidacta, sin estudios normales ni títulos y todo mientras surgía como escritora. El mapa de su itinerario vital, aquí detallado, comprueba la hipótesis del crítico Alone. Él, que fue muy amigo de Mistral desde 1915 en adelante, propuso en 1962, cinco años después de la muerte de la poeta: «Gabriela escribía cartas, muchas cartas, demasiadas cartas. Si alguna vez se forma su epistolario, ocupará una biblioteca. Le escribía a todo el mundo, sin cesar, fuera quien fuere. Verdad que buena parte de su camino de triunfos se lo preparan las cartas que repartía durante su juventud y que, acaso, sin ellas, no le habría sido tan fácil salir y sobresalir».[2] En la triangulación de las cartas con los textos contemporáneos —método central de las biografías literarias en la tradición angloamericana— se revelan su perseverancia y su genio. La combinación de las cartas con sus entrevistas y otras intervenciones revela el origen de los triunfos y de los tropiezos que la asediaban desde siempre. Ella fue rara, dotada y afligida, desde la niñez. Aprendió a vivir donde fuera, siempre que pudiera mudarse cada dos años.

En el segundo volumen de este proyecto se seguirá el itinerario de Gabriela Mistral con su amiga mexicana, la educadora y diplomática Palma Guillén. Veremos cómo y por qué las dos, funcionando como pareja, se inscribieron dentro de la primera generación de mujeres que ingresó en la diplomacia.[3] Sin ese contacto y sin esa carrera, Mistral no hubiera recibido el Premio Nobel de Literatura en 1945, siendo la primera persona de América Latina acreedora a ese honor.

¿Cómo lo hizo? Buena parte de la respuesta a esta interrogante reside en las anécdotas autobiográficas que Gabriela Mistral manejaba por medio de sus cartas, entrevistas, charlas, discursos y otros géneros orales que utilizaba. Ella misma las difundió con tal convicción que, para algunos, el solo hecho de cuestionar su veracidad bordea hoy la herejía. Tan fascinantes como improbables, esos episodios asoman en sus cartas y artículos, manuscritos y entrevistas y

debemos remitirnos a contemporáneos suyos, como Augusto Igle-
sias, José Santos González Vera, Marta Vergara y Fernando Alegría,
para dar con escritores dispuestos a cuestionar la veracidad de sus
historias y pensar los motivos de Mistral para referirlas. Pero tene-
mos que remontarnos a la dictadura de Pinochet y un poco antes
para ubicar los orígenes del acuerdo en extremo cortés, y solamente
en apariencia tácito, de ignorar la escasa confiabilidad de las anéc-
dotas contadas por la poeta. Todo ello es consistente con la pro-
longada tradición de rehusarse a discutir su sexualidad ambigua o
situarla en su propio contexto histórico o tener en cuenta su natu-
raleza oscilante de un lugar y época a los siguientes. La forma igual-
mente flexible y cambiante de la identificación racial y étnica de
Mistral es a la vez soslayada o desestimada, como lo son las historias
improbables y contradictorias que ella misma y Palma Guillén idea-
ron para explicar la existencia del niño al que ambas llamaban Yin
Yin. Conforme analicemos las historias muy variables sobre su ori-
gen, identidad y parentesco, presentaremos fuentes documentales
antes desconocidas.

Las anécdotas más conocidas dentro de la vida de Gabriela
Mistral son, desde luego, sus propios relatos del sufrimiento y las
exclusiones que experimentó en su empeño de acceder a la ense-
ñanza. Al leerlas en conjunto y con un ojo atento a los patronaz-
gos que Mistral buscaba obtener en Chile o afuera, muestran el
papel histórico-político que biógrafos previos de Gabriela Mistral
suelen soslayar o negar en su vida. En la vena de las hagiografías
habituales, libros como *La maestra del Valle de Elqui*, de Marie-Li-
se Gazarian-Gautier, vienen a sugerir que los actos caritativos de
Mistral tuvieron tanta o más resonancia que sus escritos. En la vena
patriótica, *Gabriela Mistral pública y secreta*, de Volodia Teitelboim,
adhiere a la cronología que se ofrece de los primeros treinta y tres
años de Mistral en Chile, después de lo cual su narración declina y

se desploma. Muchos escritores nacionales (chilenos) e internacionales han subestimado el carácter de testigo directo y bien informado que tuvo Gabriela Mistral como escritora, enfrentada como estuvo a tres guerras internacionalmente significativas, con conocimientos y perspectivas obtenidos desde el interior de los conflictos. Observó, en primer lugar, los meses finales de la Revolución mexicana. Trabajó en una organización internacional y vivió de su trabajo periodístico en Europa y las Américas durante el ascenso y consolidación de los regímenes fascistas y nazis. Antes, durante y después de la Guerra Civil española, Mistral se valió de su estadía consular en Lisboa y en Niza. Con sus colegas diplomáticos mexicanos (y otros) creó una red de aliados que organizaron el traslado de los refugiados de guerra; antes y después de estallar la Segunda Guerra Mundial, militó para ellos y para una política de inmigración en Chile que incluiría a los desterrados españoles y a los judíos en fuga.

La política detrás de esos empeños no fue originalmente caritativa. Sus desplazamientos tampoco aparecieron de la nada. Durante sus años en Chile, Mistral tenía ya el hábito muy consolidado de aparecer justo antes o después de que los grandes conflictos irrumpieran, ya fueran las disputas laborales en Punta Arenas y Puerto Natales o las elecciones tan volátiles de 1920, a las que asistió viajando de Temuco a Santiago. Su gira de conferencias por las Antillas y Centroamérica en 1931 fue calculada para generar publicidad para ella y Palma Guillén. La utilizaban exitosamente como parte de su campaña para granjearse puestos consulares para ambas. Y cuando Mistral por fin tuvo la capacidad de escoger sus destinos consulares, siempre eligió lugares que eran como avisperos del espionaje: Lisboa poco antes y durante la Guerra Civil española; Río de Janeiro y Petrópolis en la Segunda Guerra Mundial; México e Italia en los primeros años de la Guerra Fría. El último destino consular que

Mistral solicitó (y le fue denegado) la hubiera llevado a Santiago de Cuba en 1953, justo a tiempo de vivir la salva inaugural de la Revolución cubana, con el asalto de los rebeldes al Cuartel Moncada.

La insistencia de la poeta en su estatus de perseguida explica su habilidad para ganarse a la audiencia con historias estremecedoras, contadas de manera experta, relativas a cómo fue siempre estigmatizada y hostilizada desde su niñez. De no haberse topado con buenos amigos —o eso al menos le gusta hacernos creer—, los miopes y dogmáticos funcionarios enquistados en la enseñanza la hubieran echado abajo. Todos, y especialmente las autoridades educacionales, conspiraron en su contra de manera violenta. Hubieran triunfado en negarle la posibilidad de entrar en el magisterio si no fuera por las amistades que la ayudaron y a quienes ella a su vez ayudó. Esto último lo hizo contando cuentos en los que todo su rescate se debe a la exaltada bondad de sus patrones, políticos y periodistas. Con el paso de los años, Mistral insistirá en los motivos absolutamente desinteresados de sus amistades, encubriendo así una variedad de relaciones transaccionales.

Alone, el crítico chileno, se cuenta entre los pocos amigos de Mistral que se atreven a referir la inestabilidad mental de la poeta. Cinco años después del fallecimiento de Mistral, Alone ofrece una hipótesis sobre «el "complejo de culpabilidad" que engendra el "delirio de persecución", lindante en lo patológico». El crítico explica que «la memoria de Gabriela reducía, alejaba, concluía por expulsar de su recinto consciente los recuerdos agradables, cuanto significaba benevolencia de los demás hacia ella, mientras retenía fielmente, íbamos a decir, ferozmente, los golpes, los insultos, los ataques, las conspiraciones y la insidia, muchas veces supuestos, de que la hacían víctima».[4]

Aunque Alone estaba entre los muchos escritores que debían su entrada al mundo de las letras a la poeta elquina —como veremos en el capítulo 4—, su hipótesis está centrada en el dolor y la persecución como reflejos de la psicología de la poeta. Este libro, por contraste, busca mostrar cómo Mistral, armada solo con su don de la palabra y su capacidad para cultivar relaciones, siempre atraía ayudantes de toda índole. Así lo comenta otro amigo de la poeta desde joven, el escritor José Santos González Vera: «Fuera de hacer clases y escribir, por fortuna no necesitaba ocuparse de más. El Altísimo le había arrimado un pequeño grupo de jóvenes que eran felices sirviéndola. La proveían de ropa, la ayudaban a vestirse y le hacían ligeras las pequeñas rutinas cuotidianas. Conociéndola es comprensible el deseo de servirla».[5]

Al contar los cuentos sobre su persecución y rescate y redención, Mistral utiliza la hipérbole no solo para exaltar a sus patrones o rescatadores, o para expresar su valor y gratitud, sino para mostrarse merecedora de tener enemigos y para encubrir una variedad de relaciones transaccionales con los amigos que ella luego exaltaba por acudir a su rescate. Al concentrarse en Mistral como poeta, Alone no explica cómo la poeta llegó a intercambiar cartas fraternales con senadores, cancilleres y presidentes de múltiples naciones. Líderes que la estimaban por su inteligencia y la trataban con respeto y hasta con más de un poco de miedo, dada su enorme influencia.

Las historias de Mistral son un verdadero catastro de sus redes y relaciones sociales en continua expansión.[6] Se las puede considerar una versión a escala mayor del empeño personal de su madre, Petronila Alcayaga de Godoy, por conformar una red que les asegurase cargos transitorios a sus dos hijas en las escuelas rurales de Elqui. A la luz de todo ello, el ascenso de Mistral de profesora rural auxiliar a directora de tres liceos adquiere absoluto sentido. Pero el cuento no termina ahí. Mucho antes de abandonar Chile, ya estaba desarrollando amistades por correspondencia. Sus cartas, su imagen, su poesía y su labor periodística circulaban en todo el ámbito de habla hispana, un mundo que distaba mucho de ser una aldea. Con todo, al rastrear el tipo de lenguaje que emplea Mistral nos topamos con los cuenteros orales tradicionales que escuchaba al irse a la cama cuando era niña, «oyendo a huasos y a cuyanos trocar sucedidos fabulosos de la Cordillera, mientras circulaba el mate terriblemente común, y sus caras se me confunden en el recuerdo».[7] Desde ese lenguaje oral compartido, Mistral se valió del estado liminal de «la contadora» que inventa y dramatiza en conjunto con su público oyente para conservar y a la vez «arar nuevos surcos en el desarrollo de las ideas».[8] El escritor Fernando Alegría afirmaría: «Con el paso de los años, la poesía hablada de Gabriela Mistral [llegará] a ser la expresión más profunda y valedera de su misterioso genio creador [y] es verdaderamente en sus Recados, en sus cartas, en las transcripciones de sus pláticas, donde su voz se oye en toda su nativa pureza y en la profunda novedad, agreste, insegura, tímida y a la vez violenta de su arte americano».[9]

Muy pocos amigos osaron cuestionar las innumerables e hiperbólicas historias de la poeta. Pero la argentina Victoria Ocampo se sentía con pleno derecho a hacerlo. ¿No había pagado ella misma de su bolsillo la publicación, y donación a los niños refugiados de la guerra española, de *Tala*, el tercer y más exitoso volumen de Mistral? Sin ello, la chilena no hubiera ganado el Nobel.

Poco después de la muerte de la poeta, Ocampo se sentó a revisar las ochenta y cuatro cartas que Mistral le había remitido. Y, tan pronto como comenzó a escribir sobre la vida de su amiga, vislumbró la enormidad de la tarea que tenía por delante. Esta editora, biógrafa y autobiógrafa era versada en tales tradiciones dentro del ámbito de la literatura inglesa, francesa y española. Bien sabía de la importancia de la correspondencia para establecer la cronología de una biografía literaria. Pero Mistral eludía a menudo fechar sus cartas, habitualmente escritas a mano, y, al final de su vida, las redactaba con un borroso lapicero. Sin embargo, Ocampo escribió unos cuatro artículos sobre su amiga que citan sus cartas combinadas con recuerdos de su charla y líneas de su poesía. Método que este libro propone continuar, citando las cartas de la poeta más las entrevistas y las cartas y recuerdos, los *life-writing*, de sus amigos y enemigos.

Tanto Victoria Ocampo como Palma Guillén fueron entrenadas y habituadas a declamar profesionalmente. Ambas reconocieron a Mistral como una *performer*. Así escribe Ocampo: «[...] en Gabriela el monólogo era cosa muy especial [...]. Era inútil tratar de interrumpir esa canturía diciendo: "Pero la realidad, Gabriela, la realidad no fue...". Gabriela seguía hablando desde su reino y su reino era el reino en que las calabazas se convierten en carrozas, y también, viceversa, las carrozas en calabazas. A lo mejor, aquello era la recóndita realidad, "el reino de verdad" recibido por Lucila, la del Valle de Elqui, que Gabriela veía *"con las trenzas de los siete años, / y batas claras de percal, / persiguiendo tordos huidos / en la sombra del higueral..."*».[10]

Con estos versos de «Todas íbamos a ser reinas», Ocampo reconoce la esencia ficcional de las historias de Mistral. Sobre todo, las que situaba en el Valle de Elqui. La propia Mistral no se cansa de enumerar las perfecciones del pueblo de Montegrande, que ella contrasta con el calamitoso fin de su niñez al bajar al pueblo de Vicuña, treinta y cinco kilómetros hacia el oeste. Aquí la ingenua jovencita se topó con el primero de sus implacables adversarios, el primero de los muchos falsos educadores cuyo rechazo frío y violento ella inmortalizó en «el mito y sentencia de la echada».[11] Aunque Gabriela narraba este mito como una serie de eventos ocurridos fuera del tiempo cronológico, este libro, por contraste, busca apoyarlos o complementarlos con fuentes locales y contemporáneas. Situaremos en el tiempo histórico algunos detalles de esos eventos referidos. No tanto para verificarlos, sino para que se entienda cuándo y dónde la poeta comenzaba a desarrollar el mito en cuestión y, con ello, su «sentencia», esto es, su doctrina o moralidad.

Aunque Victoria Ocampo anhelaba lo real y verificable, Gabriela la conquistó. Ocampo recuerda cómo la hospedó en el curso de su larga visita a Argentina. El año es 1938 y las noticias de Europa preocupaban a todos. «Cómo habíamos de olvidar esas tardes en el comedor azul de humo en que Gabriela pasaba del café al higo y del higo al mate sin interrumpir su conversación. Anochecía. Se encendían las luces. Entraban amigos, salían amigos. Se sentaban a oír y ver a Gabriela más que a almorzar, tomar el té o comer...».[12] Con el tiempo, el humo de los cigarrillos hizo el aire irrespirable y Ocampo protestó. Pero Gabriela sonreía, como Ocampo nos cuenta, con esa sonrisa que «cambiaba el dibujo casi amargo de los labios tristes y subía hasta los ojos, hasta las cejas en media luna que daban al rostro quieto una leve expresión de sorpresa, de incredulidad. Sonreía. Nunca, frente a mí, le conocí otra reacción. Yo era de las tantas calabazas transformadas por ella en carrozas».[13]

La mexicana Palma Guillén también experimentaba la intimidad que trasuntaban los cuentos de la poeta. Ya que la acompañó por más de tres décadas, Guillén sabía más que nadie de los secretos de Mistral. Se los llevó consigo a la tumba. La mexicana la adiestró, entre otras cosas, para su cara a cara con la Secretaría de Relaciones Exteriores de México y de otros países. Actuando como su secretaria, editora, mecanógrafa y archivera, compañera de viaje, representante y hasta banquera, Palma Guillén era además quien contrataba, despedía y les pagaba a los sirvientes descontentos. Aun cuando descartaba cualquier ambición literaria de su parte,[14] en 1970, cuando Guillén tenía 77 años, escribió y publicó un ensayo acerca de Selma Lagerlöf, autora sueca laureada con el Nobel, cuya vida tiene muchas semejanzas con la de Gabriela Mistral. Al escribir eso, Palma seguramente estaba reflejando su vida con

Gabriela y Yin Yin. Palma probablemente le leyó a Yin Yin el relato de Lagerlöf, *El maravilloso viaje de Nils Holgersson*, un muchacho que va a volar por encima de Suecia, aunque «un muchacho no puede volar».[15]

En contraste con Victoria Ocampo, cuyos escritos, especialmente los autobiográficos, testimonian su «gran amor de la verdad» y «para quien el espectáculo del mundo tiene mucho de monólogo»,[16] Palma Guillén es una espectadora algo moralista que ofrece preceptos sobre la buena narración. Guillén postula que una narradora habilidosa se impone a su audiencia, persuadiéndola de aceptar los embustes más fantásticos, porque «el cuento, desde que se anuncia, establece una especie de complicidad entre el autor y el lector o el oyente. Desde que se dice "Hubo una vez un muchacho..." o "Érase una vez un muchacho...", hay un tácito "estar en el secreto, un malicioso guiño de ojos..." Ya se sabe que lo que va a suceder no es usual ni cotidiano sino excepcional y afuera de lo normal y ya está dispuesto a esperar lo extraordinario y a aceptarlo».[17]

Palma Guillén fue por décadas absolutamente cómplice de los secretos de Mistral en torno a Yin Yin, además de estar atenta y cuidarlo durante las múltiples ausencias de la poeta. Cuando el niño era chico, ellas ocultaban su existencia... hasta que Palma tuvo que volver a México en 1929. Desde entonces, Mistral y Guillén buscaron conseguir puestos consulares o diplomáticos en Europa, donde se habían comprometido a educar al niño, quien carecía de cualquier documento de identificación. Guillén y Mistral se mostraban angustiadas en sus cartas. ¿Cómo conseguir papeles en apoyo al dudoso cuento que Mistral narraba sobre los orígenes del chico?

Los muertos no conocen la vergüenza. Tanto Alone como Palma Guillén, experimentadísimos en las cartas y en la burocracia, entendieron que el derecho a la privacidad expira cuando alguien muere. Que la muerte impide querellarse contra la difamación. Por eso, tras la muerte de Gabriela, la mexicana escribió a Doris Dana, la heredera y albacea de la poeta, requiriéndole, en dos ocasiones, que devolviera sus cartas. Pero Doris Dana no respondió ni accedió a su solicitud.

Seudónimo

Esta biografía usa siempre el nombre «Gabriela Mistral», seudónimo de la escritora, excepto en aquellos casos o materiales citados que implicaron el uso de su nombre civil, Lucila Godoy. Usar un seudónimo era habitual en las primeras décadas del siglo xx, cuando las escritoras de Chile provenían de las clases altas. Ninguno de esos nombres que escogían buscaba sustituir su identidad cívica. No lo precisaban, puesto que sus apellidos voceaban sus lazos con la élite. Inés Echeverría Bello de Larraín publicaba como «Iris», la mensajera de los dioses; Mariana Cox Stuven como la levemente gótica «Shade», y María Fernández de García Huidobro como «Monna Lisa». Nombres manifiestamente alegóricos y sin apellidos que aludían a las deidades grecolatinas, al Renacimiento italiano o a los prerrafaelitas ingleses. No ocurría igual para Lucila Godoy Alcayaga, con sus orígenes en el Valle de Elqui y su mezcla de ancestros españoles, africanos, indígenas y vascos. No tuvo mecenas hasta por lo menos 1905, cuando conoció al político radical, educador y editor Bernardo Ossandón, quien publicó los escritos de Lucila Godoy en su diario *El Coquimbo*.

En 1908, la maestra rural comenzó a firmar algunos de sus poemas como Gabriela Mistral.[18] Estaba a medio camino en su primer ascenso, de ayudante a preceptora interina. Era su tercer nombramiento temporal. Tras haber conseguido en 1915 la fama a nivel nacional, la poeta comenzó a pedir a sus amistades que la llamaran con ese nombre inventado.[19]

La escritora ideó este seudónimo a partir de dos antecesores muy renombrados, pese a ser escritores circunscritos a la región mediterránea. Un hombre de la tierra y del pueblo, Frédéric Mistral, celebraba las tradiciones rurales y los valores provenzales como cantor, poeta, lingüista y folclorista, por todo lo cual le fue conferido el Premio Nobel de Literatura en 1904.

La conexión de la poeta chilena con Gabriele D'Annunzio, el poeta y dramaturgo italiano nacionalista y decadente, era en el mejor de los casos tenue. Siendo una adolescente, es probable que haya admirado su energía y popularidad: D'Annunzio se encontraba en el ápice de la fama de poeta y político cuando la chilena eligió su seudónimo. En 1910, él dimitió de su sede en la Cámara de Diputados antes de huir a París para evitar a sus acreedores. Aunque D'Annunzio se convirtió en un héroe en la Primera Guerra Mundial, eso tal vez no la impresionó, dado su pronunciado pacifismo. A partir de 1915, Mistral hacía una sinonimia entre el nombre del autor italiano y el mal gusto de algunos escritores chilenos, hablando de «dannunzianismos mal aclimatados».[20] Más tarde, ella rechazó el protofascismo del poeta italiano. En una señal de la contradicción que la caracteriza, en 1928 la admiración de sus colegas diplomáticos en Francia por D'Annunzio la influye para escribir un poema, «Las Vírgenes de las Rocas de D'Annunzio», que en todo caso no incluiría en ninguno de sus libros.

El nombre elegido por la joven poeta y maestra de escuela se apropió, más bien, del peso alegórico y la masculinidad oculta del arcángel Gabriel, que transige mínimamente con la femineidad al adosar una «a» al final de «Gabriel», voz hebrea para las expresiones «un hombre» o «Dios es mi hombre fuerte». Al autodenominarse de ese modo, Gabriela Mistral encubre y hasta pierde en parte su identidad latinoamericana.[21] A diferencia de Pablo Neruda, su compañero poeta, colega consular y, en mi parecer, su *frenemy* [«en-amigo»], ella nunca desechó legalmente su nombre original: empleó el nombre Lucila, o «L», o Lucila Godoy, a lo largo de toda su vida. Mientras Neruda dejó de ser Neftalí Reyes Basoalto, Mistral empleó esa identidad menos conocida de «Lucila Godoy», o a veces solo de «Lucila», para ocultarse a la vista de los demás, usándola a veces para firmar su correspondencia, por ejemplo cuando le preocupaba justificadamente que se la interceptaran.

Entre quienes insistían en dirigirse a ella por su nombre de nacimiento —que no fue nunca «Lucila de María del Perpetuo Socorro»— se encontraba don Pedro Aguirre Cerda, el político radical chileno, que fue buen amigo y mecenas suyo de larga data. Ella siempre firmaba sus cartas dirigidas a don Pedro como «Lucila» por razones que se detallan más adelante en este libro, mientras que Victoria Ocampo utilizaba ese nombre para llamarla con afecto, igual que la autora chilena la llamaba «Votoya». Y las tres muestras supervivientes de la correspondencia de la poeta con su madre, Petronila Alcayaga, «Peta», viuda de Godoy, sugieren que esta nunca llamó a su hija de otro modo que Lucila. Pero la misma poeta transformó el asunto en un chiste en las únicas comunicaciones existentes entre madre e hija. Muy poco después de haber cruzado el Atlántico en enero de 1926, Gabriela paró en el pueblito de Maillane, donde Frédéric Mistral vivió hasta su muerte. Desde este lugar, le envió a su madre dos postales. Una lleva una fotografía del poeta provenzal con su perro; la otra es del poeta de perfil. Al reverso va un mensaje escrito a mano de la poeta: «*Otro* Mistral va a verla i a hacerle un cariño juguetón. Que Dios me la guarde. Lucila».

Con su traslado a Francia en 1926, la escritora comenzó a emplear a la par su nombre legal —Lucila Godoy— y el literario —Gabriela Mistral— en documentos como pólizas de seguro y los relativos a bienes inmobiliarios. Enfrentada al espacio limitado que le permitía su pasaporte, solía firmar poniendo un nombre bajo el otro: Lucila Godoy, seguido del otro entre paréntesis: «(Gabriela Mistral)». La crítica y académica chilena Soledad Bianchi resume de manera acertada el punto: «Lucila Godoy, para su vida privada; Gabriela Mistral, para ese ente poético ficticio, integrante de una objetividad más amplia, construida y elaborada a través del lenguaje, es decir, el mundo poético, semejante o no al vivido por la productora literaria».[22]

GENEALOGÍA PATERNAL

Al nacer Lucila Godoy Alcayaga a temprana hora del 7 de abril de 1889, fruto del matrimonio entre Petronila Alcayaga (1845/6?-1929) y Jerónimo Godoy Villanueva (1857-1911), su padre era un exseminarista de 32 años y maestro en la escuela de La Unión (ahora Pisco Elqui), un poblado situado en lo alto del Valle de Elqui. Nació específicamente en San Félix, en el Valle del Huasco, que era el valle que seguía hacia el norte, en la frontera meridional de Atacama. El sacerdote Gerardo Papen pasó más de una década construyendo el estudio genealógico más comprensivo que existe de la poeta y su linaje; ahí indica que los archivos diocesanos en La Serena y Copiapó demuestran que en su sangre había una mezcla de ancestros africanos, indígenas y españoles por vía paterna.

Su abuelo paterno, Gregorio, era «natural de Huasco e hijo legítimo de Pedro Pablo Godoy y Josefa Barraza»; Papen explica que los registros describen a Pedro Pablo, el bisabuelo de la poeta, como un «mulato libre, bautizado el mismo día que un hermano suyo» en 1785.[23] En tanto, Antonio, el padre de Pedro Pablo y tatarabuelo de la poeta, era un «mulato hijo de Tomás Godoi y Agustina Torres, casado con Josefa, mestiza». En los libros de bautismos aparecen siete hermanos de Antonio Godoy, todos con el adjetivo «mulato», y al remontarse cinco generaciones atrás en los ancestros de Mistral, se dice que Tomás Godoi era mulato, «esclavo natural del valle de Elqui y residente en Huasco Alto», hijo de «Juana Godoi», quien podía haber sido hija de Antonia Godoy, nacida en 1680, «esclava negra de Juan Ignacio de Godoy», o de Juan Godoy, «esclavo negro» descrito como «natural de Guinea».[24] En la misma línea, Agustina Torres era la hija de Paula Guanchicai, hija a su vez de Miguel Guanchicai y Felipa, descrita en los registros como «india» y sin apellido, hija de padres sin apellido, según el registro bautismal de 1670. Del mismo lado paterno eran los Huanchicai, de sangre indígena, y algunas familias españolas de apellido Villanueva, originarias de Sevilla.

Por el lado de Jerónimo Godoy, entonces, los antepasados de la poeta fueron una mezcla de europeos, indígenas y africanos, en una época en que muchos patrones tenían hijos fuera del matrimonio y les daban su apellido. Algunas personas dentro de esas familias podrían haber sido esclavos negros: «Los encomenderos españoles usaron a los nativos para los trabajos del campo, y trajeron a los africanos para ser sometidos también a trabajos esclavizantes».[25]

Así, en el siglo XVIII había en Chile una mezcla tal de razas que el pueblo bien podía comenzar a autodefinirse como mestizo. En los albores del siglo XX, precisamente en 1913, Mistral manifiesta su anhelo de vivir y trabajar entre los pueblos indígenas del país, pero hace muy pocas declaraciones públicas de una identificación mestiza antes de 1929. Este giro que se producirá en su discurso público sugiere un orgullo emergente por tener una identidad mestiza y refleja una combinación de circunstancias personales y políticas. En cuanto a lo privado, tras la muerte de su madre en 1929, la poeta comenzó a hablar más libremente de su progenitor. En cuanto a su discurso más bien público, es de señera importancia su partida, en septiembre de 1930, desde Europa a Nueva York. Entre las cartas que Mistral confirma y manda desde Nueva York, hay varias en las que aborda su identidad racial. Al escribirle a Alfonso Reyes, por ejemplo, Mistral afirma el ancestro indígena de su padre a la vez que indica su fuerte rechazo a la ideología del hispanismo que encuentra en su colega, el profesor español Federico de Onís, con quien trabaja en Columbia University. Al principio, muy poco después de arribar a su puesto de *visiting lecturer*, Mistral expresa: «De todas maneras es un caballero y creo que no me molestará nunca en mi trabajo; es el sadismo de la raza el que debo soportarme en él».[26] En la misma carta, indica que ella estaba enseñando el tema de las civilizaciones indígenas a sus alumnos de Barnard College y de Columbia: «Otra novedad que tengo que contarles con mi levantada de tapa del español y es que enseñando indios —llevo en esto un mes— me ha enderezado entero el quechua aimara que naturalmente existía porque llegaron hasta el Maule y mi padre era atacameño del límite precisamente, y yo de Coquimbo, la provincia segunda del viejo Chile».[27]

Como veremos, en cuanto a la cuestión del hispanismo y el indigenismo en la identidad racial, la estadía de Gabriela Mistral en Nueva York y su siguiente viaje a las Antillas marcarán un antes y un después para ella. En *Sociología de la cultura*, el teórico marxista Raymond Williams ofrece el ejemplo del «bardo» como perteneciente a un orden social específico, situado por debajo de sacerdotes y videntes, aunque componiendo con ellos una clase privilegiada específica: «Hay entonces un problema inmediato en la interpretación de sus relaciones sociales reales. Se ha dicho, por un lado, que el bardo es responsable ante la sociedad y es su portavoz; por otro lado, que es su deber preservar la gloria presente y pasada de la clase dominante... Podemos ver el cumplimiento de esta última función en el elogio de los hombres en el poder. Pero luego, a partir de estos, podemos ver el carácter muy mixto de las sagas y las genealogías, que más a menudo funcionan como legitimación del poder, pero también son versiones de la historia».[28]

Así, propongo ver las declaraciones de la poeta sobre la identidad racial o el elogio de las personas importantes como producto del lugar y momento determinados en que las realiza. Ella estaba viviendo en Nueva York en abril de 1931, cuando llegaron las noticias de la caída de la monarquía en España y la subsiguiente declaración de la Segunda República. Dos días después, Gabriela Mistral asistió al primer Día Panamericano en la OEA, en Washington D.C., donde hizo un discurso que afirmaba la unidad de las Américas. En el siguiente mes, mayo de 1931, la poeta emerge como figura continental al viajar por las Antillas y Centroamérica. Ofreció varios discursos sobre José Martí y «El sentido de la profesión», además de sus charlas autobiográficas. Todas estas intervenciones fueron muy publicitadas por sus amigos en la prensa y las universidades donde viajaba, Puerto Rico, Cuba y Santo Domingo, República Dominicana.[29] En esta última isla, Mistral habló muy abiertamente a la prensa sobre su identificación como mestiza, al tiempo que detallaba sus desacuerdos con sus colegas españoles, que sostenían que la colonización había tenido grandes beneficios para las poblaciones del Nuevo Mundo.

Es bastante coherente la identidad racial que Gabriela Mistral expresa a través de la voz con la que habla y la figura con que se representa a sí misma (y en eso hay un fuerte contraste con la identidad de género, donde su autorrepresentación es muy camaleónica, sobre todo en sus cartas). Mientras hacía un mantra de su defensa de los pueblos originarios y sus descendientes, afirmaba la mezcla de las razas en su sangre por medio de su padre. Lo hizo en un momento determinado. Ella veía su oportunidad: a mediados de 1931, había cambios de régimen en Chile, en España, en Santo Domingo y en varios países centroamericanos. Mistral decidió que quería seguir viviendo fuera de Chile, representando a América Latina en Europa. Y en ese contexto afirmaba esa identidad suya por medio de una genealogía afectiva que era fundamentalmente multirracial y del campo. Por eso Mistral escribe en 1952: «Es absolutamente falso que mi padre fuese blanco puro. [...] Quienes han visto las fotos de mi padre y que saben alguna cosa de tipos raciales no descartan ni por un momento que mi padre era un hombre de sangre mezclada. Mi abuela, su madre, tenía un tipo europeo puro; su marido, mi abuelo, era menos que mestizo de tipo, era bastante indígena. La afirmación no es antojadiza. En dos retratos borrosos que tengo de él, la fisonomía es cabalmente mongólica, los Godoyes del Valle del Huasco tienen, sin saberlo, tipo igual. Digo sin saberlo porque el mestizo de Chile no sabe nunca que lo es».[30]

Linaje materno

«El mestizo de Chile no sabe nunca que lo es»: la sentencia tiene resonancia.

Por el lado materno, Gabriela se identificaba como campesina. En 1923, ya viviendo y trabajando en México, la poeta escribió una página autobiográfica dirigida al editor catalán de una selección de sus poesías: «Vengo de campesinos y soy uno de ellos».[31] Lo cierto es que los ancestros de la escritora provenían del ámbito rural, siendo unos patrones y otros, inquilinos.[32]

Su madre, Petronila, «Peta» o «Petita», Alcayaga Rojas, nació y se crio en Elqui, donde el apellido Alcayaga se remonta hasta los vascos emigrados que estuvieron entre los primeros colonizadores europeos del valle. No hay un certificado de nacimiento definitivo de su progenitora, pero las tradiciones orales recogidas por la artista Laura Rodig, la primera de las secretarias de la poeta, indican que «su madre vino de Huanta, pueblito en una ladera [con] bastante vegetación; el río va abajo. [Está] cerca del límite con Argentina». Según Rodig, los Alcayaga eran de Varillar y Chapilca, todos ubicados en el camino al Paso Internacional de Agua Negra.[33]

Hay que desmontar la persistente asociación (muy victoriana, muy normativa) que vincula el vagabundaje y la vocación literaria con la influencia paterna en la vida de Mistral. Esta asociación —que no se establece hasta después de la muerte de Mistral— está tan presente en la década de 1960 como en la época reaccionaria de Pinochet. Los mejores estudios, como el de Jaime Concha, la enfrentan, mientras que los buenos, como los de Bahamonde y Samatán, a veces recaen en ella. Los peores, en tanto, como el de Szmulewicz y a veces el de Teitelboim, se refocilan en tales clichés.

En rigor, la madre de Gabriela se desplazó mucho durante la infancia de la poeta, aunque sin salir de su provincia natal. Consecuencia del vagabundaje familiar, que refleja la precariedad económica, es que todo el valle se ve asociado con la futura poeta, quien vivió sus primeros meses en los pueblos de Diaguitas y Peralillo, ambos en las afueras de Vicuña, en cuya iglesia parroquial Petronila y Jerónimo Godoy se casaron en 1887. La ceremonia civil tuvo lugar en Paihuano el mismo día.[34] El matrimonio civil había sido instaurado en Chile solo tres años antes. Comenta el historiador local José Secundino Varela Ramírez —en un libro (1921) que Mistral calurosamente recomendó— que el sacerdote de Vicuña, Manuel Olivares, oficiaba en las bodas religiosas y cumplía a la vez funciones de juez en el pueblo. Acciones que Varela Ramírez lamenta como una duplicidad inexcusable de los poderes eclesiástico y civil.[35]

El linaje de Petronila carece de documentación, y ella misma era inconsistente al establecer cuándo nació. Al casarse con Jerónimo

Godoy, este señaló que tenía 28 años y ella 30, aun cuando, fruto de una relación anterior, ella tuviese una hija de 14 años, Ana Emelina Molina. Peta Alcayaga era, con toda probabilidad, al menos una década mayor que Godoy. Un informe no confirmado declara que Peta nació en 1845; otro, en 1850, mientras que la misma poeta indicó en un examen médico, en 1947, que Petronila Alcayaga tenía 83 años al morir, lo cual situaría su nacimiento en 1846 y permitiría establecer que la madre tenía 44 o 45 años cuando dio a luz a Lucila Godoy Alcayaga.[36]

En un libro publicado cuando Mistral tenía 33 años, el historiador Varela Ramírez detalla las costumbres, la historia y la geografía locales, las que brindan luces en torno a la infancia de la autora. También reveladoras, aunque plantean un desafío a la hora de utilizarlas, son las páginas provisorias e incompletas de notas manuscritas e inéditas hechas por la escultora Laura Rodig, la primera secretaria de la poeta. Otro desafío asociado viene del contexto en el cual Rodig comenzó a escribirlas: inmediatamente después del anuncio de que Mistral zarpaba de Río de Janeiro a Estocolmo para recibir el Premio Nobel en diciembre de 1945. O sea, Rodig se fue a Elqui a costa de su bolsillo y sin el conocimiento de la poeta, precisamente cuando el viaje en barco de Mistral impedía toda comunicación.

Las notas manuscritas y los cuadernos de Laura Rodig dan cuenta de las habilidades descollantes que había desarrollado como escultora especializada en la creación de bustos. Actuó como secretaria de Gabriela Mistral durante más de cuatro años, pero ejerció como profesora de arte por más de tres décadas, y fue, a lo largo de su vida, una artista, una activista social y una «feminista militante» antes de que se acuñara el término. A la par que practicaba estas vocaciones, Rodig aprendió a preguntar y entrevistar, como testifican José Vasconcelos y Enrique Molina, quienes comentan su gran simpatía y encanto al distraer a sus modelos con preguntas interesantes y bien formuladas. Sabía hacer hablar a la gente y obtener información mientras esculpía las cabezas.

Tras arribar a Elqui a fines de noviembre de 1945 —en un momento en que cundía un gran orgullo por la poeta local—, Laura Rodig se acercó y entrevistó a numerosos residentes del valle y de La Serena. Con su presteza, Laura fue inquiriendo cómo y cuándo los padres de Mistral se conocieron y también acerca de su carácter cuando niña. Y como Laura era de la ciudad de Los Andes, del valle del río Aconcagua, sabía indagar detalles sobre la vida cotidiana. Anotaba, por ejemplo, cuidadosamente las estaciones en que se plantaban y sembraban los cultivos específicos. Con todo eso, Laura Rodig documentaba la variedad de las tradiciones orales en ese valle feraz. Habiéndose ganado la confianza de la gente de la localidad, Rodig recibió una generosa comisión para erigir una estatua de la poeta por orden municipal en la plaza de Vicuña, su lugar de nacimiento.

Mistral se puso furiosa al enterarse de la presencia de Rodig en Elqui. Vetó el proyecto y dio cuenta de su indignación ante el hecho de que la comisión fuera financiada con fondos municipales y con un costo que le pareció absurdo. Mistral insistió en que no deseaba ninguna estatua de ella, ni entonces ni en la hora de su muerte. Prohibición que no disuadió a Laura, que siguió en secreto con su empeño en una suerte de penitencia y exilio ¿autoimpuestos? La escultora se trasladó entonces a Punta Arenas, donde se quedó hasta 1951, o sea, durante toda la presidencia de Gabriel González Videla. Esta fue la época de la famosa «Ley Maldita», que declaraba que los miembros y simpatizantes del Partido Comunista, como Laura Rodig misma, serían «destituidos y prohibidos de ocupar cualquier función o empleo fiscal, municipal, en organismos del Estado o en instituciones o servicios fiscales de administración autónoma».[37]

Sin embargo, en Punta Arenas Laura Rodig siguió desarrollando su arte, protegida, al aparecer, por el mismo presidente Videla, quien había observado el estado de pobreza en que ella vivía en 1946.[38]

En sus notas de campo, en sus cuadernos, Rodig documenta la cultura oral; en sus manuscritos, rememora su vida al lado de Mistral. En contraste, el texto de Varela Ramírez es un pulido libro histórico con detallados perfiles biográficos y geográficos de todo el Valle de Elqui. Describe las noches invernales en que el aire frío de la montaña y los rayos tibios del sol al ponerse se combinan para liberar el llamado terral o diaguitano, un viento fiero y seco como el mistral, que «causa, en el organismo, malestar general y excitación nerviosa».[39] Ese mismo viento desciende apresurado por las laderas andinas. Arremete a su paso contra todo y lo azota, suscitando portazos, descoyuntando las persianas, arrancando las ramas de los árboles. La gente corre a sus casas y los animales se apiñan junto a los fardos empacados en los corrales. Por las mañanas, el aire está increíblemente diáfano.

Jerónimo y Peta se conocieron en el mes de María, según Rodig, cuando el aire templado de la primavera adormecía al terral. Jerónimo Godoy estaba entre los seminaristas que salían de La Serena en misiones religiosas hacia tierras del interior, visitando las humildes parroquias de madera en los fértiles valles. Con sus colegas del seminario, el poeta guitarrero se presentó en la vieja y penumbrosa iglesia de Vicuña, emplazada en un lugar soleado y parejo, no lejos de la entrada al Valle de Elqui, a 55 kilómetros del océano resplandeciente. La tradición oral sostiene que su primer encuentro con Petronila Alcayaga ocurrió al escuchar él las notas de su bella voz de soprano elevarse desde el rincón a oscuras en que estaba el coro dentro de la iglesia. Inicialmente trémula y luego resonando con claridad, esa campana líquida hizo añicos la ensoñación de Jerónimo.

Jerónimo tomó los votos menores poco después, pero terminó abandonando el seminario, quizás al descubrir «que no tuvo vocación, ni espíritu de disciplina».[40] Las tradiciones locales cuentan que abandonó La Serena para escapar de la furia de Isabel Villanueva Herrera, su madre, que quedó en extremo afligida al saber que su hijo había renunciado a esa carrera que ella no solo había escogido para él, sino por la que había hechos enormes sacrificios. Según Mistral, Isabel Villanueva, su abuela paterna, dejó su casa en Huasco para reasentarse en La Serena con sus tres hijos, tanto para asegurarles a ellos su educación cuanto porque no pudo perdonar a su marido el hecho de haberle sido infiel.[41] Una tradición local especifica que Gregorio Godoy había avergonzado a su esposa Isabel «al amancebarse» con la lavandera de la familia.[42]

Jerónimo Godoy aceptó un puesto como maestro rural en el rincón más alejado de Elqui: La Unión, ubicado a trescientos metros sobre el nivel del mar, cerca de la unión de los ríos Derecho y Cochiguaz. Esa región agrícola, minera y turística siempre ha atraído gente de otras partes, sea de otros valles o de las ciudades, personas deseosas de vivir un contacto íntimo y diario con la naturaleza en las tierras andinas, bajo el gran techo del cielo.

Laura Rodig anotó cómo la gente del Valle de Elqui recordaba a don Jerónimo: «Era muy moreno, más bien feo, gordo, no muy alto, imponente. Ojos verdes, muy habiloso, instruido. Mal carácter».[43] Al publicar parte de su investigación, Rodig suavizó la sentencia al indicar que los vecinos y antiguos alumnos recordaban a Jerónimo como «muy instruido, de genio violento, de aspecto imponente, sin ser muy alto, moreno tostado, de ojos verdes; inspiraba respeto y se imponía siempre».[44]

Una foto de Peta confirma su gran belleza. Era menuda y delgada, proporcionada y de ojos azules, según Samatán, cuya madre llegó desde el valle y a quien conoció por entonces.[45] «Doña Petita era muy bonita, hatajadora, hacendosa, generosa, con mucho sentido práctico».[46] Muy buena bailarina y muy dotada musicalmente, «eximia arpista», según las notas de Rodig.[47] «Doña Petita era fiestera. Bailaba cuadrilleras. Cantaba La Pejura».[48] Mistral por su parte recordaría en 1938: «Qué yerto y baldío está el Valle ahora que mi madre ya no lo pespunta con sus pasitos ágiles de codorniz de plata que se deslizaba por la casa cantando con la voz más linda que han ungido mis oídos y que aún me llama».[49]

Un asunto recurrente en las preguntas de Laura Rodig es la situación de don Jerónimo y doña Petronila cuando se reencontraron en la aldea de La Unión, donde él fue el nuevo preceptor de la escuela y Peta vivía con su madre ya muy mayor, Lucía Rojas, y con Emelina, adolescente. Rodig descubre que tanto Jerónimo como Petronila frecuentaban a una familia con cinco hijas, las Vallejo. El apellido flota a lo largo de los cuadernos y los manuscritos. «Emelina iba mucho donde las Vallejo».[50] Parece que Rodig quiso entrevistar a las Vallejo porque ellas, con Peta y Emelina y las Rojas, formaban el grupo cantante de Las Huantinas. Pero parece que todas ellas, como tantos, ya se habían ido lejos para cuando Rodig hacía sus averiguaciones.

La tradición oral del valle sostiene que oír la melodiosa voz soprano de Peta transportó a Jerónimo de vuelta al recuerdo de esa iglesia oscura en pleno resplandor primaveral. Aun suponiendo que Jerónimo fuera tan feo como se dice, lo cierto es que Peta, tan asidua al jolgorio, se casaría con este hombre educado hasta la erudición, con un trabajo estable a jornada completa, algo bien raro en el valle. Él era, además, muy requerido en las fiestas y tenía habilidad con la guitarra y talento de compositor. Así es que don Jerónimo y doña Petita se transformaron en un dúo muy requerido en los eventos sociales de todo el valle. Emelina, la hija adolescente de Peta, se les unía con su fina voz y prodigiosa memoria: «Por aquellos años todo se decía por medio de canciones. Era el único lenguaje permitido a las mujeres».[51]

Aunque Gabriela Mistral no tenía talento para la música, siempre se remitía a su padre al hablar de su interés por la poesía. Siendo aún seminarista, el 13 de marzo de 1884 Jerónimo Godoy publicó en *El Coquimbo*, el diario radical fundado por Bernardo Ossandón, un largo poema desbordante de elementos botánicos con el título «A La Serena» y en el cual canta a la ciudad como «cuna feliz de mi vida».[52]

Peta adoraba las actividades sociales recreativas que encendían la casa y lugar de trabajo. Entre los integrantes de la familia con talento dramático, el historiador Varela Ramírez nos cuenta de su primo cercano Francisco Rojas, del pueblo de Peralillo. Era una figura conocida durante la Cuaresma, cuando solicitaba las almas de los creyentes embutido en un disfraz terrible, como un «emisario de ultratumba, escapado del infierno, cuco de niño y sanguijuela del bolsillo».[53] Todo lo cual resulta consistente con la primacía de los cuentos de fantasmas en el repertorio oral y escrito que desarrollaría Gabriela Mistral.

El matrimonio de Jerónimo y Peta no llegó a prosperar. Volvieron a vivir en La Unión (Pisco Elqui), en un barrio que se llamaba La Greda, en la calle El Comercio. Ahí, la gente de la localidad le indicó a Laura Rodig que Jerónimo se había mantenido alejado del alcohol antes de su matrimonio, pero no después.[54]

Visto que doña Petita había vivido siempre en hogares exclusivamente de mujeres, no ha de haber sido fácil adaptarse a tener un varón rondando en la casa. Pese a las alusiones a Petronila Alcayaga como una «viuda», ella nunca se había casado con Rosendo Molina, ni este llegó a reconocer a Emelina como hija suya. Los padres de Peta tampoco estaban casados, lo que no es sorprendente en la época, visto que los empleos estables eran raros en el valle.[55]

Dieciocho meses después de la boda, Jerónimo fue suspendido sin goce de sueldo de su cargo de maestro mientras estuviera pendiente una investigación en torno a cargos no indicados en el archivo.[56] Era un caso sin precedentes: ningún otro maestro había sido castigado así en las tres décadas de las que dejaban constancia los registros de la intendencia, desde 1880 a 1910.[57] Puede que sus habilidades musicales suscitaran una demanda tal de su presencia en fiestas de todo el valle rural que faltara a algunas clases. Pero, como él mismo no llevaba registros de sus clases en ese primer puesto como educador, no tenía defensa. Y Peta estaba ahora embarazada.

NACIMIENTO E INFANCIA

Sin ingresos ni garantía de algún empleo futuro en La Unión, la pareja abandonó el lugar para irse a Vicuña. Aunque no se sabe cuán avanzado estaba el embarazo de Peta, pocos autores se resisten a pintar en términos hagiográficos el viaje de la pareja a Vicuña, a 47 kilómetros de distancia. Rodig invoca antecedentes sacrosantos —no en sus cuadernos, pero sí en «Presencia de Gabriela Mistral», el artículo que publicó después de la muerte de la poeta: «Como reviviendo el retablo de la natividad cristiana: La madre curvada sobre su vientre en un borriquillo, el padre con otro de tiro [...] Éxodo aconsejado por los vecinos y las comadres del pueblo. Todos les decían que debían irse a un sitio de mayores recursos...».[58]

Pasando las aldehuelas cuyos nombres reflejan la historia del asentamiento español e indígena en la región —Montegrande, Paihuano, Diaguitas, Peralillo, El Molle—, Jerónimo y Peta se dirigieron a Vicuña, que contaba con un nuevo hospital. Pero este no era un sitio adecuado para tener un bebé. Por sus puertas salía más gente muerta que viva.[59] En lugar de esa opción, el 7 de abril de

1889, a las cuatro de la madrugada, Petronila Alcayaga dio a luz a Lucila Godoy Alcayaga en una casita de adobe de la que era copropietaria con sus tías maternas Rosa Ossa y Ángela Rojas. La parte de Peta en esa casa de propiedad dividida representaba la herencia de su madre.[60] La vivienda quedaba a orillas del pueblo, en el número 759 de la calle Maipú (hoy calle Gabriela Mistral). Junto al dormitorio había otra estancia cuya puerta daba a la calle y por la cual ingresaba la gente que trabajaba en la labor de costurera de Peta, probablemente a cambio de mercancías o determinados servicios en lugar de dinero contante y sonante. Algo que era típico de otras casas rurales de la época es que carecía de electricidad y agua corriente. Un arroyo discurría a una cuadra de distancia.

La copropiedad de esta vivienda por Petronila Alcayaga y la educación avanzada de Jerónimo Godoy, sumado a su cargo en La Unión, sugieren que Gabriela Mistral nació entre las filas de la clase media rural, en la que, «a pesar de una situación económica difícil, existía un cierto capital cultural heredado [...] Por parte de su madre, se encontraba ligado a familias de propiedades rurales en el Valle de Elqui, que habían sido importantes, pero [estaban] muy venidas a menos y en una situación lindante con la pobreza».[61]

El cura destinado al lugar bautizó a la niña ese mismo día, quizá por la preocupación que suscitó la salud de la recién nacida. Jerónimo y Emelina se afanaron en plantar árboles frutales y flores en el patio de la casita para que crecieran a la par de Lucila y la hicieran una amante de la belleza, como Emelina evocaría años después en una carta a su hermana: «Godoy hacía el hoyo y yo plantaba la planta para que crecieran junto con ella. En el centro del terreno trabajó un pozo que tenía la forma de una barca, cuando al borde de unas pocas matas de madreselvas, jazmines y rosales, puso unas cañas o varas para formar una cuna para que cuando G. estuviera grandecita se bañara y cayesen sobre ella los pétalos de flores».[62]

Por su parte, la poeta se deleitaba con el recuerdo de las higueras y granadas en ese jardín con árboles que eran de su misma edad.

Entonces llegaron albricias: «El Gobernador de Elqui, don Ramón Herrera, le comunica a Jerónimo Godoy que la investigación sumaria le había resultado favorable y que había sido sobreseído de todos los cargos en su contra; podía retomar sus clases en La Unión, y le serían canceladas todas las mensualidades retenidas durante el proceso».[63]

Como maestro rural de enseñanza básica, Jerónimo Godoy ganaba mucho menos que sus contrapartes urbanas. Sus estudios del seminario lo calificaban para enseñar a estudiantes más avanzados en colegios grandes y urbanos, donde los salarios eran mucho mejores.[64] Reintegrado a su cargo, volvió a La Unión mientras su esposa, su hija bebé y la otra adoptiva permanecían en Vicuña por al menos cuarenta días, si no más. Aunque las visitaba regularmente y, con toda probabilidad, aportaba a su financiamiento, Peta no encontró razones para acompañar a Jerónimo tres años después, cuando él aceptó un trabajo en lo que hubiera sido un cargo mejor remunerado en un colegio menos rural y más grande, en un pueblo dedicado a la minería del cobre y de nombre Panulcillo, distante a ciento cincuenta kilómetros y cercano a Ovalle. Tampoco se unió Peta a su esposo cuando este se aseguró un trabajo de mayor prestigio, relativamente bien pagado, en el Colegio San Carlos Borromeo de Santiago.

Alrededor de 1901, las visitas ya esporádicas de Godoy cesaron. En torno a 1909, Jerónimo había regresado a Copiapó, ciudad no muy alejada de su lugar de nacimiento en San Félix. Sin dirección fija, se desplazaba de un pueblo minero al otro ofreciendo clases particulares. «Se dedicó a correr tierras», explica Laura Rodig. «Mi padre iba y venía de Atacama al Valle de Elqui», escribió Gabriela Mistral años después: «Nunca contaba la vida de él en su provincia.

Ya se había dado al licor y mi madre y mi hermana solo se sosega-
ban cuando él partía».[65]

En lugar de seguir a su esposo a lugares desconocidos, Petronila
optó por seguir en el Valle de Elqui. Gracias en parte a la rápida
expansión de las escuelas rurales y en parte a la sociabilidad de
doña Peta, sus hijas ingresarían a la misma profesión que Jerónimo
Godoy. Emelina, la mayor, cuya educación había concluido en la
escuela primaria, consiguió formarse y empezar a trabajar como
ayudante de profesora. Las notas de Rodig citan una entrevista con
Evaristo Marín de Jarillas, quien cuenta que entre 1889 y 1891
Emelina vivía en Vicuña con Angelita Rojas y Rosita Ossa y ayuda-
ba a doña Adelaida Olivares. Hacía también de ayudante en la es-
cuela. «La profesora la llevaba y le leía porque era ciega».[66]

Olivares fue la mujer a quien Gabriela Mistral describiría más
tarde como su «contramadrina». Provenía de una de las familias
más influyentes del pueblo; su hermano Manuel era el cura del
lugar. Resuelta a no dejar que su ceguera se interpusiera en su ca-
mino, pronto Adelaida Olivares se convirtió en la profesora jefe en
la escuela primaria de niñas de Vicuña. Al mismo tiempo, escribía
versos devotos para las celebraciones locales que *La Opinión*, el dia-
rio conservador local, publicaba regularmente.[67]

A los diecisiete años, Emelina Molina comenzó a trabajar como
ayudante en el colegio de Paihuano, no lejos de Vicuña, donde su
madre y hermana se le unieron. La poeta recordaría luego esta ins-
tancia como el momento en que aprendió el alfabeto.[68] Su rápida
inteligencia era ya entonces manifiesta: «Aprendió el silabario en
15 días», informa Rodig.[69]

La familia abandonó Paihuano en marzo de 1892, luego de
que Emelina aceptara el puesto de directora de escuela en la al-
dea montañosa de Montegrande, aproximadamente un kilóme-
tro cerro abajo de la aldea levemente mayor de La Unión, donde

ambas mujeres tenían amigos de su residencia previa en el lugar. Tres factores jugaban a favor de Emelina: la escasez de normalistas, «la antigua condición de propietarios de la familia de la madre» y, por último pero muy importante, el «apoyo de algunas personas influyentes como don Luis Filomeno Torres, uno de los propietarios rurales más grandes del Valle, [por lo que] pudo ser nombrada directora de la Escuela de Montegrande».[70]

Peta y su hija menor dependían ahora de Emelina. Una vez al mes venía ella misma a caballo al pueblo para recoger su sueldo, 80 pesos mensuales más un dormitorio adjunto al colegio. Era lo mejor a lo cual podía aspirar una mujer en Chile por aquellos días.[71]

MONTEGRANDE

Desde los tres a los nueve años, la base de operaciones de Lucila estuvo en el aula, el patio y el dormitorio adyacente a la escuela en Montegrande. Ya entrado el siglo XXI, ese espacio alberga tanto el correo como una versión modernizada de la escuela de una sola aula, a la que la niña asistió. Está decorada con relucientes y modernos mapas del Chile contemporáneo y cuenta con un piso brillante de tablones anchos de pino Oregón. Yendo hacia el patio, el visitante puede alzar la mirada y fijarla en los cerros circundantes. En el mes de abril, el alba es a las 5:20; aclara a las 6:00 y el sol aparece a las 8:00, que es cuando la luz trepa hasta las cumbres. La puesta de sol reitera la *performance*: el sol desaparece más allá de las montañas, pero sus rayos persisten durante horas en esta estrecha porción de tierra, de escasos dos kilómetros de ancho. Los frutos de este mes son, según las notas de Rodig en 1956, «vid, paltos, duraznos, membrillo, granados, peras. Se hacen dulces de arrope».[72]

Situada bajo el alero, la cocina estaba en el exterior. Adentro, las persianas y la escoba de Peta eliminaban el polvo del dormitorio relativamente espacioso de las tres mujeres. Peta vio que el fácil acceso al camino y el río atraería una clientela y dispuso una rústica mesa de cocina para que los viajeros de paso se detuvieran un rato, comieran algo y descansaran. Más de treinta años después, en una carta a su amigo Alone, la poeta hablaría de cómo los arrieros de mulas se detenían allí, a la mesa de su madre, tras haber cruzado el paso desde San Juan, Argentina: «Comían de nuestra uva y de nuestros higos, luego bebían del agua de la noria, como si se banqueteaban en el Club Social de Coquimbo».[73] Con igual o mayor devoción recordaría los domingos cuando ella con su madre y su hermana visitaban a don Adolfo Iribarren, dueño de fundo y subdelegado de Montegrande.[74] La chica solía vagar por ahí y luego sentarse a solas en un cenador del patio, donde escribía en un cuaderno que siempre llevaba consigo como un talismán. Según Isauro Santelices, un amigo de Gabriela desde 1913, cuando él le pidió a Petronila que le contara algo sobre la infancia y la juventud de su hija menor, ella le contestó: «Tomó Lucila tanta afición a la lectura que todo libro que llegaba a sus manos se lo devoraba».[75]

Mientras mayor se hacía, más deseaba la poeta recordar y hablar de su infancia en Montegrande: «Con los años nos vamos reduciendo a escombro. Cuánto temía esto yo cuando era una muchachita elquina que no se cansaba de trepar los peladeros buscando flores y piedras». En el frío y húmedo invierno de Long Island, Nueva York, el aroma de la nieve le hacía recordar la sensación de estar siendo observada por halcones, «que deletreaban las briznas más lejanas y hasta el temblor del pelaje de un conejo al otro lado del Valle. Tuve ese surco de surcos».[76]

Al cabo de los años, su recuerdo de la escuela de Montegrande se difuminaba y fundía con la memoria de todas las escuelas donde había estado de pie ante un aula que ella idealizaba, «sin tablas sobre el suelo, de puro barro reseco, barrido con un decoro japonés o belga». Recordaba haber estado sentada a «una mesa tosca y enclenque, mirando las cabezas peinadas, el moño de laca china de una niña que apunta la lección», observando «las cintas blancas como floripondios que se mecen mientras la chiquitita escribe apretando la boca y las cejas».[77]

Una foto grupal cercana a 1895 nos muestra a Lucila Godoy, de apenas seis años, en el patio de la escuela en la aldea de Montegrande. Hay treinta y seis alumnos distribuidos en un amplio rango de edades, desde cinco parvulitos en un banco o el piso hasta otras cinco toscas adolescentes. Lucila lleva puesto un vestido negro, tal vez el único que tiene, de aspecto funerario. Está parada justo detrás de Emelina, la profesora, sentada y erguida como una vara, igual de solemne y sombría que su hermana. Emelina lleva el cabello recogido en un moño bajo y apretado. De todos los presentes, solo estas dos hermanas miran directamente a la cámara. Sus rostros hablan de su determinación. Dicen, sin palabras, que resistirán a pesar de la pobreza que las ha traído hasta aquí.

En una anécdota autobiográfica muy sentimental, Mistral asume la voz y sensibilidad de su madre para describir la preocupación de Petronila Alcayaga al comprobar la preferencia de su hija por la soledad y su profunda diferencia con otras niñas, el hecho de que «no jugara como las otras» y de que se «la encontraba conversando con las cepas retorcidas y con un almendro esbelto y fino que parecía un niño embelesado».[78] Isauro Santelices hace eco de las mismas páginas al indicar que cuando Petronila le preguntaba con quién hablaba, la chica contestaba en la misma vena franciscana: «Mamá, estoy conversando con las aves, con los lagartos, que se aparecen novedosos mirándome, como diciéndome, somos hermanos; Dios me ha puesto cerca de ellos para que sean mis compañeros».[79] Pero, según el recuerdo de la misma poeta, su madre no la entendía: «Hija, tú tienes fiebre», le decía Petronila a esta «niña huraña como son los grillos obscuros en el día, como es el lagarto verde, bebedor del sol».[80]

La contadora va de la aldea a la diplomacia

A diferencia del escritor mexicano Alfonso Reyes, quien sería su mentor en el mundo de la diplomacia, Gabriela Mistral no llevaba ningún diario de vida. Tampoco escribió multiples tomos de cautivadoras memorias, como hizo José Vasconcelos, quien la invitaría a México y la pondría a trabajar en su formidable máquina publicitaria. Mistral no trabajaba con sus secretarias a la manera de Neruda con Homero Arce: cuando la salud de Gabriela estaba en declive, hacia el final de su vida, no quiso ni pudo desarrollar sus memorias en prosa. En contraste con los múltiples volúmenes de los *Testimonios* de Victoria Ocampo, un verdadero monumento cultural, las historias que Mistral contaba son fundamentalmente anecdóticas en el sentido de que las elaboró y representó en muchas variantes, tanto en charlas íntimas como ante el enorme y multifacético público que la buscaba.

La manera de rastrear la sigilosa entrada de Gabriela Mistral a la vida diplomática viene no de las conferencias de prensa, sino de los movimientos de sus secretarias. La voz «diplomacia» viene de «diploma», término alusivo a un papel doblado en donde hay mensajes que un emisario intercambia entre los presidentes y sus principales ministros. La ya clásica teoría de la diplomacia de James der Derian la define como «la mediación del alejamiento [*estrangement*] por el poder simbólico y las limitaciones sociales».[81] La diplomacia misma no se ve como «una continuación de la guerra por otros medios», sino como «una mediación entre individuos, grupos o entidades distanciados».[82] Con esta definición, que enfatiza la supremacía del poder en las relaciones humanas, se entiende mucho de la relación entre Mistral y sus secretarias desde Palma Guillén en adelante.

Palma Guillén y Gabriela Mistral trabajaron dos años juntas en México, seguidos por ocho años en la Liga de las Naciones, la primera organización internacional que incluyó los derechos de la mujer en su carta fundacional.[83] Allí Mistral, ayudada por Guillén, no representaba a Chile, sino algo más nebuloso: a América Latina. A la vez, con Palma Guillén ayudándola, Mistral dedicaba sus mayores esfuerzos a escribir artículos y dar conferencias. Mientras hacían todo eso, Mistral y Guillén se hicieron cargo de Yin Yin e iniciaron una larga y ardua campaña para conseguirse puestos consulares, lo que no fue una idea caprichosa en un momento de fantasía, sino un plan muy calculado, desarrollado por ambas, pero especialmente por Palma Guillén.

Entrar en la carrera diplomática no fue nada fácil. Enfrentaron el escepticismo de sus amigos y la resistencia y envidia de sus rivales. Mistral tuvo éxito porque se valió de la ayuda de Guillén y de México, y de una herramienta típica en la agenda diplomática: la amenaza muy creíble de cambiar de bando. Mistral ya la había usado para conseguir traslados y aumentos de salario durante su carrera de educadora en Chile. Con esta maniobra dejó atrás a sus rivales, que no pudieron replicarla. Movilizó sus redes nacionales e internacionales para asegurarse de que el Congreso chileno la nombrase «Cónsul Particular de Profesión de Segunda Clase», con carácter vitalicio, fuera del escalafón y sin derecho a pensión, como en efecto ocurrió el 24 de septiembre de 1935 al decretarse la Ley 5.699. Diez años después, el patrocinio de Pedro Aguirre Cerda le aseguró el apoyo desde Chile para ganar el Premio Nobel; el resto lo hizo ella misma.

Río loco de la memoria

> *Río loco de la memoria*
> *que repecha sus aguas vivas*
> *corre absurdo, corre no para,*
> *loco salmón peñas arriba.*
>
> GM, «Historia loca», *Almácigo*

Al escribirle a su primer biógrafo en 1933, Gabriela Mistral bromeaba con que los pueblos del Valle de Elqui competían por el honor de ser su lugar de nacimiento, al igual que las ciudades griegas debatían sobre cuál de ellas podía reclamar a Homero para sí. Sonriendo, Mistral declaró que «el valle es una sola cosa desde Vicuña hasta el pie de la Cordillera» y bromeaba acerca de los periodistas que gastaban papel y tinta en el asunto.[84] Eventualmente, sin embargo, ella singularizó a la aldea de Montegrande como *su* lugar, donde pasó su niñez y donde finalmente iba a ser enterrada. Entendía que la localización de una tumba brinda tanto los beneficios espirituales como económicos propios de un sitio de peregrinación. Tampoco olvidaba La Unión, donde ella decía haber sido concebida al aire libre: «En <u>esta</u> aldea me hicieron y en la otra me crié. Esta es la realidad».

En toda instancia, desestima el que en rigor fue su lugar de nacimiento: «A Vicuña apenas la conozco».[85] Postula un origen en el paisaje mismo: «Salí de un laberinto de cerros y algo de ese nudo sin desatadura posible queda en lo que hago, sea verso o sea prosa».[86] Para ella, el río es un hilo de plata sobre una cinta verde que hace giros y recovecos antes de desaparecer en las faldas rugosas de las montañas circundantes. Según la poeta, Elqui, ese oasis ribereño, detentaba un aire tan puro, una luna y unos astros tan luminosos, que las mujeres salían a trabajar de noche en los campos. Aun cuando Montegrande era el centro emocional en esta versión chilena del Shangri-La, nunca incurrió la poeta en sentimentalismos. Tampoco subestimó esa experiencia que ella conocía bien: trabajar o morirse de hambre. Toda una vida de rodar tierras le había enseñado el valor del turismo en una economía con escasos trabajos de jornada completa y régimen anual, donde los hombres debían desplazarse en busca de trabajo y muchas mujeres, tal como su madre, tenían hijos de más de un hombre; un lugar en que el 50 por ciento de los nacimientos ocurría fuera del matrimonio.[87]

El Valle de Elqui se aposenta en una región de angostos valles transversales (orientados de este a oeste) por donde corren ríos formados por el deshielo de las montañas. Al norte se hallan los valles del Huasco y el Copiapó, que marcan el límite meridional de Atacama. Al sur, los valles del Limarí, el Choapa y el Aconcagua. Cada uno con su propia historia y geografía. Elqui goza de un clima soleado durante todo el año. Sus suelos complejos derivan de depósitos aluviales que datan de hace entre catorce mil y treinta mil años. Aunque habitado durante milenios, los asentamientos más tempranos en Elqui se remontan a la cultura de El Molle en el año 300 de nuestra era. La diaguita arribó alrededor del 800 de nuestra era, proveniente del noreste, a través de tierras en manos, sucesivamente, de atacameños (likanantaí) y cuyanos. En 1400, el Inca vivió entre los diaguitas. Ese influjo se extendió hasta la que en el presente es la comuna de San Bernardo, al sur de Santiago. Los españoles llegaron por el norte en 1540 a través del actual Perú. Establecieron Coquimbo, la segunda provincia del viejo Chile, cuyo puerto, además de los pasos al este y los asentamientos riberos, hizo de Elqui una «zona de contacto», un espacio en que las varias «culturas se encuentran, chocan y luchan entre sí, a menudo en contextos donde dominan relaciones de poder muy asimétricas, como las que determinaron el colonialismo, la esclavitud o sus secuelas, que aún se viven en muchos lugares del mundo actual».[88] Una mezcla que define la vida desde hace siglos.

Vicuña, 1900: «La echada»

Al aproximarse el noveno o décimo cumpleaños de la niña, su hermana Emelina concibió una ambición enorme y generosa, «una idea peregrina», como la llamaría después Mistral. La escuela primaria de Vicuña fue reclasificada y elevada a «categoría uno», uniendo los niveles del cuarto al sexto básico tras una visita del senador Agustín Ross a la localidad en 1895.[89] La pequeña familia dejó entonces Montegrande y se marchó a Vicuña, de modo que Lucila pudiera completar la enseñanza primaria hasta el sexto básico con Adelaida Olivares, a quien la poeta, en una hoja manuscrita de 1951 o 1952, describe como su «madrina de confirmación».[90] Peta se quedó con Emelina, que había aceptado un puesto de profesora en Diaguitas, un caserío a cinco kilómetros de Vicuña. Las mujeres dispusieron que la niña viviera los días de semana con parientes o amigos de la familia en Vicuña.[91] Los sábados, Lucila tomaría un caballo y cabalgaría para ver a su madre y su hermana en Diaguitas.[92]

El relato de su traumática iniciación en la escuela en Vicuña inaugura un patrón recurrente en sus testimonios y relatos, donde la relación entre la comunidad escolar y ella se define por persecuciones seguidas de amenazas de violencia que terminan o en su expulsión o en su rescate por parte de una autoridad superior que la traslada a otro sitio (escolar, consular) donde el ciclo se reinstaura. Otra forma de verlo es que Vicuña fue una estación de paso en su itinerario vital, «la vía santa» en el movimiento desde su infancia solitaria y devota hacia el mundo de la adultez. Cronológicamente hablando, es la más temprana de sus historias acerca de la enseñanza. Pero la escritora se tomó un prolongado intervalo, durante el cual refirió otros cuentos relativos a sus conflictos con educadores. No añade este «dramita» a su repertorio y a su figura pública sino hasta 1931, cuando lo integra a la charla «Autodidactismo y pedagogía» que presentó en Puerto Rico, Cuba y Santo Domingo. En este último lugar, Mistral informaba a la prensa de esta como «una breve historia de cómo fue echada de un colegio de enseñanza primaria superior, a los once años, porque la maestra, que era su madrina, encontró que no se podía sacar nada de ella como estudiante y así hubo de decírselo a su madre».[93]

«Autodidactismo y pedagogía» refiere la historia de lo ocurrido en Vicuña con miras a tres objetivos. El primero: entretener a su audiencia contándole historias dramáticas de la escuela, esto es, recuentos que buscaban la identificación de los auditores con los aspectos anticreativos de la enseñanza en tanto obsesión con la autoridad y el control. El segundo: establecer la razón, que no era una falta suya, de por qué no tenía enseñanza formal en el área de la educación. Y el tercer objetivo: crear simpatías por la muchacha que había derivado de un empleo temporal a otro, presionada por persecutores de mente estrecha.

El cuento se inicia con la muchachita de unos diez años aceptando la labor de lazarillo de la ciega doña Adelaida, a quien guía sin hablar, llevándola de su hogar a la escuela y luego de vuelta, sin fallar nunca. Cuando Mistral volvió a contar esta parte de la historia durante su último regreso a Chile en septiembre de 1954, recurrió al lenguaje contemporáneo para enfatizar la distancia entre su persona como contadora de la historia y la inocencia de la protagonista. «Mi madre decía que yo era una niña extraña. Mi exagerada timidez era "cosa de médico". Actualmente, si una niña fuese tan tímida y callada como lo era yo, la pondrían en manos de un siquiatra. Pero entonces no se entendían así las cosas, y esa fue la causa de mi "dramita"».[94] La referencia médica es una nota moderna en la descripción de la protagonista como «una niña callada y extraña».

El conflicto estalla cuando la ciega Adelaida Olivares pone a la jovencita a cargo de distribuir los escasos suministros escolares que el Gobierno aporta, los cuales debían durar todo el año, pero las demás estudiantes se aprovechan de la novata, que no sabe cómo defenderse: «Era yo más que tímida; no tenía carácter alguno y las alumnas me cogían cuanto papel se les antojaba con lo cual la provisión se acabó a los ocho meses o antes. Cuando la directora preguntó a la clase la razón de la falta de papel mis compañeras declararon que yo era la culpable pues ellas no habían recibido sino la justa ración».[95]

Tras consultarlo con una colega, la maestra supervisora se dirigió a casa de la niña, donde su cuarto fue registrado y reveló «el cuerpo del delito [...] una cantidad copiosísima no solo de papel, sino de todos los útiles escolares fiscales».[96] Lo «robado» varía de una versión del relato a otra, pero todos los informes coinciden en el descubrimiento de una abundancia secreta de «obsequios» en manos de esta chica silenciosa de las montañas. Unas versiones identifican los obsequios como papel o cuadernos. Laura Rodig contribuyó con sus dibujos y su conocimiento de la juventud de la poeta al recuento hecho por Graciela Ilanes Adaro, una escritora elquina que identifica los obsequios como mapas que no habían sido aún desempacados para mostrárselos a las estudiantes.[97] Que los «obsequios» fueran mapas sirve como elemento predictor del futuro ambulante de Mistral y como señal del gran amor por los mapas de la propia Rodig, quien tuvo una participación activa en la revista escolar *El Cabrito* en la década de 1940: sus mapas interactivos fueron incorporados en la contraportada de estas publicaciones.[98] En cualquier caso, esos materiales eran suministros escolares, cuya tenencia daba a la niña ciertas ventajas sobre las demás estudiantes.

Hubo un gran escándalo. ¿Cómo podía Lucila Godoy, una chica hija de un padre ausente y lejos de su familia, tener en su poder esa cantidad de papel? ¿Dónde conseguía esos cuadernos extra? ¿Y qué decir de ese mapa? Siendo como era una interna proveniente de una aldea montañosa y de una familia de mujeres solas, no tenía derecho a estas cosas que ninguna de sus compañeras tenía. ¿Quién se creía que era?

Lucila Godoy despertó suspicacias. Tenía ella sola «más de lo que le correspondía».

Concuerdan todos los escritores de Elqui que hacen mención a doña Adelaida Olivares que ella era muy piadosa.[99] Era «sobradamente religiosa» y, según Mistral, rompió con la niña cuando su madre y hermana la enviaron a vivir con una familia protestante.[100] O según otra versión de esa historia, la profesora percibió la timidez de la niña como arrogancia. «No era una niña precoz ni sobresaliente en grado sumo», reflexionaba.[101] O, según Samatán, doña Adelaida fue una fanática violenta y resentida por la cualidad tan promisoria de la niña, pero se las había arreglado para encubrir su hostilidad hasta que vio un cuaderno en manos de la chica e inmediatamente la acusó de habérselo robado: «La niña trató de defenderse, pero fue arrollada como Caperucita por el lobo».[102]

¿Y los cuadernos? Como queda dicho, su hermana Emelina era profesora. Entre las amistades de su familia estaba el «visitador» de las escuelas rurales de Elqui, don Bernardo (o Mariano) Araya, que supervisaba al personal, distribuía los suministros y dirigía los exámenes. Don Bernardo conocía a la familia desde hacía tiempo: luego de que Jerónimo Godoy reasumiera su puesto de profesor, en abril de 1889, la firma de Araya aparece en cada hoja del gran libro en que Jerónimo llenaba, con clara letra manuscrita y a tinta, todos los informes que le eran requeridos. Y cuando la niña Lucila ingresó en el ámbito de la enseñanza, Araya la ayudó a conseguir el empleo.[103] Mistral lo recordaba cariñosamente: «Cada domingo iba yo a saludar a su familia y él me abría, con una generosidad de viejo, su almacén de útiles y me daba además de papel en resmas, pizarras, etc.».[104] Como una persona de considerable autoridad,

Araya cumple aquí el papel del «mecenas benevolente», también reiterado en las historias de Mistral. Pero no se puede concluir, por cierto, que todo ese papel encontrado en poder de la poeta proviniera de él.

Doña Adelaida Olivares no hizo esfuerzo alguno por determinar si el papel en manos de la niña provenía, en efecto, de amigos de la familia que eran también profesores. En lugar de ello, la directora volvió a la escuela con su «trofeo», la evidencia encontrada en la habitación de Lucila. Y resolvió impartir una enseñanza moral. Fue el minuto en que la muchachita escuchó las acusaciones aterradoras de robo en mitad del griterío de las demás niñas, y su incapacidad de oponer resistencia contribuyó a acelerar su caída. «Yo no supe defenderme; la gritería de las muchachas y la acusación para mí espantosa de la maestra madrina me aplanó y me hizo perder el sentido», explicaría más tarde. «El escándalo había durado toda la tarde, despacharon las clases y todas salieron sin que nadie se diese cuenta del bulto de una niña sentada en su banco, que no podía levantarse. Al ir a barrer la sala la sirvienta que vivía en la escuela me encontró con las piernas trabadas, me llevó a su cuarto, me frotó el cuerpo y me dio una bebida caliente hasta que yo pude hablar».[105]

Los comportamientos que siguen sirven para forjar lo que Mistral designará como «una tragicomedia».

Sus compañeras de escuela estaban esperándola a lo largo de la calle, «aunque ya era la tarde caída, en la plaza de Vicuña, la linda plaza con su toldo de rosas y de multiflora: era todavía primavera. Allí me recibieron con una lluvia de insultos y de piedras».

«¡Ladrona! Nunca nos juntaremos contigo. ¡Nunca!».

Ser apedreada por sus compañeras en la plaza fue lo peor de todo, declararía más adelante la poeta. «Esta tragedia ridícula hizo tal daño en mí como yo no sabría decirlo».[106] En carta a un amigo, le decía que era «lo mismo como en un cuento ruso».[107] El símil «como en un cuento ruso» invoca la crueldad del mundo y apunta a otras versiones de la misma historia.

Petronila acudió «a dar explicaciones a la maestra ciega», que era una ciudadana importante, con gran influencia en el pueblo. «Era mujer inteligente y bastante culta para su época», diría después Mistral. Olivares desestimó el «caso» de la niña que la madre presentó para defenderla. «Puede que la niña sea inocente», declaró la maestra, «pero deberá igual ser excluida de la escuela. Y no se moleste en matricularla en ningún otro sitio», le dijo, agregando que «no tiene dotes intelectuales de ningún género». Estos detalles registrados en la «autobiografía» que la poeta dictó en 1952 son consistentes en todas las versiones de la historia.

Luego de malinterpretar los dones excepcionales y excentricidades de la chica, y de calificarla como una «débil mental», Olivares indicó a Petronila Alcayaga lo que debía hacer a continuación: «Enséñele a hacer las labores del hogar porque no servirá para nada más». Una condena presente en todas las versiones.[108]

Al oír esto, la chica no dijo nada. «En cuanto me vean que soy útil para la casa estoy perdida», pensó, «y se sentaba sobre un arca que había en o cerca de la cocina a soñar».[109] Va desarrollándose su vocación poética en esta rebelión suya, en su negación a convertirse en una buena ama de casa. Dijo que ella entendió, «en un ímpetu de rebelión que es de los más vigorosos que haya tenido en mi vida, que yo no aprendería ni a lavar la ropa ni hacer la comida y ni siquiera creo que ayudaba a arreglar las habitaciones».[110]

Rechazando el destino que se le auguraba, se refugió en sus cuadernos y papeles.

En los recuentos hagiográficos, sugestivos de una virtud asediada por el mundo, los ataques que recibió Mistral, y que fueron inmediatamente anteriores al comienzo de la adolescencia, serían prueba de los méritos excepcionales de la santa muchachita y explicarían su repliegue al terreno de la oración y el estudio. Sus desvíos excéntricos y piadosos son la negativa a aceptar las formas de la socialización que el resto del mundo da por sentadas. Para las niñas, esa socialización incluye el terreno de la sexualidad y la subordinación a los mayores y al mundo.

«Solo mi padre al volver por un tiempo a la casa sintió como una injuria el hecho de su comadre ciega y fue a ajustarle cuentas con una gran rudeza a Vicuña», indica la poeta.[111] La vuelta de Jerónimo Godoy no bastó para deshacer el daño que la profesora altanera y fanática, vieja amiga de la familia, había hecho por haber incitado a las demás alumnas a castigar a la recién llegada por su «delito».

VICUÑA, LA SECUELA

Doris Dana —cuya propia infancia incluía múltiples experiencias traumáticas— utilizó una máquina grabadora, casera, de archivos sonoros, durante los últimos años de la poeta, en su vida cotidiana. A veces grababa cuando las dos estaban solas, a veces cuando la poeta se reunía en privado con vecinas, como la escritora Carson McCullers, o con amigas, como la hispanista Margaret Bates y otras. Los archivos escritos y de sonido muestran que las amigas solían referirse a la clásica historia de aflicciones de la poeta. Bates escribió además cartas divertidas en las que aludía con afecto a la poeta como «Totilla Loloy», es decir, la niña que apenas si conseguía balbucir su propio nombre. Sus amigas no solo reconocieron los relatos de Mistral como cuentos orales, sino que ellas mismas contribuyeron a su evolución. Por eso, las anécdotas autobiográficas de Gabriela Mistral son textos bastante híbridos. Sus orígenes están en los materiales orales y en las charlas reportadas por otros y en los archivos de sonido y adquieren nuevas dimensiones en las cartas. En cada versión sobre su expulsión de la escuelita de Vicuña, sea escrita o sea dramatizada, la poeta desarrollaba nuevos elementos en el argumento de la historia, como cuando postula que fue la religión la que gatilló las iras de Adelaida Olivares, pues según Mistral su familia la cambió de apoderado poniéndola «a vivir en la casa de una familia Palacios, de religión protestante». Entonces «la directora se sintió muy molesta y me retiró todo su cariño».[112]

La secuela que comienza después de la muerte de Olivares en 1938 es pura literatura, un modelo del cuento breve. La poeta parte refiriéndose a Olivares como su «contramadrina», una figura de accidental crueldad. El escritor Hernán Herrera Vega concuerda cuando describe a la maestra como «aquella mujer que dejó en Gabriela Mistral el gesto de la amargura, de haber sido atropellada su dignidad [...] al ser acusada por su madrina de ladrona y perseguida por sus compañeras de curso, recibiendo pedradas en su cuerpo y su alma».[113]

¿Qué le ocurrió a Olivares después de que la muchachita se fue? Según Graciela Illanes Adaro, doña Adelaida se obsesionó con su antigua alumna, la única que llegaría a ser famosa. Solía hacer, por ejemplo, un escrutinio de sus sonetos para verificar su solidez doctrinaria, y se dice que intentó organizar un encuentro durante una de las fugaces visitas de Mistral a la región, pero la joven poeta se rehusó.[114] «Perdonar es un don divino, o es una falta de dignidad», declaró. «No olvido nunca».[115]

En 1938, el drama tuvo la más extraña resolución que cabría imaginar. Gabriela Mistral vino a Chile en una visita minuciosamente publicitada, la primera en más de trece años. En junio de ese año, la poeta viajó a su lugar de nacimiento, movida por una poderosa mezcla de sentido del deber, nostalgia y simple curiosidad. O movida porque Pedro Aguirre Cerda, su amigo o patrón o mecenas de largo tiempo, ya era candidato a presidente y la grata presencia de Gabriela Mistral podría influir el voto en el Valle de Elqui.

Trece años después, cuando la poeta contó lo ocurrido en su visita a Vicuña, declaró que «las cosas tienen caminos maravillosos y la mano de Dios anda metida en todas ellas».[116] Ocurre que una de las antiguas alumnas de doña Adelaida, que era ahora enfermera, le envió un mensaje diciendo que la anciana mujer estaba muy enferma. ¿Querría la visitante pasar a verla? «Yo consulté con mi alma y ésta no había perdonado todavía», escribió Mistral y se negó; Olivares murió dos días más tarde, momento en que el azar o el destino intervinieron: «Yo salí a la calle al azar: sola, cosa que nunca me ocurre sin finalidad, a vagabundear como de niña y queriendo caminar la calle Maipú hasta San Isidro». Apareció un largo cortejo. Al verse envuelta por la multitud, ella preguntó quién había muerto. «Como una sonámbula» escuchó la respuesta y, llevada por la procesión, arribó junto a todos a la iglesia. Antes de este giro nuevo de la historia, la poeta hace una pausa para invocar a Vicuña como su testigo: «La pequeña ciudad conocía la vieja historia». Una niña le entregó un ramo de flores, haciendo a la poeta un gesto para que fuera la primera en depositarlas sobre el ataúd. La poeta reflexionó en torno a las coincidencias de la vida y se sintió perpleja ante su significación: «Yo las puse y le di a Doña Adelaida la oración a los muertos. Volví a mi casa no poco turbada de los manejos menudos del Señor que son tan extraños como los grandes».[117]

Los varios biógrafos de la poeta también ofrecen múltiples versiones de este encuentro final entre Gabriela Mistral y su «contramadrina». Hernán Herrera Vega se concentra en la dimensión humana del asunto antes que en alguna forma de intervención sobrenatural. Afirma que cuando la poeta iba hacia la iglesia escuchó el tañido de las campanas y que, al caminar apresuradamente hacia la bella placita, escena de su antigua humillación, la gente la saludó en el camino con grandes muestras de amor y amistad.[118] Al entrar a la iglesia, «Doña Obdulia Bonilla le regala al pasar un hermoso ramo de violetas. Prosigue su lento paso hacia el velatorio. Una vez allí, posa las violetas sobre el féretro que guarda el cuerpo y alma de su madrina», donde se dice que lloró al meditar ante la vieja pila bautismal, en la que había sido bautizada ella misma casi cincuenta años antes.[119]

La hostilidad implacable de la antigua maestra hacia una niña inocente es el momento decisivo en el currículo de Gabriela Mistral como autodidacta. Encuentros desgarradores como ese suelen perfilar la vida de los santos, la primera modalidad de la biografía que ella había conocido al ir creciendo en el estrecho y remoto Valle de Elqui. Los elementos dramáticos de la historia, arraigados en la tradición oral, reflejan adicionalmente su primacía psicológica en la vida de Mistral, tal y como escribe Rolando Manzano: «Es la primera vez que se encuentra con la violencia, física o psíquica; es la primera vez que vive el rechazo, la terrible experiencia de "la echada"; y es la primera vez que la enfrentan a un acto de atropello y de injusticia hacia ella. Todo este cúmulo de vivencias perturbadoras creemos que se anidan en la historia del hurto de materiales y de la venganza de la directora».[120]

Esos relatos de dolor y trauma, que varían con cada nueva versión, perviven porque provocan en quienes los escuchan lo que Peter Brown, un historiador de la santidad, denomina «un psicodrama cuya lectura moviliza en el que escucha intensas fantasías de desintegración y reintegración».[121] Los lectores u oyentes viven vicariamente la anormalidad de la figura ejemplar, revelada y reforzada por una violenta confrontación que marca el fin de la infancia del sujeto, un antes y un después en la determinación del santo de proseguir su derrotero excéntrico.

Mistral se valía de la historia de Vicuña para explicar tanto los orígenes traumáticos de su «horror insuperable hacia los colegios», cuanto el porqué de que ella debía toda su educación a su caritativa hermana mayor, quien la rescató «robando horas a su descanso».[122]

La historia del apedreo en Vicuña marca el primer encuentro traumático de Mistral con el pueblito. Y también es, paradójicamente, la última y la más extensamente desarrollada de sus «historias de infancia». Esto se debe a que ella esperó, en apariencia, hasta después de la muerte de su madre en 1929 para desarrollar a la vez esta historia —la de la victimización increíble de la inocente Lucila bajo el látigo de la malévola Olivares— y la de su propio mestizaje, rastreable hasta el ancestro indígena de su progenitor.

Ahí tenemos el *pathos* del mito de la niña que abandona el paraíso perdido de su amado pueblo de Montegrande para convertirse en una recién llegada en el pueblo al que arriba. Por poco tiempo asiste a la escuela, de la que su madrina la expulsa y sus compañeras la despiden con una lluvia de piedras.

En su texto *Gabriela en Coquimbo*, Rolando Manzano duda de que haya alguna base real en «la poco fiable historia del apedreo escolar».[123] Aun si la historia fuese literalmente cierta, quedan de lado los detalles históricos que Mistral omite en su retrato de Adelaida Olivares. Esta normalista habría de estar muy al tanto de que toda la responsabilidad por un mal manejo de los suministros escolares recaería finalmente sobre ella. Era a la vez la «escritora» más editada de la provincia en el mismo momento en que esta muchachita precoz empezaba a enhebrar versos para sus amigas. Misteriosas semejanzas unían a ambas escritoras. Las dos escribían versos que ofrecían reflexiones morales, a la par que temas patrióticos y elevadas cuestiones espirituales. Cultivando un abanico de formas —octavas, octavillas, sonetos y odas—, las dos eran notoriamente precisas y se preocupaban de escoger siempre la palabra justa. Ambas leían y admiraban a Teresa de Jesús como una líder muy celebrada a quien los clérigos varones respetaban y temían.[124] Ni Olivares ni Mistral se casaron nunca. Ambas persistieron en su vocación a pesar de su mala vista y su gran dependencia de sus jóvenes asistentes. Ninguna de ellas cantaba, pero tenían, según se dice, «una voz agradable».[125] La conversación era su fuerte.

La imagen resulta estremecedora y dramática: una muchachita de diez u once años, ensangrentada y golpeada, corriendo desde la plaza pública hasta la que no era su casa, debido todo ello a la falsa acusación y el encubrimiento cobarde de su maestra enceguecida. Aquí es donde Mistral sale victoriosa. Expone, con fastidioso detalle, el intento de la rival de dejar caer el telón sobre la educación formal de la chica. Mistral detalla el carácter permanente de su expulsión: «Cuando ingresé a la escuela anexa a la Normal de La Serena me encontré allí con que una ex alumna de doña Adelaida había informado a mis nuevas profesoras de mi vicio de robar y había recomendado que se guardaran los objetos de más o menos valor».[126] La mentira vuelta calumnia.

Más que el relato de un choque con autoridades altaneras y satisfechas de sí mismas, el «mito de la echada» es un cuento de horror. Cuando la biógrafa de sí misma apela a sus oyentes para validar su experiencia, como tanta contadora folclórica, está urgiendo a la audiencia, ya sean lectores u oyentes, a revivir dramáticamente sus propias experiencias traumáticas de exclusión, prohibición y discriminación, para que esta salva inaugural de la batalla entre el bien y el mal pertenezca a todos.

La tradición oral exige repetición. Al repetir la mayoría, tal vez todas sus historias en su correspondencia, Mistral reforzaba y elaboraba nuevos elementos dentro de las historias. También enumeraba aliados, soldados de tropa. En enero de 1945, Isolina Barraza, amiga de su hermana, estuvo entre quienes la apoyaron. Siendo una joven farmacéutica de Elqui, Barraza inició una correspondencia con Mistral, dirigiéndole, para congraciarse con ella, una carta en la que aludía al mito de la echada como una forma de apoyar la sensación de agravio de Mistral y, a la vez, como prueba de que participaba de su defensa. «Usted solo tuvo una Adelaida Olivares aquí, en La Serena, una Ana Krusche, hostiles y perversas [las dos]», le decía Barraza, fusionando a esa primera adversaria con la siguiente, incluso más feroz, que Mistral habría de encontrar en La Serena.[127]

Después de Vicuña

La desgracia asediaba a la empobrecida familia. Al mudarse de lugar al menos cuatro veces en tres años, Lucila tuvo que asistir a dos escuelas. Primero, a la «anexa a la Normal» en La Serena, después a otra en Coquimbo. No acabó el año escolar en ninguna de ellas.[128] Emelina Molina siguió actuando como tutora de su hermana menor. Cuando vivían en Diaguitas, en mayo de 1901, Emelina decidió casarse, quizá para mejorar su situación vital. El registro dice que Ana Emelina Molina, soltera, de 21 años, «empleada pública», contrajo matrimonio con el agricultor José de la Cruz Barraza Rojas, de 63 años, viudo de Francia Vallejo, llegado de La Unión. La inscripción en el Registro Civil consigna que Emelina indicó el apellido de su padre, pero no el de su madre, explicando que no había informado del asunto a su progenitora: «No fuera el contrayente por no saber».[129] En efecto, Petronila Alcayaga no se enteró del matrimonio de su hija hasta después de consumado. ¿Se habría opuesto Peta al casamiento de su hija de 21 años con un hombre que triplicaba su edad? Años después, Emelina reflexionaba en torno a su decisión: «No era joven. Tenía algunos haberes y era un hombre inmensamente bueno. [...] Le es difícil a una mujer pobre realizar ningún sueño de amor».[130]

Luego de casarse, Emelina dejó la enseñanza y se trasladó con su esposo, su madre y su hermana a La Serena, donde José de la Cruz Barraza abrió un almacén de víveres, concordante con el estatus familiar como miembros de la clase media provincial. Mientras Emelina y Petronila atendían el mesón, Lucila, de doce o trece años, vagaba por la conservadora ciudad colonial, según recordaría años después, en 1951, tras una visita suya a las ruinas de Pompeya. La escritora asocia La Serena a esa antigua ciudad también detenida en el tiempo: «Primero exploré los patios tupidos. Me atraían las penumbras verdosas, a lo viñedo en trasluz, y me atrapaban los claroscuros de un follaje de palto tendiendo sombras moradas sobre unas baldosas».[131]

Según el Registro Civil, la pareja Barraza Molina vivía en el número 47 de la calle Santa Inés, en La Serena, a dos calles del río Elqui, cuando nació su primera hija, Marta Melida, en noviembre de 1901. Tres meses después, en 1902, cuando ya se habían cambiado a la calle Almirante, también en La Serena, cerca de la playa, la hija murió de meningitis.[132] El almacén de víveres decayó prontamente, tal vez porque Emelina nunca aprendió a manejar el dinero, o porque las dos dependientas de tan noble corazón daban crédito con excesiva facilidad a la clientela, o porque ninguna de ellas, y tampoco José de la Cruz Barraza, entendían las claves fundamentales del negocio. Y se mudaron de nuevo, esta vez al asentamiento ribereño de El Molle, donde José de la Cruz tenía «[un asunto] que era imprescindible atender personalmente».[133] Esta vez, Emelina y Petronila complementaron sus ingresos horneando y vendiendo pan a los vecinos. Lucila, inservible para las labores domésticas, se sentaba junto a la estufa y llenaba sus cuadernos con su letra grande e inclinada.

Vivían todos allí en El Molle cuando nació la segunda hija de Emelina, María Graciela Amalia, el 7 de marzo de 1903.[134]

«Llámala Gabriela», se presume que le habría rogado Lucila.

Su hermana se negó: «La gente convertirá Gabriela en Grabiela, luego en "Grabi". Mejor la llamamos Graciela».[135]

A medio camino entre Vicuña y La Serena, El Molle ocupaba la llanura que el río anegaba en ocasiones: los residentes vivían bien advertidos del peligro, pero en 1903 ocurrió una tormenta que fue antecedida por una extensa sequía, la cual puso en riesgo a los rebaños. Fue seguida de una helada extrema que arruinó las cosechas. Después de una nevada inusualmente intensa vinieron ocho días consecutivos de lluvia. La nieve fundida desbordó los arroyos y barrancos. Los aluviones resultantes arrasaron el 90 por ciento del pueblo de El Molle.[136] En 1906, el peor año de todos, «los pueblos de La Unión, Paihuano, Monte Grande, Diaguitas, El Molle y otros, casi desaparecen por completo. Las pérdidas se calcularon en más de seis millones de pesos».[137] No son extrañas, entonces, las imágenes de desastres que pueblan la obra de Mistral. Y su curiosa placidez, el lenguaje controlado, vuelven esos horrores aún más escalofriantes: «Recíbame, voy plena, / tan plena voy como tierra inundada».[138]

A medida que los recursos familiares menguaban, José de la Cruz Barraza decidió viajar a Santiago para hacer frente a una demanda legal y con la esperanza de conseguir un préstamo, pero volvió de su gestión con las manos vacías. En noviembre de 1903, Emelina estudió para aprobar un examen que le permitiría reasumir su función en la enseñanza como Preceptora Interina de la Escuela Mixta de Arqueros, de la que la maestra previa había desertado sin explicaciones. Un mes después, Emelina ocupaba el cargo.[139] Con la pequeña Graciela ya de ocho meses, se trasladó a Arqueros, una aldea lejos del río, accesible solo a caballo, pero con más de setecientos habitantes, rodeada de ricas minas de plata, «en medio de una serranía pálida y pelada y distante unos 50 kilómetros al NE de la ciudad capital».[140] José de la Cruz pasaba allí parte del tiempo cuando, dos días antes de su cuarto aniversario de bodas, murió de una «fiebre pulmonar». Tras sepultarlo en Condoraico, hacia el interior de la cordillera, Emelina volvió a su trabajo «y a desaprender tu amor, / que era la sola lengua mía, / como río que olvidase / lecho, corriente, y orillas».[141]

La distancia que la separaba de La Serena y la responsabilidad de tener a su cargo a su hija de dos años, a la vez que debía cumplir con un trabajo muy exigente, impidieron a la recién enviudada Emelina ofrecerle mucha ayuda financiera a Petronila, entonces de 58 años. Lucila, ahora de 16, consiguió entonces trabajo como ayudante de profesora y comenzó a publicar en los periódicos locales.

¿VIOLACIÓN? PRIMERA PUBLICACIÓN

Hay una anotación inconclusa en el catálogo de Lucila Godoy sobre las dificultades vividas en su infancia y temprana adolescencia. Laura Rodig es la primera en referirse a ello en un artículo publicado un año después de la muerte de Mistral. Según Rodig, «a los siete años Gabriela tiene un choque físico y moral que no es posible describir en pocas líneas».[142]

A los siete años, la niña vivía aún en Montegrande.

Aparentemente, un amigo íntimo de la familia habría abusado de la chica.

La insinuación de Rodig de que puede haber sido una violación es ampliada por Matilde Ladrón de Guevara, quien visitó a Mistral en Italia en 1951. Ladrón de Guevara escribió un relato de su encuentro, *Gabriela Mistral, rebelde magnífica*, publicado en tres ediciones distintas: en 1957, justo después de morir la poeta; en una edición diferente en 1962, y en una tercera edición, revisada a fondo, en los años ochenta. En esta última edición, Ladrón de Guevara afirma que su libro reproduce las palabras que la poeta le compartió por escrito y oralmente en aquella época; no explica la razón para ampliar esas palabras en 1980, una década después de morir Rodig.

Según Ladrón de Guevara, la agresión ocurrió después de que Lucila hubo abandonado Montegrande. El que la perpetró fue «un mocetón, que visitaba la casa, parece que lo consideraban de la familia». «Yo era una niña desarrollada», recordaba la poeta, según Ladrón de Guevara, «y un día que me encontró sola, se le desataron instintos bestiales. Fue horrible... parece que lo veo... ¿Sé yo misma lo que es, o fue aquello? Entonces, Matilde, me pareció todo terminado, la vida misma, todo».[143]

En su confiable investigación acerca de la vida de Gabriela Mistral en Coquimbo, Rolando Manzano postula ese abuso sexual a manos de un amigo de la familia como una explicación al hecho de que una niña anteriormente brillante se volviera reservada y apática, y una estudiante indiferente, esto mientras vivía con su familia extendida de Vicuña, lejos de su hermana y su madre. En este escenario, la poeta desplaza su rabia hacia la ciudad, su maestra y hacia sí misma: «Ese dolor, esa impotencia traumática de la niña, de once años en ese momento, ante un suceso tan escalofriante, probablemente hicieron que estructurara una culpabilidad colectiva».[144]

Es imposible saber hoy si hubo en efecto abuso sexual, incluida una violación. Los encuentros traumáticos están entre sus temas fundamentales desde sus primeras publicaciones. Los registros prueban que la escritura y las publicaciones le hicieron sentir su poderío, demostrándole que estaba calificada para trabajar en las escuelas y sostenerse a sí misma y a su madre, haciendo lo que estuviese a su alcance para mejorar la vida de los suyos.

Las heroínas de las publicaciones tempranas de la poeta, firmadas con su nombre civil o sus iniciales, «LGA», son forasteras en un sentido literal, vagabundas inocuas e inicialmente lastimosas, que obtienen victorias morales capaces de brindarles dulces e inesperadas revanchas. En la publicación más temprana que se conoce de Lucila Godoy, «El perdón de una víctima» (agosto de 1904), la forastera es «Ester, la pobre loca de la aldea, aquella linda joven que había sido en un tiempo la alegría de aquella simpática población y el encanto de su hogar...».[145] Se nos dice que Ester fue atacada por un hombre joven. «Desde aquel día, aquel de su muerte moral», ella vaga por los bosques pertenecientes a su amado padre, que no es consciente de lo ocurrido. Mientras su progenitor se inquieta por el cambio apreciable en su hija, el atacante, llamado de manera memorable Gabriel, regresa a la escena del crimen para manifestarle sus remordimientos y, arrasado por su conciencia culpable, busca su perdón. Pero él nunca confiesa una «violación» (la palabra nunca aparece, de hecho, en el texto). Más bien, declara que, desde entonces, ha sido maldecido, con su «calumnia arrojando sobre tu honra pura, un enorme horror».[146] Remecida hasta lo más íntimo por su confesión, Ester reconoce su gesto y lo perdona, momento en que él colapsa y muere a sus pies. Como la única que lo sobrevive, ella se arrodilla junto a su tumba, erigida en los bosques donde ha perecido.

El núcleo violento de la historia, con esa niña en apariencia desquiciada y su anhelo de venganza, son contenidos típicos en el repertorio un poco espeluznante de la joven autora. El delirio libera a Ester y la impulsa a vagar lejos de su casa, obsesionada con el bosque y la tumba donde él yace.

Isabel Villanueva, «la teóloga»

Por un lado, Mistral declara con alguna certeza que su abuelo paterno, Gregorio Godoy, a quien nunca conoció, era «bastante indígena», lo que es congruente con el ancestro mestizo, afroindígena, del que dan cuenta los archivos. Por otro lado, Mistral no lo conoció directamente, aunque llegó a conocer muy de cerca a Isabel Villanueva Herrera de Godoy, su abuela paterna, a quien describía como «muy blanca y rosada, con ojos azules»,[147] como «un tipo de europeo puro» y como «una mujer ancha, vigorosa, físicamente parecida a mí».[148] La poeta solía examinar la foto de estudio que guardaba, en la cual se veía a doña Isabel y a Jerónimo Godoy juntos. Recordaba a la vez las tardes que pasó —no es claro exactamente cuántas— con su abuela paterna en La Serena, probablemente en 1899 o 1901 o ambos años, cuando salía del colegio, en esa época previa a su ingreso en la adolescencia.

Sus descripciones de la abuela paterna se centran en la lectura en voz alta de la Biblia junto a ella. Una tradición local dice que la llamaban «la teóloga», quizás por respeto. Cabe imaginar la escena: a Isabel Villanueva de Godoy sentada en una gran silla de rígido respaldo y a Lucila Godoy encaramada a un banco de mimbre junto a ella. En cada visita, su abuela la instruye para que vaya al librero, tome un pesado libraco y se lo lleve. Siempre abre el libro en el mismo lugar, el *Libro de los Salmos*, del que la anciana la hace leer en voz alta un río de palabras que la niña entiende poco o nada. «Durante años leí y releí aquellos versos maravillosos, aquellos poemas de vigorosa sonoridad y honda profundidad poética. Al comienzo, sin entender lo que decían, repitiendo como un loro balbuceante. [...] Rezo con los versos de "Nuestro Padre David" como decía mi abuela».[149]

La poeta gustaba de citar la aptitud lectora de Isabel Villanueva, sus lecturas de la Biblia y su apellido como evidencias de un ancestro judío: «Mi abuela Villanueva sí era una hebrea neta. Mi abuela materna era una Rojas. Este apellido lo da un libro español por hebreo también. No me gusta negar a mi gente».[150] Mistral estaba familiarizada con la obra de académicos como Américo Castro sobre la presencia judía en España, y le indicó a su amigo Arturo Torres Rioseco que, en cuanto a ancestros judíos, «en Chile no hay nadie que pueda negar que los tiene».[151]

Al atribuir ancestros judíos a doña Isabel, Mistral daba cuenta de su afinidad con su círculo de amigos judíos y el aprecio que sentía por ellos, que databa de Los Andes y del año 1913. También hay que considerar su amistad en Punta Arenas con Sara Braun, que hizo donaciones a la biblioteca del liceo de esa ciudad el mismo año en que la poeta publicaba en dos revistas judías de Buenos Aires y Santiago. En 1919, Mistral escribe su poema «El pueblo hebreo» (subtitulado «Matanzas en Polonia»). Desde 1923 en adelante era asimismo amiga de la afamada «declamadora» y actriz argentina Berta Singerman, que incluyó versos suyos en su repertorio, y compartió el escenario con ella en Puerto Rico, en 1932. Cuando se trasladó a Nueva York en 1930, inició una cálida amistad con el escritor Waldo Frank, con quien compartía muchos amigos. En 1935, Mistral publicó su «Recado sobre los judíos», denunciando el cierre de fronteras. Previó la Segunda Guerra Mundial.

Pero el momento en que Mistral evocó de manera más memorable a Isabel Villanueva fue en su conferencia titulada «Mi experiencia con la Biblia», que impartió en la Sociedad Hebraica de Argentina. Varios amigos y conocidos de la poeta formaban parte del directorio del grupo. La ocasión de su conferencia —que la organización imprimió poco después— fue el Sábado Santo de abril de 1938, que aquel año coincidió con el primer día de la Pascua judía. En ese momento de crisis en Europa, con Austria anexionada por Alemania, Italia invadiendo Etiopía y el bando nacional español camino del triunfo en la Guerra Civil, la poeta evoca sus visitas de los sábados a su abuela, cerca de cuarenta años antes. Singulariza el instante en que la anciana alzaba la vista de su labor de costura y la interrumpía para corregir la lectura que Lucila hacía de esa Biblia enorme que estaba siempre aguardando en su librero.

Justo tres años antes de morir, la poeta contó a su amigo Radomiro Tomic que su abuela fue, en esencia, su única conexión viva con Jerónimo Godoy después de que este se marchara. Y que la mayor preocupación de su abuela era hablarle de su padre y referirle sus mejores facetas, de modo que ella no le guardara rencor por haber abandonado a su madre. «Me pedía cada vez que yo quisiese a mi padre "a pesar de todo", y me hacía repetir los Salmos de "mi Padre David". Fue de ella de donde vino el amor de la Biblia; no lo habría tenido yo sin ella».[152]

La poeta explica que su abuela también había abandonado a su abuelo porque «tenía mujeres» y era dado a la bebida. Afirmaba que su abuela «no estaba loca; nunca le vi una violencia, pero deliberaba constantemente. [...] Su estado nervioso y mental provino de que se le fueron al convento sus dos hijas. [...] Me han contado que las dos se fueron a escondidas de mi abuela, dejándola en la gran soledad que causó este estado mental tan curioso: ella no estaba loca, pero cayó en un delirio dulce que duró hasta el fin [...] Cuando venía aquel —el desvarío— la ponían a dormir».[153]

Isabel Villanueva simboliza para Gabriela un legado dual de habilidades letradas e inestabilidad mental, pero los versos que la poeta le dedicó enfatizan el parentesco corporal y espiritual a través de una de las metáforas preferidas de la escritora: la del cuerpo humano visto como un árbol:

El eucalipto de su cuerpo
y de su alma me dio mi abuela.[154]

Una referencia impresa que data de 1922 sugiere la existencia de un trastorno mental en la base del fervor religioso de su abuela: «De los labios de la abuela insana, recogió las lamentaciones del Rey pecador que gemía el veneno de una pasión devorante. [...] De entre las sombras de su razón perdida, recitaba la abuela en fugitivos lampos de luz, los salmos de David».[155]

«Los salmos de mi Padre David» es una de las expresiones características de Gabriela Mistral en sus cartas, donde también alude al lenguaje como «nuestro padre».

No era una mala forma de compensación: el lenguaje del poeta-cantor de los salmos en sustitución del padre terrenal que fue lejano para ella desde muy temprana edad. No era tampoco un mal consuelo, proveniente de una anciana que había sido abandonada por las hijas que se había esforzado tanto en educar.

La escritora pasa de su propio cuerpo al de su abuela en la última estrofa del poema ya citado:

Pero mejor si no lo tengo
y si es tu cuerpo quien me lleva
como un aliento en tus alientos
y como el dejo de tu lengua,
que me enseñó Raquel y Lía,
cuerpo digno de ruta y marcha,
vieja santa, boca de salmo,
estampa buena para eterna,
metal hermoso de Atacama,
Isabel mía Villanueva.[156]

Mistral oscilaba entre la idealización de Isabel como «una de las memorias más nobles que yo tenga»[157] y la idea de que su legado paterno era «una herencia de nervios que yo he resistido, gracias a la voluntad y la ración de cordura que me viene de mi madre».[158] La caridad de Petronila hacia Isabel Villanueva discurría con reservas:

«Anda a ver a tu abuela loca», le decía supuestamente a su hija, al menos en parte como una broma.[159]

Que Isabel Villanueva fuera capaz de leer y escribir es un factor central en el retrato que Mistral ofrece de su abuela, quien vivía en un cuarto que le habían cedido las monjas. De hecho, todas las mujeres dentro de la familia inmediata de Gabriela Mistral sabían leer y escribir en una época en que solo una de cada diez chilenas podía hacerlo. Esas varias mujeres también intercambiaban cartas, como comprueba la carta más antigua del legado Mistral. La abuela de la poeta envió una fotografía de la pequeña Lucila a sus seis años a su hija Carmen. Esta vivía en el monasterio del Buen Pastor de La Serena, con el nombre de sor María de la Natividad. La religiosa contestó con una carta a su sobrina. Le contaba la historia de santa Eufrasia de Francia, quien había visitado una vez un convento y se había sentido tan a gusto que ya no había querido irse de allí. Sor María cerraba la misiva insinuando que, si «mi querida Lucila fuera tan buena como esa niñita», iba a contestarle la carta.[160] Propone ahorrar para que la niña pueda, si quisiera, entrar en el convento.

De todas maneras, la chica provocó expectativas.

2

Algunas cursilerías de Lucila

*La Serena, Coquimbo, Santiago/Barrancas
y Traiguén, 1904-1910*

Las inundaciones en El Molle barrieron con los recursos familiares. El esposo de Emelina supo del desastre a su regreso de Santiago, donde había estado intentando conseguir un préstamo. Pero murió, dejando a Emelina sola con una niña enfermiza y varias deudas. «Entonces mi madre supo que yo debía trabajar», recordaría Gabriela Mistral en la breve autobiografía que dictó en sus años tardíos, «y decidió ella sola que yo siguiese la profesión de mi padre y de mi hermana y la de una de mis dos tías monjas y la de casi todos nuestros amigos».[1]

El «comadrazgo», la red de viejas amigas, vino en ayuda de la hija menor de Petronila. Acompañada de su amiga Antonia Molina de Rigada, Petronila habló con el «visitador, un tal Villalobos», quien al parecer había conocido al esposo de doña Antonia.[2] Es llamativo el dramatismo con que Mistral evocaría la escena en 1918, dirigiéndose a la memoria de doña Antonia: «¿Te acuerdas de mi primera escuela, cerca del mar, adonde fui por ti, de mis catorce años, enseñando a vivir, y de mi corazón con angustias, enseñando a ser dulce?».[3] Peta y Antonia habían ido a «tocar en la puerta ajena para decir de mí una buena palabra».[4] El visitador escudriñó a la muchacha temblorosa. «Vamos a mandarla a La Compañía», declaró. Tenía tan solo catorce años.[5]

Cinco kilómetros al noroeste de La Serena, la localidad semirrural de La Compañía está cerca de los acantilados que dan al océano. «El mar me daba muchos ratos felices», rememoraría Mistral cuarenta y cinco años después. Eleuterio Fredes, un terrateniente local, alquiló a la adolescente y su madre una curiosa casa de dos pisos, una vivienda que aún se yergue cerca del «Centro Mistraliano» en La Serena. Mistral evocaría cuánto la reconfortaba la vista que ofrecía el ventanuco en la planta baja: «El pueblecito con mar próximo y dueño de un ancho olivar a cuyo costado estaba mi casa, me suplía la falta de amistades... El habla forestal apenas balbuceada me basta por días y meses», concluyó.[6]

Al subir la rudimentaria escalera exterior de aquella casa, se podía echar un vistazo a las olas remotas, coronadas de espuma, al oeste, y más allá de la curva que seguía hacia el sur, a la vasta medialuna de playa entre La Serena y Coquimbo. Cuando la joven daba la espalda al mar y el olivar, la convocaban indicios de la modernidad en el vecindario: una fundición de cobre quedaba al norte; un tranvía eléctrico dejaba a sus pasajeros cerca de la plaza con farolas a gas de La Serena. Su escuela «tenía piso de tierra y sus muros rezumaban humedad...»;[7] «para enseñar Geografía solo contaba con el tierral del patio o la arena de la playa próxima».[8] Tanto la casa como la escuela carecían de instalaciones sanitarias en su interior, pero su ubicación en terreno elevado las hacía más saludables por entonces que Las Vegas, las tierras bajas y sin alcantarillado que quedaban hacia el sudeste.

Ella ayudaba a la maestra primaria durante el día. Sus alumnos vespertinos eran trabajadores del campo y las industrias locales y los estibadores del puerto de Coquimbo. Los recordaba con afecto: «Alguno era de mi edad y parecía mi hermano»;[9] «los mocetones, los que bien me quisieron, me dieron cierta defensa contra la voz tronada de la jefe y su gran desdén de mujer bien vestida hacia su ayudante de blusa fea y zapatos gordos».[10]

La primera publicación de Lucila Godoy apareció en *El Coquimbo: Diario Radical,* en agosto de 1904. Fue un texto en prosa, «El perdón de una víctima». Antes del final del año, la joven escritora había publicado siete veces en *El Coquimbo.* Los títulos ya sugerían un tono lúgubre: «La muerte del poeta», «Las lágrimas de la huérfana», «In Memoriam», «En la siesta de Graciela», «En el camposanto», «Amor imposible». En aquellas publicaciones y en las de los próximos años, Lucila Godoy usó la prensa provinciana para dos fines sumamente claros: la autodefinición y la búsqueda de su propia tribu.

LUCILA GODOY, LA PRENSA PROVINCIANA Y LA CURSILERÍA

Como muestra Noël Valis en *La cultura de la cursilería,* un estudio importante dentro del «giro afectivo» de las humanidades y de las ciencias socioculturales, la noción de «lo cursi» proviene de «las señoritas cursis», originalmente llamadas «las hermanas Sicur», quienes vivieron en Andalucía a mediados del siglo XIX. Estas hermanas destacaban por su despliegue de detalles autoconfeccionados, como los trocitos de cintas francesas con los cuales decoraban sus vestidos. Su empeño en ser originales las hizo parecer algo anticuadas y raras.

Al principio, el término «cursilería» condenaba los esfuerzos de las chicas provincianas, cuyos empeños atraían una atención indeseada hacia su estatus de incasables. Pero a principios del siglo XX, y especialmente en la década de 1930, la cursilería adquirió un matiz nostálgico e irónico y a la vez una cierta connotación de inocencia por su asociación con la sensiblería y los afectos.

Es a principios del siglo, antes de lo cursi irónico, que Lucila Godoy, una quinceañera seria y ambiciosa, añora lo heroico, lo honrado, lo hermoso. Igual que otras chicas de provincias, mantenía y construía álbumes de recortes pegados a mano en sus cuadernos. La jovencísima maestra auxiliar escribía prosas y algunos versos decididamente cursis. Estos evidencian un sustrato profundo de sentimientos que luego ella iría refinando, pero que nunca abandonó del todo. La cursilería define ese provincianismo que aflora con toda su fuerza en Mistral y en muchos de los colegas que conoció durante su estadía en Madrid en los años treinta, época en que los poetas experimentan la nostalgia de sus orígenes provincianos y descubren, justamente, la estética de lo cursi y la ironía. Son cursis sus colegas en Madrid, que seguían preservando el contacto con sus orígenes andaluces, evidentes en los poemas de amor de varios y, por ejemplo, en *Platero y yo* de Juan Ramón Jiménez. Y esto es también evidente en Federico García Lorca, cuya cursilería se refocila en el sentimentalismo femenino y en la cultura popular. Poco después de haber arribado a Madrid, Pablo Neruda quedó emocionado al leer el *Ensayo sobre lo cursi* de Ramón Gómez de la Serna. Neruda dijo a Sara Tornú que acababa de leer ese «maravilloso estudio». «Yo, que soy muy cursi, estoy muy contento», declaró por entonces.[11]

Los escritos más tempranos de Lucila Godoy, desde 1904 hasta por lo menos 1910, conservan ese despliegue incongruente de sentimientos y saberes, de emoción y ambiciones que define lo cursi. Al mismo tiempo, reafirman su individualidad, tanto como su primera reseña literaria publicada —sobre una biografía del poeta alemán Friedrich Schiller— celebra la concepción del artista *naif*, la que más tarde defenderá junto a la «imaginación de los poetas y de los contadores, fuesen ellos sabios o vanos, provechosos o inútiles».[12]

Desde marzo de 1905, la joven Lucila Godoy publica en el diario *El Tamaya*, del Valle de Huasco, y en *La Voz de Elqui*, el diario radical de Vicuña. Este último provocó la molestia de Abel Madac, el seudónimo utilizado por un lector recién llegado a Elqui que escribía sus quejas al editor. Ante la caracterización que ese lector hacía de sus publicaciones como ridículas e incoherentes, Mistral se lo quitó de encima indicando que escribía para los «seres afines», es decir, para la gente rara como ella. En todas sus publicaciones en provincias, la adolescente celebraba a los inadaptados dondequiera que se los topara: en las ficciones románticas de Victor Hugo, en la obra del novelista español Enrique Pérez Escrich y, sobre todo, en los folletines del anticlerical novelista colombiano José María Vargas Vila.

Mientras «lo cursi», el romanticismo tardío y el enfoque en los inadaptados rigen la temática de sus publicaciones, un análisis de las ficciones autobiográficas que Gabriela Mistral construyó revela cómo la doble carrera de Lucila Godoy, en los periódicos provinciales y en las escuelas municipales, surgió de su participación en los sistemas de mecenazgo o, mejor dicho, de la relación entre los patrones y la clientela.

LOS CUENTOS ORALES Y LOS SISTEMAS DE PATRONAZGO Y CLIENTELISMO

Como siempre fue buena contadora, la escritora deleitaba sobremanera a sus escuchas y lectores al hacer remembranzas de su vida en La Compañía. Y solía recrear una de sus anécdotas más ampliamente repetidas: «Un viejo periodista dio un día conmigo o yo di con él. Se llamaba don Bernardo Ossandón y poseía el fenómeno provincial de una biblioteca grande y óptima. No entiendo hasta hoy cómo el buen señor me abrió su tesoro, fiándome libros de buenas pastas y de papel fino».[13]

Pertenece esta historia al tipo de cuento oral de «el encuentro azaroso que lo cambió todo» donde un príncipe azul rescata a alguna joven. Mistral se refiere, en un auténtico cuento de hadas, a un benefactor generoso que la descubre en la periferia de La Serena. La hipérbole del príncipe azul sugiere y a la vez encubre el carácter transaccional de la relación con este benefactor. Lucila Godoy alude al valor de mercado de esos volúmenes espléndidos. Lo que no dice es que don Bernardo, exalcalde de La Serena y líder *de facto* del Partido Radical, fue bastante más que un viejo y generoso periodista de provincias. Fue además un prominente masón, que había fundado y comandaba a los bomberos locales y que había creado *El Coquimbo: Diario Radical*, publicación que aún dirigía.

Bernardo Ossandón es el primero de una seguidilla de personajes que Mistral describe acudiendo a su rescate y liberándola —al transformarse ella en «la echada»— de alguna malévola autoridad. Como en todo cuento de hadas, el villano o adversario es bosquejado en detalle mientras que el redentor es definido en términos someros, refiriendo exclusivamente su desinteresada intervención. Los individuos que Mistral postula como villanos son a menudo educadores de criterio estrecho. Al advertir el potencial de la chica inocente, la percibían como una amenaza en ciernes. Sus villanos dependen, en su accionar, de otros elementos serviles y de notorias intrigas bajo cuerda. Son tan astutos que solo la oportuna intervención de alguien evita que triunfen. Los rescates del benefactor de turno implican trasladar a la joven maestra a una posición nueva y mejor, donde disfruta de mayor libertad... hasta la próxima arremetida.

Con el cuento de hadas del rescate, la poeta da cuenta de su gratitud y además se muestra merecedora de la ayuda que recibe. En La Serena, el político Bernardo Ossandón juega el papel del príncipe azul mientras las autoridades educacionales son legión, según cuenta Mistral. En Santiago, su benefactor es Pedro Aguirre Cerda y su enemigo principal es todo el sistema de «credencialismo», o sea, la práctica común de confiar en las credenciales al momento de contratar personal o asignar un estatus social. (Ella representa este sistema en la figura de la educadora Amanda Labarca, como veremos más adelante).

En México su benefactor es José Vasconcelos y cuando llega a París lo es el poeta y diplomático Alfonso Reyes, ya que la diplomacia funciona por medio de cartas credenciales. Cuando Mistral y su amiga Palma Guillén buscan entrar a los sistemas consulares con puestos formales, su patrón es el político, diplomático y propietario de periódicos colombiano Eduardo Santos. Cuando busca hacer algo por los refugiados españoles a finales de la Guerra Civil, alaba el mecenazgo de la argentina Victoria Ocampo.

Cuanto más insiste Mistral en el absoluto desinterés y en la generosa intervención de sus benefactores, más pareciera que intenta ocultar algo. La extravagancia de estas historias suyas, siempre referidas a una obsequiosidad desinteresada, constituye una divertida forma de desviar la atención. Son historias que sugieren la relación mutua de patrón (o sea «mecenas») y cliente (o «beneficiario») mientras niegan la faceta transaccional, esto es, la práctica política del «clientelismo», que quiere decir «obtención y mantenimiento del poder asegurándose fidelidades a cambio de favores».[14]

El efecto inmediato de la protección recibida por parte de Ossandón se nota en la supervisora de la joven, que solía (contará Mistral) fijarse con desdén en la blusa fea de su ayudante y sus zapatones de suela gruesa. Mistral, la autobiógrafa, concede que las complicaciones de su carácter, de adolescente, empeoran la situación: «A la directora no le caí bien. Parece que no tuve ni el carácter alegre y fácil ni la fisonomía grata que gana a las gentes». Pero en vez de ser echada, la joven y su supervisora proponen una tregua: «Mi jefe me padeció a mí y yo me la padecí a ella».[15]

Lo que Mistral omite en la anécdota relativa al afortunado encuentro con Ossandón es la conexión con él de al menos uno de sus progenitores, si no ambos. Ossandón de seguro conoció a Petronila Alcayaga por haber nacido en 1851 en Vicuña o cerca de allí, tal y como indica el historiador local Varela Ramírez en 1921. O si Ossandón nació, como escribe Manzano, en el pueblo de San Félix, situado en el Valle de Huasco, debió haber conocido a Jerónimo Godoy.[16]

No es accidental que Lucila Godoy se topara con Ossandón y comenzara a publicar en su diario poco después de dedicarse a la enseñanza. Durante ese mismo año de 1905, Ossandón fundó y enseñó en el Instituto Comercial de Coquimbo, que excluye a las mujeres sin excepción, pese a lo cual Ossandón solía prestar a Lucila esos libros «de buenas pastas y de papel fino», incluidos los de enseñanza que él mismo escribió y publicó. Mistral destaca su traducción de Flammarion, un astrónomo, místico y escritor francés de ciencia-ficción cuya popularidad testimonia la amplitud de las preferencias lectoras en la provincia.[17]

Los cuentos de hadas que Mistral construye, con la figura del benefactor generoso que le abre las puertas al conocimiento esotérico, son modificados en sus lineamientos por ella misma en conformidad con cada audiencia. Por ejemplo, a Alone, el escritor europeísta, le indicó que la biblioteca de Ossandón fue su «París en chiquito», su «Roma de ocho metros cuadrados» que le daba entrada «a la caverna de Ali Babá, donde todo era tesoro» para ella.[18] Contada a Alone, la de la biblioteca es como una historia morisca, pero ella misma alteró la metáfora y el tipo de género al enfrentarse, en 1949, a la audiencia de maestros en México, a los cuales ofrece su charla «El oficio lateral» como un discurso motivacional de autoayuda que enfatiza su pobreza y su cercanía a la naturaleza y a los libros durante el tiempo que duró ese primer trabajo de maestra:

«Mi hurañez de castor que corría entre dos cuevas: la sala de clase, sin piso y apenas techada, y mi cuartito de leer y dormir, tan desnudo como ella», donde celebra «la fiesta pequeña y clandestina que sería mi lectura vesperal y nocturna, refugio que se me abriría para no cerrarse más».[19]

A diferencia del cuento de hadas en la carta al solitario Alone, en que ella insiste en el aislamiento de la protagonista, cuando Mistral habla dos décadas más tarde a los maestros mexicanos enfatiza su solidaridad con otros escritores, sus colegas: «¡Pobrecilla generación mía, viviendo, en cuanto a provinciana, una soledad como para aullar, huérfana de todo valimiento, sin mentor y además sin buenas bibliotecas públicas!».[20] Es cierto que la vida provinciana de Coquimbo, «en una escuela rural de campo, sola, sin familia», la moldea hasta la médula: «En este ambiente impregnado de tristeza y de silencio empecé a escribir [...] me hizo espiritualmente lo que soy».[21]

El discurso motivacional a los maestros

Otra cursilería es el discurso motivacional a los maestros, un género que proviene de la tradición de la oratoria. En él, Mistral cuenta cómo salió adelante en su trayectoria laboral de adolescente. Dicha trayectoria está bien documentada en la correspondencia oficial reunida por Rolando Manzano y conservada en el Centro Gabriela Mistral. La vemos cambiándose de un empleo temporal a otro con una velocidad notable. De La Compañía se fue al Liceo de Niñas de La Serena en 1907, a La Cantera en 1908, a Cerrillos en 1909 y luego a Santiago y después a Traiguén en 1910. Cada nuevo puesto marcó un avance respecto al anterior. En esta línea, la joven autora publicó ochenta y dos piezas distintas en esos mismos cinco años, gran cantidad de prosa y poesía y de polémicas bastante mayores que las sostenidas por cualquier otro escritor de provincias en aquella época.[22] A nivel local, tales publicaciones y la influencia de Ossandón y sus correligionarios en el Partido Radical compensaron su falta de credenciales formales para la enseñanza.

Resulta llamativa, en el repertorio autobiográfico temprano de Mistral, una carta que dirigió en 1920 al político radical Pedro Aguirre Cerda, quien por aquel entonces se ocupó de trasladarla a otro liceo, como era su deseo. En dicha misiva, ella acomoda su historia al receptor, su mecenas de turno, compartiendo sus enemistades, valores y alianzas: una cualidad camaleónica típicamente mistraliana. Así, en 1920 le habla a Aguirre Cerda de su orgulloso apoyo a la democracia radical y concluye: «Tres manchas tengo hasta hoy para esa gente que no ha evolucionado, porque, para mi tierra, la Colonia no pasa todavía: mi democracia, mi independencia religiosa y mis servicios en una escuela rural».[23] A pesar de los educadores retrógrados que le han salido al paso, proclama su fidelidad al gremio: «De todos modos es preferible, resulta mejor que la educación la manejen los profesores».[24]

En la última década de su vida, las privaciones de infancia estaban enquistadas en la memoria de Gabriela Mistral. Cuenta ella misma cómo la situación empeoró en la adolescencia, cuando era «una cosa apenas formada, yema de persona, y ya estaba yo "mascando piedras" para que mis gentes mascaran su pan».[25] Le insiste a su amiga Victoria Ocampo en que no podía imaginar «lo que son treinta años de mascar piedra bruta con encías de mujer, dentro de una raza dura». A raíz de esta brecha, le escribe Mistral, «durezas, fanatismos, fealdades, hay en mí de que Ud. no podrá hacerse cargo».[26]

Es un gran error sacar estas anécdotas autobiográficas de las cartas que Mistral escribió y aislarlas de sus contextos comunicativos y retóricos. La versión menos dramatizada de los hechos, que tal vez más se acerca a la verdad, suele ser la que ella relata cuando hay menos distancia con los eventos narrados. En este sentido, la ya referida carta que escribió a Pedro Aguirre Cerda en 1920 resulta ser una de las fuentes autobiográficas más importantes para la adolescencia de la autora. Pero no podemos desatender que el propósito explícito de esa carta es evitar que Aguirre Cerda la transfiera de vuelta a La Serena. Anhela que la traslade a otra escuela, pero sin afectar su salario. Para convencerle de que ella merece su ayuda, Mistral se representa en términos acordes con la perspectiva radical, sin ser una correligionaria acérrima.

Mucho, casi todo se subordina a la relación patrón-cliente, o mecenas-beneficiario. Algo semejante ocurre con los discursos a los maestros que luego transformó en artículos, como el ya mencionado «El oficio lateral» (1949), que enumera los obstáculos a que ella se había enfrentado al acceder al ámbito laboral, que es la trama central en su repertorio de anécdotas. Para ganarse la simpatía del público al que se dirige, evoca el estatus social que tuvo como «hija de gente pobre y con padre ausente y un poco desasido». Su edad era otra desventaja: «A la aldea también le había agradado poco el que le mandasen una adolescente para enseñar en su escuela». Para colmo, su temperamento no le granjeaba amigos, exhibiendo el «aire distraído de los que guardan secreto, que tanto ofende a los demás», aun cuando Petronila Alcayaga lo compensaba todo con su fácil sociabilidad: «Mi madre visitaba la vecindad haciéndose querer y afirmándome así el empleo por casi dos años. Yo lo habría perdido en razón de mi lengua "comida"».

«El oficio lateral» pertenece al género del discurso motivacional a los educadores, una exposición en una vena coloquial en que urge a su audiencia, con algo de ingenuidad, a perfeccionarse por la vía de cultivar labores y aficiones creativas y/o intelectuales más allá del aula, aunque la escritura nunca fue un «oficio lateral» para Mistral. El periodismo era la condición fundamental dentro de su vida laboral. Sin sus colaboraciones en los periódicos, revistas y libros de enseñanza, ningún político o administrador en el área de la educación le hubiera dado ni siquiera la hora. Cuando vivió en Chile, el trabajo para editores vinculados al Partido Radical mantuvo a la bestia —la bestia del hambre y la falta de techo— a raya.

Ensueño sáfico en la carta íntima, el diario íntimo y otros géneros raros

En las páginas de la prensa provinciana, Lucila Godoy se vale de dos géneros literarios de intensa subjetividad para expresarse: la carta íntima y el diario íntimo, que son los menos referenciales del llamado género referencial. Intenta canalizar pasiones desconcertantes e inefables. En «Ecos» y «Amor imposible», por ejemplo, la escritora (quien tiene quince años) se propone atraer a «seres afines», ocultando parcialmente su rareza, aunque siga resultando incomprensible para los extraños: «La mirada ajena que se pose en estos fragmentos no encontrará sino oscuridades de misterios i de enigmas en ellos».[27] Estas invocaciones nocturnas, de lágrimas, caricias y pesares, no tienen nada en común con las representaciones de «la lesbiana» en la prensa de habla hispana de la época, una especie de coquetería de moda en las historias circulantes, cuya premisa era excitar el deseo masculino, como ocurre en las adaptaciones que Gómez Carrillo hace de los cuentos de Balzac y de Zola.

El género literario de la carta íntima promete, pero posterga, la amistad. Como en el género epistolar en general, el destinatario y quien escribe están separados por una distancia física y temporal. Esa distancia posibilita la modalidad del deseo, el discurso y el pensamiento prohibidos que son fundamentales en la temprana formación literaria de la escritora.

Entre sus contemporáneos, dos críticos nacidos treinta años después que Mistral, el chileno Fernando Alegría y el uruguayo Ángel Rama, publicaron estudios en 1966 que se encuentran entre los primeros en abordar las cartas y las amistades íntimas de la poeta como una manera de registrar su disconformidad sexual. Tanto Alegría como Rama anotan la atmósfera reprimida con que la poeta explora la intensidad emocional dentro de las convenciones vigentes a principios del siglo xx, cuando el homoerotismo femenino era muchas veces tratado como «una historia que debe y, sin embargo, no puede ser contada».[28] Por ello, Alegría, Rama y, más tarde, el editor Sergio Fernández Larraín carecen de las categorías para explicar o definir esa historia e incurren en las metáforas de la enfermedad psicológica para tratar lo no-nombrable.

En su valioso estudio sobre su formación intelectual, Rama postula que la joven poeta vive en un «estado de frustración afectiva casi lancinante» y dominado por «un súper ego altivo, orgulloso».[29] Rama propone que la represión del deseo entre personas del mismo sexo se evidencia en los temas de la soledad y la imposibilidad de expresar estas emociones en la vida provinciana. Dejando de lado (por ahora) sus suposiciones sobre la psicología del escritor y la ausencia de una sociabilidad *queer* en las provincias, el crítico uruguayo señala la importancia de los dos géneros literarios en primera persona que la joven escritora eligió: la «carta íntima» y las «páginas de mi diario». Rama advierte contra el establecimiento de correlaciones literales entre la literatura y la vida. Enfatiza que «no se debe confundir literatura con diario íntimo, ni estilo sensiblero epocal [sic] con sentimientos verdaderos».[30]

Por otro lado, Rama recomienda que «la crítica tradicional chilena que tanto se ha esmerado en las relaciones vida-obra» debe, por lo menos, leer la obra mistraliana con más esmero.[31] Al terminar su bien documentado estudio, Rama cita al escritor chileno Manuel Rojas: «En Gabriela Mistral hay un misterio, tanto en su leyenda de amor como en su vida privada».[32] Rama concluye que «los orígenes del desgarrado dramatismo de Gabriela Mistral están por explorar: eso exige un esfuerzo de sana desmitificación que corresponderá a la nueva generación de críticos chilenos».[33] Tal vez no ocurrió eso porque poco después vino la dictadura de Pinochet, durante la cual Mistral fue momificada y muchos críticos de nuevas generaciones que podrían haber cumplido esa tarea, como el propio Alegría, fueron exiliados.

Fernando Alegría, por su parte, publicó unas de las páginas más atrevidas, hasta la fecha, en tratar la orientación sexual de la poeta. Desde California en el año 1966, Alegría hace una parodia brillante y afectuosa del estilo mistraliano. Nos refiere la intensidad de lo «no dicho» dentro de los modos y maneras de la masculinidad femenina, percibida desde afuera. Vale citarlo en extenso: «... Luego de salir de Chile [GM] siguió el rumbo de la moda y se cortó los cabellos de manera casi masculina, aligeró un tanto sus vestidos, dejó el negro por los grises y, sin proponérselo, influyó también en la apariencia de sus amigas. En foto tras foto de la época la vemos con esas flacas, de melena corta —que llamaban *à la garçonne*—, jóvenes frágiles, casi enfermizas, muy eficientes, algo hipnotizadas o, mejor dicho, hipnotizables, con algo de tiernas lauchas propensas a la histeria. Gabriela flotaba entre ellas y sobre ellas. Las veía pasar por su casa como sombras amables que necesitaban de su maternal ternura para seguir adelante. Ella no se las negaba...».[34]

Al enumerar los signos externos de lesbianismo, como los cortes de pelo, etcétera, Alegría diagnostica a las seguidoras de la poeta, «esas flacas» histéricas, y utiliza un juego de palabras bilingüe (español-inglés): «algo de tiernas lauchas» (*the mousey type*) para caracterizarlas. Luego usa circunloquios como «ella no se las negaba». Con este lenguaje, Alegría se contagia de la prohibición casi pornográfica de nombrar el afecto o el deseo que aparece a lo largo de la poesía de Mistral, que evita los pronombres y, por lo tanto, niega precisar referentes. En un panegírico falso, el lenguaje de Alegría cambia de curso —como tantas veces hace el de ella— para denunciar las mismas expectativas que acababa de suscitar la escritora: «El equívoco se deshace en despreciable minucia», indica Alegría, «cuando leemos páginas autobiográficas de las mujeres que fueron sus compañeras en su época de lucha: en esas palabras escritas con la madurez y la serenidad que da una vida rica en experiencias del espíritu se lee invariablemente la marca de un amor forjado en el respeto, en la gratitud, en la sincera admiración. Así han escrito Laura Rodig y Palma Guillén, y Doris Dana, y tantas otras».[35]

Al tratar de las compañeras de Mistral, el profesor Alegría está tomándonos el pelo. Cuando Alegría lo escribe, en 1966, tan solo Laura Rodig había publicado alguna «página autobiográfica». Por su parte, Palma Guillén y Doris Dana no habían publicado casi nada. Tal vez porque la lealtad al armario, consideraban ellas, demostraba el amor y la lealtad a su amiga poeta.

Volvimos al género literario de la carta íntima. Género que promete, pero posterga, la amistad. Las cartas íntimas que la poeta adolescente publicó en la prensa coquimbana se abren dirigiéndose a un destinatario gramaticalmente femenino, una persona amada pero nunca identificable. Es «mi dulce compañera» en julio de 1907; es «Íntima, a Ella, la única» en octubre de 1907, y es una «Carta íntima, a aquella...» en enero de 1908. La convención de encubrir la identidad del amado/a —convención que Mistral sigue también en su poesía— crea unas embrolladas construcciones gramaticales: «... a aquella que es mucho más que mi amiga y algo más que mi hermana». Y al describir el arribo de su musa, la autora prolonga el tema de no identificar a la amada: «Se inclinó sobre mi rostro, besó mis labios...». Las emociones intensas de la autora hacen impronunciables «las incoherencias del delirio de mi alma».[36]

De la actuación oral a la literaria: la «pantalla»[37]

Mistral era reconocida por su devoción a redactar cartas. Varias décadas dedicadas al periodismo y la diplomacia reforzaron esta práctica, pero estaba ya a medio camino en los cuarenta y con un puesto consular cuando tuvo los medios para contratar a una secretaria de tiempo completo, Consuelo Saleva, quien creó un sistema que permitía a Mistral organizar y preservar su correspondencia. Para sobrevivir en un cargo consular se precisa de un control estricto sobre los archivos. Dicho sistema le posibilitaba documentar sus contactos con sus superiores, sus pares, sus discípulos y otras fuentes de información. No es casual que Palma Guillén y Consuelo Saleva trabajaran a menudo en embajadas, un conocimiento que aportaron a la colección siempre creciente de cuadernos de notas y correspondencia de Mistral, cuyo valor eventual como moneda de cambio en lo político (y para potenciales extorsiones) aumentaba a medida que crecía el archivo documental de la poeta.

La primera edición de las cartas de Mistral, *Cartas de amor de Gabriela Mistral* (1978), no apareció sino hasta dos décadas después de su muerte. El editor que hizo la selección, Sergio Fernández Larraín, un jurista conservador, autor de la ya citada Ley de Defensa Permanente de la Democracia, entendió que la publicación de tales cartas constituiría un terremoto para la percepción pública de Mistral. Así justifica su decisión de publicarlas: «En más de algún instante nos ha asaltado la duda [de] si cometemos una grave indiscreción al dar a luz las cartas de Gabriela, reveladoras de sus sentimientos más íntimos, pero nos ha tranquilizado la idea [de] que interesa sobremanera su conocimiento para completar su perfil humano y su vasta y genial creación literaria más aún...».[38] Convencido de que las cartas develan con sinceridad los sentimientos de la autora y no constituyen una mala actuación de su parte, el editor defiende su decisión de publicarlas para proteger la reputación de la poeta, ya fallecida, ante eventuales agravios: «... para ahuyentar definitivamente las sombras que mentes enfermizas han pretendido, en más de una oportunidad, tender sobre la recia personalidad moral de nuestro insigne Premio Nobel».[39]

La perspectiva de que se asocie a Mistral con el lesbianismo es tan aterradora para Fernández Larraín que no es capaz de precisar eso de «las sombras que mentes enfermizas han pretendido, en más de una oportunidad, tender».[40] En lugar de ello, valora las cartas como «reveladoras de sus sentimientos más íntimos», del alma de la poeta.[41] Representándose como movido por un deber patriótico, busca desterrar aquellas «sombras» (¿de quién?, ¿de Alegría?, ¿de Rama?) que podrían impugnar la altura moral de «nuestro insigne Premio Nobel».[42] Con pocas pruebas, el editor señala que las cartas representan a la escritora como casta, profundamente conservadora y sumamente respetuosa del matrimonio. Una conclusión más consistente con la hagiografía que con las propias cartas.

Cuando Fernández Larraín compiló esta edición de *Cartas de amor*, la correspondencia privada de Mistral no estaba ni disponible ni accesible al público. La situación ahora es muy distinta. En modalidades digitales o transcritas, en publicaciones y otras fuentes rastreables, el corpus de las cartas de Gabriela Mistral, que es enorme, muestra una serie de estrategias hacia sus lectores, minuciosamente calculadas y complejas, con muchas dramáticas escenificaciones, desplegadas con una destreza asombrosa.

Cartas de amor (publicado en 1978, vale enfatizarlo) representa dos tipos de misivas. El primer grupo corresponde a un período de catorce meses, en el curso del año 1905 y comienzos de 1906, en Coquimbo y La Compañía. Consiste en cinco cartas que la poeta escribió a los dieciséis años a un acaudalado terrateniente de nombre Alfredo Videla Pineda, un soltero que tenía cuarenta años. El segundo grupo, mucho más extenso y posterior, consta de cartas dirigidas a Manuel Magallanes Moure y que fueron luego publicadas por lo menos en dos ediciones, como veremos en ulteriores capítulos. *Cartas de amor* resulta hoy bastante pintoresco al compararlo con otras ediciones de cartas de Mistral publicadas en el siglo XXI. Con todo, ese volumen contribuyó a dejar de lado la leyenda absurda a la que el editor se refiere como «el error que es necesario rectificar» de Romelio Ureta.[43]

Tal es el nombre en la vida real del joven ferroviario, originario de Coquimbo, que murió por propia mano en 1909. La leyenda identifica a Ureta con el único y terrible amor que, amortajada en una castidad total, Lucila Godoy experimentó, y a cuya memoria se habría dedicado tras su suicidio. Fernández Larraín hizo lo que pudo para ahuyentar la leyenda. Si es que sobrevive es porque ella misma confundió deliberadamente la leyenda con el suicidio literario sugerido en «Los sonetos de la muerte» (1914), su galardonada obra. Durante años, los críticos desarrollaron un auténtico juego de salón para acomodar los poemas incluidos en *Desolación*, el primer libro de Mistral, como fundamento de un relato alusivo al amor devastador y la casta devoción.

La leyenda de Romelio Ureta persiste a pesar del afán de Fernández Larraín por derribarla y de que luego algunas escritoras confiables y libres de las exigencias del hagio-nacionalismo, como Margot Arce de Vázquez y Carmen Conde, hayan indicado sus grietas. Ellas insisten, por ejemplo, en que Mistral tuvo más de un «amor». Igual que los cuentos de hadas que la propia poeta usó para agradecer a sus benefactores, la leyenda de Romelio Ureta representa a Lucila Godoy yendo pasivamente al encuentro de su propio destino. Pero un análisis de la evidencia histórica contemporánea —las cartas que la joven autora mandó a Alfredo Videla Pineda— muestra todo lo contrario. El afán de logro, el cálculo y sus ambiciones se evidencian a lo largo de toda su correspondencia.

Al cabo de un año publicando en los periódicos locales, Lucila Godoy había comenzado ya a granjearse alguna fama. Es entonces cuando comenzó a escribirse con Videla Pineda, el rico hacendado y propietario de varios viñedos en Samo Alto. ¿Quién inició la correspondencia? No se sabe. Lo cierto es que con Alfredo Videla (y más tarde con Manuel Magallanes Moure) ella escribe lo suficiente para que resulte de provecho a sus propósitos. Tiene claras sus prioridades.

Videla es su «pantalla» para escribir acerca de un «amor» que proyecta en la página en blanco. Lo relevante es que el hombre al que escribe es no solo un rico terrateniente, un buen partido para casarse, sino un mecenas de las artes. Al escribirle a un hombre que otros describen como femenino, de maneras más refinadas que viriles, ella misma controla todas las facetas, de principio a fin.

Fernández Larraín, editor de esas cartas, hace hincapié en el estilo afeminado de Videla Pineda y su reputación de don Juan: «Hombre fino, de maneras exageradamente delicadas y "femeniles", que se contradicen con la fama que tenía de gran seductor de damas de la región y de otras que llegaban desde Santiago».[44] El editor no parece advertir que una fama de seductor puede servir para tender un velo, encubrir o distraer la atención sobre el extraño fracaso de un soltero apetecible a la hora de contraer matrimonio. Todas las convenciones del intercambio de «cartas de amor» son compatibles y consistentes con los mecanismos del clóset. Lo que motiva la correspondencia es, en rigor, el «toma y daca» del que disfruta Alfredo Videla al captar la atención de la joven maestra con su intento de persuadirla para que se vean en privado. Cuando la joven le escribe a un soltero pudiente y afeminado que gusta de tocar a Chopin en el piano y de ir al teatro, cuenta con una oportunidad de generar la ficción o coartada del amor heterosexual. Cualquier autor popular en aquella época debía manejar bien ese discurso.

El encubrimiento, la actuación y la coartada rigen la noción de *the beard*[45] [«la barba»; aquí, «la pantalla»], que alude a «una persona que públicamente pretendía estar involucrada en un vínculo heterosexual con una persona homosexual, para ayudar a que esa persona encubriera su homosexualidad», según el *Oxford English Dictionary* (OED), mientras que el Urban Dictionary, un sitio web colaborativo, de fuentes múltiples y alusivo a la jerga contemporánea, específica que la *barba* es «toda compañía del sexo opuesto llevada a un evento para que una persona homosexual brinde la apariencia de ser heterosexual». La imagen de la barba en sí y la forma verbal correspondiente, «hacer de barba», aluden a encubrir y disimular, como ocurre con los términos «hacer de campana» en Argentina o «una pantalla» en Chile, en alusión a una «persona o cosa que distrae la atención para encubrir u ocultar algo o a alguien», según el diccionario de la Real Academia de la Lengua Española. Ambas expresiones evocan el amor cortés, que en estas cartas es un lugar común que está invertido, como bien observa Leonidas Morales: «El lugar de la dama lo ocupa el caballero, y el del caballero, la dama».[46] Esto es consistente con el rol dominante que aflora en sus relaciones íntimas, el epistolario u otras opciones posteriores de la poeta. Como las relaciones entre el mismo sexo no están regidas por exigencias específicamente asociadas a un género, bien puede ser que los papeles de dominador o dominado estén invertidos, o que roten en un grupo de tres o más participantes, opción que Mistral exploró años después.

El intercambio de cartas nos indica que la relación es una *pantalla*, que el OED define como «algo que se hace o establece para disfrazar o desorientar a otros respecto a algo, especialmente respecto a la verdadera naturaleza de una persona; un frontis, una fachada». La imagen proyectada en la página es un despliegue de heteronormatividad que opera como distracción. Ella le *hace a él de pantalla*: al escribirle a ella, él prueba su masculinidad. Y eso le ofrece a ella, a su vez, una pantalla detrás de la cual practicar el tema del «amor imposible», tan prominente en su obra hasta su abandono de Chile. Por medio de las cartas, ella, una escritora autodidacta, practica las convenciones asociadas al «amor imposible». Para enriquecer la trama, introduce rivales, esto es, a otros pretendientes.

Haciéndole de pantalla a Alfredo Videla: correspondencia encubierta

Al escribir cartas, Lucila Godoy se embarca en un secretismo y un tono conspirativo que la resguardan del perjuicio a su reputación. Este discurso tienta vanamente al destinatario con la perspectiva de una cacería en la cual ambos arriesgan la reputación si son descubiertos. Ante la perspectiva de ser *vista*, sus cartas introducen el tema del voyerismo. Las dos partes han de mantener su respectivo papel, sus máscaras, además de la distancia, factor fundamental en las cartas.

Alfredo y Lucila se valen de cartas enviadas por mano y por medio de una tercera, Artemia, la amiga de ella, que actúa como mensajera y audiencia a la vez. Así, Lucila advierte a Alfredo: «Yo debo encontrar su carta en poder de mi amiga Artemia para poder saber y determinar».[47] «Le dije a mi amiga Artemia: tan pronto que llegue carta, avísame por teléfono».[48] Son invariables las instrucciones que da Lucila. Primero está la prohibición para él de verla en privado. Luego le indica lo que anhela: que él le escriba cartas. No quiere nada presencial, sino cartas con los escenarios bullentes de subterfugios.

Lucila Godoy obedece a las convenciones epistolares. Estas facilitan la tarea de seguir la trayectoria de su nexo con Alfredo Videla. Gracias a que ella responde en forma sistemática, punto por punto, a las cartas de él, se vuelve posible reconstruir buena parte de las misivas que Alfredo Videla le dirigió, aun cuando estas no hayan sobrevivido. La convención epistolar de referirse a factores que mantienen separados a los dos escritores nos deja ver cómo su situación de vida ha cambiado. Parece que ella había ya dejado atrás la vivienda de dos pisos que compartía con su madre. Ahora vive con una familia en una localidad que parece ser La Compañía, donde Alfredo la visita una sola vez, pues una segunda visita lo comprometería.

Cuando Alfredo la presiona para que se reúnan en «una entrevista reservada», Lucila responde proponiendo que pueden verse «... en cualquier parte pública, la que Ud. designe. Ya me arriesgo a mucho. Mi determinación es harto peligrosa. Hago cuanto puedo. Si por temor de ser visto no accede a una entrevista así, no hay ninguna otra esperanza».[49] Después Lucila rechaza la siguiente propuesta de él; rechaza la sugerencia de que ese encuentro en privado «probaría» su afecto por él: «No hay qué pueda desear decirme, que en una carta no pueda hacerlo; y no hay demostración de cariño que no le haya hecho y pueda hacerle. Es mi última palabra al respecto».[50] La única solución que ella propone es que él le escriba más seguido. ¡Frecuentemente! Ella sufre cuando no lo hace. Lucila, una adolescente, regaña a Alfredo, un hombre mucho mayor, cuando él tontamente le telefonea: «He de prevenirle que cuando hablamos por teléfono, hubo varias frases que no le oí; y además contestaba torpe y lacónicamente por no ser comprendida por las que me oían».[51]

Alfredo Videla insistió y consiguió otras dos citas. Ambas implicaron dinero: un préstamo que ella le devolvería justo antes de Navidad. Poco después, se juntó con él en el teatro, solo una vez, agradeciéndole «la inolvidable noche aquella, pasada en el palco N° 10». El recuerdo la hace derivar al *tempus fugit*, uno de sus tópicos predilectos: «¿Habrá para mí en el futuro horas tan queridas e impregnadas de ternuras como aquellas? ¡Quizás no!».[52] Enrique Molina describe los palcos en sus memorias y nos cuenta que había un solo teatro en La Serena, llamado «el gallinero» por su edificio chato y feo. «Cercanos al proscenio había unos curiosos palcos que se podían cerrar del lado de la sala con un enrejado, los palcos de rejas, destinados a personas de luto deseosas de asistir al espectáculo sin ser vistas por la concurrencia. En verdad nadie ignoraba que amantes del arte se ocultaban detrás de las rejas».[53]

Ocho semanas después, en los comienzos del año nuevo, Lucila le cuenta a Alfredo de un perseverante admirador suyo. Un tal «señor Marín» ha pasado por su casa en tres ocasiones. En la primera, ella no pudo eludir su visita, que la sorprendió con la guardia baja, pero desde entonces se ha rehusado a aparecerse ante él: «... en las otras dos, a pesar de estar yo en casa y de haberme él visto, no salí a saludarlo y no tuvo más que irse. Creo que no volverá». La aparición del «señor Marín», el rival, da inicio al deseo mimético, que aflora al ver lo que alguien más ve y quiere, al imaginar lo que ese alguien más ve y quiere. Él no puede arriesgarse a que lo vean o eso le dice a ella: le teme a «los habladeros del pueblo».[54] Se vería comprometido. Sin embargo, Alfredo persiste en su tema favorito: «Me gustaría que me concediera usted "una entrevista reservada"», le dice.[55]

La imaginería visual —lo de ver y ser visto— subyace a la pantalla y a otra dramatización que genera deseo mimético. Estas cartas predicen el genio de Gabriela Mistral para la triangulación, en que la autora maniobra de manera constante entre el destinatario, ella misma como protagonista y un rival no visto u oculto, una fuerza al margen de la escena.

La polémica con Abel Madac; Vicuña, noviembre de 1905-1906

«Nos testimonian documentalmente que éste fue verdaderamente su primer amor», concluye Manzano acerca de las cartas de Lucila Godoy a Alfredo Videla.[56] Una primacía sí es indiscutible: esta es la parte más temprana de su correspondencia que ha sobrevivido, pero cuando insertamos las cartas ordenadas cronológicamente en la línea del tiempo que siguieron las publicaciones de la joven maestra, no hablan del amor verdadero, sino de su absoluta imposibilidad. La correspondencia se inicia poco después de que Mistral publicara «Amor imposible», tema que las cartas desarrollan precisamente. Termina la correspondencia dos semanas antes de que la joven cumpliera diecisiete años. Para poner fin a la relación, la autora le envía una carta melodramática que bosqueja su próxima publicación, «Ensoñaciones».

El contexto más amplio de las cartas a Videla es que la poeta ha empezado a concitar la atención al defenderse espléndidamente en una polémica publicada en *La Voz de Elqui*, que sale el 26 de noviembre de 1905. Un crítico que escribía bajo el seudónimo de «Abel Madac» había argumentado que la valía esencial de las mujeres era decorativa y que la escritura de Lucila Godoy era embrollada. No tenía nada que valiera la pena decir ni leer, según «Madac», quien se presenta, en su carta al editor, como un admirador de la literatura y la poesía, alguien recién llegado al valle, «donde florecen con igual prodigalidad las flores i las mujeres hermosas». De paso, arremete contra el texto «Voces», recientemente publicado por Lucila Godoy: «¿Cuál es el origen de ese amargo pesimismo, de ese lúgubre acento?». Condena su escritura como un cúmulo de «frases huecas; expresiones altisonantes, llenas de énfasis, que no dicen nada a la mente, i mucho menos al corazón». Cuestiona incluso su sanidad: «Ella me da solo la idea de un cerebro desequilibrado, tal vez... por el exceso de pensar».[57]

La refutación de Lucila Godoy, publicada en la misma página de *La Voz de Elqui*, niega que su texto sea autobiográfico: «No hago en él el relieve absoluto de mi vida, hago una imitación de la vida de todos los infortunados, por lo cual empiezo: *Habla el alma infortunada*. ¿O es que me equivoco i escribo: *Habla mi alma infortunada*?».[58] Enseguida se burla de su machismo: «¡Qué poca penetración de hombre pensador tiene al creer que todas las mujeres sueñan con idilios i viven de aquellas esperanzas!». Añade que ella no escribe para el público general, sino para unos pocos espíritus lúcidos: «Hay almas que, saliendo de la mediocridad, no esperan ver iluminarse aquel con los fulgores de dos ojos apasionados, sino con la luz única que existe sobre la Tierra, la luz intelectual, la luz de la gloria...». Este idealismo sublime logra reconfortarla.

Ninguna de las partes terminó cediendo en su postura. Abel Madac condena el exceso verbal y emocional, la amargura y altivez de Lucila Godoy, como indicios de su falta de educación, esto es, de su falta de modales, de su gusto más bien pobre. Cargos que otros habrán de repetir en el curso de los años. Mientras que Godoy replica que su escritura se propone transmitir una emoción intensa y una alienación separada del cuerpo, el editor de *La Voz de Elqui* agitó las llamas de la controversia (¡hay que vender diarios!). Le encarga a Godoy la redacción de un ensayo. El artículo, derivado de la polémica y titulado «La instrucción de la mujer» (8 de marzo de 1906), desdeña la teoría de que el matrimonio proteja económicamente a la mujer. Correcto: el matrimonio no había protegido de hecho ni a Petronila ni a Emelina. Sostiene que la autosuficiencia económica es fundamental: «Es preciso que la mujer deje de ser la mendiga de protección y pueda vivir sin que tenga que sacrificar su felicidad con uno de los repugnantes matrimonios modernos; o su virtud con la venta indigna de su honra».[59]

Tres días después, pone riendas a su argumento con un poema, «El final de la vida»:

> Corazón, corazón, ¡cuánto soñaste!
>
> ¡Qué dicha se forjó tu fantasía!
>
> ¡Con qué fervor creíste y adoraste!
>
> ¡Qué esperanza más firme te asistía!
>
> Di: ¿qué te queda hoy día?[60]

Al argumento de Abel Madac de que las mujeres debieran dedicarse a ser bellas y estar enamoradas (de los hombres), Lucila Godoy responde que la adoración devota o ciega provoca decepción. Demuestra, además, su habilidad para el ensayo polémico, una modalidad que no había utilizado previamente, como el libro de Manzano ha observado. La joven escribe, entretanto, poemas de reconocimiento a los poetas que la admiran en todo el valle y que han escrito a *La Voz de Elqui* en su defensa. Axiomático en la polémica es que Lucila Godoy cuestione el valor, para la mujer, del amor heterosexual y la devoción al matrimonio.

Dos semanas después de eso, recibe otra carta de Alfredo Videla, llena de quejas, según lo que podemos reconstruir a partir de la respuesta de Lucila: «Me ha dicho que lee en mí, como leer un libro», le dice Lucila. «De ello me alegro, así que puede ser para mí menos áspero y cruel que lo que ha sido».[61]

Él se había quejado de su frialdad: «Ha puesto su cabeza antes que el corazón para obrar».[62]

«Convengo en todo lo que Ud. dice», le responde ella.[63] «Solo en los momentos que [Ud.] está cerca de mí, son míos sus sentimientos y sus pensamientos. Le creo muy fácil a olvidarlo todo; incapaz de cultivar y conservar un amor en una larga ausencia...».[64] «No se ofenda por lo anterior», añade.[65] «La tristeza es dulce, la queja es arrullo, la flagelación de la traición es caricia. Hasta la indiferencia del Ídolo hace amar más».[66]

La «historieta» de las cartas adhiere a las convenciones propias del amor cortés, pero una vez más, como bien señala Leonidas Morales, ella asume el papel del caballero cuando afirma que su devoción es por el Amor, un amo cruel, del cual Alfredo es solo una señal. Tanto como en el amor cortés, los dos amantes deben atenerse a las reglas del mundo: «El mundo lo manda así, vivimos en él, y debemos respetar sus leyes aunque sean absurdas y ridículas».[67]

Como un obsequio después de la flagelación, responde a la carta de Videla con una «ensoñación» en que la escritora imagina, para mayor placer voyerista de su destinatario, una de sus futuras citas románticas: «¿Sabe en qué me pongo a pensar a veces? ¡En que por los alrededores de su hacienda haya alguna aldeanita de esas cautivadoras que me está robando sus miraditas tan preciosas para esta pobre mendiga!». Ella modifica el escenario al gusto de Alfredo, un devoto de Chopin: «El viento favorable me trae los acordes de la música lejana, de esa música de que Ud. goza todas las noches en el paseo lleno de damas entre las cuales hay una a quien Ud. quiere y que quizás sea más tarde la dueña de Mi Alfredo. ¿Para qué negarlo?».[68]

En este juego de las escondidas que supone una atmósfera represiva, Lucila Godoy ha aprendido a desarrollar una correspondencia encubierta, valiéndose de una mensajera. En sus respuestas a la carta de Abel Madac al editor, ella practica el género de la réplica al crítico, con la cual gana defensores y seguidores.

ECHADA DE LA ESCUELA NORMAL DE LA SERENA, 1906: EL PADRE MUNIZAGA VERSUS LUCILA GODOY, LA PAGANA

La memoria autobiográfica de Mistral se nutre de los obstáculos. Las persistentes ambiciones de Emelina y Petronila determinaron que Lucila debiera asistir a la Escuela Normal de La Serena, tal como Mistral cuenta en su postrimería: «Hicimos el triple esfuerzo de preparar exámenes, de obtener la fianza del caso, y de comprar el equipo de ropa. Yo no sé de dónde consiguió mi mamá, que era una viejecita con estatura de niño, los tres mil pesos de fianza que exigían, y que para aquel tiempo eran una suma enorme».[69] La matrícula ha de haber costado el salario completo de una maestra regular durante un año, según los cálculos de Manzano.

La carta que Lucila Godoy escribió al político radical y anticlerical Pedro Aguirre Cerda en 1920 da la versión más temprana de los misteriosos eventos. En función de su relación mecenas-beneficiaria con don Pedro, ella identifica a su adversario como «el profesor de religión del establecimiento», el padre Manuel Ignacio Munizaga, al que representa como un rival de cuidado cuando describe su plan subrepticio: Munizaga «pidió se me eliminara como peligrosa. No salí expulsada; se me permitió rendir mis exámenes hasta finalizar mis estudios». La descripción que la poeta hace de lo que ha provocado la alarma del religioso sintoniza perfectamente con el marco ideológico de su destinatario: había sido vista leyendo, y dando a leer a otras, «algunas obras científicas...». Sus publicaciones y creencias religiosas poco ortodoxas (pero sinceras) también habían jugado en su contra: «Ya escribía yo algo en el diario radical *El Coquimbo* y solía descubrir con excesiva sinceridad mis ideas no antirreligiosas, sino religiosas en otro sentido que el corriente».[70]

Según lo que le decía a don Pedro, su liderazgo potencial amenazaba el statu quo atrincherado en La Serena. Por lo tanto, el capellán, quien era, en las irónicas palabras de José Santos González Vera, «más soldado que pastor de Cristo», había advertido a todo el personal del colegio.[71] Y el personal obedeció. Tres décadas más tarde, en su autobiografía dictada, Mistral resalta el drama. Acrecienta el suspenso. Añade obstáculos y oponentes. Inicia esta versión dramatizando la forma en que, ese día tan anhelado de su primera jornada en la Escuela Normal de La Serena, ella y su madre avanzaban trabajosamente hacia la escalinata de entrada, donde un nuevo personaje, la subdirectora Teresa Figueroa de Guerra, «una gruesa señora», estaba detenida y cortándoles el paso: «Nos recibió en la puerta y sin oírnos y sin dar explicación alguna que le valiese y me valiese me declara que yo no había sido admitida».[72]

Pero «mi madre era una porfiada. Insistía». ¡Después de todo, Lucila llevaba enseñando desde hacía más de un año! Cuando pidieron hablar con el director, «la obesa señora rehusó... porque la directora era una norteamericana que no hablaba español», anota la poeta en la versión que cuenta en 1952. Pero hay un adversario secreto en este caso, quien permaneció oculto durante una década, hasta que una amiga-protectora reveló al fin su identidad, como explicaba la poeta: «El capellán y profesor don Manuel Ignacio Munizaga había exigido al personal que por solidaridad con él se me eliminase pues yo escribía unas composiciones paganas y podría volverme en caudillo de las alumnas». Aquí la narradora hace una pausa y subraya, en burlón elogio al oponente: «El ilustre sacerdote fue bien lúcido cuando dijo que yo era una pagana. Todo poeta, cualquier poeta es eso o no es cosa alguna». Como cualquiera «a los dieciocho años, no es sino un pagano», añade.[73]

Igual que Adelaida Olivares, la némesis anterior de Lucila en Vicuña, Munizaga estaba relacionado con su familia. El historiador local Varela Ramírez da una mirada detallada al padre Munizaga, quien nació en Elqui en el mismo año que Emelina. El capellán era suficientemente cercano en edad a Jerónimo Godoy para haber asistido con él al seminario, incluso para haber estado presente cuando Jerónimo tomó sus votos menores. Mientras Jerónimo componía e interpretaba canciones y enseñaba en la escuela, el padre Munizaga se estaba forjando, a nivel local, un nombre como orador y escritor. Aparentemente publicó algunas historias eclesiásticas y sirvió como agregado cultural en el Vaticano.[74]

Dado que Munizaga supervisaba la enseñanza religiosa en la Escuela Normal y en dos liceos de La Serena, él mismo hubiera podido ponderar el potencial de Lucila Godoy como educadora local. A su favor, Lucila contaba con sus dos admirables tías, ambas monjas. Pero ¿qué decir de la piadosa abuela, «la teóloga», ahora objeto de la caridad? ¿Y del padre de la chica, formado en el seminario y largo tiempo esfumado de la escena?

A fines de 1906, Lucila Godoy estaba publicando solo en diarios radicales. Munizaga no era poeta, así que muy probablemente había pasado por alto poemas de ella como «Ecos» y «Flores negras», pero, como educador, quizás hubiera estudiado el ensayo de Lucila sobre la educación de la mujer, advirtiendo su entusiasmo por la ciencia y algunos párrafos satíricos como el siguiente: «¿Por qué esa idea torpe de ciertos padres, de apartar de las manos de sus hijos las obras científicas con el pretexto de que cambie su lectura los sentimientos religiosos del corazón? ¿Qué religión más digna que la que tiene el sabio? ¿Qué Dios más inmenso que aquel ante el cual se postra el astrónomo después de haber escudriñado los abismos de la altura?».

Las jóvenes debieran estudiar astronomía, no teología, resuelve. Y concluye llamando a depositar en las manos de la mujer los «libros científicos», tal «como se coloca el manual de Piedad».[75]

Los diarios provinciales se le volvieron un arma de doble filo: le procuraron una comunidad literaria, por una parte, pero le complicaron la vida al llamar la atención de las autoridades educacionales, tanto de oponentes de los radicales como de las normalistas. «Todos los maestros y los profesores que me negarían la sal y el agua en los veinte años de mi magisterio chileno y a los que tengo contados en otra parte, saben muy bien de cuánto me costó vivir una carrera docente sin la papeleta, el cartel y la rúbrica aquella».[76] El refrán «negar el pan, la sal y el agua» en su recuerdo del episodio de la Escuela Normal contribuye al retrato que la poeta hace de sí misma como «la echada», rechazada y excluida y, pese a todo, decidida a sustentarse a sí misma y a su madre.

ECHADA DEL LICEO DE NIÑAS DE LA SERENA, 1907: LA DIRECTORA VERSUS LUCILA GODOY

En el cuento de hadas, cada exclusión exige el regreso de los benefactores, que en el caso de Lucila Godoy comienzan a multiplicarse. Nada menos que Bernardo Ossandón decide convocar una reunión, a principios de 1907, en el estudio jurídico del acérrimo balmacedista y antiguo diputado don Juan Guillermo Zabala, junto a David Aguirre, editor de la revista literaria *Penumbras*. Los tres hombres se reúnen para evaluar las perspectivas de Lucila Godoy. Concluyen que sería un error dejarla vegetar. Que debiera tener un mentor. Zabala propone recomendarla para un empleo administrativo de nivel básico, como secretaria-inspectora, al Liceo de Niñas de La Serena. El mismo cargo que Ossandón había ejercido tres décadas antes, cuando se preparaba para estudiar en la Universidad Técnica del Estado en Santiago. Pasar de la sencilla escuela rural en La Compañía a la entrada imponente del liceo aquel de tres pisos, situado en una ladera, era una travesía que parecía casi imposible. Cuatro décadas más tarde, Mistral refiere agradecida su buena fortuna: «Desde esta escuela di un salto verdaderamente mortal por los buenos oficios del abogado don Juan Guillermo Zabala».[77]

Esperándolas en la entrada, y aún más imponente que la anfitriona de la Escuela Normal, había otra mujer implacable: la directora del liceo, «una mujer enorme, voluminosa, oriunda de Alemania»:[78] Ana Krusche. Las desventuras de Lucila Godoy con esta antagonista se cuentan entre las anécdotas supremas en la vida de la poeta. Krusche le enseña, inadvertidamente, a la joven Lucila Godoy el empleo de las mismas armas que el sistema ha enarbolado contra ella, ya que rápidamente percibió que la chica no estaba calificada para ser ayudante, como por lo demás la propia Mistral, ya anciana, admite: «Yo sabía muy poca cosa de redacción oficial y tal vez de redacción *tout court* aunque ya escribiese en los periódicos. Su mal carácter contrastaba con mi blandura. En el fondo no era mala».[79]

La evidencia contemporánea contrasta con el recuento posterior que Mistral hizo de sus dificultades con la directora del Liceo de Niñas. En 1909, poco más de un año después de ser excluida o expulsada del Liceo de Niñas, la joven maestra escribe al poeta anarquista y panfletista (y luego homeópata y naturista) Alejandro Escobar Carvallo. En aquel entonces él estaba en el ápice de su fama. Había escrito hacía poco un poema muy popular que denunciaba la matanza de la Escuela Santa María de Iquique. Esa masacre está entre los eventos más trágicos (y simbólicos) de la agitada vida laboral del siglo xx chileno. Centenares de mineros del salitre en huelga se concentraron con sus mujeres y sus hijos. Protestaban por los salarios de hambre y las condiciones imperantes de vida y de trabajo. Las tropas del ejército acribillaron a la multitud: el número preciso de los centenares de obreros asesinados se ha perdido para la historia, debido a discrepancias en los recuentos oficiales.[80]

Tal es la tendencia a narrar los años de formación de Gabriela Mistral según las convenciones de la hagiografía, aislándolos de la historia nacional, que nadie, hasta ahora, ha señalado que la matanza tuvo lugar en diciembre de 1907, esto es, precisamente cuando la directora del Liceo, Ana Krusche, exigió la renuncia a Lucila Godoy, quien claramente simpatizaba con el socialismo. Al escribirle al anarcosocialista Escobar Carvallo en 1909, la joven maestra denunciaba a Krusche, su entonces antigua jefa, como una «enemiga acérrima de todo lo que atañe a socialismo, no lo mirará con buenos ojos, como no miraba mi correspondencia cuando era yo Secretaria de ese Establecimiento». El castigo incluyó su degradación y el gesto de no permitirle que almorzara: «Su intolerancia sobre este asunto llegó al extremo de hacerme salir sin colación durante días, solamente, pues luego me ocupé en la Institución Primaria».[81] Fue excluida por su socialismo, según indicaba ella misma a Escobar Carvallo en 1909, lo que luego repetirá en 1915 al poeta Manuel Magallanes Moure, y finalmente cuando le cuente su vida a Pedro Aguirre Cerda, en el año tan políticamente volátil de 1920.[82]

Con Aguirre Cerda, así y todo, acomoda la historia de su vida para que encaje con la agenda secularizadora de su benefactor: describe a la directora como una marioneta del clero y alega que Krusche la castigó por su empeño de transformar el sistema clasista que el liceo privado mantenía: «Me hizo ella una observación dura respecto a mi ateísmo y a ésta siguió otra sobre mis tendencias socialistas. Me acusaba de lo último por haber procurado yo la incorporación de niñas de la clase humilde, cuyo talento conocía y para las que el liceo estaba cerrado».[83] Sin embargo, cuando Mistral contó la historia en 1922 a un reportero de *El Diario Ilustrado*, un diario conservador católico, ni el «socialismo» ni su adversario escondido, el padre Munizaga, salieron en la versión impresa. El conflicto se reduce a su esencia: la joven narradora idealista choca con la directora, quien castiga los torpes esfuerzos de su ayudante en pro de la justicia: «La vida se me volvió insufrible en el establecimiento, a consecuencia de un fuerte disgusto que tuve con la directora por haber matriculado a escondidas de ella a unas alumnas pobres».[84]

Siempre calibrando la historia en función de la audiencia, Mistral omite al clero en la versión que, en 1931, cuenta en Santo Domingo. Puesto que las batallas entre el Estado y la Iglesia no eran particularmente relevantes en la lucha por superar siglos de relaciones colonialistas en el Caribe, Mistral enfatiza el factor del socialismo democrático como el motivo de su expulsión del liceo: «Yo era», ha dicho ella, «ya, una demócrata teñida, si bien harto ingenua, y aquel profesorado, más ingenuo aún, me creyó una especie de campeona socialista».[85]

Después de la Segunda Guerra Mundial, las historias y versiones de Mistral asumieron proporciones épicas. Al relato de su «expulsión de La Serena» sumó nuevos episodios y, como clímax, una batalla cuyos rasgos sobresalientes eran la habilidad del personaje contendor, siendo alemana, de mantener su control absoluto: «Una extraordinaria mujer alemana de quien la crueldad no empañó nunca los ojos para ver que se trataba de una mujeraza al lado de la cual las profesoras criollas de su personal eran muy (pobres) con excepción hecha de no más que tres. Esta señora gobernaba el colegio según las normas alemanas que eran de todo el gusto de los chilenos por aquel tiempo. Su liceo era medio cuartel medio taller y con lo segundo digo algo parecido a una alabanza. El personal la obedecía con un respeto que iba más allá de lo racional y se pasaba a lo mitológico. Las pobres mujeres le temblaban sin metáfora...».[86]

Cierto día en que la directora estaba enferma, convocó a su secretaria adolescente a su dormitorio. Una reproducción enorme de la Virgen, obra de Murillo, colgaba sobre la cabecera de la cama. Lucila permaneció allí muda, perpleja a causa de esa incongruencia en «aquella curiosa mujer poco protestante y algo pagana». La directora se dirigió entonces a ella: «Yo soy lo contrario de usted, yo no creo en nada, pero vivo en una ciudad de beatos y suelo ir a la iglesia y tengo esta virgen por condescenderme con la ciudad. Aunque los chilenos sean gente inferior a mi raza yo soy una empleada pública de Chile. En cambio, usted cree en todo, cree de más y tiene una apariencia de incrédula para su gente, lo cual le hará mucho daño».[87]

Mistral buscaba provocar que la audiencia se pusiera en el lugar de la joven Lucila Godoy, convertida en blanco de los insultos y consejos de su jefa: «Una vez me llamó a su salón y yo me quedé embobada mirando dos grandes cuadros que eran grabados de Goethe y de Schiller». De fondo, la directora le daba lecciones. Mistral repite sus palabras: «Los escritores se dividen solo en estos dos tipos: los de Goethe son los sensatos y los que llegan a grandes posiciones; los alocados se parecen a Schiller sin que valgan nunca lo que él tampoco y como no lo alcanzan no llegan nunca a nada».[88]

Luego de mucho, la directora se mostró al fin complacida con la joven poeta, solo después de que esta escribiera una letra para ponerle música en una función del colegio. «Está bien la letra que le han puesto a la música que le di, destinada al colegio», le decía la dispensadora de las varias tareas. «Usted sirve para muy pocas cosas, tal vez para una sola, su mala suerte está en que eso para lo cual sirve es algo que no le importa a nadie».[89]

Estos subepisodios (incluidos en el manuscrito, pero no en la versión impresa de la autobiografía-entrevista dictada por Mistral) dejan de manifiesto que la poeta chilena María Rosa González, la redactora, la presionaba en busca de detalles. Esta audiencia invisible constituía una eventual caja de resonancia: «La razón que usted da para su salida del liceo no fue sino una de sus causas», observa María Rosa en el manuscrito inédito. Inicialmente, Mistral contesta, desvirtuando sus propias acciones: «Este incidente de la matrícula está muy exagerado, yo no recibí sino muy pocas niñas pobrecitas porque eran poquísimas las que se atrevían a llegar a un liceo hecho y mantenido para la clase pudiente». Poco a poco, sin embargo, la poeta revela cómo subvertía la autoridad establecida por medio de una escrupulosa atención a la política del colegio: «Aceptar a las que llevasen una carta de recomendación de los miembros de la junta de vigilancia del colegio y siempre que se tratara de buena familia».

De repente la narradora ofrece un detalle que no había mencionado antes: el de su ascendente político por ser una Alcayaga, crucial para su estatus de futura caudilla: «Las muchachas me parecían buenas alumnas por su certificado, yo pedía esa famosa carta al Sr. Marcial Ribera Alcayaga, miembro de la junta y pariente de mi madre».

Además de sus tres turnos como alcalde de La Serena, Ribera Alcayaga era, según Varela Ramírez, un médico bien considerado, con oficinas allí y en Santiago. Así, las candidatas que gozaban de ese apoyo oficial no podían ser rechazadas. La maniobra provoca las iras de la directora, que aleona a su personal contra esta joven advenediza. «¡Ni una palabra dirigida a ella!», tronaba la directora ante sus cómplices. La obedecían sin más. «Nos reuníamos solo a la hora de almuerzo y a excepción hecha de doña Fidelia Valdés mis colegas cumplieron celosamente la orden, tanto, que no me respondían cuando yo les hablaba entre plato y plato». Todo esto había ocurrido en un pasado muy lejano, o eso era lo que la poeta se apresuraba a añadir. Ciertamente, no podría haber ocurrido hoy: «En Chile por aquellos años el extranjero tenía apabullado al nacional y éste vivía en muchas reparticiones públicas servilismo tristísimo».[90]

Después de una semana de «ablandarla», la directora redactó una carta de renuncia para que la joven la firmara. Al momento de aceptarle la carta, la propia directora le ofrece un consejo: «Hay gentes que nacen para mandar y yo soy de esas; es inútil luchar contra mí y los de mi raza, hemos nacido para eso y las otras no tienen sino [que] obedecer». «Me dejó cesante sin ningún escrúpulo porque carecía enteramente de ellos», concluyó Mistral.[91]

La colonizadora ganó la escaramuza, pero perdió la guerra. Su antigua ayudante transformó el episodio en una parábola de cómo socavar el sistema desde dentro. Y en los siguientes meses y años, Mistral tuvo éxito al escalar los peldaños junto a «una aliada» más experimentada que ella: Fidelia Valdés Pereira, la única colega que simpatizaba con ella en el Liceo de Niñas, siguió en contacto con la joven durante la próxima década en varias escuelas a lo largo de Chile.

ESCUELAS RURALES Y VESPERTINAS EN LA CANTERA
(ABRIL DE 1908-MARZO DE 1909): «MAESTRA DE SÍ MISMA»

La locomotora de los encuentros casuales siguió traqueteando hacia adelante y adquirió impulso. Poco después de haber sido «echada» del liceo, Lucila Godoy abordó un vagón de tren. Uno de los pasajeros era Federico González y González, viejo poeta y gobernador de Coquimbo. La invitó a sentarse a su lado. El tren disminuía la velocidad al aproximarse al puerto de Coquimbo y su compañero de viaje asintió al pasar junto a un asentamiento humano a un costado de la línea férrea, al noreste de la ciudad. Del otro lado, en la primera hilera de dunas, había repartidas nueve chozas marginales justo al borde del mar. Un sitio apacible, con amplias vistas panorámicas: La Cantera, se llamaba. A la joven le gustó nada más verlo. ¿Le gustaría además enseñar allí? Aceptó de inmediato.

Asumió la labor en marzo de 1908, aunque su nombramiento no se oficializó sino hasta el mes siguiente, según Manzano, quien añade que las escuelas con menos de cincuenta estudiantes diurnos se cerraban al terminar el año.[92] Según lo que Mistral cuenta en 1922, su tarea primordial en La Cantera fue crear una escuela vespertina.[93] La habían enviado allí para forjar una comunidad, como haría luego con sus clases vespertinas en Punta Arenas y sus visitas carcelarias en la misma Punta Arenas y Temuco, y también en Puerto Rico.

Mario Cerda, director de la escuela en La Cantera en 2020, afirma que «la escuela de ahora está más arriba de la original donde estuvo Gabriela Mistral».[94] El de La Cantera fue un cargo apenas temporal, pero glorioso, como lo recordaba la propia Mistral en sus años finales, haciendo hincapié en sus clases vespertinas: «Apenas había asistencia diurna porque la pobre gente trabajaba».[95]

Las alegres y nostálgicas evocaciones de La Cantera que la poeta hacía en su madurez enfatizaban cómo los campesinos que la rodeaban rivalizaban entre ellos para hacerla feliz. Más reveladora es la forma en que la poeta se representaba a sí misma al aproximarse a poetas mayores en busca de potenciales mecenas o mentores en aquella época o poco después.

Entre los primeros en reconocer la ambición y los elevados propósitos de la joven autora estuvo Carlos Soto Ayala, maestro y editor de *Literatura coquimbana* (1908), que imprimió una amplia selección de la obra de Lucila Godoy, una de las dos mujeres

incluidas en esa antología que incluía un total de veinticuatro co-
laboradores. Como prólogo a sus tres textos en prosa, Soto Ayala
aportó una nota biográfica de cinco páginas, la más extensa y de-
tallada de toda la antología. Comentaba su talento, pero lidiaba a
la vez con su condición anómala de autora femenina. Como débil
apoyo a favor de Lucila Godoy, el editor citaba los ejemplos de la
Beatriz del Dante y la Laura de Petrarca, es decir, musas, no escrito-
ras. Soto Ayala recurre al gastado precedente victoriano de atribuir
el talento escritural de mujeres jóvenes a la herencia paterna. Posi-
blemente citando las palabras de la misma Lucila, evoca a Jerónimo
como un *poète maudit*: «Su padre era artista, modesto, sin ambi-
ciones literarias, y dotado de inspiración. En sus composiciones,
que jamás publicó, se revela alma grande, enferma y triste». Lo que
resulta aún más extraño es que Soto Ayala no sepa (¿o se niegue a
admitir?) que esta joven no tenía educación formal y se mantenía
a sí misma con la enseñanza: «Después de haber estudiado hasta los
trece años en Colegios, se retira al silencio del hogar, en donde, con
la lectura, continuó su educación, sobre todo literaria».[96] Así, esta
primera nota biográfica de Lucila Godoy termina con la autora en
el molde victoriano del «ángel en casa».

Estando en La Cantera, la joven escritora viajó a menudo al
ajetreado puerto de Coquimbo, donde «en aquellos años, lo de ra-
dical y lo de obrero no eran antagonismos sociales».[97] Aumenta sus
contactos con otros poetas. En su carta al poeta anarquista Alejan-
dro Escobar Carvallo le dice que añora unirse a su defensa del pro-
letariado: «... He sentido vergüenza por la mezquina, egoísta, vana
y torpe labor intelectual que he realizado hasta ahora, cuidándome
de la forma más que del fondo, cultivando la literatura por ser una
expresión de la belleza y no por ser un medio, y de los más eficaces,
de la propaganda...». Pero la lucha social es, para ella, la segunda
tarea más importante a la que se enfrenta: «Desligada la tarea que

me demanda la preparación de un próximo examen, me entregaré de lleno al estudio profundo de las mejores obras del socialismo, las que podemos llamar clásicas en él».[98]

La inquietud de la joven maestra por el tema de la justicia social la llevó a presentar los versos del poeta anarquista en su clase, o eso cuando menos le confesó tres años después al poeta Bórquez Solar: «Allá por 1908 yo enseñaba a declamar sus versos revolucionarios a alumnos adultos, de 20-30 años, allá en una escuela nocturna mía».[99] Muy distinta es la forma en que describe su labor en La Cantera, a seis años de haberse ido de allí, en una carta de 1915 a Manuel Magallanes Moure. Con él, no dice nada de la justicia social, sino que hace hincapié en lo estético, valiéndose del escenario y de ciertos detalles visuales para configurar un *pathos* desde el momento mismo de su arribo a La Cantera, una tarde nublada y envuelta en brumas. Ella y su madre descendieron juntas del tren. Lucila llevaba sus valijas, una revista y un tomo de Heine. «Llegué a la escuela, destartalada», cuenta en su carta; de un solo vistazo, apreció el escenario en su totalidad: «Un villorrio de nueve casas», con unos árboles larguiruchos y flacos y una laguna reseca. «Seis niños sucios jugando en el patio. Daba el patio a un potrero muy grande».[100]

Dejando que su madre desempacara, Lucila deambuló revista en mano por ese paisaje no muy promisorio, leyendo en voz alta unos versos de Magallanes Moure (que después serían incluidos en su volumen *La casa junto al mar*) que en el futuro habrían de consolarla e influirla. Enseguida se sentó en una piedra a llorar: «Lloraba por todo: por esa "Canción de otoño", tan adorablemente ingenua y tan amarga, lloraba todavía por mi desengaño reciente, lloraba por mi abandono en ese pueblo donde [¡] no había ni una panadería donde hallar pan!».[101]

Habiendo vaciado su corazón, se alejó del terreno donde eran apacentados los animales y fue en busca del subdelegado, o sea, el concejal del pueblo. «Me vio los ojos llorosos y debió darle pena. Conversamos. Resultó ser pariente mío: era Alcayaga. Con la revista apretada en la mano me fui con él a su casa».[102] De nuevo la conexión política con un Alcayaga hace saber al poeta Magallanes, antiguo alcalde de San Bernardo, que Lucila Godoy cuenta con conexiones políticas y se ha valido de ellas.

Este trabajo en La Cantera fue su tercer cargo, y el más independiente hasta la fecha. Ahí la jovencita seria y alta de 19 años no tenía, por fin, ningún supervisor inmediato: «Era la única maestra del lugar, lo cual, por primera vez, la convertía en jefa de sí misma, tal como lo fue su hermana Ana Emelina en Montegrande».[103] Esa autonomía surge en la versión que nos brinda en la víspera de su partida de Chile en 1922: «... pisé con el mismo orgullo y altivez, que el parquet de este gran Liceo, el entablado carcomido de esa casita chata, de pajas, con paredes blanqueadas de cal».[104] Peta volvió a La Serena, dejando a su hija más contenta que nunca, según lo que Mistral contaba hacia el final de su vida acerca del sentimiento comunitario que la invadía en este lugar: «La Cantera es donde viví más acompañada», declaraba al contar historias de cómo los lugareños, jóvenes y viejos, habían organizado, en una suerte de comunismo primitivo, «una especie de diezmo escolar en camotes, en pepinos, en melones, en papas, etc. Yo hacía con ellos el desgrane del maíz contándoles cuentos rusos y les oía los suyos».[105] Al atender sus historias, los reporteros que anotaban sus palabras reconocían que estas entrevistas eran una suerte de actuación de la gran poeta.

A los 19 años, mientras trabajaba en esa escuelita rural enseñando a los trabajadores al atardecer y escribiendo durante buena parte del día, Lucila Godoy inventó y comenzó a utilizar el nombre de «Gabriela Mistral», como ya quedó establecido en el capítulo 1. La primera vez que utilizó el nuevo nombre fue para firmar sus

«Rimas (a Delia)», publicadas en el boletín radical *La Constitución*, de Ovalle, en junio de 1908. Un mes más tarde, lo usó para firmar sus poemas nuevos en *El Coquimbo*. A lo largo de los siguientes cuatro años, usó ese nombre principalmente para su poesía mientras continuaba firmando sus textos en prosa, relacionados con la enseñanza, como Lucila Godoy Alcayaga, de manera que los educadores lejanos la reconocieran y gratificaran por su labor.

Al relatar su visita a Chile en 1954, el reportero Jorge Inostroza indica que cuando Gabriela Mistral se retira, fatigada, su amiga y secretaria de ocasión, Gilda Péndola, «nos da algunas luces sobre los pseudónimos que ha usado Gabriela. Los de sus primeros versos fueron: Soledad, Alma y Alguien. Más tarde adoptó el de Gabriela Mistral, desprendiéndolo de su admiración por los poetas Gabriel D'Annunzio y Federico Mistral».[106]

Literatura coquimbana, 1907-1908: Darío y Vargas Vila

La microbiografía de Lucila Godoy firmada por Carlos Soto Ayala en 1908 deriva de las respuestas de ella misma a sus preguntas, que él comenta. Al pedirle que enumere a sus escritores favoritos, por ejemplo, ella nombra al nicaragüense Rubén Darío. Soto Ayala queda desencantado: «Yo le aconsejaría lo olvidase para siempre; es un monstruo».[107] Como contrapartida, el editor avaló a medias su entusiasmo por el colombiano Vargas Vila, ese auténtico soldado de fortuna anticlerical de quien ella había escrito: «... El arte me fue revelado en la persona de un libro, de un libro adorable de Aquél que es mi Maestro y al que profeso una admiración fanática, un culto ciego, inmenso como todas mis pasiones: Vargas Vila».[108] Soto Ayala alabó a Vargas Vila: «Para nosotros, es de lo mejor que hemos tenido en América, aunque [...] Mondaca le llama plagiario de

Victor Hugo y Gabriele D'Annunzio».[109] ¡Plagio! La palabra quedó oscilando en el aire como un hedor desquiciante. Décadas después, hasta González Vera, gran admirador de autores incendiarios, lo deplora como «el febriciente colombiano, que representa cuanto es previo al pensamiento, logra enrolarla a su palabrería sonante». Y añade: «Bueno es recordar que era popularísimo. Los anarquistas lo devoraban y no había joven que lo desconociera».[110]

Los escritos de Vargas Vila, un revoltijo de las fuentes intertextuales, celebran la disidencia sexual. El autor escoge para analizar las historias de temática homosexual y lésbica de Gómez Carrillo y hace una remezcla de Balzac y Zola con escritores decadentistas y simbolistas como Swinburne, Pater y Rimbaud, que lo llevan a aprobar el hedonismo y el arte por el arte mismo. Como también escribe del suicidio y la necrofilia y hace elogios de la locura, Vargas Vila conduce a Poe y lo que Grínor Rojo describe como las corrientes dionisíacas más vastas y profundas del Modernismo.[111]

La leyenda del propio autor colombiano es inseparable de sus «novelas», esas peroratas iconoclastas en primera persona que acumulan nombres, ideas y citas sin mencionar las fuentes. Con un singular instinto para epatar y deslumbrar, cortejaba al escándalo y desdeñaba a la autoridad. Más que los escritos del colombiano, es la vida de «ese Vargas Vila» la que Lucila Godoy consideraba «más excelsa, más grandiosa, más heroica que la de los mismos apóstoles que llenan sus libros».[112] Vargas Vila es el primer escritor latinoamericano que fue capaz de ganarse la vida con la venta de sus muchos panfletos y libros, ochenta de los cuales están ahora disponibles en línea en la biblioteca de la Universidad de Carolina del Norte.

La «autobiografía intelectual» de Mistral en «El oficio lateral» (1949) defiende puntillosamente a Vargas Vila, comparándolo con otros escritores igualmente «periféricos» como el ruso Turgueniev y el bengalí Tagore, a quienes leyó durante sus años en Chile. Llama a Vargas Vila «el mayoral de la época», una metáfora sugestiva de que ambos, ella y su «ídolo», eran espíritus rudimentarios, suspicaces frente a la sofisticación urbana, cascarrabias e «irascibles». «El mayoral» lidera un equipo, una pandilla cuyos espíritus animales tiran del carromato en que viaja el éxito del propio Vargas Vila, acarreando en él un paquete que a Lucila Godoy, educada en los periódicos radicales de provincias, le resulta emocionalmente atractivo: la egomanía, el escándalo y la condena garantizan un amplio público lector.

Las «pluralidades sexuales» asoman en *En los jardines de Lesbos*, la novela lésbica de Vargas Vila redescubierta en fecha reciente. El autor llena además su novela *Lirio rojo* de «espantosos marimachos feministas, lésbicas y onánicas».[113] Todo ello es, en parte, el modo en que el «desmelenado» Vargas Vila crea su «sello de fábrica». La condena temprana del colombiano al imperialismo norteamericano cobra aquí importancia, como su consejo a un joven escritor en París, en 1925: «Cuide mucho de tener una leyenda. Si no tiene difamadores, haga por tenerlos. Si no tiene usted una leyenda monstruosa, horrible, no será nunca nada. Ya sabe Ud. ser audaz, hacer elogios crueles y meterse con los maestros. Ahora procure usted que le difamen. ¡No hay tiempo que perder!».[114]

Acorde con Vargas Vila, Soto Ayala señala que Lucila Godoy podía transmitir mucho apelando a una leyenda envuelta en cierto misterio e intensidad emocional. Consciente de que las vidas y amores «raros» no prosperan en total aislamiento, el editor propone que «los que tengan muertas las esperanzas, los que sueñen con anhelos imposibles, los que alguna vez hayan llevado una historia escrita en el alma y algún retrato grabado en el corazón, los que en medio del destierro de la vida hayan percibido el perfume vago y arrobador de la pureza de una mujer sensible, apasionada, lean las prosas de Lucila Godoy».[115]

Los Cerrillos (marzo de 1909-febrero/marzo de 1910); Romelio Ureta

Su próxima escuela estaba aún más distante de su familia y amigos, situada en una localidad del interior en el camino a Ovalle, pero prácticamente encima de la estación de trenes, lo que le permitía viajar a contemplar la brumosa playa de Tongoy, visitar a su madre en La Serena y reunirse con sus amigos en Coquimbo. El tren se detenía para que Lucila Godoy recogiera su correspondencia, cuya magnitud aumentaba a medida que era ahora un nombre y rostro conocido en toda esa provincia que se disponía a dejar.

En ese momento estaba experimentando con sonetos, forma que empleó para desarrollar una secuencia de historias enigmáticas que operaban como una pantalla, interrelacionando los tres temas de sus publicaciones más tempranas: la violencia, el «amor imposible» y el «amado muerto». Sigue valiéndose de la fantasía voyerista que antes había empleado para despedirse de Alfredo Videla. A esta mezcla agrega, como Vargas Vila, el desafío a los tabúes, en este caso el suicidio, inspirándose (en 1909) en la historia real del joven trabajador ferroviario Romelio Ureta, cuyo suicidio redundaría de alguna manera en «Los sonetos de la muerte» (1914).

En tanto el mito de Romelio Ureta es otra variante de la «pantalla», su irrupción en la historia de vida de Mistral contrasta con sus anécdotas de haber sido «echada» de Vicuña y la Escuela Normal o el Liceo de Niñas de La Serena. La mayoría de las historias que menciona en sus cartas y charlas parte con dos o tres anécdotas. En cada ocasión que vuelve a contarlas, las va elaborando para convertirlas en historias cada vez más dramáticas de injustas persecuciones, rescate y redención. En contraste con ello, las versiones tempranas de la historia de Romelio Ureta son las más complejas. Evita, de hecho, recapitularlas. Ignora las interrogantes de entrevistadores o brinda respuestas planas, superficiales. Como entrevistada, parece arrepentirse de haber dado pie a la leyenda de Ureta, que Manzano describe acertadamente como «uno de los capítulos más enigmáticos y menos significativos» de su derrotero, con «pocos elementos de veracidad».[116]

Mistral se valió de la leyenda de Romelio Ureta como pantalla para atraer a otros poetas. Detrás de esa pantalla —que encubre/esconde la figura estigmatizada de la lesbiana o el marimacho— proyecta a una mujer rabiosa y atrincherada, que solo amó una vez, terriblemente, a un hombre que aún defiende, pese a que él no la merecía. Estas obras empleadas para taparse resultaron en extremo exitosas, según Palma Guillén, porque «esta imagen bien satisface el orgullo varonil [...] nos imponen la silueta simplificada de una mujer haciéndose pedazos al borde de un sepulcro en un amor único y terrible. Seguramente esos comentadores han soñado con un amor así para ellos mismos y han querido una mujer así —parecida a una fuerza de la Naturaleza— que se destroza en un nudo fatal de amor y muerte del que ellos mismos son motivo y objeto».[117]

El fantasma de Romelio Ureta es la pantalla que habrá de escoltar a Gabriela Mistral a través de las puertas más celosamente resguardadas de la élite: los clubes privados de poetas varones (descritos en el capítulo 4 de este libro). Mistral teje el sudario narrativo del amor no correspondido, los celos y la devoción más allá de la muerte. Al encarnar la devoción y la castidad consigue, como Penélope, el derecho a no casarse, permaneciendo independiente hasta que acaba desvaneciéndose, como Hécate o la Llorona, tras haber embrujado a sus anfitriones, que no están seguros de si deben o no creer lo que ven sus ojos.

El relato más temprano conocido sobre Romelio Ureta (cuyo nombre la escritora no utiliza en ese momento) aparece en una carta de 1915 a Manuel Magallanes Moure. Allí sitúa su anécdota en una de las muchas pensiones cercanas al puerto de Coquimbo, donde había alquilado un cuarto amueblado. Romelio vivía, al parecer, muy cerca de allí. Puede ser incluso que ella lo haya conocido cinco o seis años antes de eso, como nos lo señala Marta Elena Samatán, y antes de que El Molle fuera abolido. De manera significativa, la hermana de la autora afirmaba, años después, que nunca se vio juntos a la poeta y Romelio Ureta.[118] O, como la propia Mistral contó presumiblemente a Carmen Conde, se entendían ambos en secreto. Pero Romelio no era ningún fantasma, ni tampoco lo era la mujer, su frívola y hueca noviecita, alias «la otra». A vuelo de pájaro, queda claro que Romelio y su novia tenían un vínculo peor que malo. Estaban atrapados, «esos dos seres que se movían en un círculo de fuego. Yo había visto en ella temblores de histérica; él era un hombre frío, pero claro es que era de carne y hueso...».[119]

Augusto Iglesias, de la generación que seguía a la de Mistral, fue criado en Coquimbo, donde dice que había conocido a Romelio Ureta cuando niño. Iglesias resume los hechos objetivos: la familia de Ureta descendía de un héroe de la República, un clan venido a menos. Un hermano mayor que se había casado con una mujer de una familia acomodada y trabajaba para los ferrocarriles. A través de ese hermano, Romelio, «más que veinteañero», obtuvo un empleo como oficinista, pero él también era, según Iglesias y lo que sugiere la única foto superviviente, un *dandy* hecho y derecho, siempre dispuesto a derrochar en vestuario. «Vestía con cierta exagerada meticulosidad...». Su único motivo de queja: que sus ingresos no le alcanzaban para lo que gastaba.[120]

Mistral retrató siempre su relación con Romelio Ureta como inocente, tan inocente, de hecho, que cuando Iglesias condujo una discreta investigación en 1933, comprobó que Emelina, la media hermana de Mistral, era incapaz de recordarla o corroborarla: «Fue un idilio que la familia no conoció sino años después», concluye.[121]

Puede ser que esta historia, que estaría presuntamente detrás de «Los sonetos de la muerte», nunca haya ocurrido. Puede que fuera, como Iglesias sugiere con delicadeza, una «ensoñación», un ejemplo de cómo la proclividad de la poeta a la fantasía generaba una historia melodramática. Las escenas de amor descritas sirven a su predilección de ser testigo del deseo masculino en vez de ser su objeto. Así construye un triángulo en el cual sus lectores pueden leer, proyectar, interpretar como les plazca.

Para resumir, parece que la maestra-poeta y este hombre joven tuvieron un aparente entendimiento, pero, como ella misma confesó al poeta Lagos Lisboa en una carta de 1916, «un mal día nos rompimos. Yo tenía entonces un carácter irascible: tan fuerte hablamos uno y otro en la pieza en que discutíamos, que mi madre se impuso y lo despidió».[122] Y el joven comenzó a acosarla, según lo que Mistral contó a la poeta española Carmen Conde en la década de los treinta. Veinticinco años después, Conde lo resume así: «Él me esperaba siempre con las mismas palabras de antes, con las mismas locuras de antes... Yo, que lo sabía en relaciones con la "otra", no quería escucharle; pero la tentación era terrible». Entonces, ¿esto qué es?: «... Una leve y aleve cartulina con filetes dorados: era una invitación de boda, y la boda era la de él con la rival definitivamente triunfadora».[123]

El relato de Conde, escrito en los años sesenta, presenta la intrusión de la otra, la rival que complica la trama, introduciendo el elemento del «amor imposible». La maestra se aleja para evitar esa presencia en algún sentido humillante y las vehementes promesas del ferroviario: «No me casaré con ella... Te juro que no me casaré con ella».[124]

Pero Mistral no se alejó. Más bien comenzó a evitarlo. Cuando menos eso es lo que le contó al poeta Magallanes Moure en 1915: «Tenía el temor de que me leyera en los ojos (él, que tanto sabía de ellos) ese amor que era una vergüenza».[125] Algo parecido a lo que contó a Lagos Lisboa en 1916: «Ya estuvimos viviendo casi en la misma casa. Él ocupaba una pieza en los altos y precisamente bajo su pieza estaba la mía».[126]

La versión más dramática de Mistral, en una carta de 1915 a Magallanes Moure, ocurre al anochecer, luego de que todos los vecinos se han marchado, uno a uno, al atardecer. Sitúa la escena y establece la perspectiva: «Desde el corredor de la casa se veía el patio de la suya. Me puse a mirar hacia abajo». A la luz de la luna pudo ver a su antiguo amante sacando al exterior un sillón para su novia. Desde arriba, la poeta lo vio estirarse en una banqueta y apoyar su cabeza en las rodillas de la otra. La pareja hablaba poco, suavemente. Después de verlos mirarse entre sí, los vio besándose: «Se acribillaban a besos». «La cabeza de él —mi cabeza de cinco años antes— recibió una lluvia de esa boca ardiente. Él la besaba menos, pero la oprimía fuertemente contra sí. Se había sentado sobre el brazo del sillón y la tenía ahora sobre su pecho. (El pecho suyo, sobre el cual yo nunca descansé)... Se besaron, se oprimieron, se estrujaron, dos horas».[127]

No pudiendo soportarlo más, cortó unas flores, los jazmines de los maceteros, y los arrojó, destrozada, hacia lo que parecían sus cuerpos, para hacerles saber que alguien los estaba mirando. Luego oyó susurros y el ruido de los muebles raspando contra la madera cuando ambos se escabullían.

A la mañana siguiente a esa noche terrible en que asistió a todo eso y, aún peor, en que hubo de imaginar lo que no pudo ver, se dirigió a La Serena y allí lo vio de nuevo caminando por la calle y le bloqueó el paso, en una imagen inolvidable que ella misma interpreta para nosotros: él «tenía una mancha violeta alrededor de los ojos». Ella tenía otra mancha, «un poco de roja. "La de él", ella pensó, "es de lujuria; la mía era la del llanto de toda la noche"».[128]

Él se detuvo y le impidió que se alejara.

«Lucila, mi vida de hoy es algo tan sucio que usted si lo conociera no me tendría ni compasión».

Ella quedó demudada.

«¡Lucila! Le han dicho que me caso. Va Ud. a ver cómo va a ser mi casamiento; lo va a saber luego», siguió él. Como vio que ella debía irse, le dijo que en su próximo viaje la estaría esperando en la estación.[129]

Quince días después, poco antes de la fecha anunciada para la boda, los diarios informaron del suicidio del joven, el 25 de noviembre de 1909: «Ayer a las dos de la tarde sus jefes le hicieron un arqueo y advirtieron que faltaba en la caja la suma de 1.501,11 pesos. El señor Ureta pidió un plazo de dos horas para reponer el dinero, en cuyo tiempo llevó a cabo la tremenda determinación de quitarse la vida».[130] Según el informe, Romelio Ureta había intentado pedir cien pesos a un amigo, que no pudo prestárselos. Sabiendo que nunca podría restituir la suma, el joven volvió entonces a la casa donde se estaba quedando, saludó a su anfitrión, se retiró a su habitación y se disparó un tiro en la sien derecha.

Al menos uno de los rumores surgió de la misma poeta, pues su carta a Lagos Lisboa, dizque en 1915, describe la evidencia encontrada en el cadáver: «En la cartera interior del paletó guardaba una de las dos tarjetas que yo le había escrito».[131] Otro rumor, que puede haber elaborado también ella misma, buscaba limpiar la reputación del joven: él le había prestado los fondos faltantes a un amigo necesitado de ellos, que no pudo devolvérselos. Pero Manzano señala que 1.500 pesos era una suma cuantiosa, equivalente a un año y medio de salario para un profesor de la categoría de Lucila Godoy. Un robo de esa índole no era lo mismo que tomar prestado algo de la caja chica, «sino más bien una conducta recurrente y sostenida».[132]

En el manuscrito de la autobiografía dictada en 1952, la poeta desvía las interrogantes respecto a este supuesto «amor», valiéndose de un colorido lenguaje para atenuar la especulación: «Romelio Ureta no era nada parecido, ni siquiera era próximo a un tunante cuando yo le conocí. [...] Era un mozo nada optimista ni ligero y menos un joven de zandungas. Había en él mucha compostura, hasta cierta gravedad de carácter, bastante decoro».[133]

La historia de Ureta era como la de un zombi. Se negaba a morir, por más que ella quisiera suprimir, eliminar el modelo de mujer que emergía de ello, el cual había presentado ella misma en «El ruego» (que previamente tituló «Plegaria»). Mistral descartó luego el poema de sus *Poesías completas*:

> Yo elegí esta invariada
> canción con la que arrullo un muerto que fue ajeno
> en toda realidad, y en todo ensueño, mío.

También desestimó, pero no pudo eliminar, «Los sonetos de la muerte». «Son cursis, dulzones», le dijo a Alone.[134] La historia sobrevive porque es un clásico cuento de horror cuya heroína, una muchachita campesina y casta, está escondida en un punto de observación donde se queda atrapada. Se convierte en una espía involuntaria. Es una testigo traumatizada de la colisión de la *femme fatale* con su víctima débil, un individuo confundido, que se mata a sí mismo avergonzado de eso en que se ha convertido. La historia se vuelve, como ocurre con una hagiografía, «un psicodrama cuya lectura moviliza en el lector intensas fantasías de desintegración y reintegración».[135] En este punto de inflexión en la trayectoria vital de «la santa», Lucila Godoy, la sobreviviente de la soledad que caracterizó su infancia, cuya virtud heroica se reveló en feroces batallas con las autoridades escolares, se convierte en una virgen atrincherada, pero sin penitencia ni sumida en una expiación desinteresada.

Virgilio Figueroa, su primer biógrafo, veía la transformación de la poeta como una advertencia del poder terrible de la sexualidad femenina: «Cuando el amor enfervorizó su alma y el dolor purificó sus afectos, se reveló gran poeta». Él considera a Mistral una fabuladora de lo inefable: «Se embriaga en la voluptuosidad de un amor correspondido, que la hace vivir en el harem de los placeres inefables. Es tan vehemente su ilusión que trastorna sus sentidos y le presenta como realidad lo que es un mero espejismo de su fiebre dionisíaca».[136] No identifica aquellos «placeres». Dos décadas después, Augusto Iglesias consolida la intuición de Figueroa dentro de la concepción freudiana del arte como la actividad de soñar despierto: «En los artistas verdaderos los elementos que intervienen en la elaboración estética son en gran parte producto del *ensueño*, que es la manera de soñar despierto»; Iglesias define al artista como «el individuo que puede convertir los sueños en ensoñaciones, y éstas en "realidad" artística», que completa sus propios deseos.[137]

Pero las múltiples versiones que Mistral ofrece de la relación en sus poemas, diálogos y cartas revelan que el amor imposible de la poeta por el «amado muerto» es una o varias historias elaboradas como un encubrimiento. Romelio Ureta es una variante de la pantalla; es una proyección que hace a Gabriela Mistral menos amenazante para el patriarcado. Su distancia de los hombres se proyecta en una casta penitencia y su furia violenta queda sublimada en canciones de cuna para bebés varones. La historia encubridora no oculta, sin embargo, la ausencia de arrepentimiento que Gabriela Mistral transmite en el aforismo (tomado en préstamo de Vargas Vilà) que cierra la historia tal como ella misma se la cuenta a Magallanes Moure: «Los seres buenos se hacen mejores con el dolor; los malos nos hacemos peores».[138]

La escuela primaria y la exploración de Santiago/Barrancas,
o Pudahuel, en 1910

Careciendo de credenciales formales, debiendo aceptar puestos que los profesores acreditados no querían, Lucila Godoy saltaba de un cargo transitorio a otro. Que ya disponía de amigos en posiciones influyentes queda claro por las disposiciones en virtud de las cuales obtuvo la «propiedad de cargo», es decir, la expectativa de un empleo estable.[139] Cualquier maestro con experiencia podía postular a dar los exámenes de competencia en múltiples temas, que eran administrados por personal titulado de la Escuela Normal. En una carta de marzo de 1909, el Ministerio de Educación permitió a Lucila Godoy dar el examen en la Escuela Normal de La Serena, una perspectiva que ella misma veía con horror. Alguien, probablemente Fidelia Valdés Pereira —la única colega afín durante su breve empleo en el Liceo de Niñas de La Serena—, consiguió que fuera examinada en marzo de 1910 en la Escuela Normal N° 1 de Santiago, justo antes de los festejos del primer centenario de la independencia de Chile.

Cuando el cometa Halley cruzó los límpidos cielos de Elqui, «el cometa Godoy» estaba ya en la capital. Víctor Domingo Silva (que venía de Tongoy), el poeta bohemio y orador a favor del Partido Radical, había acompañado a Mistral y doña Fidelia, probablemente en un barco a vapor, durante las diez horas que duraba el viaje hasta Valparaíso, y luego en el tren hasta la estación Alameda de Santiago, dado que la estación Mapocho estaba aún en construcción. El trío se presentó en las oficinas de Brígida Walker, la directora de la Escuela Normal, que no se sorprendió al verlos. Nacida en el Norte Chico, Walker había oído hablar de esta joven maestra que acababa de celebrar recién su vigésimo primer cumpleaños.

Al escribir acerca de este examen, como ocurre a menudo, Rodig posiblemente adorna la situación, a la vez que se ciñe a una historia verdadera en lo fundamental. Nos dice que Walker sabía que la joven era poeta, dándole la opción de completar en verso el primer examen, de botánica. Ese primer examen resultó bien, pero la examinada no reapareció luego del recreo a media mañana. Sus amigos, sumidos en el pánico, se desplegaron por los alrededores de la Quinta Normal, donde la encontraron y rescataron de entre los árboles. Después de eso, la poeta completó y aprobó los exámenes con rotundo éxito.[140] Refuerza la credibilidad de esta historia la generosidad mostrada por parte de Walker hacia Lucila Godoy, pues ambas habían comenzado a enseñar en su temprana adolescencia para apoyar a la madre viuda.

Doña Fidelia y Lucila Godoy permanecieron en Santiago varias semanas más. Mientras la mayor visitaba el Ministerio de Educación, su joven «ayudante» trabajaba en una pequeña escuela primaria en Barrancas (hoy Pudahuel), donde «tuvo clases con muy pocos alumnos».[141] Lucila Godoy se hallaba en Barrancas cuando escribió y publicó «Ventajoso canje», argumentando a favor de la enseñanza básica universal. Miles de profesores acababan de marchar por la capital en apoyo de esta causa, una década antes de que la legislación al respecto fuera finalmente aprobada.

Desde el pintoresco suburbio en la periferia, cuando salía a explorar la ciudad, la joven profesora caminaba hasta el cruce de un tranvía tirado por caballos. Hacía la conexión con otro tranvía eléctrico que paraba cerca de la Alameda de las Delicias, destrozada en mitad del frenesí edificador que cundió para el centenario de la nación. Multitudes de ciudadanos paseaban de noche por las calles, maravillándose con el resplandor de los mayores edificios urbanos ahora iluminados con electricidad. A un mundo de distancia, «en el recoleto del valle», Lucila Godoy podía imaginarse a su madre comentando acerca de esa «batahola de novedades que acaso daban más zalagarda que aporte: el tren, el periódico, el telégrafo. "Ahora nos vamos a ponernos todas cardíacas", medio en broma y medio en responso a sus comadres que costuraban junto a ella. Una le respondía: "Sí, Petita, corazones locos tendremos como todos esos noveleros". Después imaginaban lo que sería morirse muy de repente, acaso mientras estuvieron dando el maíz a las gallinas. Y entre puntada y puntada, cuando el susto las dejaba calladitas, yo escuchaba el impacto de los damascos contra la tierra del patio».[142]

TRAIGUÉN, 1910: DESPLAZAMIENTO AL SUR

Cuando el invierno dio paso a la primavera, Fidelia y Lucila se dirigieron a Traiguén, localidad situada en el histórico territorio mapuche. Entre los ciruelos, que florecían allí donde el terreno había sido despejado del bosque lluvioso, «los empleados públicos iban y venían en búsqueda de medidas que solucionaran el permanente problema de reparto y juicios de tierras».[143] Cincuenta alumnas se distribuían en tres niveles. El Liceo de Niñas, como muchos de la región, partió funcionando en viviendas particulares y fue luego trasladado a edificaciones con techo de cobertizo.[144] Desde principios de octubre, Lucila Godoy recibió el encargo de enseñar economía doméstica, dibujo e higiene. ¿Cómo lo hizo, conociendo su reputación —en apariencia merecida— de ser absolutamente incompetente en los más elementales quehaceres domésticos? Los registros del Ministerio de Educación indican que la joven profesora fue nombrada para permanecer seis meses en Traiguén, pero que solicitó una licencia «por motivos de salud», como había hecho previamente, luego de dejar Los Cerrillos antes de conocer a su reemplazante.[145] Aun cuando estaba probablemente ansiosa de regresar a su provincia natal, se quedó en Traiguén el tiempo suficiente para escribir un poema, «Rimas». Estos versos refieren a un cementerio e invocan, a la luz de la luna cayendo sobre «su losa helada», la prohibición de «los besos que no puede ir la ausente a dejarle en la Juvenil Primavera» y el poder de «el viento viajero» de sobrepasar «un recuerdo de mi alma / i un beso de mis labios, desolado». Unos versos que parecen corresponder a sus primeros empeños conocidos de componer «Los sonetos de la muerte».

Antes del verano, Fidelia y Lucila se enteraron de que el Ministerio de Educación les ordenaba reportarse en enero de 1911 en Antofagasta, a dos mil kilómetros al norte del país.

3

La maestra del Liceo de Niñas de Antofagasta

Un abrasador mediodía de enero de 1911, Fernando Murillo Le Fort, director interino de *El Mercurio de Antofagasta*, caminaba con Fidelia Valdés Pereira, la nueva directora del Liceo de Niñas. Juntos pasaron por la calle Bolívar, una de las principales avenidas de la ciudad, que concluía en el muelle de pasajeros. El puerto desbordaba de embarcaciones. Ambos aguardaban de pie mirando a la tripulación desplegar la pasarela del *Panamá*, uno de los muchos barcos que navegaban por la costa pacífica. Parada en la cubierta, Lucila Godoy se volvió al oír un silbato proveniente de las colinas que bordeaban la ciudad. Vio un tren emerger por entre una larga hilera de chozas de madera: las viviendas de los trabajadores que habitaban esas laderas de un tono marrón uniforme, despojadas de todo verdor.

Años después, charlando con el gran escritor Mario Bahamonde, autor del estudio definitivo sobre Mistral en Antofagasta, Murillo Le Fort rememoraba sus impresiones de la recién llegada, quien tenía 21 años para ese primer encuentro: «Su estampa esbelta, su aire sobrio y natural, sus maneras casi rústicas, de campesina o de maestra o de mujer desconcertante. Y sobre todo, esos ojos, esos ojos que me llegaban a la sangre, especialmente cuando sonreían sin afectación».[1]

Su primera parada fue en el Liceo de Niñas, el colegio más grande en que le había tocado trabajar hasta la fecha. La joven sería la nueva profesora de Historia y Geografía del colegio, que acogía a doscientas cincuenta alumnas. También sería inspectora, un cargo que implicaba desempeñar mínimas labores de secretaría, gestión del personal y clases de evaluación, así como encargarse de las comunicaciones con Santiago.[2] Antofagasta no cumplía aún treinta años de vida. Había sido boliviana hasta la guerra del Pacífico. Comparada con la provincia natal de Lucila, la ciudad tenía pocos educadores atrincherados. Sus comerciantes valoraban la pericia técnica, las conexiones foráneas y el dinero contante y sonante.

Murillo Le Fort escoltó a Lucila Godoy hasta las oficinas de *El Mercurio*, donde los aguardaba el propietario, el diminuto don Justo Arce, un inmigrante español recién llegado a la región. Es probable que ella trajera cartas de presentación y recomendación, pues Arce la invitó a colaborar en las páginas del diario. No se hizo de rogar: «Ser profesora era un apostolado de pobreza», escribe Bahamonde. Tres días después, el periódico publicó «Navegando», su meditación en prosa escrita a bordo del *Panamá*. La firma decía Aníbal Godoy Alcayaga. El gesto de quienquiera que estuviese pensando en los elefantes provenientes de Cartago y no en ella fue corregido en las siguientes ediciones. Y el error no se repitió, pues Murillo Le Fort, el amigo de Mistral, pasó a ser pronto el editor a tiempo completo de *El Mercurio de Antofagasta*, que no publicó a ninguna otra mujer durante la estancia de la poeta en la ciudad.[3]

LA CONCIENCIA SOCIAL, «EN PLENA TIERRA DEL SALITRE»,

ENERO DE 1911-JUNIO DE 1912

Lucila Godoy Alcayaga y su jefa Fidelia Valdés Pereira se sumaron a los inmigrantes, trabajadores e inversionistas que afluían a Antofagasta, por entonces un centro minero de envergadura y una ciudad en expansión, cuya historia y geografía Lucila Godoy venía a enseñar. Antofagasta: el foco irradiador del comercio global del salitre, un elemento esencial como fertilizante, como propulsor en cohetería y para la fabricación de pólvora. La mitad del presupuesto nacional de Chile se originaba en impuestos derivados de la agotadora labor de extraerlo en el inmenso desierto de Atacama y luego llevarlo en tren hasta los barcos que las compañías británicas despachaban a todo el globo. En su primer discurso público, Lucila Godoy habló ante una asociación local de dramaturgia. Declaró sus simpatías por la lucha de los trabajadores: «La literatura vale poco, muy poco, cuando no contribuye al progreso moral, fuente y raíz de todos los progresos».[4] ¡El progreso! El término estaba en boca de todos, desde los adalides de la industria local y los políticos, hasta los mineros, estibadores, boteros y pequeños comerciantes que apoyaban la extendida actividad sindical en el puerto. A propósito de la actividad sindical y el progreso, la escritora indicaría más tarde (en 1937) que durante su estadía en Antofagasta había conocido y mantenido correspondencia con Luis Emilio Recabarren, quien había sido, en 1912, el fundador del Partido Obrero Socialista en Iquique. «Maravilloso hombre», concluiría la poeta.[5]

Antofagasta despertó o reafirmó la conciencia andina de la poeta, gracias al menos en parte a su amistad con Rómulo Cúneo Vidal, el cónsul peruano en la localidad y que también era representante de los intereses bolivianos en el comercio del salitre. Renombrado historiador andino, Cúneo Vidal es el primer amigo diplomático que se le conoce a Mistral. Un hombre cuya vida estaba literalmente atravesada por fronteras: nació en Arica y se crio en Tacna cuando ambas ciudades eran peruanas; al estallar la guerra del Pacífico, en 1879, renunció a su educación en Europa para regresar a Arica, donde fundó y editó un diario peruano. Activo masón, Cúneo Vidal presionó para que Tacna y Arica les fueran devueltas a Perú.

Antes de dejar Antofagasta, el peruano le dio a la joven maestra una lección inolvidable: la invitaba a acompañarle «a la única parte de la ciudad a donde iba sin disgusto... a los reclamos de la Compañía de Transportes Unidos que él atendía».[6] Ahí, Cúneo Vidal le enseñó que el trabajo consular consiste en atender los reclamos y mediar para los que piden reparaciones ante la sordera del Estado burocrático. Lección que la poeta recordaría en 1926, el primer año de su trabajo en la Liga de Naciones. Tratando el asunto de la devolución de Tacna a Perú, Mistral compartió sus pensamientos con Joaquín Edwards Bello, el miembro más joven de la delegación de Chile en la Liga: «Muy grave todo eso de Tacna. Chile no se da cuenta de su aislamiento moral».[7] Cuando Edwards Bello dejó ese cargo a fines de 1926, Mistral asumió un aspecto de ese trabajo, aunque no formalmente. Comenzó a relacionarse no solo con los peruanos, sino con los representantes de Colombia y Ecuador, o sea, los dos tradicionales aliados andinos de Chile.

LOS GÉNEROS DISIDENTES DE LA TEOSOFÍA

Los poemas que la maestra publicó en Antofagasta empleaban las suaves cadencias y la métrica del modernismo. En sus escritos desde Antofagasta (poemas, cartas y «El rival», un extraño cuento breve) se advierte la creciente influencia de la teosofía en el pensamiento de la joven Lucila Godoy. Comienza su tendencia a antropomorfizar el mundo natural y a comentar la psicología y los encantos de las mujeres y del deseo sexual desde lejos, por así decirlo, en un plano de existencia completamente separado del suyo. En su primer poema, «Navegando», la proa del barco es «un rostro pálido inclinado sobre las aguas pensativamente» y las olas que rompen contra él poseen «una gracia coqueta de una mujer que quiere agradar».[8]

La teosofía, una cofradía a nivel mundial organizada algo informalmente, ofrecía posiciones significativas de liderazgo a la mujer. Su hondo influjo de por vida en el pensamiento y los escritos de Mistral surgió en Antofagasta, donde los hermanos de la Logia Destellos le prestaron libros sobre el espiritualismo esotérico, una mezcla de filosofías y religiones del Este. Dos décadas después, Mistral explicaría que la teosofía gatilló su interés en el misticismo no dogmático: «Yo fui, de los 20 a los 30 años, budista, a escondidas de las gentes; como se esconden llagas escondí mi creencia, porque era maestra fiscal y porque presentía —hoy lo sé— que es una tragedia ser eso en medio de una raza Católica, aunque sea, o porque es, Católica-idolátrica».[9] La teosofía acogía a quienes esperaban «trascender la brecha entre ciencia y religión, volviendo a las preocupaciones de una tradición antigua y sabia y largamente olvidada».[10]

La influencia teosófica surge en la nostálgica poesía que Mistral escribió en Antofagasta. Aparece en sus alusiones al influjo de los astros y la telepatía. Un ejemplo es «Ausente: A mi madre», que el popular semanario *Sucesos* le publicó poco después de haber llegado a Antofagasta. Es la primera vez que publica en un periódico de circulación nacional. El sujeto de «Ausente» es una anciana que se pregunta si morirá antes de que su hija vuelva a verla.[11] Cada verso, con su rima clara y un uso extenso del encadenamiento, despliega una faceta diferente de la comunicación no verbal entre la emisora y la persona a la que va dedicado. En los versos finales, madre e hija trascienden la lejanía por estar contemplando el mismo cielo nocturno:

La estrella más brillante la contempla y la besa
y ella interroga al astro con qué muda tristeza![12]

Ocho meses después de la publicación de «Ausente», *Sucesos* publica otro poema de Mistral, «Evocando el terruño», que desarrolla diez preguntas sobre si «el viajero velado» puede volver al terruño antes de morir, y cómo. Cada pregunta enumera los aspectos de la flora, la fauna, el hogar y los seres queridos, ya muertos, que el hablante contempla mientras expresa el anhelo de que sus huesos se duerman en el seno de su añorada tierra.

«Nunca el porvenir está en un solo lugar. ¡Jamás! Aquel Antofagasta era un puerto de embarque y nada más», indica Bahamonde, quien entiende la nostalgia como una condición fundamental del Norte desértico: «Todas las provincias norteñas eran un destierro. La imaginamos asfixiada en este febrero, Antofagasta opresivo y salitrero, añorando su tierra campesina».[13] En «Navegando», «Ausente» y «Evocando el terruño», la anterior cursilería que mostrara Mistral se transforma en una nostalgia evidente, ya que la joven no tenía la menor idea de cuándo ni cómo volvería a caminar bajo los cielos elquinos o a pasear por las playas de Coquimbo. Añora las varias tradiciones superpuestas de Elqui en las culturas diaguita y molle y que sobreviven en los nombres de personas y lugares, en la agricultura comunitaria de base quechua y en los festivales apenas disfrazados como festividades cristianas. Lejos de las noches frías de luna en que barajaba leyendas de encuentros con criaturas de la montaña, la vida cerca de Atacama impulsó en Mistral una mística «fiebre» escritural, como ella misma hace notar cuando vuelve a España en noviembre de 1928 y escribe en «Otra vez Castilla»: «No me olvido de la consabida fórmula: A mayor desolación del paisaje, mayor ahínco de la mente en un objeto privilegiado, y a mayor aridez más perfecta fiebre, de aquella que dicta las *Moradas* [de Teresa de Jesús] o el *Cántico Espiritual* [de Juan de la Cruz]».[14] Más tarde, la gran preocupación de Mistral por el paisaje y su impacto en el carácter formarán parte de su indigenismo.

El nuevo trabajo de Lucila supuso un ascenso significativo. En el Liceo de Antofagasta y en su siguiente puesto en el Liceo de Los Andes se enfocó en cómo engranar o sincronizar sus deberes en las aulas con sus intereses literarios. Lapicera en mano, tomó contacto y buscó el consejo de tres escritores bien conocidos, hombres a la vez educadores y empapados del modernismo. Cada uno la superaba en edad por más de diez años. En cada caso, la joven escritora inició la correspondencia.

Scarpa ha sugerido que «Gabriela, en sus comienzos, poseía aquella natural simbiosis de seguridad y desconfianza en los propios medios, característica del que se forma a sí mismo».[15] Pero la evidencia agregada de las cartas indica que no es que Mistral desconfiara de su propia obra, sino que buscaba conciliar una vocación literaria con la necesidad de ganarse la vida. Es que, a pesar del compromiso con el modernismo, evidente en sus primeros poemas escritos en Antofagasta, Gabriela Mistral estaba a punto de adoptar una dirección profundamente original para su poesía. Adaptó el lenguaje y los temas propios del movimiento modernista para escribir poesía y prosa poética, fábulas y parábolas versificadas tomadas del folclore y del mundo natural, como Darío y Martí habían hecho, pero Mistral las dirigió a los escolares o, más bien, a los educadores para su utilización en los colegios. Ella vio lo que no tan solo los escritores chilenos, sino otros del Cono Sur, habían pasado por alto hasta allí. Vislumbró el potencial de los educadores en el circuito de los libros gracias a su influencia en los niños como consumidores de literatura, tema que subyace en su ensayo «Cuentos: Oyendo los del kindergarten» (enero de 1912), que denuncia la escasez de literatura para niños que circulaba en Chile por ese entonces.

La búsqueda de un mentor en Antonio Bórquez Solar:
«LAS ALMAS NO TIENEN SEXO»

Antonio Bórquez Solar (1874-1938) fue el primer poeta modernista al que Mistral se acercó: le escribió una carta dos semanas después de haber desembarcado en Antofagasta. Quizás obtuvo su dirección gracias a Amador Alcayaga, un pariente lejano suyo que trabajaba con Bórquez Solar en el Instituto Barros Arana de Santiago. Quizás esperaba que Bórquez Solar fuera generoso con ella porque él, oriundo de Chiloé, también se había desplazado a Santiago en 1890, solo y huérfano, cuando tenía apenas catorce años, para estudiar pedagogía y convertirse en poeta. Desde entonces, se había convertido en crítico social y en una suerte de artista performático, según dice el escritor boliviano Tristán Marof, cercano suyo que lo describía como un «literato de temple, anarquista un poco dañado de pie, con cojera manifiesta a lo Quevedo. Llevaba la cabellera rasurada a cero, dejándose solo un mechón que le adornaba la frente [...] los obreros se sabían sus versos de memoria, sobre todo los que trataban de la huelga de Iquique».[16] Un estudio bien documentado se refiere a Bórquez Solar como un seductor empedernido y «uno de los caudillos del movimiento modernista [...] su esfuerzo por renovar la poesía chilena lo salva de su flaqueza personal y de su debilidad como poeta».[17]

La primera carta de Lucila Godoy a Bórquez Solar, del 2 de febrero de 1911, le manifestaba admiración por su ensayo sobre el nuevo movimiento de «aire libre» para las escuelas, con el que ella se había topado poco después de haber despachado su propio artículo sobre el tema, «Las Escuelas del Bosque».[18] Dichas escuelas incorporaban de manera deliberada el medio natural circundante dentro del edificio habitual, alentaban la actividad física y la imaginación a través del juego y las clases al aire libre. Aunque Lucila

Godoy siguió cultivando este interés cuando escribió más adelante acerca de Froebel y Lemonnier, defensores del kindergarten y «las escuelas al aire libre», ese interés compartido por las «colonias escolares» no fue más que un pretexto para contactar a Bórquez Solar, a quien le señaló vagamente que admiraba desde hacía larga data su poesía.

Abre Mistral su carta presentándose así: «He aquí a una que le admira silenciosamente hace mucho tiempo, y que hoy ha querido expresárselo». Para indicar su devoción, enumera los paraderos de su vida hasta el momento, de Coquimbo a Santiago y después a Traiguén, hasta llegar a ese mismo momento en que expresa, desde Antofagasta, su admiración al corresponsal a la vez que insiste en que él no piensa en su sexo: «Desde Coquimbo, mi tierra, un grupo de muchachos dados a la lectura de los modernistas, y entre los que iba a representar el sexo eminentemente prosaico, sentía yo el deseo vehemente de comunicarme con Ud. Después, en Stgo, cuando encontraba a algunos compañeros de aquellos, les decía: "Bienaventurados Uds. que al menos le han visto o le han oído". Después, viví un tiempo en la frontera [Traiguén] y allí me hablaron de Ud., que al glorificar a su Ancud ha alabado esa región en nombre de la poesía. Hoy, en plena tierra del salitre, realizo el largamente sustentado deseo mío». Además de los temas del viaje y del terruño, esta primera carta, y la que sigue, abordan el asunto de su propio género. Ruega a Bórquez Solar que ignore su sexo y ofrece varias frases de falsas disculpas al respecto: «Usted, absuélvame de mi culpa y envuelva en su bondad de poeta esta carta, fastidiosa por el hecho de ser de mujer».[19]

En ambas cartas, Lucila Godoy alude repetidamente a sí misma como «su... discípula», lo que es lógico, ya que está buscando un mentor. Y lo hace con ansiedad: ella escribe su segunda misiva a Bórquez Solar el 18 de febrero, o sea, tan solo dieciséis días después de haberle contactado. Abre esta, su segunda carta, con su acuse de recibo: él le había enviado los poemas que ella le pedía. Enseguida Mistral se embarca, en cinco páginas manuscritas, en un despliegue de adulación y autodegradación, denigrando (en un sentido amplio) a las mujeres, esta vez empleando la tercera persona para distanciarse y evitar la identificación con dicha categoría: «Una mujer le escribe, ¡le habrán escrito cuántas! Y es una cursilería de "ellas", esa como otra cualesquiera, como la de coleccionar postales». Vincula su propia degradación, relacionada con su género, al gesto de adularlo, y le propone que los poetas importantes (como él) «no contesten a tanta mujer zonza, quien les confunde en su admiración con cualesquier deformidad artística». La poeta entonces solicita a Bórquez, su «Maestro», que le envíe su foto, apremiándolo en forma simultánea a no tener en cuenta su sexo. Declara que el alma está por encima y más allá de los géneros binarios: «Olvide usted que es una mujer quien le escribe, y dispénsele la ternura que dispensaría a un alma cualesquiera, siempre que fuera en verdad un alma. Flammarion dice que las almas no tienen sexo».[20]

Bórquez Solar respondió enviándole la foto requerida y pidiéndole que ella replicara el gesto, lo que generó un largo año de silencio de parte de Lucila Godoy, quien al fin declinó enviarle el «retrato» solicitado. En lugar de ello, le envío un ejemplar de *La voz del silencio*, el más reciente bestseller de la teósofa Helena Blavatsky. En ese punto, la joven autora explica que solicitar una fotografía es «cruel»: «Las canas vistas en fotografía no aparecen ni siquiera nobles, son ridículas; y las arrugas no dan tristeza respetuosa, dan risa. Al ser Ud. bueno para mí no olvide eso: que una maestra encanecida hace a usted, joven y fuerte, una súplica».[21]

No olvidemos que, al aludir a sus «canas» y «arrugas» en su carta de agosto de 1912, la autora tiene apenas 23 años. Es equívoca sobre su edad para desalentar a su corresponsal ante cualquier posibilidad de relación romántica. Para dar la impresión de una amistad, la joven maestra lo invita a visitarlas a ella y a su anciana madre en su nueva residencia en Los Andes: «Aquí hay mucha nieve. Después del mar y de las selvas yo no sé de nada más bello. ¿Quiere Ud., Poeta, ver la nieve más cerca? Tengo yo aquí una casa donde sobre el brasero rojo y rosa se duermen en las noches largas las cabezas blancas de mi madre (80 años) y mía...».[22]

Poco importa que Petronila Alcayaga tuviera por entonces alrededor de 60 años. Al aumentar en dos décadas la edad de su madre, Lucila crea la impresión de ser poco atractiva para Bórquez Solar. De aceptar su invitación —y él claramente no lo hizo— no debía esperar encontrarse con una mujer en la veintena. Lo que cierra esta tercera carta, que pone fin a la relación, es que Lucila anhela la retroalimentación que él, un educador y poeta renombrado, pueda brindarle sobre sus escritos: «Tengo diez cuentos para los niños. Son originales. Sobre todo, he procurado derramarles frases que revelen mi pretensión de hacerlos "literarios". Le ruego a usted me consienta enviárselos. Le ruego a usted quiera leerlos. Si usted me dice: "Son malos", o "son vulgares", o "son empalagosos", sin más trámite yo los doy al fuego. Sea usted franco; brutalmente, bárbaramente franco lo querría».[23]

Bórquez Solar ignoró la petición de Lucila, pero sus diez historias para niños prosperaron, pues ella no tardaba en aprender y corregir sus errores. El segundo y el tercer epistolario que la maestra inició desde Antofagasta prosperaron porque se dirigieron a dos educadores, hombres eruditos y de mente abierta y nada «bohemios». Hombres que respondieron a sus cartas. Hombres que respetaron y compartieron las inquietudes y las ambiciones literarias de Lucila Godoy. Hombres con ningún interés en una relación romántica con ella y quienes reconocieron que la poesía y la prosa poética del modernismo facilitaban la rareza y el culto de la belleza, como parte de una búsqueda de alternativas a la disecada ortodoxia de la época. Hombres cuyas propias luchas y compromisos les permitían reconocer a Gabriela Mistral como una mujer fuera de la categoría femenina, dotada de un aspecto sereno, imperturbable e impasible a pesar de la tendencia violenta en sus versos.

La rareza y el compromiso con el modernismo facilitaron la amistad de Mistral con Alberto Nin Frías, el cónsul uruguayo que iba a convertirse en el primer célebre escritor «urano» en la lengua española, es decir, el primero en presentar el amor varonil sin nada de apología. El vocablo «urano» viene de la mitología griega. Nin Frías prefería usarlo en sus novelas y ensayos en vez del peyorativo «homosexual», con su diagnóstico implícito de «enfermedad».

Por otro lado, una mezcla de teosofía con ideales educativos que daban primacía al arte y la estética acercaron a Mistral al educador y teósofo Maximiliano Salas Marchán. Cada uno entendió que «las almas no tienen sexo», como queda claro por la forma en que percibieron y alentaron a Lucila en función de lo que ella era y podía llegar a ser. En relación con esto último, tanto Nin Frías como Salas Marchán publicaron textos escolares que insistían en lo estético como un elemento vital para la enseñanza. Ambos adoraban la vida al aire libre, especialmente en la montaña, a la que viajaron por lo menos una vez para encontrarse con ella cara a cara, conformando una amistad sin ningún interés romántico, en la que Lucila Godoy no tuvo ni siquiera que pedirles que ignoraran su género.

En ambos casos, la joven poeta hizo la jugada inicial a principios del año 1912. Primero Nin Frías y después Salas Marchán contestaron las cartas que recibieron de Lucila Godoy desde la lejana ciudad de Antofagasta. Y se encontraron en persona muy poco después. Ella se confió a ambos durante un lapso de intensa búsqueda interior en 1913, búsqueda de la que emergió a mediados de 1914.

Alberto Nin Frías, cónsul uruguayo, poeta urano:
el primer amigo «raro» de Mistral

Alberto Nin Frías (1879-1938) es a menudo recordado como el autor del superventas *Homosexualismo creador* (Madrid, 1932), la primera publicación en lengua española que celebró sin restricciones las amistades amorosas y románticas entre hombres. Ocho cartas, más dos fragmentos, sobreviven de la dilatada correspondencia entre Mistral y él: cuatro de ella, más los dos fragmentos, y cuatro de Nin Frías. El intercambio y la cordial amistad se iniciaron en 1912, cuando Mistral le envió una entusiasta crítica de *El árbol* (1909/1910), su texto recién publicado. De dicha carta ha sobrevivido un extracto que Nin Frías imprimió para promocionar la edición revisada y ampliada de su fascinante escrito *El culto del árbol* (1933), una mezcla originalísima y erudita, pero muy accesible, de botánica, folclore, poesía y geografía, concebida como un texto para los educadores.

La celebración del árbol por Nin Frías —que inspiró el afamado y mundialmente observado Día del Árbol como un marco cívico del respeto hacia la naturaleza— tuvo resonancia en la práctica educacional de la joven, quien quiso ligar sus propias clases a la buena salud y la conciencia del medio ambiente. La maestra chilena y su amigo uruguayo compartían preocupaciones por temas recurrentes como «la protección del medio ambiente, la importancia de los árboles, la psicología diferencial humana» y la amistad adolescente, tema este último que impregna todas las novelas de Nin Frías, y especialmente su superventas, por «la consideración pública de las distintas formas y niveles de homosexualidad».[24]

En la primera misiva de Lucila Godoy a Alberto Nin Frías, ella comenta que *El árbol* (1910) consiguió voltearla, que lo había leído cuatro o cinco veces antes de contactarlo para transmitirle su admiración: «¿Quién escribe hoy para los niños? Casi nadie, porque casi nadie es puro para ir a ellos con las manos limpias de concupiscencias literarias y con el alma con olor a rosa. [...] Por eso, debemos a usted, los maestros, mucho afecto, mucha admiración. Me ha sido dado poner su libro en manos de dos profesores de ciencia. Y sé que han enseñado la Botánica de otro modo después de leerlo. Una Botánica con perfume de poema y de Biblia».[25] El lenguaje de esta carta («¿Quién escribe hoy para los niños?») y la mención de «concupiscencias literarias» resultan muy semejantes al lenguaje y las preocupaciones de su ensayo «Cuentos: Oyendo los del kindergarten», publicado en Antofagasta en enero de 1912: «Sobran los poetas que se deslizan en poemas eróticos, sobran también los que hacen apoteosis de la espada y de la coraza; sobran los que lloran sus lepras íntimas revolcándose en el escepticismo. ¿Dónde hay los poetas de los niños?».[26]

En las cartas que siguieron, Mistral postulaba que *Sordello Andrea* (1912) era la novela más memorable de Nin Frías. Ella manifiesta su faceta autobiográfica, pues siempre identifica al personaje central con Nin Frías. En este libro, el escritor uruguayo bosqueja la amistad íntima que trasciende a las clases sociales y las diferencias nacionales como el refugio utópico de los dos protagonistas, ambos adolescentes y andróginos: «Tocamos el cielo cuando nos ponemos la mano en un cuerpo humano. ¡Cuántas veces permanecíamos dormidos, abrazados, olvidando juguetes, conversación, planes de mañana!».[27]

La afinidad entre Mistral y Nin Frías emana en parte de su similar experiencia de la niñez y la adolescencia, habiendo sido dos escolares perseguidos por sus pares, él como hijo de un diplomático, un extraño en Suiza, Bélgica e Inglaterra: «Joven prodigio, vástago privilegiado de la burguesía económica y política uruguaya de la época, de origen catalán (El Vendrell), Alberto creció en

Inglaterra, donde ejercía su padre de embajador de su país tras perder las elecciones a la presidencia, en una espaciosa mansión situada a las puertas de los bosques de Windsor, que dejaron en él una huella indeleble».[28]

Durante su adolescencia en Londres, Nin Frías fue testigo de la pesada carga de hipocresía moral que criminalizaba la homosexualidad, al coincidir su vida allí con los juicios altamente publicitados a Oscar Wilde por los crímenes de difamación y «conducta indecente». Cuando el joven regresó con su familia a Uruguay, José Enrique Rodó (a quien Mistral admiraba grandemente) lo acogió en el círculo íntimo del «arielismo». Nin Frías ciertamente habló con Mistral de sus amistades entre los poetas del modernismo uruguayo, como María Eugenia Vaz Ferreira y sobre todo uno por entonces recientemente fallecido, el *poète maudit* Julio Herrera y Reissig, cuyo poema «Recepción», dedicado al propio Nin Frías, invoca los planetas y el término «uranismo», que Karl-Heinrich Ulrichs, el sexólogo pionero, acuñó para dar cuenta y hacer la defensa del amor entre los hombres: «El Orbe / se embriaga uránicamente / de los besos de la noche».[29]

Los antecedentes biográficos de Mistral y Nin Frías no podían ser más distintos. La carrera pedagógica de ella partió con el cargo de profesora auxiliar en la destartalada escuela de La Compañía, a la vez que escribía para los periódicos locales, mientras que Nin Frías, un decenio mayor, estaba ya entonces en su primer cargo consular en Washington D.C., concluyendo sus estudios de posgrado en la George Washington University. Tras redactar una tesis acerca de la inmigración hispana en Estados Unidos, enseñó brevemente en la Universidad de Siracusa y aceptó enseguida un puesto consular en Petrópolis, Brasil. Allí fue donde completó y publicó *El árbol*.

Un pequeño grupo de escritores dio a Nin Frías un almuerzo de bienvenida a Santiago de Chile a fines de 1912.[30] Parece que el propio Nin Frías les comentó acerca de su prolongada conversación con la nueva maestra de la escuela en Los Andes, Lucila Godoy, a quien el uruguayo describió como la mujer más interesante que hubiera conocido nunca: «Su talento», dijo, «es algo que rebasa en su interesante charla; los grandes valores intelectuales del mundo le son familiares; le he prometido algunos libros y desearía hacerlos llegar a sus manos».[31]

Poco después de que Mistral se trasladara a Los Andes, Nin Frías, gran aficionado al excursionismo, tomó el tren desde Santiago para visitarla. A través de la ventanilla admiró las cumbres nevadas y los arroyos a la vista. Los dos mejores poemas de Mistral surgidos en 1912 y 1913 son una respuesta directa a los libros más recientes de Nin Frías. «Al ángel guardián», escrito cuando se preparaba para dejar Antofagasta, bosqueja esa camaradería perfecta que Nin Frías celebra en *Sordello Andrea* y en *Marcos*.[32] «Himno al árbol» es una honda reacción al texto que llevó a Mistral a iniciar la correspondencia entre ambos. Las cartas de Mistral a él prueban su simpatía por el proyecto del escritor que Carla Giaudrone, estudiosa del decadentismo uruguayo, resume así: «Al recuperar y validar la perspectiva descentralizada del niño y adolescente, Nin Frías consigue dar expresión a un sujeto cuya manifestación está siempre señalada en términos de amistad viril».[33]

Los escritos de Nin Frías representan una influencia fuerte, aunque oculta, en la sensibilidad andrógina que ostenta la figura adolescente en el poema «Al ángel guardián» de Mistral. La figura central de aquel poema sirve de antecedente al ser de sexo no determinado en su «Himno al árbol». En cada poema, un elemento focalizador que no es macho ni hembra observa el accionar humano y reflexiona en torno a él. La perspectiva no binaria del mundo natural subyace, a su vez, a la premisa latente en las fábulas (y, más tarde, en los «motivos», sus prosas poéticas) que Gabriela Mistral comenzó a desarrollar en esta época. Los focalizadores de la narración son seres no binarios: los árboles, las flores y las plantas parlantes de «La defensa de la belleza» (1913) y más adelante en las charlas entre árboles de «Motivos de la pasión» (1919). Al escribir del cuerpo y de la personalidad de «el ángel guardián» y de las bondadosas plantas y árboles hermafroditas, Mistral realiza una perspectiva que trasciende a la vez lo humano y la sexualidad binaria.

Las cartas de Nin Frías a Mistral muestran que él confía en ella, por eso le cuenta los problemas con un jefe difícil en el servicio consular. La chilena y el uruguayo mantuvieron contacto durante más de una docena de años extremadamente inestables para ambos, a pesar de múltiples traslados a través de varios miles de kilómetros debido a cambios de empleo.

Si ya Nin Frías era un gran corresponsal, que sostuvo extensos epistolarios con Rodó y Unamuno, por nombrar solo dos casos, es llamativo que muy poco después de entablar correspondencia con Nin Frías y con Salas Marchán, Mistral iniciara, audazmente, un contacto por correo con Rubén Darío, en julio o a principios de agosto de 1912.[34] Desde su frase de entrada, la escritora exige la atención del destinatario: «Soy una que le aguardaba al pie de los Andes...».[35] Mistral le manifiesta su angustia por la visita cancelada del poeta nicaragüense a Chile. Como hiciera con Bórquez Solar, degrada a su género y se representa a sí misma como de una edad mucho mayor que la que realmente tiene: «Poeta: yo, que soy mujer y flaca por lo tanto, y que por ser maestra tengo algo de las abuelas —la chochez—, he dado en la debilidad de querer hacer cuentos y estrofas para mis pequeñas; [...] con rubores lo confieso a Ud.».[36] Tras esta autopresentación como abuela —que la sitúa más allá del deseo—, Mistral suelta desvergonzadamente un nombre: «Bórquez-Solar —¿Ud. lo conoce?— me ha ofrecido prólogo para mis cuentecillos».[37] Miente: Bórquez Solar nunca le ofreció nada parecido y ella ni siquiera le había enviado alguna de sus historias.[38] Pero su escritura resulta persuasiva: Darío (o su consejo editorial) publicó su historia «La defensa de la belleza» y el poema «El ángel guardián» en su revista *Elegancias*, editada en París.

Aunque Rubén Darío no le contestó a la segunda carta, de 1913, que ella firmó como Lucila Godoy y (por abajo) «Gabriela Mistral»,[39] ella memorializó a Darío en su prosa «Mallorca» (1924). Por lo demás, la influencia dariana queda patente en uno de los poemas en prosa que ella escribió sobre san Francisco («El Lobo en el Cielo», 1927). El último poema que Mistral escribe alrededor de Darío es el muy ameno «Coloquio de Lolita Darío», fechado en San Salvador en 1931. Afirma su membresía en la hermandad de los poetas americanos: «y nazcamos del mismo vientre / que me hizo a mí, que lo hizo a él».[40]

La amistad de Mistral con Nin Frías coincide con los vínculos que ella cultiva con cónsules de naciones vecinas y/o amigas de Chile. Probablemente supo del propio Nin Frías por Rómulo Cúneo Vidal, en la medida en que la labor consular de ambos en Chile incluía representar los intereses de Bolivia. Estos primeros indicios de la futura carrera diplomática de la poeta se dan cuando las esposas de los embajadores eran las únicas mujeres que detentaban una función pública dentro de las embajadas. Ninguna mujer ingresó a ningún puesto diplomático o consular hasta después de la Primera Guerra Mundial (la Gran Guerra).

Alberto Nin Frías, María Eugenia Vaz Ferreira y «el incidente en torno a Safo»

Nin Frías se enteró de los límites y el decoro que restringían a las mujeres intelectuales de América Latina a principios del siglo xx cuando «el incidente en torno a Safo» casi puso término a su amistad con María Eugenia Vaz Ferreira.[41] Mistral se fascinaba por esta poeta modernista que trabajaba en la Universidad de las Mujeres de Montevideo. Conocida por usar ropas de hombre en sus caminatas por la ciudad, Vaz Ferreira componía e interpretaba, a la vez, sus propias creaciones musicales. Provenía de una familia prominente de intelectuales liberales. Su hermano, el conocido filósofo Carlos Vaz Ferreira, la urgió a compartir sus poemas con Nin Frías, quien sugirió de vuelta que María Eugenia leyera a Safo. La poeta se enfureció a tal punto que habría de requerir dos semanas enteras para recobrar la templanza. Entonces le escribió a Nin Frías, empeñándose en explicarle lo evidente: las profesoras de muchachas debían observar reglas muy estrictas. Cualquier desafío al decoro, toda asociación con el nombre de Safo (a la que Vaz Ferreira calificaba como «una mala persona») llevaría a que las familias retiraran a sus hijas de los estudios a su amparo. Cualquier fisura o mancha en su reputación socavaría la posición social de la que dependían sus libertades en lo intelectual, no obstante su distinguido apellido. La situación era mucho peor para Mistral: su libertad y sustento dependían de su reputación.

El «incidente en torno a Safo» le enseñó a Nin Frías lo que *no* debía discutir con las mujeres a las que servía de mentor. María Eugenia Vaz Ferreira preparó el terreno al mostrarle que el estigma sobre las lesbianas era tan fuerte, y los derechos de las mujeres tan inexistentes, que algo impropio pondría fin a su amistad. Cualquier sospecha de que Vaz Ferreira fuera lesbiana, o tolerante del lesbianismo, destruiría totalmente los pequeños privilegios que ella había ganado, libertades que a la fecha (1905) les eran negadas a otras uruguayas.

No hay contradicción de parte de Vaz Ferreira cuando ella le escribe a Nin Frías indicando que él no le había atribuido «nada feo ni ofensivo» pero le impugna «una ligerísima *intactez*».[42] A pesar de ser indirectas, las palabras de Vaz Ferreira se asemejan a lo que Lucila Godoy ya le había escrito a Alfredo Videla: «El mundo lo manda así, vivimos en él, y debemos respetar sus leyes aunque sean absurdas y ridículas». Este es el decoro, código central del clóset, que la protege a la vez que la restringe. La *intactez* de Nin Frías consiste en subestimar la vulnerabilidad de su amiga uruguaya. Equívoco que Nin Frías no repitió con su colega chilena, a quien reconoció como un ser singular. Y por su parte ella, la autodidacta, aprovechó la amplia y profunda formación literaria de Nin Frías, que incluía el arte y la literatura de Italia, Gran Bretaña y Estados Unidos.

Sin duda hablaron del poeta gay Walt Whitman, a quien Mistral repentinamente nombra entre sus favoritos cuando vive en Los Andes. Y poeta a quien Nin Frías había leído en el original mientras vivía en Washington. Pero es poco probable que hablaran de Safo, dado los dobles estándares de la época. La prensa podía hablar del amor erótico entre hombres, como en el caso de Oscar Wilde, pero evitaba tratar del estigmatizado amor entre las mujeres, que es y siempre ha sido silenciado, según la consabida fórmula «de eso no se habla». Entre las otras influencias importantes que provienen de Nin Frías está el que Mistral tomara conciencia de la obra de la hermandad «prerrafaelita» y del helenismo, que la poeta desarrolló luego en su «Decálogo del artista».

Otro mentor: don Maximiliano Salas Marchán y «la unión divina»

Lucila Godoy conoció a Maximiliano Salas Marchán (1872-1968) a través de su jefa, doña Fidelia Valdés, cuando ambas mujeres anhelaban su traslado a Los Andes. Salas Marchán era desde hacía largo rato director del Liceo de Hombres en aquella ciudad. Este laborioso educador y miembro fundador de la Asociación de Educación Nacional condujo directamente a una de las relaciones más significativas en la vida de Mistral. A través de Marchán supo ella de Pedro Aguirre Cerda, un político en pleno florecimiento que habría de emerger como el protector de Mistral en torno a 1920. En la última década del siglo xix, Salas Marchán había sido profesor de Pedro Aguirre Cerda en el liceo. Lo había impresionado de tal modo que el discípulo se convirtió en profesor de castellano, aunque luego hizo la licenciatura en Derecho, preparándose para entrar en la arena política. Don Pedro y Salas Marchán colaboraron en fundar la Asociación de Educación Nacional, grupo bastante heterogéneo que incluía profesores de todos los niveles, desde el kindergarten hasta la universidad.

Poco después de la instalación de Mistral en Los Andes, Salas Marchán fue ascendido a director de la Escuela Normal J.A. Núñez en Santiago. La joven maestra recibió con pesar la noticia: un año después, aludía a esta como «un verdadero golpe».[43] Para atenuarlo, Salas Marchán estuvo de acuerdo en servirle de mentor por correo. Las cartas resultantes brindan un acceso sin paralelo a la filosofía y la estética en la evolución de la poeta en los dos años previos a la irrupción repentina de su fama como autora de «Los sonetos de la muerte».

El año de 1913, el primero que la escritora pasó enteramente en Los Andes, fue un tiempo de honda, y casi eremítica, introspección y de una rápida madurez como escritora. Esto se evidencia cuando le habla a su amigo de sus «composiciones calladas sobre sus bellos temas» en que el antropomorfizar la naturaleza se vincula con la celebración de la amistad. Entre las composiciones que menciona están «Lo que cuentan las nubes», «La vida del durazno en un año» y «Retrato de un compañero».[44] Confía a Salas Marchán que sus

metas artísticas han cambiado, registrando un misticismo crecien-
te y poco convencional: «En un principio me afanaba febrilmente
por el verso de <u>orfebrería</u>, artístico netamente. Hice entonces "Al
Ángel Guardián", que publiqué en "Sucesos [julio de 1912]" de-
dicado a Don M. Guzmán Maturana — Más tarde me <u>apasioné</u>
de la serenidad y la sencillez severa de algunos clásicos. Hice, entre
otros, ese "El árbol dice" que le envío. "La <u>Oración</u> de <u>Sordello</u>
Andrea" [por Nin Frías] y el "Credo del Maestro" que hallé en una
publicación de la Asociación de Educación Nacional, me dieron
mi tendencia de hoy: un misticismo delicado, que —¡cosa extra-
ña!— va hacia el dulce <u>Jesús</u> y no me viene, sin embargo, de ningún
libro cristiano».[45]

De Nin Frías aprendió acerca de «lo bello». De Salas Marchán,
el teósofo, la meditación en torno a «la unión divina de las cosas».
Como Mistral confiesa en su carta del año 1913, estos elementos
se funden cuando la poeta emplea la *Gramática* de Salas Marchán
al escribir «Al ángel guardián». Ella se vale de cierta prestidigita-
ción lingüística para alabar el bello cuerpo del ángel, una criatu-
ra no binaria: «Ya en Antofagasta, en *Gramática* me había hecho
pensar seriamente en cuánto se puede hacer por llevar lo bello
—la unión divina de las cosas— a los campos más áridos donde
solo el aburrimiento tuvo sitio hasta hoy. Así los estudios como la
gramática».[46]

Aparte de los determinantes masculinos en el título («el ángel»)
y en la primera estrofa («un ángel»), el poema emplea, en toda su
extensión, la alusión directa para evitar la asignación de género al
compañero amado. Esta forma es consistente con múltiples tradi-
ciones, bíblicas y de otra índole, respecto a los ángeles. Y el poema
se vale de la forma poética del «blasón» para enumerar la perfección
física del ser amado: «cabellos suaves... manos hermosas... pie vapo-
roso... labios... manos... alas...»:

Hace más dulce la pulpa madura

que entre tus labios golosos estrujas;

rompe a la nuez su taimada envoltura

y es quien te libra de gnomos y brujas.

La ambigüedad sexual, la androginia y la camaradería atribuidas al ángel guardián son un tema omnipresente en la literatura de habla inglesa (y traducida al castellano) que va de mediados a finales del siglo XIX (Bravo Villasante caracteriza la literatura inglesa como base de gran parte de la literatura infantil en el Cono Sur durante aquellos años y hasta mediados del siglo XX). Pero los críticos que escriben acerca de este poema de Mistral no ven al ángel como una figura encarnadora de una amistad bella y andrógina. Más bien, desde Belmas en adelante, el consenso entre la crítica es muy convencional. Al declarar que «Al ángel guardián» es un poema religioso dirigido a un niño, probatorio del gran amor de la poeta por los niños y de su misticismo y amor poético a Dios, los críticos, de Belmas en adelante, no ven las múltiples raíces de la literatura infantil que Mistral desarrollaba desde los comienzos de su carrera nacional.

La política de la literatura infantil en Chile, *circa* 1912-1913

En «Cuentos» (1912), Lucila Godoy argumentaba que los educadores debieran formar la sensibilidad estética de los alumnos —desde el kindergarten en adelante— valiéndose del folclore, la estética y las actuaciones en vivo, incluyendo la narración de historias. Dicho artículo sitúa a la escritora de solo 23 años en la vanguardia de los educadores y folcloristas, quienes compilaban y publicaban cuentos orales del sur de Chile.

De entre los mayores poetas y escritores de su época, Mistral es la más comprometida en explorar y fomentar la centralidad del folclore en el legado cultural de América Latina. Tras los decenios de 1920 y 1930, la autora habrá de derivar de una visión de los relatos como una elección estética a una postura más explícitamente política. «Los poetas, los educadores y los políticos se interesan tanto por el pueblo como por el niño; el folklore es fuente de afirmación nacionalista y de conocimiento interno», escribe Bravo Villasante.[47] Con seguridad, Mistral había leído proyectos folclóricos forjadores de una comunidad, como las «Narraciones araucanas», reunidas por fray Félix José Augusta (1910) y los «Cuentos chilenos de nunca acabar», compilados por Ramón A. Laval (1916). Admiraba los «Cuentos de mi tío Ventura» (1912) de Ernesto Montenegro, su colega en *Sucesos*.

Una ventaja política de esta labor vinculada al folclore era que sorteaba el *impasse* entre la exigencia conservadora de una enseñanza moral y el énfasis del Partido Radical en la formación técnica y científica. Si cartografiar la nación es fruto del diálogo, como ha indicado Francine Masiello, y al participar en ese diálogo las mujeres se incorporaron a lo que en las naciones periféricas se conoce como la *intelligentsia*, el folclore representa una tremenda oportunidad.[48] Era una forma no elitista de discurso abierto a la mujer que era, para nuestra poeta en particular, una opción fiel a sus raíces provincianas. Darío y Martí demostraron que escribir a partir de elementos folclóricos podía alcanzar a una vasta audiencia, y que la literatura infantil contaba con un tremendo potencial como territorio neutral de la producción cultural, igual que Mistral, como escribe Benjamín Rojas Piña, «supo despertar la sabiduría natural del campo, la de los niños y sus juegos, así como la sabiduría intelectual escarmenada de los libros».[49]

Desde su tiempo en Antofagasta, la posición de Mistral ajena a las élites la condujo a reconocer valores que los poetas de Chile y otras latitudes pasaban por alto. Ningún otro poeta estaba abogando, como ella, por la valía de las formas orales y la importancia de la imaginación infantil. Aunque Darío y Martí se interesaron en la teosofía, no parecen haber considerado alguna vez la posibilidad de incorporarla a la literatura para niños. Nadie estaba como Mistral avalando el mercado de la educación y los textos escolares, transformándolos por medio de una estética modernista salpicada de folclore y altisonantes consejos prácticos y motivacionales para los educadores. Nada señalaba que esa profesora de liceo estaba por irrumpir en la arena de la gran poesía. Es que la independencia intelectual de Mistral, como autodidacta que era, la capacitó para visualizar innovaciones literarias fundamentales.

La teosofía

A fines de 1912 o principios de 1913, Lucila Godoy recibió un cuestionario de la Logia Destellos, con sede en Antofagasta. Respondió a la primera cuestión, «Lo que pienso de la Teosofía», señalando su desdén por el materialismo y por la búsqueda de pruebas. Sin embargo, en un eco residual de la acusación que le hiciera Ana Krusche, admite que sus ideales y «la mente ávida» la hacen crédula: «Quise creerlo todo, todo, con un ansia de llenarme el alma seca de savias nobles y de llenarme la mente ávida de cosas de belleza y de poesía inagotables». Respondió largamente a la siguiente pregunta: «¿En qué forma influye para perfeccionarle?». Allí idealiza la creatividad: «Yo no sé de cosa más grande que esta palabra: ¡crear! [...] Crear belleza, crear producción benéfica, crear cosas amigas que flotando a nuestro contorno nos escuden i que yendo donde los mandamos escuden también a los que amamos». A través de la belleza, supera su propia tendencia a imaginar lo peor: «Mi pesimismo herido está de muerte. [...] Siento, desde algún tiempo, que la vida es mi amiga...». Siendo una romántica, halla lo divino en la naturaleza: «Asisto como con una embriaguez a los actos de la naturaleza que son las estaciones y me apasiono de los seres —particularmente las plantas y los pájaros— con un fervor que es soplo divino». Finalmente, le gustaría contar con un instructor cerca, «que me deje ver más de lo que vislumbro».[50]

La teosofía estuvo en la base de la prolongada amistad de Gabriela Mistral con don Zacarías Gómez, «el español más destacado de la ciudad» de Antofagasta.[51] A mediados de los años treinta, don Zacarías abrió una librería de textos orientalistas en Santiago. En las décadas siguientes, la poeta hizo relevantes pedidos de libros de Blavatsky y Besant y de escritores relacionados con el espiritualismo esotérico. Cualquier académico deseoso de rastrear las fuentes del compromiso de Mistral con tradiciones espirituales no occidentales haría bien en partir por enumerar y examinar esos libros que entraron a su biblioteca por obra de don Zacarías Gómez.

Ahora y entonces, la teosofía es un movimiento secular independiente, una práctica de la meditación y una afinidad electiva que forma parte de la identidad y la sociabilidad *queer* en Gabriela Mistral, sobre todo durante los comienzos de su carrera en las ciudades provincianas de Chile. Quienes no estén familiarizados con la historia religiosa del siglo XIX pueden llegar a confundir la teosofía con la participación en sesiones de espiritismo, una práctica que afloró aproximadamente por la misma época pero que, a diferencia de la teosofía, nunca conformó una organización internacional e intelectual. A diferencia de la teosofía, el espiritismo no contó con un programa de publicaciones de amplia llegada. Esas publicaciones que la teosofía sí tuvo atrajeron a Mistral. Por un lado, promovían las ideologías propiciadoras del genio individual y el progreso científico. Por otro, evidenciaban la flexibilidad de género en el seno de la fraternidad, cuyas autoras y fundadoras más conocidas, Helena Blavatsky y Annie Besant, se presentaban ellas mismas no como líderes, sino como emisarias de los Maestros. Bajo esa noción, abogaron por la libertad de pensamiento, de viajar y de explorar el propio destino y —en menor medida— las vidas previas a través de la reencarnación. Como Blavatsky y Besant, Mistral se valió de la teosofía para desmelenarse, aunque no demasiado. Como ellas y a través de ellas, aprendió a escribir del éxtasis sin hacer una diferenciación sexual entre los cuerpos involucrados.

Blavatsky y Henry Orcutt, los fundadores del movimiento, eran genios de la promoción. Blavatsky implementó desde muy temprano su incidencia en la India, contactos que Annie Besant amplió, partiendo de premisas anticolonialistas. El pie que los teósofos pusieron en la India atrajo enorme interés de parte de los intelectuales anticolonialistas del hemisferio sur y las zonas periféricas a la influencia europea. A principios del siglo XX, la teosofía proclamaba la compatibilidad con la ciencia y las varias religiones del mundo. Su programa de publicación alentó la creación de «logias» —espacios de sociabilidad semejantes a clubes con bibliotecas— en toda América Central y Sudamérica.

Al descubrir la teosofía en 1912, Mistral desarrolló más a fondo lo que había aprendido al escribir para la prensa, representado por la «Ciencia» en la biblioteca de Ossandón, como ella misma recordaba en 1942: «A los veinte años, me di un chapuzón de Ciencia. Leí cuanto libro de divulgación científica cayó a mis manos, esperando que la Física me diese atisbos de lo divino. No me los daba la religión Católica, o no parecía poder dármelos según la hondura y amplitud que le requería. Y cuando la Ciencia me falló en la medida de sus límites, y de los míos, me fui a buscar vistas mayores en la Teosofía y en el Budismo, que aún me rodean como dos águilas a la torre».[52]

Dentro de la «antigua sabiduría» en los escritos de Helena Blavatsky, la libertad de interpretación que proponía la teosofía encendió la imaginación de Gabriela Mistral, cuyos escritos se inspiraban a menudo en el discurso de la teosofía, propiciatorio de una autosuperación cuasi espiritual, no cristiana. Su mezcolanza de escritos de viajes, orientalismo y filosofía pasada por el cedazo personal, con una pizca del ritualismo masónico, atraía a muchos escritores.

El rival

La teosofía, el gótico y la ruptura con los géneros binarios convergen en «El rival», que Mistral publicó en Antofagasta en octubre de 1911.[53] Este cuento sugiere a Poe y Baudelaire como fuentes o autores afines en los temas del sexo, la muerte y los celos. Marca la única vez en que Mistral utiliza consistentemente a un narrador masculino, «Gabriel», un individuo «de carácter enigmático, gustador de los cuentos terribles». Su soliloquio explica que él, a diferencia de sus volubles amigos varones, evita el intercambio de «historias de amor» e «incidentes trágicos con rivales», porque el cruel destino lo ha condenado a «la presencia invisible de un rival odioso» que obstruye su deseo.[54] El rival le ha arrebatado, una por una, a las tres mujeres con las que Gabriel quiso casarse: una doncella, correspondiente a la adolescencia; una mujer joven y adulta, la hermana de su amigo más cercano; y la tercera y última, una mujer madura y sexualmente experimentada, a la que alude como «mi tercera víctima», aunque él se había prometido rescatarla.

En su fino análisis de este cuento, Karen Peña observa que «Gabriel parece acechar y asesinar repetidamente a la misma mujer».[55] Visto que el protagonista es incapaz de reconocer sus culpas, se inventa una rival femenina invencible a quien culpa de las muertes sucesivas de su(s) amada(s): «No admitió que esa mujer [el fantasma de la muerte] se fuera al sepulcro con aquellas dos prendas mías, al sepulcro donde celebran con ellas sus nupcias repulsivas, y arrancó ahí mismo en mi presencia, una, y le hizo trizas la otra».[56]

En una escena de auténtica necrofilia que Gabriel, el protagonista, ha borrado de su memoria, o que busca no recordar, él batalla con la muerte. Pero su memoria de la lucha se desvanece al despertar. Afirma que, al estar arrodillado junto al cadáver de su amada, «temblando todo mi cuerpo febricitante», perdió la conciencia justo cuando el fantasma de la muerte ingresó en la estancia: «Yo rodé desvanecido. No recuerdo más». Sostiene —algo que es improbable— que «el fantasma de la muerte» profanó el cadáver.[57] Pero como Peña señala, «sus amigos cuentan una historia distinta» al reparar en las evidencias y no pueden «sino concluir que fue él quien violó su cuerpo».[58] Tanto este Gabriel, como el que ya se conocía en la publicación más temprana de la autora en 1905, se ven envueltos en una violación y confesión subsecuente. Mientras que el primer Gabriel, el anterior, «aceptaba sus actos, pero moría sin el perdón», el Gabriel de «El rival» «debe sobrellevar la maldición de tener que repetir el peso de su crimen y tolerar el dolor de su culpa».[59] La inversión de las actuaciones masculina y femenina es central en ambas historias. En «El perdón de una víctima» (1905), una mujer es victimizada, el hombre se convierte en víctima y un violador finalmente muere a causa de sus acciones. En «El rival» (1911), «el violador ha de vivir para siempre [con sus actos]».[60]

El hablante de «El rival» proyecta (o culpa a) una tercera parte nebulosa, gramaticalmente femenina, asignando su propia lujuria (y culpa) a «la otra» o a la Muerte celosa: «¡La muerte! Fue mi fantasma; la veía cerca de los míos, sarcástica y horrible, haciendo el vacío a mi alrededor, con la guadaña alzada sobre esas existencias jóvenes —almendras florecidas— que rodaron a su golpe».[61] La escritora desarrolla esta proyección, presente tanto en «El rival» como en «Los sonetos de la muerte» y en su correspondencia privada, como muestra el próximo capítulo de esta biografía. La fórmula es esta: un hablante célibe presenta y prohíbe ciertas veleidades eróticas. Entonces, ese mismo hablante renuncia al deseo, a diferencia de la segunda figura, quien es la amada o el amado. Una tercera figura, que puede ser «la muerte» o «la otra», refuerza esa renuncia, proyectada en una pantalla donde se intercambian cartas de amor. Este deseo triangulado entre las tres partes es mimético, es decir, el hablante imita los deseos del otro, quiere los mismos objetos que el otro.

Este concepto del deseo mimético, que fue desarrollado por el antropólogo René Girard, concuerda perfectamente con el deseo que siente el protagonista Gabriel cuando dice que la Muerte siempre quiere y toma a cada mujer que él desea.

Jerónimo Godoy

Durante el período en que Lucila Godoy residió en Antofagasta, su distanciado progenitor volvió de la capital a sus correrías en el norte del país. Oriel Álvarez Gómez, un historiador oriundo del Valle de Huasco, rastreó sus andanzas. Descubre que la primera parada de Jerónimo fue en su viejo pueblo natal de San Félix, donde sobrevivió dando lecciones de castellano, matemáticas e historia. «Los alumnos, para retribuir la enseñanza recibida por el maestro, le obsequiaban pisco, el que preparaban con leche caliente».[62] Después, Jerónimo se desplazó a Quebradita, un pueblo minero donde administraba una escuela nocturna. «Allí en sus momentos libres seguía creando poemas y al parecer en algunas ocasiones lo hacía por encargo».[63] Un año después, estaba viviendo en otro pueblo minero, Tierra Amarilla, donde se enfermó a tal grado que el alcalde de la localidad dispuso su traslado al hospital más cercano, en la ciudad de Copiapó. Allí, el 30 de agosto de 1911, a la edad de 54 años, Jerónimo Godoy Villanueva murió de neumonía. Como era un indigente, fue enterrado en una tumba sin ninguna identificación.

Cinco años transcurrieron antes de que su esposa e hija supieran de su muerte. Mistral escribió a su buen amigo, el escritor Eduardo Barrios, mencionándole que aún no se lo había dicho a su madre: «¡Si ni aún le he dicho la muerte reciente de mi padre, por no hacerla sufrir!».[64] No sería la última vez que ella misma evitara y demorara la comunicación de noticias terribles.

Meditando en esa misma carta a Barrios —quien había perdido a su progenitor cuando tenía menos de cinco años— en torno a la muerte de su padre, Mistral elude el asunto de la brecha de un lustro entre el acontecimiento en sí mismo y su conocimiento del desenlace. En tanto asume las dificultades resultantes de su ausencia —«la amargura de la vida en mis condiciones»—, se niega a considerarse ella misma una víctima, aunque observa: «No puedo perdonar a mi padre todavía».[65] Y prosigue —tiene ella ya 27 años— ofreciendo una visión abarcadora y retrospectiva de su vida en ausencia de su padre: «Su falta de ayuda material a la casa la he olvidado; este desamparo espiritual, inmenso, este ir sola entre las gentes hostiles y perversas; diez cosas como la que le he contado y de que yo culpo solo a esta falta de apoyo moral de un hombre, no lo perdonaré nunca. Desde los 15 años yo trabajo. [...] A los 20 años tenía la misma fisonomía de hoy, porque salen al rostro las preocupaciones del hogar que hay que sostener, en el que se es todo: marido, padre, y hermana. Hace seis años me encontré con esta alma sana y nobilísima que es mi jefe de hoy. Me levantó sin rebajarme con una caridad pomposa y podría decir que, fuera de ella, no debo a nadie ni un mal pan negro».[66]

Gracias en parte a su jefa, doña Fidelia, «esta alma sana y nobilí-sima», la poeta percibe su trabajo de entonces como un refugio. Será hija de sus obras. Después habrá de reflexionar más hondamente, como ocurre en «El rostro de mi madre», un poema sin fecha pu-blicado póstumamente en *Almácigo*. Aflora una cuota de orgullo, fatalismo y compasión al recordar que la canción que entona su padre alivia el dolor, que su espíritu vive en busca de los vientos y la «frescura». El poema canaliza las emociones de otros (comparadas de manera llamativa con las de David, el salmista) cuando su pro-genitor —quien no está nombrado— yace agonizando lejos de las mujeres cuyas vidas ha tocado con la suya, mujeres cuya amargura ya no lo tocan a él, que entona su propia canción de cuna:

EL ROSTRO DE MI MADRE

El rostro de mi madre no llevó a sus entrañas nunca la paz,

Él me dijo «Yo a veces canto para dormirme
un dolor tan agudo como una quemadura
Volví una tarde, pero otra tarde he de irme
Todos los vientos busco para tener frescura...».

Yo no lo vi llorar nunca, pero él cantaba
sollozando a David cuando agonizaba
lejos de las mujeres que solo él hizo amargas.[67]

La partida

Cuando el Liceo de Niñas de Antofagasta cerró por vacaciones de verano a principios de 1912, Fidelia y Lucila estaban ya esperando una notificación formal de su eventual traslado a Los Andes. Los traslados a Santiago y Antofagasta demostraron que el viaje era una de las musas inspiradoras más poderosas de Lucila Godoy. Antes de cada partida, ella misma comenzó a notificar habitualmente sus planes a los diarios locales y a algunas revistas de circulación nacional, y a ofertar su «pluma» antes de haber desembarcado en el nuevo destino.

El Mercurio de Antofagasta anunció en abril la partida inminente de ambas mujeres. Un mes después, Fidelia Valdés viajó en vapor al sur para asumir el puesto de directora en el nuevo Liceo de Niñas de Los Andes. La burocracia retrasó la partida de Lucila Godoy hasta mediados de junio. Es la época en que los vientos que soplan a sotavento son los más feroces y las olas las más elevadas, y ese día arremeten contra el muelle de pasajeros donde una vez más aguardaba de pie Fernando Murillo Le Fort.

4

El hermano Gabriela en Los Andes: tejiendo redes, trazando caminos

Los Andes/Santiago, julio de 1912-abril de 1918

Reparto

Al promediar su estadía en Los Andes, sobrevino un cambio vertiginoso e irreversible. En diciembre de 1914, «Los sonetos de la muerte» de Mistral obtuvieron el premio mayor en el certamen nacional de poesía conocido como Juegos Florales. Dicho evento marca un antes y un después en la vida de la poeta, que supo sacar y aprovechar cada gramo del oro promocional y publicitario implicado en el premio. Los medios la adoraban. Invertían una inmensa cantidad de papel en su figura. Sus publicaciones aumentaron en un 159 por ciento en los treinta meses posteriores a la obtención del premio en comparación con el mismo período anterior. Aún más espectacular es su correspondencia, que creció cerca de un mil por ciento en comparación con el mismo lapso previo: catorce de sus cartas sobrevivientes datan de los treinta meses anteriores a los Juegos Florales, mientras que al menos ciento treinta y seis las escribió en los treinta meses posteriores al evento.

Mistral utilizó la correspondencia para escoger, cultivar y premiar a sus cinco aliados más cercanos. Por supuesto, primero los investigó bien, informándose de sus antecedentes, redes y personalidades. Les susurró en misivas cuidadosamente elaboradas y dirigidas a la situación, la mente y las identidades secretas de cada uno. Enseguida se granjeó su lealtad. A medida que cada uno completaba exitosamente una o más tareas para ella, el lenguaje de Mistral se hacía cada vez más persuasivo y exaltado a la hora de apuntar a los deseos no cumplidos ni reconocidos de ellos mismos. La ayudaron a conquistar la capital que ella siempre evitaba y la defendieron cada vez que fue atacada.

El primero de sus cinco leales socios, en orden decreciente según la edad que tenían cuando Mistral los conoció, es Max Salas Marchán (casado, sin hijos), el acomodado director de la Escuela Normal Superior J.A. Núñez. Publicaba un libro cada dos años. Su tema en aquellos tres años de intensa amistad con la escritora fue la belleza en los textos de literatura escolar, en las aulas y los establecimientos educativos; argumentaba que el hecho de prestar atención al carácter, el espíritu comunitario y otros factores habría de reconducir inspiradamente el sistema educativo a la grandeza. En sus cartas, Mistral se sumaba a este ideal. El siguiente entre los aliados es Manuel Magallanes Moure. Atrapado en un matrimonio que lo liberaba de la necesidad de cumplir largas jornadas laborales, este poeta, pintor y guardián apostado a las puertas de la vida cultural se apertrechó contra la desesperación publicando elegantes versos de alabanza al amor adúltero. La copiosa correspondencia entre Mistral y Magallanes Moure atrajo a dos ambiciosos colegas de este, ambos ubicados en la burocracia de segundo o tercer nivel: al escritor realista Eduardo Barrios y a Alone (Hernán Díaz Arrieta), autor de diarios y crónicas de sociedad y crítico literario. Completando este grupo asomaba la escultora y artista Laura Rodig, la más joven de los aliados que operaron a favor de Mistral. Los cinco le abrieron paso en un campo saturado de periodistas y educadores, poetas, artistas y legisladores, todos luchando a brazo partido para validarse en el campo cultural.

ARRIBO A VALPARAÍSO, 12 DE JULIO DE 1912

Nadie recordaba un invierno más frío que ese. En Santiago, la nieve había blanqueado el centro de la ciudad. No había nieve en Valparaíso, pero sí un sotavento bien fuerte en el momento en que un grupito de tres o cuatro escritores y editores se arracimaba en la base del muelle fiscal. Saludaban a la joven que había descendido de la pasarela. Todos intercambiaron escuetas venias, ella sin sacar sus manos tibias, que tenía hundidas en los enormes bolsillos de un abrigo corto, en tonos blancos y negros, estilo «pata de gallo», tal vez cosido por su madre. Una breve caminata los condujo enseguida, a través de la plaza Sotomayor, a la oficina principal de *Sucesos*. En torno a una taza de té y galletitas, le fue garantizado a Mistral el cumplimiento de sus dos peticiones. La primera, que enviarían un fotógrafo a la ceremonia inaugural de los dos liceos —de Hombres y de Niñas— en Los Andes, que ella solía describir como «estas tierras verdes donde los árboles consuelan del prosaísmo de las gentes».[1] La segunda, entrevistar a su amigo «Salas Marchán, educador de *elite* en Chile».[2] Poco después, los versos ceremoniales de Mistral llenarían las páginas centrales de la revista, rodeados de fotos de las estudiantes danzando. Un ejemplo entre muchos de cómo y por qué se convirtió ella misma en una contribución medular a lo que Sol Serrano describe como el «aura» del liceo como un «nuevo espacio de la sociabilidad», impregnado de recuerdos, añoranzas y nostalgias.[3]

El siguiente número de *Sucesos* imprimió «El ángel guardián» de Mistral con una dedicatoria a Manuel Guzmán Maturana. Este influyente editor y publicador de libros fue colega de Salas Marchán. Dos años después, la poeta trabajaría para Guzmán Maturana en la elaboración de los *Libros de Lectura*, con su característica tapa roja, eternos superventas. Inicialmente incluyeron cincuenta y cinco poemas y prosas de Mistral. Luego, un total de setenta. ¿Estaba contratada? Tal vez doña Fidelia aligerara su carga docente para que la joven escritora pudiera aprender de la experiencia de Guzmán Maturana. Es cierto que cuatro décadas más tarde Mistral señaló que los *Libros de Lectura* «le hubieran dado un dineral, además del material mío firmado, tienen mucho material escogido por mí. Nunca recibí un centavo ni por uno ni lo otro del Gran Maestre».[4] Las diecisiete cartas que Guzmán Maturana le envió (entre julio de 1914 y marzo de 1916) y el detallado estudio del historiador Barr-Melej confirman que el trabajo de Mistral facilitó la carrera muy prolongada y rentable que les permitió al editor y su esposa, la educadora Isaura Dinator, gozar de una vida muy confortable en Santiago.[5] Guzmán Maturana convirtió a Mistral en su asistente, solicitándole que reuniera material de Bórquez Solar, Magallanes Moure y Víctor Domingo Silva, entre otros, e indicándole que hiciera una obra accesible o, de lo contrario, los profesores no la utilizarían.[6]

Las prosas y poesías «escolares» desalentaron a su gran amigo Alone, quien las percibía como de segunda categoría. La poeta se defendió replicando que escribir «poesía escolar» le permitía cumplir su obligación de asumir un lado femenino. El desarrollo por parte de Mistral de este raro concepto implica una escisión o divergencia en su interior, cuestión que Alone también experimentaba: «Sin esos versos», le dijo Mistral, «la mitad de mi alma quedaría ignorada; se me conocería solamente en versos salvajes, y no solo hay púas en mi espíritu. He querido, en esos versos escolares, pagar mi deuda de mujer para con la naturaleza... no he dado hijos, pero educo a los ajenos. He hecho, además, canciones de cuna para las demás mujeres. Insisto: esas poesías escolares por las cuales hasta me ha ridiculizado son la parte más querida de mi producción. No todas; el Señor Guzmán me forzó a hacer algunas y así salieron».[7]

Se siente la influencia de Guzmán y los *Libros de Lectura* en la primera *Ternura* (Madrid, 1924), pero desaparece de la segunda y muy distinta *Ternura* (Buenos Aires, 1945).

Alone no quedó convencido. Luego de que *Desolación* se publicara en Chile (1923), supervisado por su mutuo amigo Eduardo Barrios, el crítico comentó a otro mutuo amigo, el poeta Augusto Winter, que «antenoche, con una frenética admiradora de la Mistral estuvimos señalando las poesías de primer orden, dignas de ella, que tienen peso, y no juntamos más de 25; daría para 50 páginas. ¡Pero qué páginas! Con el tiempo no quedará más. Entreví eso cuando la Mistral me pidió consejo, divisé imposible mi tarea y me excusé. Tiene cosas horriblemente malas, intolerables, en poesía y en prosa. Cosas como de doña Jesús Palacios o de cualquier maestra de escuela, cosas para moralizar...».[8] Añadía que «el tiempo se encargará de aventar la paja y dejar el trigo» y que la mala tendencia de Mistral a la «corrección» arruinaba a menudo poemas excelentes. «Nuestra admirable amiga tiene mal gusto», concluye Alone, quien fue enemigo de lo sensiblero en su propio interior y en la poesía de Mistral. Como veremos en este capítulo, Alone prefería los poemas del amor reprimido, a veces con violencia, que Mistral desarrolló en múltiples versiones y borradores en el tiempo, como «El amor que calla». A Alone le acomodaba el statu quo, a diferencia de Mistral, cuyas publicaciones le permitirían superar las limitaciones impuestas por su género y su condición social.

En los comienzos de su residencia en Los Andes, la joven maestra vivió con doña Fidelia en las habitaciones de la directora, en el segundo piso del liceo, situado en un gran caserón, rodeado de corredores con balcones, patio, jardines, palmeras, parrones, en los límites de la ciudad, en la calle Esmeralda, cerca del Círculo Italiano. Fidelia dejó que la joven profesora hiciera sus clases «al aire libre», donde las iniciaba con unos minutos de estiramiento bajo esos parrones. «Las niñas que en clase solo "reciben", en el huerto "dan", preguntan, piensan, se interesan por la tierra toda», declaraba Mistral.[9]

Y tuvo seguidores. «En Los Andes causa expectación», cuenta González Vera. «Entre las alumnas provoca sentimientos contrarios. Unas la admiran en el acto y otras se resisten a admitir su desaliño, su carencia de coquetería que altera un firme concepto femenino. Sin embargo, la mayoría escribe luego con su letra grande y redonda, que parece no caber en ninguna página, se despreocupa de la vestimenta y procura hablar con su voz. Las clases de castellano las hace con un brío y un interés que deja huella».[10]

Su familia se le unió durante su primer o segundo año en Los Andes. Emelina enseñaba materias introductorias en el liceo, y ella y Petronila arrendaron habitaciones en el número 18 de la calle Las Heras. Por las tardes, la poeta daba un paseo hasta allí para visitarlas y se sentaba en el tibio patio del ala oeste, escribiendo o charlando con su tertulia hasta que los árboles proyectaban sombras alargadas y el viento comenzaba a levantar el polvo en la calle. Los fines de semana frecuentaba el «biógrafo» con la «declamadora Edieff», cuyo esposo, el fotógrafo Ramón Fernández Latapiat, trabajaba para la revista *Zig-Zag*. El fotógrafo se fijó en el aire abstraído de Mistral: «Alta, espigada, de ojos verdes claros, casi transparentes; tez blanca y de mejillas suavemente sonrosadas; pelo negro pero levemente modulado; dientes blancos, firmes, parejos y muy sanos».[11]

A lo largo de 1912 y 1913, sus dos mentores —doña Fidelia y Max Salas Marchán— la ayudaron a afianzarse en la vida dentro del colegio. Mistral expresó a su amigo Enrique Labarca que se sentía agradecida por la protección que Fidelia Valdés le brindaba: «Qué gran cosa es encontrar una jefe buena, clemente, tranquila, para trabajar».[12] Entretanto, las cartas de Mistral a Salas Marchán comunicaban su entusiasmo por el credo pedagógico de este último, que ella resumía: «Asimilar en torno del niño todas las sugestiones de la belleza: texto escolar hermoso, cuadernos estéticos, sala decorada sobria y nombramiento, perspectivas exaltadoras de montaña o de mar para su escuela, y siempre, siempre, la palabra bella para su enseñanza».[13]

Y prosigue con sus lecturas. En 1913 le comenta a Salas Marchán que «es una revelación para mí el Antiguo Testamento, que nunca comprendí antes».[14] Reflexionando en torno a Chile, comparado con otros espacios y épocas, percibe a «los indios» del país como una comunidad paralela a «los viejos pueblos, de Israel y de la India, del Ejipto y del Japón...», y observa: «Estas lecturas me hacen más imperioso un viejo anhelo: Irme a la zona austral, comprar tierras, aprender la lengua indígena y enseñar a los indios conforme una pedagogía primitiva "que no los haga dejenerar" ni los fatigue».

Esta carta confidencial a Salas Marchán —que otros investigadores han pasado por alto— representa el primer caso conocido en el que Mistral menciona a los pueblos indígenas. También es la primera vez que ella declara este «viejo anhelo» de trasladarse al sur y desarrollar su currículum ideal, que suponía ofrecer el ramo de agricultura, al igual que la «pedagogía primitiva» de sus clases al aire libre. Y destaca en la carta su interés por aprender «la lengua indígena», presumiblemente la mapuche, llamada mapuzungun, prueba de que ya tenía una idea de esta por ese entonces, en 1913. La escritora de la carta evidencia un indigenismo basado en el entorno ecológico y lingüístico, y lo hace mucho antes de lo que la mayoría de los investigadores ven como el comienzo de la conciencia indígena en la obra de Gabriela Mistral. Antes de su contacto con los pensadores mexicanos, cuya perspectiva integracionista formaba parte del mestizaje oficial del Estado posrevolucionario mexicano, la escritora postula una vuelta a la tierra como algo semejante a lo hecho por sus pares fundadores de la colonia «tolstoyana» —historia de la cual trataremos más adelante en este capítulo—, aunque a ellos no se les ocurriera aprender la lengua de sus vecinos, los habitantes milenarios de aquellas tierras.

Especialmente llamativo es el gesto que la escritora chilena hizo al revisar la versión mecanografiada de esta carta antes de mandarla a Salas Marchán. Mistral enfatiza su perspectiva humanística con el gesto de añadir comillas a la frase «que no los haga dejenerar». Con cuatro trazos de lápiz, Gabriela Mistral muestra la conciencia del discurso que postulaba a los pueblos indígenas como «degenerados» y su desacuerdo con ello, pues pensaba exactamente lo contrario. No buscaba ni luchar, ni civilizar ni redimir. A diferencia de los pensadores raciales de principios del siglo xx, como el antiliberal Nicolás Palacios, autor de *La raza chilena*, Mistral soñaba con la convivencia al expresar su deseo de «comprar tierras» en el sur, aprender la lengua indígena y contribuir a la comunidad.[15]

El tono de las cartas de la joven Mistral al educador y editor Salas Marchán armoniza perfectamente con su destinatario. La educadora expresa su idealismo y se distancia del modernismo poético al emplear los vocablos «degenerar» y «fatigar». En los siguientes años, ella criticará la degeneración «afrancesada» de algunos de sus pares chilenos, como Augusto d'Halmar. Sin embargo, la poeta sigue aprovechando un discurso «degenerado» al preocuparse con lo sobrenatural, el horror, la enfermedad y la muerte. Como poeta, Mistral sintoniza con los seguidores de Rubén Darío y los síntomas modernistas, por un lado. Por otro, la profesora predica la regeneración por medio de la educación y la estética «latinas», una estética promocionada por el uruguayo José Enrique Rodó que se nutre de las tendencias neoplatónicas y utópicas. Mistral se diferencia de sus antecesores y sus pares por la destreza con que se mueve entre los decadentismos de Darío y el idealismo de Rodó. Esta destreza y facilidad que manifiesta antes de haber cumplido 26 años será un importante componente de su fama.

Ese mismo año de 1913, en una conversación con un reportero local, Gabriela Mistral reiteró el anhelo de trasladarse al sur que ya había expresado en su carta privada a Salas Marchán. También reiteró su deseo de alguna vez «enseñar a leer a niños indígenas».[16] Para que su acotación no fuese malinterpretada como un deseo de dejar su puesto en Los Andes, se apresuró a añadir que, antes de hacerlo, debía domar su espíritu rebelde y mejorar su alma haciendo literatura: «... es mejor que yo vaya hacia esa raza cuando mi espíritu haya conseguido su madurez y las fuentes de las emociones, que me obligan todavía a hacer literatura dolorosa, se hayan serenado definitivamente. Quiero ir a ella no como poeta sino como simple, sencilla, pobre mujer, llena de amor hacia su desamparo».[17]

En sus cartas a Salas Marchán, Mistral no hace mención de su deseo de irse al sur para trabajar con los indígenas. En lugar de ello, sabe reflejar los ideales estéticos de su interlocutor, al tiempo que Salas Marchán vela por los intereses de ella en la Escuela Normal de Santiago y en la *Revista de la Asociación de Educación Nacional* (AEN), «a la vez un organismo académico y un grupo de presión», según el historiador Iván Núñez.[18] Salas Marchán aseguraba que la *Revista* era una publicación de alta calidad y en ella publicó las mejores obras «escolares» de Mistral. La presentó además a los líderes de este grupo llamativamente inclusivo, precursor de los sindicatos formales, que abarcaba «todos los niveles del sistema desde el kindergarten hasta la Universidad», en que una «proporción importante e influyente de socios no eran pedagogos de formación y profesión, sino educadores de vocación o afición y profesionales de todo tipo que hacían clases en la Universidad, en liceos o en escuelas nocturnas».[19]

Con el tiempo, el nombre de la joven Mistral llegó a oídos de Pedro Aguirre Cerda, quien era un antiguo alumno de Salas Marchán, aunque más ambicioso que él en términos educativos y políticos. Aguirre Cerda era un dueño de tierras originario de Pocuro, localidad cercana a Los Andes. Había sacado una licenciatura y luego trabajado como maestro al tiempo que fundaba junto a otros la Academia de Educación Nacional, poco después de haber obtenido su segunda licenciatura, esta vez en Derecho. Con tan solo una seria complicación, insinuada por primera vez ese mismo año de 1913, las carreras de Mistral y Aguirre Cerda discurrieron de allí en adelante en un cercano paralelismo. La complicación afloró con la propuesta de Salas Marchán de que Mistral conociera a una joven y promisoria colega suya: la educadora urbana y escritora Amanda Labarca Hubertson, recién llegada de Nueva York y París. Esa relación implosionó rápidamente, como veremos al tratarla en el debido contexto biográfico-cronológico, a finales de 1915.

En rigor, ni Labarca Hubertson ni Guzmán Maturana veneraban a Mistral tanto como lo hacía Salas Marchán. Este estimulaba la introspección en la joven poeta y apreciaba su crecimiento espiritual, como se ve, por ejemplo, a punto de concluir 1913, cuando ella le indicó, en una carta algo confidencial, que «después del materialismo en que viví mi juventud (15-22 años) una oleada enorme de religiosidad, de espiritualismo elevado, me hinchó el corazón. Me la trajeron los libros místicos orientales: El Bhagavad Gita —y otros».[20] Como con el yoga, sintió arraigo en todo ello, igual que el árbol «desciende a siniestros hondores, en busca de agua y sales que me hinchen en vigor».[21]

Cuando la poeta se refiere a su identificación con los árboles y el mundo vegetal o a sus lecturas de «los libros místicos orientales» que le dan sustento emocional, el contexto más amplio son la teosofía y la poesía. Estos temas (que ella compartía en cartas con Salas

Marchán) se convierten en metáforas para la disidencia sexual que late a lo largo de uno de los epistolarios más extensos de Mistral: sus cartas al escritor y pintor Manuel Magallanes Moure.

Es bastante extraño que esa extraordinaria correspondencia sea poco conocida por el público en general. Según Mistral, intercambiaron «centenares de cartas» de 1914 a 1923.[22] Se han conservado solo cinco cartas de Magallanes a Lucila Godoy, mientras que ella escribió setenta y cinco cartas (más un telegrama) que sobreviven. Ella misma le dijo que las destruyera. Una ansiosa posdata en alguna de ellas evidencia sus sospechas al respecto: «P.D. ¿Despedazas estas cartas?».[23]

La compleja historia personal de Magallanes lo convertía en un experto sin parangón en el tema de la correspondencia personal encubierta. Aun así, las misivas de Mistral a él sobrevivieron porque su condición privilegiada como dueño de varias propiedades y a la vez de hombre casado y paterfamilias le daba los motivos y los medios para ocultarlas. El riesgo de ser sorprendido lo emocionaba y aterraba a la par, como veremos en su correspondencia confidencial con su amigo Pedro Prado. La repentina muerte de Magallanes de un ataque al corazón, con apenas 44 años, borró su última oportunidad de destruir esas cartas. Sus herederos demostraron una enorme previsión al conservarlas.

Mistral destruyó todas excepto un puñado de las cartas escritas por él. Carente ella misma de propiedades y de privacidad, no tenía dónde esconderlas y no podía arriesgarse a que le fueran descubiertas, estando en juego su propio sustento. Irónicamente, las prácticas epistolares que Mistral había aprendido como «inspectora» sirvieron para preservar de manera inadvertida muchas de las palabras y frases de Magallanes, las cuales sobreviven como citas dentro de las cartas de ella. Muy disciplinada como corresponsal, respondía rutinariamente, punto por punto, a los argumentos que las misivas de Magallanes le presentaban y las situaciones que él proponía. Después las destruía con una pizca de remordimiento.[24]

Antes de la fama que le brindaron los Juegos Florales, Mistral siempre inició ella el contacto con sus más relevantes corresponsales. Sin embargo, fue muy cautelosa en su aproximación a Magallanes, dada la brecha de estatus entre ella y él, el mayor poeta de amor en el país, antiguo alcalde del frondoso suburbio de San Bernardo y santo patrono de las artes. Antes de contactarlo Mistral meditó largamente sobre la naturaleza de la persona a quien le escribiría. Pensó en sus propias intenciones y estudió su aspecto, que aparecía de manera habitual en la prensa local: alto y delgado, ojos profundos, barba rizada y negra, vestido impecablemente de negro. No olvidó indagar sobre su reputación en La Serena, donde había nacido doce años antes que ella. Por encima de todo, estudió su poesía para saber qué clase de hombre era. Puesto en términos generosos, «un marido enamoradizo, pero un padre querendón».[25]

Al acercarse los Juegos Florales, Manuel Magallanes Moure era un poeta en racha, adicto a apostar en el amor. Cuando Mistral le escribió por primera vez, los ejemplares del libro más reciente de Magallanes, *¿Qué es amor?*, llenaban las librerías de todo Santiago. En la cubierta aparecía un boceto de Eros dibujado por el propio Magallanes: no un querubín regordete, sino más bien un joven fornido y malhumorado, ya en la pubertad. Su dios-niño del amor se yergue con sus piernas bien musculosas, ajeno al carcaj de flechas a sus pies, mientras contempla una pareja de corazones de un rojo intenso oscilando en un arroyo cercano, en el cual se reflejan las nubes de un cielo brillante y azul.

La primera misiva de Mistral, hoy extraviada, se dirigía a Magallanes como el organizador oficial del certamen poético de los Juegos Florales. Esto era a finales de octubre o a principios de noviembre de 1914, unas ocho o nueve semanas antes de la fecha en que estaba programado el evento. Ella había dicho a Nin Frías que estaba puliendo sus sonetos.[26] Ahora le preocupaban los rumores circulantes, como ella indicó a Salas Marchán: «Me dicen de la Normal que se han postergado los J[uegos] F[lorales]».[27] Le preguntó a Magallanes cuál era el plazo de entrega. Él le respondió. Ella le agradeció la respuesta. La tercera carta de ella, la más temprana de cuantas han sobrevivido, sugiere cierta intimidad en desarrollo.

Salto retrospectivo a Santiago, 1910: Mistral conoce a Carlos Mondaca

Cuatro años después, en 1918, Mistral decía que Magallanes Moure había estado en su mente desde mucho tiempo antes, cuando había visitado Santiago en los frenéticos preparativos del centenario de 1910. Recién llegada a la capital, donde no conocía a casi nadie, la maestra había contactado a Carlos Mondaca. Este escritor nacido en Vicuña era conocido por velar por sus colegas de provincias y la había invitado, sin haberla visto nunca, a almorzar con él y su familia, lo cual redundó en su reacción sorprendida ante la visión de esa mujer imponente y bronceada que ahora se aproximaba a su puerta. Era la antítesis de las criaturas anodinas o tontorronas que ornamentaban las revistas en aquella época.

Carlos Mondaca no se sorprendía fácilmente, siendo un hombre seguro de haberlo visto casi todo en la vida: las farolas a gas y los carruajes de dos caballos habían dado paso a la luz eléctrica y los tranvías; los clubes y sociedades secretas habían sustituido las producciones teatrales opulentas. Aun así, esta chica desdeñosa de la moda lo impresionó vivamente nada más cruzar el umbral de su puerta. Dejaba a su paso y en su estela el silencio de las laderas andinas. Sus gruesas medias blancas de algodón evocaban el sol resplandeciente del mediodía, bajo el cual habrían terminado quizá de secarse. Sus zapatos de suela resistente tenían un distante aroma a polvillo. Al quitarse el abrigo, reveló un blusón de cuello subido y algodón en un tono oscuro y monocromo, el uniforme de las mujeres de mediana edad de Vicuña durante la infancia de su anfitrión.

«Con la sana ironía de provinciano ya bruñido por Santiago», Mondaca preguntó: «¿Qué estimaciones y afectos literarios trae Ud., Lucila?».

«A usted, Carlos, en mi tierra, que es la suya, no se le conoce. He leído y me gustan mucho los versos de Magallanes Moure y unas prosas de Yáñez Silva, de *Selecta*», respondió ella.[28] Mondaca rio desconcertado. ¿Quién le habría dicho a esta chica tan montaraz que podía enarbolar los nombres de los dos zares más recientes dentro del mundillo literario de la capital? Y escuchó atentamente la respuesta. Ella admiraba *La jornada* de Manuel Magallanes Moure, por «su palabra armoniosa, grata como su espíritu a los hombres, porque con amor los repetía».[29]

Pocos meses después, los versos de Magallanes Moure obtuvieron el primer premio en los Juegos Florales de Valparaíso, en octubre de 1911, un honor que suponía un precio. Se le pidió al propio autor, presidente de la Asociación de Artistas y Escritores, que organizara los siguientes Juegos Florales, que fueron celebrados en diciembre de 1914, y en que los poetas de Coquimbo, su provincia natal, coparon los mayores galardones.

CORRESPONDENCIA CON MAGALLANES MOURE, DESDE OCTUBRE DE 1914

A fines de noviembre de 1914, cuando la realización del certamen poético de los Juegos Florales seguía siendo incierta, Mistral y Magallanes intercambiaban cartas casi a diario. En la segunda de sus cartas a Magallanes que han sobrevivido, «L», por «Lucila», confiesa que aunque las cartas de él la han conmovido, ha experimentado tanta violencia traumática y repentina que su vida es muy ajena a la poesía amorosa de Magallanes Moure, que está permeada de nostalgia por un pasado inocente y lejano.

L: «Su carta me ha dejado una extraña impresión de tristeza». Sus «tres cartas dulces» le habían recordado a «tres seres que vinieron a mí por el camino de la santa poesía, llenos los labios de palabras suaves, y que hoy son mis enemigos...». Durante «un lejano pasado», cuando «la vida no se conformó con herirme, me ha llenado las manos de las mismas espinas porque a mí me sangraron y no es posible hallar en todos mis días una misma dulzura, una actitud igual de afecto...».[30]

M: «... quiero ser para usted un niño...».[31] Este es el juego de roles preferido de Magallanes desde sus primeros poemas y a lo largo del bienio siguiente en sus cartas secretas a «L» (Mistral).

L: «Sí, pero un niño de verdad. Un niño que tendrá el derecho de contarme todos sus juegos (los dulces y los crueles)...».

Entonces, para gran deleite de Magallanes, ella lo instruye en la forma de convertirse en «un niño de verdad»:

L: «Piense usted así: "hay una hermana mía vieja y casi buena, a quien nunca he visto y a quien es mejor que nunca vea, que sabe mucho de mi espíritu, que se ha prendido en la magia de mis versos y que me hablará siempre de cosas hondas y suaves, sin traer a mis aguas el légamo pesado y oscuro de una pasión"».[32]

Magallanes reconoció la licencia poética en el gesto de autorretratarse como «una vieja». A diferencia de Darío y Bórquez Solar, Magallanes conocía cuando menos a dos, y probablemente más, personas que habían pasado algún tiempo con Mistral, una joven a mitad de la veintena, no un alma vieja y «abuelada», con «nieve en la cabeza y rajaduras en la frente y en el espíritu», una maestra (*sottovoce*) «que enseña niños, que les hace versos; que el tumulto de la vida pasa muy lejos» porque «así lo ha querido la vida misma».[33] Pero, a la par que adhiere a esta imagen, que es un escudo y una máscara a la vez, «L» le dice a «M» que la llame «hermana», que la trate como un miembro más, al menos en sus aspiraciones, de su familia espiritual.

L: «Sentiré un orgullo muy grande y casi maternal recordando que para mí sus labios dicen lealmente esta palabra pura de herma-na, que sabe a santidad».[34]

Pero en su respuesta Magallanes no la llama hermana. Más bien lamenta la «ausencia de ternura» en su propia vida. Así que ella lo escarnece:

L: «... tiene usted quizás dentro el veneno de todos los hombres de pensamiento: la incapacidad de amar bien a los seres que han sido puestos por la suerte dentro de su vida».[35] Ella es una habili-dosa polemista. Primero sugiere que el descontento de M refleja su ingratitud. Luego arguye la posición opuesta porque quiere cultivar a este influyente poeta cuyo veredicto en los Juegos Florales puede decidir su futuro. Por eso, Mistral argumenta a favor de su corres-ponsal: postula que el descontento de M no es sino «inquietud que siendo en el demás vicio, es virtud en un artista».[36] Hasta los vicios de un artista (como Magallanes) pueden ser virtudes ya que los artistas viven según reglas distintas.

Pero «L» no dejará de lado ninguna de las reglas que rigen la relación de ambos. En modo alguno.

Ambos escritores se empeñan en no ser descubiertos. Para en-cubrir sus respectivas identidades, ella firma como «L» y él firma pocas de estas cartas, pero sabemos que las escribió: el puño y letra es igual al de las cartas que escribió, firmó y envió a Pedro Prado.

Asimismo, M y L escriben cartas señuelo, ciñéndose a un re-gistro formal, en caso de que sean interceptadas. En tales casos, ella se dirige a él como «poeta». Esas son despachadas en el correo de la mañana. El arribo de un señuelo o una carta interceptable funciona como un código, notificando al receptor de que en el próximo correo llegará una carta privada. En esas cartas privadas se dirige a él como «Manuel» o «M». Una vez que establecieron este sistema y fueron capaces de escribir sin miedo a ser descubiertos, sus cartas subieron de tono, discurriendo en un tumulto hirviente de fantasías.

Tales cartas son absolutamente disonantes con el retrato tan persistente de Mistral como un espíritu piadoso y convencional, especialmente reverente del matrimonio burgués, lo cual se ve con nitidez, por ejemplo, en el juicio que sugiere que «Lucila Godoy sabe muy bien que está cometiendo un adulterio mental. Que ambos están cometiéndolo...».[37] Pero este juicio moral se olvida de cómo la literatura y la imaginación han impactado las condiciones de vida de la escritora para aquel entonces. Su intención de iniciar y seguir en esa correspondencia busca primero que nada demostrar que ella puede competir en los Juegos Florales. Sus cartas a Salas Marchán y a Nin Frías confirman que no dudó en mandar sus sonetos. Los mandó con intención, no en forma accidental, a la competencia. Aunque la correspondencia con Magallanes fue gatillada por los Juegos, en algún momento se convierte en algo más, en un campo de pruebas, digamos, tanto para «L» como para «M, poeta». Visto que todo poeta digno de ese nombre debe aprender a escribir del amor, ella asume el tema predilecto de su interlocutor: el del amor prohibido.

Al escribirse con Magallanes, Mistral disfrutó de un mentor imaginativo y un agradecido redactor de cartas sin la necesidad física tan problemática de tener que conocerlo. Ambos poetas se volvieron inocentes pornógrafos, que escenificaban ingeniosos escenarios de dominación y sumisión, poder y deseo.

En las primeras semanas de la correspondencia entre ambos, los escenarios más tempranos son reflejo de la historia personal de cada uno. Magallanes (o «M») asume el papel del chico travieso. En la medida en que el premio mayor del certamen poético sigue siendo incierto, Lucila o «L» acepta el papel de severa dominatrix. A medida que «M» revela más cosas de su propia psicología, maniobrando para eventualmente encontrarse con ella, «L» establece nuevas reglas.

Primera: dado que él es un aristócrata cultivado, no podrá nunca desentrañar el mundo violento, bárbaro del que ella proviene. «Ud., luna, jazmines, rosas, y yo, una cuchilla repleta de sombra, abierta en una tierra agria».[38] «Porque jamás el amor fue en mí un gozo sino una herida viva, abierta y roja. Yo me creo en esto una degenerada». Tanto la raza como la clase social figuran en esta «escena masoquista que Mistral le formula a Magallanes Moure como un teatro por medio del cual se problematizan sus diferencias».[39]

Segunda: «L» le enmienda repetidamente la plana a «M», informándole que está equivocado en sus supuestos respecto a ella, imaginándola, de manera del todo errónea, como atractivamente femenina.

Tercera: «L» recompensa a «M» cuando logra superar finalmente su idea de ella como una mujer a cortejar. ¿Su recompensa? Lo proyecta como un árbol viril que ella acaricia con ternura en un bosque imaginario, como veremos más adelante.

LOS JUEGOS FLORALES. SANTIAGO, PRIMAVERA DE 1914

Siendo un evento que marcaba el inicio de temporada dentro de la vida social, los Juegos Florales surgieron en el siglo XIX como una forma de revivir los festejos primaverales de la cultura regional, sea en Provenza, en Cataluña o en Andalucía. Tanto en el Viejo como en el Nuevo Mundo, consagraban distritos artísticos nuevos o revitalizados y celebraban las aspiraciones culturales de la ciudadanía acomodada que residía o trabajaba en las cercanías de determinada urbe moderna. Incluían exhibiciones en los nuevos teatros operáticos, museos y espacios públicos abiertos del núcleo urbano, tributando a cierta nostalgia de las cortes medievales, donde las mujeres de la nobleza hacían poesía y designaban a sus poetas favoritos.

A los organizadores de los Juegos Florales de Santiago les agradaba todo esto, pero se saltaban lo de las mujeres nobles haciendo poesía. Subordinándose a la necesidad de contar con un público que financiara la actividad, fusionaban el certamen poético con un desfile de bellezas organizado por Fernando Santiván, el secretario de la Asociación de Artistas y Escritores. Solo después de que las concursantes en el certamen de belleza hubieran encargado y pagado sus costosos atuendos, Santiván anunciaba un plebiscito en que se elegiría a la reina, a quien las demás concursantes, en sus trajes de gala, terminarían rodeando en el escenario. En ese contexto, la «elección» de María Letelier del Campo, una sobrina política del exmandatario de Chile Pedro Montt, no sorprendió a nadie.[40]

El 2 de diciembre de 1914, convertida en un manojo de nervios, la maestra de escuela cogió su pluma para redactar su próxima carta a Magallanes. Faltaban poco menos de tres semanas para los Juegos, pero no había tenido hasta allí noticias del evento, por lo cual le escribió para decirle todo eso de que ella sería como una hermana para él, enumerándole esta vez sus méritos personales, como quien postula a un trabajo: «... para ser una hermana nada se necesita sino dulzura, y creo tenerla; mucha abnegación y también la tengo; mucho deseo de servir, y no me falta».[41]

«M» le responde sin ambages: «No necesito una hermana, sino una amiga».

«L» retruca arguyendo que no está calificada para eso, le enumera los atributos de una amiga y observa que ella misma carece de ellos.

L: «Para ser una amiga, en el sentido que descubro en sus palabras, cosa muy diversa es. La amiga se exige bella, con voz suave, joven, hecha toda para alimentar y exaltar la emoción. Yo no puedo dar eso. La juventud la tuve, no la tengo. La mujer envejece pasados los veinticinco años [su edad por entonces]. La belleza jamás la he tenido. Tengo un físico lamentable, que no harán olvidar nunca mis versos... tengo un cuerpo irrisoriamente deforme, y no soy una enamoradiza...».

Lucila/Mistral escribe como lo que Paul B. Preciado, teórico de la transexualidad, llama una «furtiva de la sexualidad».[42] Dentro de ese drama, Magallanes, un agnóstico por definición, asume la parte del piadoso mentor cuando le escribe a continuación: «Hágase un examen de conciencia». Ya basta de preludios, piensa él, vamos a salir de gira de una vez con esta función. Y la presiona para que se encuentren cara a cara.

«L» declina la propuesta: «Nos hemos encontrado con un atraso de 10 años en el camino; estamos mutilados de las cosas más bellas que pudimos cambiar». Él no consigue penetrar en su vida o su sino: «Esos errores del destino no se enmiendan; nos deshacen una vida entera, y nada podemos contra ellos...». Ella lo pone tristemente en su lugar: «Piense al escribirme que sus palabras afectuosas pueden hacerme más daño que sus palabras rudas...».[43] Concluye su argumentación con una fábula, una de sus «historias lamentables» en que da vuelta la situación. Alguna vez recibió ella misma bellas cartas de un hombre feo. Ella le respondía por lástima, pero cuando al fin se encontraron cara a cara, escribe, «vino lo que tenía que venir. Esa piedad no me acompañó siempre, y era la vida de él una sucesión de penas y alegrías, de desprecios y de atenciones recibidas por la que no podía fingir siempre».

La profesora cerraba su lección explicando la alegoría:

L: «Aquí es usted el temerario que escribe promesas y frases finas a una mujer que no conoce y que no lo merece...».

La partícula «Fraternalmente, Lucila» introduce una posdata que amplía las reglas para que el drama se siga desarrollando. ¿Sabría ella del largo historial de Magallanes Moure en lo de escribir y recibir cartas secretas al momento en que escribió lo que sigue?: «Esta carta no debe ser contestada. Aluda usted a lo que ella dice, en su próxima sin mencionarla. ¿Razones? Se las daré más tarde».[44]

«Yo soy, entonces, menos mujer que nadie»

Ocho días después, un domingo, llegaron hasta Los Andes tres mensajeros que Magallanes, el organizador del certamen, había enviado. Después de que se hubieran marchado al atardecer, ella le informó al propio Magallanes: «Hoy han pasado grandes cosas».[45] Dos de esos emisarios eran probablemente amigos o conocidos. Ella y Armando Donoso, el miembro más joven del jurado, habían estado colaborando con *Sucesos* desde 1912, y él había votado a su favor. Víctor Domingo Silva, que sería el «mantenedor de los Juegos», la había conocido en 1909, si es que no antes. ¿Y el tercer mensajero? Es difícil saber quién era. Posiblemente un pariente de Magallanes. Probablemente *no* el otro jurado, Miguel Luis Rocuant. Él había votado por Julio Munizaga Ossandón, lo que había dejado a Magallanes en posición de quebrar el empate y dirimir a favor de «Gabriela Mistral», un sujeto poético ficticio.

Ella escuchó a los tres emisarios defender a Magallanes: «Me dijeron de Ud. algo que Dios quiera, yo pido que sea verdad: que Ud. no era un cortejador de mujeres, que no era eso tan antipático para mí que es un eterno enamorado de una mujer nueva cada semana.

Me dijeron otras cosas de su vida que me humedecieron los ojos».[46] Esto podía aludir a la hija mayor de Magallanes, de nueve años, muerta solo dos meses antes a causa de una fiebre repentina.

Estremecida, la poeta se preguntaba por lo que se venía a futuro, «si hay o no razón para que tenga un miedo enorme *por lo que viene*, por lo que se anuncie así...».[47] Entonces, el registro sube, de una octava a otra, para introducir el tema de la nobleza de él, con ella interrogándose poéticamente, utilizando el motivo mistraliano de anticipar lo peor —un bribón, barrancas, cuchillas y lágrimas—, mezclado con el tropo predilecto de Magallanes, el de las nubes:

¿Por qué no vino hoy un bribón aquí, para que me hablara mal de Ud.?

¿Por qué vino uno quien me dijo verdad y verdad tan hermosa?

¿Por qué me hacen crecer la esperanza como una nube leve y blanda, si después va a desgajarse en lágrimas, en muchas lágrimas en un río, quizás qué va a dejar barrancas y cuchillas en lo que es hoy mi camino suave y ondulado?[48]

Pese a los emisarios enviados, ella anuncia que no subirá al estrado durante la ceremonia. En lugar de ello, estará vigilando a «M» desde lejos, como dice haberlo hecho una vez el verano anterior en Viña, cuando él pasó a su lado por la calle sin reparar en ella, y en otra ocasión en que dice haber escuchado su voz en una habitación vecina. Con todo, insiste «M», valiéndose ahora de su ventaja: «¿Alguna vez podrá creer que yo, u otro hombre, puedan amarla?».

L: «No, no podré creer nunca... Jamás creí... ni cuando era joven, ni cuando estuve a un paso de ligar mi suerte a quien quise hondamente. Jamás creí...».[49]

Enseguida refiere otra anécdota, que concluye con esta afirmación relativa a su falta de feminidad: «Alguien dudaba hace poco de esta mi afirmación: "Si las mujeres creen demasiado; ¡si creían que las quieren hasta los que nunca pensaron en ellas!" Pues bien, aun lamentándolo, yo soy, entonces, menos mujer que nadie».[50]

Para probar el punto, hace hincapié en la incompatibilidad de sus orígenes y el absurdo de creer que alguien como «M», «un hombre cultivado hasta la exquisitez, selecto de toda selección», pudiera enamorarse de ella, «una degenerada», el término que ella misma había empleado solo un año antes en su correspondencia con Salas Marchán para indicar su desacuerdo con los prejuicios racistas.[51] «Porque jamás el amor fue en mí un gozo sino una herida viva, abierta y roja. Yo me creo en esto una degenerada». Explica: «Las fuentes de la naturaleza están en mí envenenadas, porque el amor fue para mí solo un grito largo que rasgó la soledad como un ¡alarido terrible!».[52] En un sistema de clases y razas que privilegia a «M», lo de «degenerada» alude al estatus de «L» como subproducto de una conquista aún en proceso, de una violación histórica en que el colonizador y sus herederos reconocidos dominan y se aprovechan de los subalternos a través de generaciones.

Introduciendo el tema del rival, «L» advierte a «M» de sus celos letales: «¡Si pedí a gritos a Dios que hiciera morir al que la vida me había arrancado, para infamarlo en brazos de una mala mujer! No era mujer; era leona». (Aquí su letra manuscrita indica: «No era una mujer, era leona». Pero el texto publicado elimina el foco en el rival al añadir la palabra «yo». Con esta añadidura, el texto impreso se lee: «No era yo una mujer, era leona».)[53] El sentido cambia al atribuir al sujeto lo que es, en realidad, una descripción de ese rival, a quien se describe como feroz, de género ambiguo, inhumano. Quien asemeja a la adversaria de «El rival», su cuento necrófilo ya mencionado.

Para dramatizar la ficción de que las mujeres dominan los Juegos Florales, esta poeta-dominatrix emite órdenes que reducen a

Manuel al papel de sirviente poco confiable, al que ella humillará privadamente por la vía de una doble vigilancia impuesta a él mismo: «Ud. debió ser mi representante en los Juegos Florales; pero no lo ha de ser por dos razones: primera, usted no puede hacer eso con serenidad...». Sobre él habrá dos pares de ojos fijos: mientras la Reina de Belleza estará observándolo, los ojos de «L» estarán vigilándolos a ambos, aunque supuestamente a ella eso le duela: «¿Ve usted cómo confieso mis miserias? Los ojos de la Reina lo mirarían hondamente y yo, desde aquí, vería esa mirada. Lo segundo ha influido más que lo primero... Ahonde en ese rasgo»,[54] escribe sobre sus celos convertidos en armas a medida que se acerca la noche de los Juegos Florales.

Siendo consistente con el personaje de la dominatrix, «L» instruye a «M» en el sistema de las cartas pareadas, lo que transforma la pantalla en algo literal. Un grupo de estas, susceptibles de ser leídas por el público, han de ser afectuosas, pero no de amor. Una carta «pública» es tanto una coartada como un señuelo, diseñada, como queda dicho, para distraer la atención y alertar igual al receptor de que una carta «privada» viene en camino. La próxima carta de él deberá ser de esta naturaleza, con mínimos detalles sobre «la velada en cuestión» y la ceremonia en ciernes.[55] Tras emitir instrucciones sobre cuándo enviar cartas y cuándo no,[56] ella termina nombrándolo con las dos sílabas de «Ma-nuel», constituyendo eso el único exceso, el único momento de ruptura en sus líneas por lo demás muy templadas:

> Yo he perdido mi santa paz.
> Dios lo perdone su pecado.
> Ya no me será jamás devuelta.
> Manuel, si lo he herido, perdóneme.
> Yo me he herido más, mucho más.[57]

«Esto me duele más de lo que le duele a usted». El cliché arma el escenario para el siguiente acto en esa «comedia de capa y espada» entre ambos, un drama de clases sociales que se realinean y de relaciones de poder. La crítica española María Caballero comenta: «Y el lector se pregunta: "¿Cuánto hay de verdad y cuánto de cálculo en declaraciones así en quien el atractivo sexual siempre fue un obstáculo para que la mujer fuese valorada como poeta?... Lo que está claro es que ella lleva los pantalones en la relación, dispuesta a mantener su independencia como si de un hombre se tratara».[58] «L», de 25 años, sabe claramente que «M», de 36, es adicto a escribir del amor «prohibido y correspondido». Como «M» tiembla ante la perspectiva de ser atrapado, «L» juega la parte de la maestra de escuela puritana (o sea, la abadesa) que impone disciplina. El drama es su propia recompensa.

Los Juegos Florales en el Teatro Santiago, 21 de diciembre de 1914

El Teatro Santiago era «un teatro de palcos» en que el desembolso significativo que implicaba una butaca, más el atuendo requerido, garantizaban que únicamente las familias más acaudaladas pudieran ver el espectáculo y ser vistas allí. Lucila Godoy lo miró desde el balcón, esto es, desde los asientos más baratos y anónimos del anfiteatro. «La inadecuación de su clase, género y etnia» la excluía de estar entre las «damas de alcurnia y a veces de estirpe real».[59]

Inicialmente imperceptible entre el tumulto, surgió el revuelo de los instrumentos de cuerda, seguido de los bronces dando paso a un estruendoso galope, no con el himno nacional, sino con la obertura de *Guillermo Tell*, pues como bien nos lo recuerda María de la Luz Hurtado, esta ceremonia, de escaso perfil patriótico, era escenificada para entretener a la élite de Chile, que vivía con la mirada puesta en Europa cuando la Gran Guerra le impedía viajar normalmente allí.

¡Todos de pie! Un grupo de dignatarios rodea al presidente de la República, Ramón Barros Luco, que hace su ingreso por el corredor central, al tiempo que las cortinas se abren en el proscenio. «El mantenedor de los Juegos», el poeta y orador Víctor Domingo Silva, felicita a todos por este despliegue de «sueños, flores, mujeres: todos sois una sola cosa: todos sois poesía». Tras señalar los automóviles apostados en el exterior del teatro como una de las incongruencias apreciables de este festival de espíritu «medieval», Silva indica hacia el estrado principal y declara, con su voz subiendo de volumen, que solo uno de los dos tronos vacíos será ocupado debido a la ausencia de «Gabriela Mistral, que es el seudónimo de Lucila Godoy, maestra de enseñanza pública». El poeta declara que «precisamente la excesiva actividad de las labores escolares al final del año, pero más que todo la excesiva modestia de su carácter, le han impedido acudir a estar con nosotros...».[60]

La ganadora del premio, alta y desgarbada, lucía sus 25 años con optimismo y singular determinación. Aun así, no se apareció por el escenario, visto que, como señala Hurtado, ese espacio le fue asignado a la corte femenina restringida a «la más alta expresión de la raza: las jóvenes de la alta sociedad chilena, de estirpe aristocrática, asociadas con lo blanco caucásico y con el estrecho circuito de familias gobernantes». Como nos advierte la mistraliana y académica Paula Miranda Herrera, «los sonetos fueron leídos por Víctor Domingo Silva, poeta de Tongoy (región de Coquimbo). La creación de Mistral en voz de hombre».[61]

Ninguna mujer habló, en una ceremonia presuntamente organizada para homenajearlas.

La noche y el día después: tres cartas,

21 al 23 de diciembre de 1914

Como el último tren a Los Andes había ya salido de la Estación Central en Santiago, Lucila Godoy debió quedarse esa noche en la ciudad.[62] El escritor Alone, quien no la conoció en persona hasta finales de 1915, recuerda que ella habitualmente se alojaba «en una pensión de la calle Nataniel, una de esas casas anónimas, de sillas endebles».[63] Y esa misma noche escribió la primera de tres cartas. Era para Magallanes:

L: «Manuel: Fui solo por oírlo... Escúcheme. Necesito de Ud. una carta sin las hipocresías que le prescribí para otra. Si no llegara pronto quién sabe qué cosas se me incubarán adentro. ¡Estoy esta noche tan extraña! No me reconozco. Un sueño suave de niño sano y puro para Ud., Manuel, en esta noche. Lucila».[64]

La respuesta de «M» la dejó anonadada, y le escribe de vuelta:

L: «Su carta me dejó sin voz, sin acción, hasta sin pensamiento; ¡a qué hondor, Dios mío, había llegado esto! No será contestada...». Pero le promete rogar por él y advierte las heridas aún frescas: «Por sus cartas, gracias; por lo que la última me ha desgarrado, gracias también».[65]

Ella le paga así con la misma moneda.

Su segunda carta tras los Juegos Florales trata enteramente de negocios, para lo cual utiliza una página de la papelería con membrete impreso que dice «Liceo de Niñas, Lucila Godoy», al que añade en tinta «Gabriela Mistral». Los poetas ganadores del premio debían escribir un poema en honor de «la Reina de los Juegos», a raíz de lo cual la autora galardonada con la Flor Natural (el máximo galardón de los Juegos) se dirigió a la reina, María del Campo Letelier: «Le solicito respetuosamente —no como una exigencia— su retrato, que los diarios dan mal».[66] Mistral escribe un poema en que alude al abismo entre la poeta, «una agria campesina», y la reina, a la que interpela: «Di, de qué otros astros tu casta de esplendor viene, pues no eres de nosotros».[67]

La tercera carta de Mistral invita a su querido y viejo amigo Max Salas Marchán a que la visite en su nueva casa, a la cual se trasladó inmediatamente después de recibir la noticia de los Juegos Florales: «Vivo ahora en una casa junto al río, en Coquimbito, y tengo paz y frescura».[68] Por primera vez goza de una privacidad bien resguardada, en «una casita rodeada de ranchos de inquilinos y de grupos de árboles».[69] Disfruta llevando a sus invitados hasta la puerta al fondo del jardín, no muy alejada del río, donde les presenta su árbol preferido, un único «álamo. Sin Alameda».[70] Su terraza «da al camino rural, polvoroso y lleno de sugestiones; la casa señorial se ve no muy lejos».[71]

En términos mundanos, ese «camino rural» era la carretera internacional que lleva a Argentina. Y como la casa de dos pisos está a dos kilómetros de Los Andes y en las afueras, sobre el río y con amplias vistas a los caminos y líneas ferroviarias, puede verse desde allí a los visitantes mucho antes de que estos vean la casa. Cuando el editor Luis Carrera la visita, informa haber visto sobre la mesa «la nota moderna —exótica en despacho de mujer, entre nosotros—, tiene una maquinilla de escribir; todo como animado de un soplo vital».[72]

ELOGIO DEL ADULTERIO. ENERO Y FEBRERO DE 1915

Manuel y Lucila se pusieron de acuerdo. En vez de participar cada uno en la «temporada» de playas, buscarían el aislamiento en lugares en que sus mensajes privados no despertaran suspicacias. Manuel estaba haciendo su maleta, preparándose para partir a la «casa-hotel» de El Melocotón, en el Cajón del Maipo, cuando llegó la nueva carta de Lucila repleta de acusaciones y actitudes recelosas: «... Le repito lo dicho cien veces: yo no puedo sellar un pacto con un hombre que no me conoce, que, demasiado poeta, se ha lanzado por sendas de ilusión, sin que mis voces de sinceridad le refrenen su vuelo hermoso, pero loco...».[73]

Él deberá telefonearle antes de que parta ella a Concepción, como tiene planeado, una ciudad donde no conoce prácticamente a nadie. Ella misma fija la fecha: «El dos, el tres, o el cuatro necesito hablarle. Ni antes ni después».[74] Buscan resolver sus diferencias. En la primera de sus febriles y confidenciales misivas de las siguientes semanas, «L» desnuda sin miedo su alma y (lo que no es de sorprenderse) dice estar cansada: «La enseñanza es mecánica y amarga. Yo que he trabajado desde los 15 años me he fatigado demasiado pronto».[75] Pero a ello sigue un ejercicio de adulación poética, cuando responde literalmente a una de las páginas incluidas en *¿Qué es amor?* de Magallanes. Él había combinado un verso del *Cantar de los Cantares* bíblico —«Las muchas aguas no podrán apagar el amor, no lo ahogarán los ríos»— con otro del *Libro de los proverbios*, para describir favorablemente el adulterio: «Las aguas hurtadas son dulces y el pan comido en oculto es suave». Mistral responde con la siguiente parábola del beber «aguas robadas» de un arroyo vecino: «... me detuve en el camino a beber y mis ojos se enamoraron de la fuente más pura, bordeada de helechos más finos... esta fuente era ajena; pero quería dar su cristal... su clamor: ¡Bébame!.. aquella fuente quería ser aliviada de su exceso de frescura, de linfa azul. Manuel, ¿me acusa usted? Yo no lo acusaré nunca... porque este dolor de ser culpable solo puede ahogarse con mucho, mucho amor».[76] Al día siguiente, sin embargo, su ánimo ha cambiado: «Voy orando, orando; mi corazón y mi pensamiento son una llama que clamorea al cielo por trepar hasta Dios».[77]

En lo alto de las montañas, Magallanes se concentraba en recuperar su alicaída salud: «Hago ejercicios de respiración, y largas caminatas», le dice.[78]

Al concluir las vacaciones de verano, ella le señala que se cumplen tres meses de ese intercambio entre ambos, puesto que él, «"el huésped de la aurora" ha estado hospedado en el corazón».[79] Esto conduce a un diálogo imaginario en que ella se vale del motivo clásico latino, practicado por Ovidio y Catulo, entre otros, del «amante al lado de la puerta cerrada» (*paraclausithyron*) luego del planeado regreso de ella, «tras larga ausencia», a sus habitaciones, cuyas paredes la interrogan: «¿Qué te hicieron? ¿Por qué vienes más triste...?».

Las líneas que siguen derivan a una plegaria: «Señor, yo quería remendar la saya rota de mi pobre vida... Señor, que yo soy de esos pobres soberbios que no reciben sino el pan íntegro, que no admiten poner la boca para recoger las migajas del banquete...».

Entonces vuelve a uno de sus primeros temas: el del amor carente de deseo. No sensual, no febril: «Señor, Tú sabes que no hay en mí pasta de amante entretenida. Tú sabes que el dolor me ha dejado puesta la carne un poco muda al grito sensual, que no place a un hombre tener cerca un cuerpo sereno en que la fiebre no prenda. Para quererlo con llama de espíritu no necesito ni su cuerpo que puede ser de todas, ni sus palabras cálidas que ha dicho a todas...».

Entonces cierra con este momento culminante y algo lunático: «Lo que el Cristo me contesta irá después. Contéstame por certificado bajo mi nombre. Suavemente, en las sienes».[80] Horas después, retoma el asunto disculpándose por su última carta: «Desde algún tiempo yo he salido de la órbita donde se mueven los seres equilibrados. Pero ya el torbellino pasó, Ud. lo ha visto».[81]

Al volver a Los Andes, ella misma reitera las reglas para la correspondencia que le enviará él a esa ciudad: el deseo, y no la anatomía, es el que escribe el libreto, como ha sostenido Paul B. Preciado.

Esta formulación nos da a entender la libertad absoluta que el intercambio de cartas propicia para la imaginación.[82]

«Quiero que no discutamos "la manera de querernos". Si el amor es lo que Ud. me asegura, todo vendrá, todo, según su deseo».[83]

JUGANDO A «QUERER POETAS»: «L», MANUEL Y EL HOMOEROTISMO DE LOS ÁRBOLES. MARZO DE 1915

El gesto de recular se intensificó. Nuevas reglas, instrucciones detalladas en torno al secretismo, citas de la poesía de «M» para él mismo, ganchos y posdatas, todo ello «jugando a "querer poetas"», pese a su vehemente negativa al respecto: «Yo no estoy jugando a "querer poetas", esto no me sirve de entretención, como un bordado o un verso, esto me está llenando la vida, colmándomela, rebasando el infinito».[84] Entonces (escribiendo como «L») da otra vuelta de tuerca y empieza a escribir de deseos más allá de lo que Magallanes se ha imaginado nunca. «M» gatilla este torrente con un cumplido indirecto, al señalarle que «L» es «la excepción que confirma la regla», diferenciándose de «las demás mujeres que hacen versos en tierras indo-españolas». «Nunca he podido tomarles en serio», escribe el poeta, porque «aún no saben expresar sus emociones».[85]

«L» responde con la carta más sexualmente explícita de todas sus misivas sobrevivientes. Una fantasía homoerótica masturbatoria sin presencia humana, por ende, libre del género. Dentro de un modelo epistolar muy educado, desde el saludo y el inicio escrupulosamente correctos: en primer lugar, «L» le agradece a Magallanes por su reciente «cumplido». Luego se ciñe a la convención epistolar de indicar al lector dónde está exactamente el que escribe: «Te escribo desde la orilla del río, en un bosque de acacias jóvenes...».[86] Las cartas suelen hacer esto para asumir la lejanía y convocar la presencia del lector. Enseguida manifiesta su preocupación por el bienestar de ambos. Tras asumir el reciente deterioro en la salud de «M», acota que su propia salud es también deplorable, momento en que nos lleva a todos sus lectores al bosque imaginario en que se sienta a leer la carta de él bajo la luz jaspeada que se filtra por entre las hojas de las acacias, «que es casi luz de luna la que me cae en la cara».[87]

Entonces elogia la carta reciente de «M», con «todas estas palabras ardientes», pero le sugiere que está equivocado. Que ella no es más que una pantalla, no el verdadero recipiente de sus palabras: «Se las dices tú a otra, a alguna amiga mía que es bella. Yo debo entregar esas cartas solamente. Y como en muchos casos de amigas "protectoras", pasa que yo me he enamorado de ti a fuerza de leer tanta frase seductora, tanta sugestión ardorosa».[88]

Pero, al mostrarse de acuerdo en que es una pantalla (o intermediaria) para esa «otra, alguna amiga que es bella», que sería la auténtica receptora de todo ello, «L» postula que la lectura de «tanta frase seductora, tanta sugestión ardorosa» la ha conducido a ella misma a amarlo (aunque él no la ame). Lo que más bien sucede es que él desea lo que su propia imaginación ha creado: «... tú te has hecho de mí una imagen embellecida, tú le has dado cuanto deseas que tenga y es a esa, a esa que no soy yo a quien escribes y dices querer, o quieres. Yo con esa no tengo nada que hacer, de común sino el nombre. Tú no puedes, Manuel, quererme a mí».[89]

¿Y qué es lo que anda mal orientado en el deseo de «M»? Por una parte, «L» le dice que se imagine él mismo en La Serena: «Hazte esta imagen: una señorona apacible, que se balancea al andar, que usa calzado grande, que no se pone corsé, que anda con ropas anchas, que se echa el pelo atrás, sencillamente, que hace clases como pudiera hacer sermones...».[90]

Sin pies diminutos ni pasitos remilgados. Sin vestidos vaporosos ni la figura como de un reloj de arena, sin trenzas ingeniosamente entretejidas y cimbreantes. No en un murmullo, sino más bien como una prédica, «L» desinfla el deseo con esta imagen de que «no tiene nada, nada, de ese no sé qué que despierta en los hombres el deseo de ser ~~amadas~~ amados por una mujer...».[91] El eros, como «Manuel» lo entiende, es aquí irrelevante: «La feminidad de que tú me has hablado tiene en mí este sello: una mujer, sí, no un marimacho, pero una monja, una abadesa gorda y pacífica».[92] Para anotarse el punto a su favor, menciona a dos connotados bohemios que la han conocido en persona y podrán atestiguar acerca de la fundamental rareza de su persona.

El primer personaje o referencia, Víctor Domingo Silva, «dice que tengo cara de pensadora rusa. ¿Verdad que no tiene nada de atrayente el retrato ese? Lo que escribo (cartas, versos) dan una idea errada de mí».[93]

La segunda referencia: «Nin Frías por mis garabatos nerviosos y locos me creía un ser apasionado y quizás muy mujer... Su asombro fue muy grande cuando me trató...».[94]

Mistral desafía ambas premisas: rechaza que la imaginen y la traten como «un ser apasionado» y peor todavía, como «quizás muy mujer». Al rechazar esas premisas, desafía las nociones del género binario. En este punto, con Magallanes, como con Eduardo Barrios y Alone (sus dos siguientes amigos epistolares más cercanos durante ese y el próximo año), Mistral alude repetidamente a la gran sorpresa y reconocimiento que alboreó cuando Alberto Nin Frías la conoció, después de que se hubieran escrito un tiempo. De este modo, el nombre «Nin Frías» opera como una señal oculta o una contraseña de Mistral para entrar en grupos de artistas y escritores que, sin ella, serían solo de varones.

Tras burlarse de «M» por mostrarse «tan hambriento de esta carne ingrata», «L» lo premia a él, y nos premia a todos, volviendo al bosque donde escribe: «Oye: estoy acostada contra un tronco.

Siempre me ha gustado besar los troncos en sus heridas llenas de goma pálida».[95] Ese árbol es el sucedáneo de la rizada y negra barba de Magallanes, una «apariencia» por la que es bien conocido: «Este tronco tiene abajo una envoltura *negra y espesa* de hilachas que no sé a qué enredadera pertenezcan». Al besar ese tronco, la escritora se aproxima al clímax (del relato), indicando cómo la savia se acelera y derrama cuando se la acaricia, si él es paciente: «Yo acabo de besar el tronco de su herida repleta de goma; pero no es al árbol al que beso, como otras veces, es a ti, amado, a ti. Esta es tu boca. Está tibia, porque un rayo de sol le cae encima. Toda esta enredadera muerta finge una barba negra que roza acariciando... ¿Serás paciente como el árbol para dejarme exprimirte la goma pálida de tu dulzura, así, así, con este ímpetu tan raro en mí?».

En el manuscrito original, las palabras con que cierra —«... dime si no soy tuyo, tuya, tuya...»— alternan una «o» cerrada con una «a» abierta, hasta que la maestra de hierro hace a un lado las normas pensando en su próximo encuentro (imaginario): «No, amado Manuel, en un hotel, no, son sitios prostituidos por todos los hombres viciosos y las mujeres livianas. Yo no quiero besarte ni tenerte en mis brazos en lugar así. Te quiero bajo los cielos abiertos, entre los árboles... nos veremos en cualquier parte menos en un hotel. Y tú, según tu promesa, serías bueno, serás obediente...».

El simbolismo del árbol viril y a la vez bisexual, que Mistral recoge del raro libro de jugadas de Nin Frías, se prolonga en las cartas siguientes:

M: «Quiero, como el árbol, recibirlo todo sin una contracción, sin un grito: caricias y heridas».[96] «Sin una contracción», esto es, «sin la contracción del orgasmo».

L: «Cuando hablo del amor nada oculto, eso que llaman delicadeza las mujeres a este respecto, suele ser hipocresía».[97]

M: «Quisiera ser aquel árbol sereno que nada pide, tal vez porque lo tiene todo».[98]

L: «Fui al Laberinto (allá donde beso los troncos) a escribirte unas cuantas horas... En las hojitas tibias de sol, y luego, en la goma rosada de los labios».[99]

Pese a esta escena boscosa que acelera las pulsaciones, la dominatrix sigue siendo el rol de base de «L»: «... te he amarrado las manos, por perversas; te vigilo la boca, por perversa también. Te digo que te quedes quieto y te hablo largo...».[100]

«M» aporta una metáfora predilecta suya que «L» adopta y hace propia, la de sus cuerpos como lentas nubes; sin la atadura de sus órganos respectivos, flotan «de formas armoniosas, por el cielo azul... Desde sus hermosas palabras... mi alma se va con ella». Y concluye: «¿Me perdona?», sin especificar el agravio.[101]

Al mismo tiempo que cruzaba estas cartas con Magallanes, Mistral le escribe a Guzmán Maturana indicándole que debían incluir unos poemas de *La jornada*, de Magallanes Moure, y algo de *Hojas de hierba*, de Whitman, en su proyecto. El editor respondió que no conseguía encontrar un ejemplar del poemario de Whitman. También pide publicar un libro de las poesías de Mistral. Dos días después, el editor acusa recibo de unos trece poemas y prosas que Gabriela Mistral le había enviado para incluir en los *Libros de Lectura*.[102] Mistral es, en rigor, como Whitman, cuya expansividad contiene todas las formas de la contradicción, como se ve en estos versos suyos: «Soy grande, contengo multitudes. Me concentro en los que están cerca, espero en la losa de entrada».

Enseguida Mistral y Magallanes desarrollan nuevas metáforas, lo que mantiene la temperatura en fase de ebullición. Entre esas metáforas está la «linfa», que vino a prolongar los roles del noble por nacimiento versus lo degenerado ídem. Para «L», la «linfa» es el fluido celestial que designa el nacimiento en cuna noble de

Magallanes y su pertenencia a la vanguardia espiritual dentro de la élite.[103] Para «M», en cambio, la «linfa» es la vitalidad física que esta correspondencia encubierta, capaz de destrozar los nervios a cualquiera, con una jovencita de 25 años, sorprendentemente enérgica, le roba a él mismo:

M: «Esta plenitud de vigor (de amor) casi me es dolorosa. ¿Dejarás tú que mi linfa se la beba la tierra y no querrás beberla?».[104]

«L» responde afirmativamente..., pero con una salvedad: él deberá someterse a ella de manera total, sin reservas: «Porque yo quiero beber tu linfa toda, sin que en un hueco egoísta me reserves una parte de frescor y de exaltación».[105]

Cuando Magallanes recibe la carta de la fantasía arbórea como premio al hecho de haberle dicho a Mistral que ella, a diferencia de otras mujeres poetas, logra controlar sus sentimientos, admite —lo cual resulta ahora irónico— que a él mismo le cuesta lidiar con sus emociones: «Estoy bien; un poco nervioso, nada más. Ni resfriado, ni mortificado por dolor alguno, ni menos con fiebre. Cierta inquietud, cierto malestar que es más del ánimo que del cuerpo». La carta de «M» se cierra con una nueva metáfora: «Desde lo alto de la montaña, muy dentro, viene hasta mí el golpear del hacha de los leñadores. Cordialmente, casi fraternalmente, Suyo afm».[106]

¿Sería esa hacha un augurio de destrucción o de luz, quizá de nuevo crecimiento dentro de ese bosque?

ENTRA EN ESCENA EL HERMANO EDUARDO BARRIOS, AUTOR DE *EL NIÑO QUE ENLOQUECIÓ DE AMOR*

Estamos a principios de abril de 1915. Cinco meses de correspondencia encubierta con Magallanes habían alcanzado un ápice insostenible cuando una novela recién publicada, *El niño que enloqueció de amor*, aterrizó en el buzón de Mistral.[107] Su autor, Eduardo Barrios, se la mandó como obsequio. De índole cautelosa y reticente, Barrios no le mencionaba, por lo menos en este gambito de apertura, ningún referente de la vida real para esta historia patética pero realista. Desde el naturalismo literario, que suele ofrecer una zona libre de juicios morales, la novela de Barrios representa el calvario psicológico del protagonista, un niño que enloquece por su obsesión con una mujer mucho mayor, amiga de su madre.

Mistral tal vez sabe algo de la amistad entre Magallanes y Barrios cuando responde a esa historia de amor no correspondido con un efusivo acuse de recibo: «Señor Barrios, yo no sé de que se haya hecho algo más delicado y doloroso entre nosotros que esa historia de niño enamorado».[108] Incluía en su respuesta dos poemas muy empáticos en que ella misma dramatizaba el grito casi blasfemo, no escuchado, del protagonista clamando por ayuda:

> Y en vez de la plegaria que el hechizo ahuyente,
> enloquecido siente que prendido en la boca,
> tiene, como una brasa, un nombre de mujer...[109]

Pocos días después, Mistral explica a Barrios la razón de su respuesta en una carta que abre así: «Eduardo Barrios: Su libro ha sido mi pan de emoción en tres días; he tenido fija como un éxtasis, el alma, en la trágica hermosura suya; a quien he escrito he hablado de él».[110] Medita las circunstancias que los unen: «Alguien me hablaba una vez de varias analogías nuestras, una de ellas la de las condiciones duras de vida en que hemos gastado la juventud» y concluye que «[s]omos como una humanidad aparte los que sufrimos de niños y de mozos».[111] Reitera su deseo de escribir más de su libro: «Comprendo más con el corazón que con el cerebro su arte».[112]

Al escribir a Barrios de las «varias analogías nuestras» y de «las condiciones duras de vida en que hemos gastado la juventud», queda claro que Mistral entiende que Barrios es de una clase social similar a la de ella, y que Barrios no escribió ni publicó la novela por diversión ni vanidad. Mistral le dio su permiso para utilizar los elogios en forma de soneto que ella había escrito para promocionar la novela. La publicación de los sonetos en una revista impulsó, de hecho, la historia de «amor prohibido» a una segunda edición, lo que fue clave para un novelista principiante que quería irrumpir en escena. La reputación de probidad moral de Mistral, cultivada durante años de labor en colegios y en la prensa, silenció a quienes podían objetar la representación de la sexualidad infantil que la novela proponía o, peor aún, el rechazo de plano del autor a brindar una conclusión edificante.

Como los opuestos se atraen, el novelista cabeza dura y realista que era Barrios, hombre de familia y consumado burócrata, se convirtió en uno de los amigos más cercanos de Mistral en su época chilena. Conviene detenerse en la biografía y el carácter de Barrios, a quien Mistral escribió algunas de sus cartas más reveladoras sobre la coyuntura histórica que vivían. De 1915 a 1925, Eduardo Barrios se beneficia de las habilidades publicitarias y de la red creciente de admiradores de Gabriela Mistral. A su vez, ella descubrió en Barrios a un amigo sabio y cosmopolita, dispuesto a erguirse ante los demás y pelear por ella, tal como había aprendido durante su niñez en Lima, siendo hijo de madre peruana y de un padre chileno que había fallecido cuando él tenía solo cuatro años. Esa cuota de desamparo siguió siéndole útil cuando volvió a Chile a los quince años. Como sus abuelos paternos insistían en que fuera a la escuela militar, terminó aceptándolo y completó (por su cuenta) todos los requisitos de la institución, salvo aceptar el espadín. Llegado a ese punto, él mismo escribe: «Hube de correr el mundo, tras el pan, tras la fortuna». Barrios nos cuenta cómo había recorrido media América: «Hice todo. Fui comerciante, expedicionario a las gomeras en la montaña del Perú; busqué minas en Collahuasi; llevé libros en las salitreras; entregué máquinas por cuenta de un ingeniero en una fábrica de hielo en Guayaquil; en Buenos Aires y Montevideo vendí estufas económicas; viajé entre cómicos y saltimbanquis; y, como el atletismo me apasionó un tiempo, hasta me presenté al público, como discípulo de un atleta de circo, levantando pesas...».[113]

Cualquiera sea el grado de veracidad de esta colorida semblanza, la realidad de la vida de Barrios cuando él y Mistral se conocieron en 1915 era infinitamente más pedestre. Él y su familia en expansión se comprimían en un apartamento de Santiago. Escribía los domingos y en el tranvía, alternando entre sus dos puestos: de día, oficinista en la universidad, donde fue un protegido de Samuel Lillo; por la noche, escribía.

Después de que Barrios cumpliera con un difícil encargo para ella, Mistral lo trata como «hermano». El término sugiere un estatus similar entre quienes comparten creencias comunes o un mismo destino. Al utilizárselo entre dos personas, el vocablo «hermano» da cuenta de una exaltación, de un afecto de colegas, de una armonía y equilibrio de base. Este uso muy difundido de «hermano» entre los miembros de una cofradía queda claro a partir de las cartas que Mistral recibía. En julio de 1915, Jn Hamilton-Jones, integrante de la Logia Destellos, se dirige a Mistral como «Señorita Lucila Godoy» y la saluda como «querido hermano»; cierra con un «fraternalmente» al requerirle su contribución para una nueva revista de la entidad en fase de creación.[114]

«Hermano» deja constancia del estatus de Mistral como varón honorario, un término mediante el cual el que habla evidencia su deseo de obviar el género asignado al receptor, en tanto Mistral trasciende la condición subordinada adscrita por entonces a la mujer, porque la diferencia entre hermanos es, aunque sean rivales, menor que la que hay en cualquier otro grado de relación.

Eduardo Barrios aportó aire fresco, un ingenio seco y algo de sentido común al *pas de deux* muy poco práctico entre Magallanes Moure y Mistral, los dos poetas. Confiable y discreto, Barrios nunca aludió a lo que sabía del contacto de Mistral con su amigo Magallanes. Por su parte, Mistral afirmaba varios años después que ella y Barrios estaban unidos por «un sentimiento de hermandad intensa que por razones no del todo claras empieza a perderse», como ha comentado el escritor Jorge Edwards.[115] A Mistral le agradaba su «conversación muy juguetona, picada aquí y allá de una ironía, sin agraces».[116]

Un punto fundacional para tal hermandad es que Mistral entendió —como escribió en cartas dirigidas tanto a Magallanes como a Barrios— que *El niño que enloqueció de amor* era una *roman à clef*, esto es, una novela basada en gente y eventos reales, reconocibles. Hechos que Barrios custodiaba como secretos pero que sopló en su buena literatura, cuyos dobles y triples sentidos los enterados —los hermanos de Magallanes y de Barrios— sabrían descifrar.

La génesis de *El niño que enloqueció de amor*

Según el recuento nítido y convincente de Mireya Redondo Magallanes, nieta del poeta, *El niño que enloqueció de amor* adquirió forma cuando Barrios pasó un fin de semana con Magallanes Moure. Habría ocurrido en noviembre o principios de diciembre de 1914, justo cuando la correspondencia secreta se estaba volviendo más intensa. La esposa y la hija del anfitrión estaban fuera de la ciudad, así que ambos hombres dispusieron de la gran casa de adobe para ellos solos.

Un día en la sobremesa, Barrios preguntó a su anfitrión: «¿Cómo llegaron a casarse tú y Amalia?». Sin decir palabra, Magallanes abrió un cajón que reveló en su interior diarios y cartas escritas durante las últimas dos décadas del siglo anterior. Esa noche, Barrios no consiguió dormir, leyendo de cabo a rabo las páginas que su anfitrión había escrito cuando era un jovencito hipersensible y seductor, sexualmente precoz y carente de padre. Al despuntar la mañana, Barrios «queda tan impresionado que comienza a idear un libro basado en estos escritos».[117] Cambiaría algunos detalles, como explicó a su anfitrión: «Pero mi niño enloquecerá de amor, ¿sabes? No logrará vivir junto a su amada, como lo hiciste tú».

Magallanes asintió: «¡Qué triste será entonces su libro, Eduardo! Pero es verdad. La extrema sensibilidad puede llevar a la locura. No cabe duda».[118] Más tarde, en un indicio más de esa lealtad típica de Barrios, el escritor sostuvo en su «Autobiografía» (1925) que la novela se basó en su propia experiencia a los nueve años. ¡Dio igual! La revelación no dañó las ventas del libro.

A diferencia del héroe de la novela, que nunca llega a consumar su amor, la vida real había probado ser algo más extraña. Tan pronto como el Magallanes Moure de solo trece años confesó su pasión a su prima Amalia, de 23, ella se apresuró a romper un compromiso de larga data y avisó a su familia: «Manuel Magallanes es el único que quiero».

Su padre quedó horrorizado: «¿En qué cabeza cabe que mi hija piense siquiera en la posibilidad de casarse con su primo, diez años menor y además artista? ¿De qué van a vivir? No lo permitiré».[119] Los seis hermanos mayores de Amalia quedaron a la vez sumidos en la incredulidad: «¿Y no será una locura pretender que siga enamorado de ti cuando ya seas una vieja de cuarenta años y él recién llegue a los treinta?»[120]

Así dan comienzo «los cinco años más largos en las vidas de Manuel y Amalia, que se ven obligados a escribirse y verse a escondidas»; según cuenta Mireya Redondo, la nieta de los dos, «un

antiguo empleado de la familia hace de correo entre los enamora-
dos».[121] Y Álvaro, uno de los hermanos de Amalia, los ampara.[122]
A los dos años de iniciado ese torbellino de cartas, el padre de Ama-
lia muere. Redondo nos dice que, cuando sus hermanos mayores
le recriminan a Amalia el hecho de haber contribuido a acortar su
vida, Amalia promete, estragada en lágrimas, dejar de escribirle a
Manuel. Él reacciona publicando sus poemas de amor en *El Mer-
curio*, usando el seudónimo «M de ÁVila», es decir, «Manuel de
Amalia Vila». Con perseverancia y determinación, empieza a hacer-
se un nombre como autor de poesía amorosa. Después que Elena,
la madre de Manuel y única sobreviviente hasta entonces entre los
progenitores de la pareja, también fallece, Amalia corre a consolar-
lo. Con el tiempo, los hermanos consintieron en que el novio, alto,
esbelto, de una refinada palidez y ya de 24 años, se casara con la
novia algo más simplona que él pero rica, y una década mayor.[123]

El éxito de *Jornada* (1910), los poemas de amor que tanto
conmovieron a Lucila Godoy, devastó en cambio el matrimonio de
Manuel Magallanes y Amalia Vila. Manuel tuvo la precaución
de dedicar el volumen a su esposa, pero Amalia abrió al fin los ojos
cuando una amiga la conminó a leer la sección final del libro, «El
jardín secreto». Bastó un vistazo al verso de la dedicatoria para reve-
larle la identidad de la nueva musa de su esposo, Rosa de la Cerda,
una vecina casada cuya casa estaba literalmente enfrente de la de
ellos: «A ti, hermosa mujer, que el nombre llevas de una flor, i que
Flor eres tú misma de Belleza, dedico estos cantares».[124]

Luego de que Magallanes escribiera decenas de cartas de arre-
pentimiento y prometiera finalmente construir una casa de veraneo
en Cartagena, Amalia Vila accedió a reconciliarse. No duró mucho.
¿Cómo podría haberlo hecho, teniendo en cuenta a ese jovencito
que había dedicado su adolescencia a escribir una correspondencia
encubierta y una poesía en clave que Amalia Vila y un público

lector bastante más amplio habían alentado y recompensado? Habiendo cobrado fama de poeta abocado a pasiones secretas, prohibidas, ¿por qué razón iba a parar ahora?

Las cartas de Manuel Magallanes a Pedro Prado desde «esta adormilada ciudad» de La Serena, escritas en 1912, muestran cómo, una vez lejos de su esposa e hijos, él continuaba evaluando sus posibilidades extramaritales, esta vez entre las lugareñas: «Hay una mujer que a los dos días de casada —dos o doce, no estoy cierto— se separó de su marido. Es una mujercita reidora, algo animalesca en su expresión: perrita, yegüita, no sabría determinarlo. Y es buena moza. Ha manifestado deseos de que yo le sea presentado. Yo al saberlo me he puesto turbulento. Tengo miedo de escribir más versos que cuestan caro. *El jardín secreto* me costó la felicidad...».

A pesar de ser poeta, Magallanes era muy casero y por lo tanto prefería que su diversión estuviera cerca de casa, como le dijo a Pedro Prado en su siguiente carta, informándole de su nuevo pasatiempo: «Hemos inventado con la prima Marta un juego que nos divierte mucho. Tendidos en la playa, formamos dos rayos...». Las respuestas de Prado muestran que había entendido bien este juego, que se llamaba *hand-stone* y requería los dedos entrelazados de Magallanes y la prima Marta, «buena compañera a pesar de ser buena moza y regalona», como Magallanes indicó a Prado, explicándose: «La vi nacer, la vi crecer, de modo que toda sonrisa maliciosa está de más...». Entre las varias horas dedicadas a pasatiempos playeros, el momento cúlmine de la jornada que implica el *jouissance* es cuando llega una carta de Prado, como el propio Magallanes confiesa: «Para prolongar la expectativa del placer, siempre más dulce que el placer mismo» porque «es tan delicioso esperar, cuando está en nuestras manos hacer cesar la espera. Lo terrible es esperar sin esperanza. Y esto también lo sé por experiencia propia».[125]

Una honesta hipocresía o ¿no es cierto que la maestra debe dejar de ser mujer?

En sus cartas a Magallanes y a Barrios, Mistral celebraba con entusiasmo la verosimilitud de la novela, pero sin mencionar para nada la extraordinaria historia de fondo de Magallanes. Más bien recurre al gesto de saberlo-sin-decirlo, clásico en el reconocimiento mutuo entre las minorías sexuales, que ella misma relaciona con los tópicos de la hipocresía, o sea, decir una cosa, pero hacer otra. Cuenta Mistral en cartas separadas a Barrios y a Magallanes que una de sus alumnas, una chica de doce años, había sido sorprendida escribiendo en sus cuadernos. Al ser interrogada, la chica dijo que lo hizo por estar «enamorada». Mistral le escribe, juguetona, a Magallanes: «Es algo parecido al "Niño" de Eduardo Barrios. Le dije que no se anticipara. Le recomendé que escribiera cartas (Voltaire se reía dentro de mí...). ¿No es cierto, Manuel, que la maestra debe dejar de ser mujer? ¿Cómo puedo hablar a mis pobres chiquillas? A ver si duermo y sueño...».[126]

En cada caso, adapta la anécdota al destinatario. Mistral sigue el tema de la hipocresía y la obligación de ceñirse a las apariencias en su carta a Barrios. Como ella, él depende de un salario, así que entiende cuán diferente escribiría ella si estuviese libre de obligaciones: «Si no fuera maestra, hermano, yo diría toda mi verdad interior en mis versos; pero lo soy y el oficio me ha de volver hipócrita».[127] Al escribir a Barrios, Mistral le solicita que sea honesto con ella y declara: «Ud. recordará de que es mi hermano antes que mi amigo, y será endeudamiento sincero. ¿Verdad?».[128]

El pacto con Barrios cierra el segundo acto de la correspondencia entre «M» y «L»:

M: «¡Nada, ni nadie me separará ya de ti!».

L: «Así me decías en una carta después de nuestra conciliación aquella vez. Palabras, palabras... ¿Soy dura? Soy sincera... Soy una pobre mujer».

M: «Eres dura. No debes ocultar uno de tus pensamientos de mí».

L: «Quería con toda mi alma hacerte feliz... No lo habría conseguido nunca... Gracias por haberte alejado como el otro... Rezaré por ti, aunque no creas en los rezos...».[129]

A esto siguió una interrupción de seis meses, intervalo que Magallanes dedicó a colaborar con Pedro Prado, su amigo cercano. Bosquejaban el lenguaje en clave y, desde noviembre de 1915, el calendario fantasioso y otros rasgos que forjaron el exclusivo grupo de «Los Diez».

Puede que Magallanes diera origen a ese nombre cuando contabilizó a los que estaban presentes en una reunión temprana del grupo; otra versión sugiere que Prado acuñó el nombre en una charla con Julio Bertrand. Cualquiera sea el origen de su denominación, el grupo eventualmente impactó a todos los amigos bohemios de Mistral en aquella época: «Pintores, poetas, músicos, arquitectos, todos y cada uno de ellos dueños de una gran vocación, de un gran respeto por el arte y de una gran ironía por ellos mismos y por la obra realizada, pero de una callada esperanza y una continua fe por la obra que confían realizar algún día. Todo un proceso de liberación, de pureza y de alegría desbordada».[130]

LA FUGA DESDE LA PRISIÓN DEL GÉNERO: ALONE

Alone, autor de diarios de vida y crítico literario, cuenta entre los amigos cercanos de Barrios. Ambos eran burócratas de menor cuantía en el sector público. Al ver que la generosidad de Mistral había espoleado las ventas del libro de Barrios desde abril de 1915, Alone se decidió a hacer lo posible para replicar la operación, ahora en su favor. Publicó *La sombra inquieta: diario íntimo* el 8 de noviembre de 1915, en el primer aniversario de la muerte de la escritora Shade (Mariana Cox Stuven), amiga y protectora suya.

Aproximadamente una década mayor que él, Shade descendía de una élite chilena orientada hacia Europa. Parece que escribió para sustentarse por sí misma después de haber enviudado joven. *La sombra inquieta* recuerda cómo Shade reparó en el autor de esas páginas y estableció amistad con él, contribuyendo además a refinar su sensibilidad con su conocimiento de la cultura europea y sus dones extraordinarios para los idiomas y el canto. Al escribir ese volumen, Alone aspiraba a reivindicar su nombre luego de su prematuro fallecimiento, acelerado por la publicación de una novela cuyo autor, escudado en un seudónimo, insinuaba calumniosamente que había disfrutado alguna vez del favor sexual de ella.

La imitación es la forma más sincera del halago. La premisa de *La sombra inquieta* es idéntica a la de «Los sonetos de la muerte». En ambos casos, autor y autora (Alone, Mistral) defienden la memoria de «el amado muerto», creando un texto que opera a la vez como un memorial, una historia velada y una protección para el rechazo que cada uno experimenta ante la heteronormatividad y el matrimonio. La leal defensa de la reputación póstuma del amado les sirve como pantalla para encubrir su raro fracaso a la hora de contraer matrimonio o emparejarse.

La estrella protagónica de *La sombra inquieta* es «Isolée» (el seudónimo de Alone traducido al francés y feminizado), pero el volumen es un diario íntimo en primera persona que hace la crónica del universo social en que deambulan hombres gay o «raros» disfrutando de su estatus sin compromisos, como ocurre en el diálogo en broma entre dos amigos, Jorge y Eduardo, transcrito por el narrador. Recién llegados de su reciente veraneo en Viña, ambos recopilan sus «horrores»: «Una mañana él fue a la playa vestido de mujer, con toda la ropa, hasta lo más interno, de una señora de su estatura y tuvo un éxito colosal. No debías haberte quitado más ese traje, le interrumpió Eduardo, que tiene sus salidas».[131]

La primera carta de Mistral a Alone aplaude sus propósitos: «Bienvenido, pues, su libro, que trae tanta ternura y la santa intención (que no quieren ver) de limpiar de fango pesado este cuerpo que todos respetamos y queremos ver vestido de pureza».[132] En su siguiente carta alaba la forma en que él bosqueja el amor no consumado como «amoroso sin la d'annunziana llamada carnal».[133] En la carta que Mistral escribió poco después a su amigo Eugenio Labarca, la escritora reconoce el reto que supone la comercialización de este libro ya que el «diario íntimo» es un género específico, una escritura «más propicia a ciertos espíritus finos. Se apuntan las pequeñas (que son grandes) emociones cotidianas, incidentes, lecturas, juegos de nervios...».[134]

La inmersión de Mistral en el periodismo implicó que aprendiera el valor que adquiría en un texto el melodrama. Por ello, sus sonetos para *El niño que enloqueció de amor* subrayaban el tema de la locura y la sexualidad infantil. Sus sonetos para *La sombra inquieta* dejan de lado la meditación del autor, Alone, en torno a la amistad. En lugar de ello, Mistral busca captar el contenido racial que subyace al melodrama de fondo en el «diario íntimo» de Alone. Tanto el sujeto femenino, «flor de la raza mía», como el narrador se alinean y se justifican con la superioridad europea que implica la oligarquía del país, y a la vez con el propio Alone. Los sonetos de Mistral se centran en esa blancura aristocrática espectral, simbólica de las obsesiones del narrador/Alone con la cultura europea, el estatus social y el refinamiento.

Gracias a los sonetos promocionales de Mistral, *La sombra inquieta*, tal como había querido Alone, tuvo una segunda edición, enviando la propia Mistral algunos ejemplares a varios editores, amigos suyos, para que la reseñaran.[135] Sus esfuerzos hicieron que Alone se volviera leal a ella, pese a la perspectiva racial absolutamente reaccionaria del propio Alone, lo que se convirtió en un punto importante de fricción entre ellos. Esa discusión brinda el contexto de la más temprana referencia directa de Mistral a su ascendencia mestiza, que surge en una carta a Alone fechada en abril de 1917: «Ud. ha creído, entre otras fábulas, ésta de mi "fortaleza". Mi cuerpo de Walkiria india ¡cómo engaña a la gente! Está lleno de achaques y aparece como el prototipo de la salud, y en el alma, cuya firmeza va gritando, está más lisiada que los paralíticos de los portales».[136] Su apariencia es una cosa; su condición corporal, otra. «Gabriela Mistral» no es lo que parece. Cuando Alone la acusa, pocos meses después, de «violencia», ella contraataca: «Usted no me conoce, Alone; y no me conoce porque usted está en Renán y yo... en el centro de África. Anatole France no puede saber mucho de lo que siente en su carne, no cansada aún por la civilización, una africana».[137]

La compasión de Mistral no altera el hecho de que Alone se condene a sí mismo, según las páginas del *Diario íntimo* que él escribió, que fueron publicadas muy parcialmente después de su muerte: «Encuentro un placer vergonzoso en el medio popular y canallesco. Debe haber algo bajo en mí, en el fondo de mí».[138] Tras visitar a Eduardo Barrios en 1917, escribe de su propia repulsión en su diario: «Enfermo en su casa, sórdida, pobre, estrecha. [...] Salí prometiéndome no casarme ni hacer hijos sin más de medio millón seguro. [...] Mal olor. Uff! ¿Cómo no se suicida la gente pobre?».[139] En una larga carta a Pedro Prado, detalla una de sus varias batallas en curso: «... siento una mujer dentro de mí y me disgusta [...] le aseguro que las mujeres adentro de los hombres son muchas peores que afuera. ¡Ah! son insoportables».[140]

Mistral sentía ese mismo autodesprecio punzante y trágico de Alone, y buscó liberarlo de eso. En las cartas más conmovedoras que la poeta le envió, alude al afán de ocultamiento y la multiplicidad que inspiran la angustia de su amigo. Le menciona su amistad con Nin Frías, que parte de su estrategia en clave para introducir los tópicos de la disidencia sexual, consistente con esa epistemología del clóset de saber-algo-sin-mencionarlo. «¿Hay algo de las personas en las cartas que escriben? ¿No me esperará a mí con estos camaradas desconocidos, si llego a conocerlos, lo que a Nin Frías conmigo? Por mis cartas de escritura rebelde y loca y de fondo rotundo y viril, este escritor me creía quién sabe qué. No podría convencerse que fuera la de las cartas exaltadas esta señora gruesa y tranquila hasta la frialdad que habló tres veces con él...».[141] En sus cartas a Alone, a Barrios y a Magallanes Moure, Mistral escribe de la sorpresa de Nin Frías al encontrarse con ella, tema con el cual envía el mensaje de que «Gabriela Mistral» no es lo que parece, que su verdadera naturaleza está profundamente escondida.

En un momento cúlmine de su amistad con cada uno de estos tres aliados, Mistral exalta los valores literarios de su interlocutor de turno, imitando o asumiendo, como un camaleón, los rasgos sobresalientes del estilo literario de ese hombre en particular. Imita las parábolas y el tono bucólico de Magallanes. Premia al paciente y sacrificado Barrios con historias dramáticas, realistas, minimalistas y, más tarde, con recuentos de sus escaramuzas y triunfos burocráticos. Con el Alone tan rigurosamente aséptico, cuestiona el valor mismo de escribir cartas, dados el engaño y la ignorancia en que nos debatimos a la par que enfrentamos nuestra condición mortal: «¿Qué somos, Alone? ¿Somos lo que escribimos o lo que hablamos, lo que llevamos en la fisonomía o lo que decimos a solas en las horas de soledad? Y sigo pensando en las cartas. ¿A cuántos errores se prestan, a cuántos comentarios indebidos, dictados por esa horrible, desoladora, lamentable incomprensión humana? A nada comprendemos jamás, ni a los malos ni a los buenos. Creo yo que solo a los muertos, después de varios años de resignada y severa contemplación de sus almas, se les "descubre"».[142]

Habiendo ingresado en la cosmovisión hondamente pesimista de Alone, Mistral le sugiere, con delicadeza, que practique la autoaceptación. Que se relaje dentro de su complejidad y que acepte sus contradicciones (su bisexualidad, su disgusto con su lado femenino, su sentirse atraído por los hombres). Que acepte las posibilidades que la vida nos ofrece: «Todo es posible; ahondando un poco en nosotros, nos hallamos dueños de todas las virtudes y de todos los vicios. ¡Qué extraño, entonces, que la grafología acierte si nada nos falta en este inmenso vaso del corazón, ni las estrellas ni las charcas sin estrellas! Todos somos a nuestra manera y en ciertos momentos: delicados y bárbaros, superficiales y profundos, románticos y realistas. En un mismo día lo somos todo, cuando ese día es dadivoso en motivos de emoción; si la vida corre uniforme, lo somos todo a lo largo de ella; pero lo somos siempre. Lo mismo que la naturaleza. La Cordillera que parece "pura montaña" tiene del valle, de la llanura y de la meseta, en sí misma; y tiene el mar virtudes de la tierra, y la tierra del mar».[143] Ella ofrece a Alone la consolación sin moralizar, como ocurre en el realismo de Barrios y en el gozo mundano que muestra la obra de Magallanes.

De esos tres aliados —considerando a Magallanes, que apuesta en secreto por el amor sabiendo que será atrapado y anticipa su castigo, y a Barrios, el desapasionado ejecutor resuelto a surgir de su posición entre la muchedumbre—, Alone es el más parecido a Mistral, «de bruces en tierra, sin un calor en la sangre y con un asco muy grande en la boca para nombrar las cosas humanas».[144]

Por su parte, Alone reconoce la represión como un eje en la obra de Mistral: «En "El suplicio" se queja de no poder lanzar su grito del pecho».[145] La poeta mezcla la revelación y la censura en un desnudamiento en público de emociones innombrables, tanto en «El suplicio» como en su poema de título wildeano «El amor que calla», con los cuales da cuenta del decepcionante final de su alguna vez estrecha relación con Eugenio Labarca durante esos mismos años.

LAURA RODIG

Siempre que Mistral reclutaba a sus amigas (y amigos) como mensajeras, la labor iba más allá de recuperar, despachar y asegurar la integridad de su correo. La mensajera debía informarle de lo que veía, escuchaba y aprendía en el proceso. Laura Rodig, entre las más tempranas emisarias de Mistral, era una belleza joven. Esbelta y pálida, de apariencia frágil, brillantes ojos marrones y pelo cobrizo, Mistral reparó en el valor liminar de Rodig, su familiaridad tan fluida con la ciudad y su bien entrenada memoria visual. Sería una espía de primer nivel.

¿Cómo persuadir a esta promisoria jovencita, cuyo universo entero era su arte, de que se convirtiera en «recadera»? Cualquiera fuese el grado de atracción mutua, amor o admiración que unió a ambas mujeres, fueron el trabajo y el mecenazgo los que definieron su relación desde su primer encuentro en Los Andes, tierra donde Laura nació. Poco antes de aquel encuentro, a fines de 1915 o a principios de 1916, Laura, quien fue de carácter rebelde e insubordinado, había sido expulsada y luego reincorporada a la Escuela del Museo de Bellas Artes y a los diecinueve años iniciaba ya su último año de escuela.

Mistral le ofreció resonancia, como la que había ensayado con Barrios y Alone, más la oportunidad de codearse con artistas serios. La perspectiva era irresistible. Laura no pudo rechazarla.

Los Andes: forjándose una vida transgénero o intersexual en un lugar de paso

El ruralismo y deseo de Mistral de vivir modestamente y sin ser perturbada, sin escándalo, como poeta de un género no conformista y una raza mestiza, es consistente con un desafío que Halberstam, teórico de lo *queer*, conceptualiza al cuestionar la identificación automática de las comunidades LGBTQ con las áreas urbanas. Las comunidades rurales —aquí pensamos en Los Andes y especialmente en el entonces apartado Coquimbito— pueden ofrecer aceptación de lo que «no es simplemente una identidad, sino un vínculo entre personas, dentro de una comunidad o en lazos íntimos».[146]

A diferencia de las biografías hagio-nacionalistas que insisten en la poeta como un símbolo de la autenticidad rural y la devoción mística, esta perspectiva sobre la ruralidad postula lo que Mistral apreciaba de la pequeña ciudad de Los Andes. El paisaje, el anonimato y la distancia de la capital lo hicieron un lugar ideal para escribir y para recibir a los amigos que de veras querían verla. Un lugar con buena movilización, con viajeros de paso. En Los Andes vivió bajo la protección del paisaje mismo, rodeada por la cordillera, muy cerca del río, acogida en su valle, como Mistral indicó al joven editor Eugenio Labarca en 1915: «Para vivir dichosamente, yo necesito cielo y árboles, mucho cielo y muchos árboles. ¡Solo los ricos tienen en esa [ciudad] estas cosas! Algo más que robarle a Santiago: la paz; sería imposible aislarse del todo... Los tales Juegos Florales me eran la cosa más odiosa del mundo; me acercaron a luminosos cerebrales que tienen el corazón podrido y que no conocen la lealtad; me pusieron entre ellos y cada vez que entre ellos estoy, quisiera no haber sido nunca otra cosa que Lucila Godoy».[147]

La crítica literaria chilena Raquel Olea explica que Mistral establece «una relación primaria con la naturaleza, anterior a cualquier dominio», y Magda Sepúlveda escribe que «Mistral al establecer este tipo de cercanía con la naturaleza, recupera la casta y el nombre que fueron reprimidos tras la adopción española de Godoy».[148] Cuando Mistral mira a la montaña, o al río, o a las nubes que flotan por el Valle de Aconcagua, deja que sus pensamientos sean sublimados por el espíritu del paisaje mismo. Todo el entorno, exaltado. Según el académico chileno Fidel Sepúlveda, en una conversación con la autora de este libro, esta preocupación constante por el paisaje, el entorno, demostraba su arraigo indígena.

Por su parte, el muy joven Eugenio Labarca, fundador y editor de la revista *Figulinas,* se sentía estancado por seguir viviendo con sus padres en Chillán, de modo que no entendía ni el horror de Mistral a «los círculos pedagógicos y literatos» de Santiago ni su sincero aprecio hacia Los Andes, «este pueblo en que a nadie conozco, propicio a mi resolución de aislarme con mis heridas y con mis desengaños; otro, Santiago, por ejemplo, tendría que cambiar mi rumbo».[149] Los Andes la acepta y la aprecia por lo que es: una de las maestras en el nuevo Liceo de Niñas.

¿Cuál era entonces su rumbo? No tuvo que buscar una «comunidad gay» en Los Andes. Tuvo muchos visitantes, todos consistentes con lo que María Eugenia Vaz Ferreira había explicado a Nin Frías: que cualquier asociación lésbica haría imposible trabajar como maestra con mujeres jóvenes. A principios del siglo xx, la prensa hispanohablante usa la palabra «lesbiana» no para referirse al deseo femenino, sino más bien a las fantasías masculinas sobre las mujeres, siendo el mejor ejemplo el cuento «Marta y Hortensia»

(1898), que Enrique Gómez Carrillo, el escritor guatemalteco residente en París, escribió inspirado en una historia de Zola.

Para entenderse con Eugenio Labarca —posteriormente identificado como gay por sus parientes, entre otras personas—, Mistral hace del rótulo «Gómez Carrillo» un lema abreviado de la sociabilidad gay espumeante y superficial. De la misma manera en que menciona el nombre de «Nin Frías» para indicar que «Gabriela Mistral no es lo que parece», lo de «Gómez Carrillo» se transforma en el sinónimo que ella misma emplea para la fascinación por «el escándalo, el exceso, la lujuria y el refinamiento», en «un nexo del deseo moderno, no normativo, libre de la familia o las ideologías forjadoras de la nación».[150] Compara a Labarca con «Gómez Carrillo» como un cumplido para el joven editor luego de que este publicara un sagaz artículo sobre ella y su obra, el primer artículo serio en aparecer después de los Juegos Florales. Ella aprueba el texto, indicándole que «sus broches artísticos de comentarios en que aprisiona las citas me han hecho acordarme de Gómez Carrillo...».[151] A poco andar admite, sin embargo, que su propuesta plantea una comparación desfavorable con el estilo liviano y vaporoso del escritor franco-guatemalteco: «Perdone el sermón... usted que tiene tanto de Gómez Carrillo debe aborrecerlos por pesados».[152] «Perdone esta carta tan larga. Es un mal hábito este de escribir cartas kilométricas. Usted, francés, gomezcarrillesco, benaventiano, cómo abominará de esto pesado y inacabable...».[153]

Mistral abandonó gradualmente su conexión con Labarca después de que él decidiera dejar de publicar *Figulinas*. Le dirá a Magallanes que fue una cuestión de gustos literarios, pues ella prefería «las aguas profundas, no a la pompa blanda de encima». «Me fui con Tolstoi y con Whitman», le explica, «no con Gómez Carrillo», cuya «espuma frágil y encantadora no me entretuvo».[154] Mistral rechaza la impostura que apunta, como escribe Sylvia Molloy, «equívocamente a lo homosexual, aludiendo a una teatralidad, una disipación y un estilo, la gesticulación incontrolada del exceso».[155]

La expresión «transgénero» no existía en la época de Mistral en Los Andes. Tampoco lo «no binario». Términos médicos como las llamadas «inversiones» y el «hermafroditismo», en cambio, sí circulaban en la prensa chilena y argentina desde 1916: designaban el deseo por el mismo sexo y a personas intersexuales. A la vez, ambos países contribuyeron al surgimiento a nivel global de la sexología, un sistema de pensamiento en que la investigación y las ideologías no quedaban limitadas por el marco de cada país. Durante la residencia de Mistral en Los Andes, por ejemplo, José Ingenieros, el sexólogo argentino a la cabeza de la disciplina, advertía que las instituciones unisexuales —como los liceos en que enseñaba Mistral— favorecían la «inversión adquirida, consecuente de las prácticas contranaturales».[156] Mistral debía conocer el término «inversión», usado por los sexólogos decimonónicos Hirschfeld y Havelock Ellis o, en el siglo XX, por Alejandro Lipschutz, el investigador chileno de origen letón, quien describe a los «invertidos» como «sujetos que presentaban características sexuales confusas, rasgos femeninos en cuerpos masculinos y viceversa; estos rasgos podían ser corporales, como en los hermafroditas, o mentales, como en los invertidos».[157]

Mistral sabía, a la vez, de los tres primeros sexólogos de América Latina. Ella e Ingenieros publicaron en el mismo número de *Nosotros*, en 1918, y Lipschutz trabajó con su buen amigo Enrique Molina en Concepción durante la década de 1920. Mistral conoció también e intercambió cartas con Afrânio Peixoto durante las dos estadías de ella en Brasil. Sin embargo, su relación más cercana fue con el español Gregorio Marañón, en tanto compartían varios amigos y se encontraron varias veces en Madrid.

Cuando Mistral vivía en Los Andes, Marañón publicó sus estudios más tempranos sobre la «intersexualidad» (1916), sustituyendo el término de «bisexualidad», que era su preferido hasta entonces. Igual que sus predecesores (Ulrich en Alemania, Havelock Ellis en Gran Bretaña), Marañón abogaba por la no criminalización de las relaciones con el mismo sexo. Desde 1916 en adelante, argumentó que la «intersexualidad» no era ni una enfermedad ni un delito, sino una rutina característica de chicos adolescentes y mujeres menopáusicas que adoptaba múltiples formas. La definía como «un grado transitorio en la evolución de las especies vivas. No es, pues, una monstruosidad, como se suponía, aunque socialmente y clínicamente pueda adoptar modalidades monstruosas. Desde el punto de vista biológico, no podemos considerarla sino como una forma intermedia del desarrollo».[158] Marañón postuló el estudio de la sexualidad como vital para cualquier forma de reflexionar en torno a la condición humana.

En la década de 1920, los libros de vasta circulación de Marañón y sus giras de conferenciante por América Latina habían hecho de la «intersexualidad» y la androginia sinónimos de lo que ahora designamos como identidades no binarias o de género fluido. Dicha intersexualidad es coherente con la constante ambigüedad de los pronombres en la poesía de Mistral, un rasgo que tanto Karen (Peña) Benavente como Fernando Alegría han advertido. Es también consistente con la propensión de la poeta a identificarse con —y atribuir un profundo deseo a— gran variedad de plantas y árboles y elementos como el agua y el viento, ninguno de ellos típicamente asociado a la ansiedad sexual. Pensamos en la anotación que Mistral dejó en la página 234 de su copia del libro *Vita Privata delle Piante* de Elio Baldacci: escribió «Yo, planta» por arriba de un comentario del autor acerca de los cambios en el desarrollo de las especies de plantas según el ascenso y la caída de los continentes.[159]

En una época en que esas categorías generadas por los expertos estaban moldeando la percepción y el debate público, las cartas que

Mistral escribió a Alone y a Nin Frías muestran su conciencia de los dialectos sexuales vernáculos y las varias subculturas dentro de la sexualidad. Consistente con el clóset, el reconocimiento y la aceptación varían según el grado de intimidad. En su amistad de carácter más instrumental con Eugenio Labarca —con quien rompe, como queda dicho, cuando él deja de publicar su revista y se une a la tertulia de Augusto D'Halmar—, Mistral reconoce la identidad de él sin revelar la suya. Sin embargo, la identidad fluida y no binaria de Mistral durante su estancia en Los Andes está presente, sobre todo, en el año 1916, cuando consolida esas nuevas amistades, y se expresa en un poema como «Amo Amor», que celebra los «imperativos de amar» sin especificar el género de quien los practica.

UN LISTADO DE CLUBES

Una forma de cartografiar la identidad cambiante y multifacética de Mistral pasa por examinar el listado de clubes a los que se vincula, esto es, las agrupaciones o ámbitos sociales dentro de sus alianzas conocidas o potenciales. El espectro y estilo de sus contactos es, en tal sentido, impresionante. El mecenazgo regía su relación con el Club de Señoras, fundado en 1915. En consonancia con los orígenes acomodados de ese grupo, se acogió a Mistral y su «protegida», Laura Rodig, como artistas antes que como maestras. Las aliadas tempranas de Mistral en el Club de Señoras incluían a varias cofundadoras de la entidad y especialmente a la presidenta, Delia Matte, cuyo estilo de liderazgo carismático le cayó bien a la elquina. Entre las fundadoras del club con quienes Mistral cultivaba alguna relación destaca la escritora Iris, quien compartía el compromiso de la poeta con los derroteros espirituales alternativos. Con Eduardo Barrios, Mistral bromeaba acerca del grupo y su edificio tan imponente ubicado al pie del cerro Santa Lucía: «Dígale que me ofrezco para servirles, por modesto sueldo, un kindergarten en el Club».[160]

Nada de la afinidad, de la relación mecenas-protegida ni de las bromas y reciprocidad que afloran en el Club caracteriza su trato con la feminista Amanda Labarca Hubertson, quien fundó la entidad de clase media conocida como Círculo de Lectura de Mujeres poco antes de que surgiera el Club de Señoras. Labarca y Mistral tenían filosofías y antecedentes educativos diametralmente divergentes. Tozuda como un clavo, Labarca había nacido y se había criado en Santiago. Siendo la hija estudiosa de un padre despótico y devoto de la Biblia, se había graduado a los quince años de la Universidad de Chile y convertido en profesora de Estado a los dieciocho. Tras cursar unos estudios en el extranjero, financiada por becas, ella y su esposo (cuyo apellido adoptó) ingresaron en la política de la mano del Partido Radical. Entonces Amanda Labarca se sumergió en la tarea de organizar a las mujeres, un campo de batalla en que tanto liberales como radicales recelaban del excesivo influjo conservador y buscaban contrarrestarlo. Sus intereses colisionaron inevitablemente con los de Mistral.

CLUBES DE ARTISTAS

«Los rasgos asociados al Modernismo dentro de los poetas se manifestaban en una multiplicidad de amistades y clubes literarios».[161] Dos clubes exclusivamente masculinos de artistas plásticos y escritores chilenos tuvieron relación directa con Mistral. Uno fue la atolondrada pandilla autodenominada «Los Diez», «Los X» o «Los innumerables hermanos del círculo artístico de los Diez».[162] Pedro Prado fue el autor intelectual de los manifiestos y tesis del grupo, pero presentaba estos materiales como obra colectiva. Sus cofrades se reunían en la derruida casa de Prado, con su torre tan peculiar. Inventaban rituales y tomaban prestados emblemas como la paloma cristiana y la cabeza de chivo pagana. Ellos mismos ridiculizaban, a la vez que abrazaban, sus órnamentos como los de una sociedad secreta. En ocasiones, haciendo burla del orientalismo, se envolvían todos en sábanas. Payasadas compatibles con la estética de «el arte por el arte» que Mistral abrazó en torno a 1919.

Los Diez incorporaron nominalmente a su predecesora, la Colonia Tolstoiana, en tanto Pedro Prado se esforzaba para incluir a los márgenes o la periferia, ejemplificados por Augusto D'Halmar, fundador de la Colonia Tolstoiana, de muy breve existencia. «El hermano errante», D'Halmar, es nombrado a lo largo de las cartas, los manifiestos y hasta en las reuniones documentadas de Los Diez, pero asistió rara vez a ellas, si alguna. Salió de Chile con un puesto consular en Perú en 1908 y seguía viviendo afuera de su país natal en 1934, cuando tuvo un serio desacuerdo con Mistral.

Es que D'Halmar, el predecesor, fue grandilocuente y carismático. Había convencido a varios de sus colegas de seguirlo al sur, «con la idea de vivir en contacto con la naturaleza y vivir de lo que ella les brinde, cultivando tanto el intelecto como la tierra».[163] Y atesoraban entre ellos una carta de apoyo (hoy extraviada) del propio Tolstoi. «Eran extraordinarios sistemas de vasos comunicantes: la periferia oriental de Europa y el finisterre de Occidente».[164] Pocos dentro del grupo, y su líder el que menos, tenían alguna experiencia en el agro: «Consiguen un arado y preparan el terreno para luego sembrarlo. Fernando y Julio trabajan de sol a sol mientras Augusto les lee en voz alta algunos pasajes de la Biblia».[165] A la vez, D'Halmar (que habría de convertirse en el primer escritor abiertamente homosexual de Chile) estipulaba la absoluta castidad entre los principios fundacionales de la colonia. No se admitían mujeres.

Tanto D'Halmar como Mistral se criaron en la pobreza, se sentían atraídos por una vuelta romántica a la naturaleza, eran disidentes sexuales y rechazaban el matrimonio, aunque preferían no vivir solos. Y cada uno se aseguró el mecenazgo informal de Manuel Magallanes Moure: cuando los tolstoianos partieron al sur, su tren se detuvo en la estación de San Bernardo, donde Magallanes los recibió en el andén y puso una caja de fósforos llena de monedas de oro en manos de su líder. Los desventurados —inexpertos en la agricultura— recordarían dicho gesto simbólico cuando llegó la estación lluviosa. Entonces volvieron al norte, a llamar a la puerta de la mansión de adobe en que Magallanes y Amalia Vila, recién casados, escucharon empáticamente la historia de Augusto D'Halmar. En sus *Memorias de un Tolstoyano*, Fernando Santiván recuerda a la esposa de Magallanes: «No era quizás ni muy hermosa ni muy joven, pero su rostro ovalado y ligeramente moreno era simpático, vivaz y acogedor. La comida transcurrió en un ambiente amable y cordial... "¡Pobres niños!", exclamó Amalia al finalizar el relato... "La colonia deberá fundarse aquí, en San Bernardo. Ya hemos decidido con Manuel entregarles un terrenito... Es verdad", añadió Amalia, "que habrá que esperar algunos días hasta que se desocupen las habitaciones que tenemos arrendadas"».[166]

Los «hermanos» disfrutaron de algunos atardeceres relajados oyendo a D'Halmar recitar la refinada poesía de Magallanes con el acompañamiento de Amalia en el piano, interpretando a Mozart, Beethoven «y delicados poemas de Maeterlinck, puestos en melopeya por Julio Ortiz de Zárate».[167] Finalmente, los tolstoianos acabaron desbandándose cuando el atractivo de la ciudad tan próxima resultó demasiado grande para ellos.

El otro grupo en la lista es la tertulia de amplio espectro convocada en 1912 para reunir la antología *Selva lírica*, publicada en 1917. Los magnánimos editores de la antología solicitaron aportes a poetas de todo el país, al parecer sin revelar su auténtica ambición: «... No solo realizar una antología, sino también entregar conjuntamente un estudio crítico sobre la actividad poética en Chile».[168] Y hubo aullidos y amenazas cuando los poetas vieron sus obras publicadas bajo breves rótulos clasificatorios: unos pocos «buenos poetas» (Magallanes, Francisco Contreras, Mistral), varios especialistas en formas difíciles de clasificar y muchos malos poetas, «meros versificadores».[169]

José Santos González Vera, el gerente de ventas del grupo, que solo tenía 18 años, conoció a Mistral en 1915, o 1917, cuando ella visitó las oficinas de *Selva lírica*, ubicadas en Morandé 458, en Santiago. Y se sumó a las filas crecientes de sus admiradores, atraídos por su magnetismo y por razones que ninguno terminaba de entender, según González Vera, quien se incluía a sí mismo entre los que «no la dejan durante el día y la abandonan en la noche, ya tarde, con un poco de tristeza, solo porque comprenden que también necesita dormir. En casa de Panchito Aguilera se hospedó en varias venidas. La concurrencia, de poetas, escritores hasta en número de veinte personas, se reunía en su cuarto desde mediodía».[170]

Llamando a las puertas del Club de Escritores Diplomáticos: Amado Nervo

De todos los clubes y grupos en que Mistral estuvo involucrada durante sus años en Los Andes, los de escritores diplomáticos eran los más secretos y exclusivos. El interés particular de ella en estos, que cambiarían el derrotero de su vida, comienza mucho antes de lo que otros biógrafos han supuesto. Poco después de morir Rubén Darío, a mediados de 1916, un amigo mutuo, Jocelin Robles, confirmaba que el poeta-diplomático mexicano Amado Nervo, considerado por muchos el más probable sucesor de Darío, admiraba la poesía de Mistral.[171] Entonces Mistral se sentó a escribir la primera de cuatro cartas incandescentes dirigidas a Nervo.

A pesar de su prematuro fallecimiento en 1919, Nervo siguió siendo un poeta preferido de las mujeres en todas las Américas hasta bien avanzada la década de 1930.[172] Vinculado al deseo «raro», la reputación de sus versos ha crecido en las décadas recientes. En boca de unos de los personajes de *Los detectives salvajes*, Roberto Bolaño escribió: «Debíamos remontarnos a Amado Nervo (silbidos) para hallar a un poeta de verdad, es decir a un poeta maricón, y no a un fileno».[173]

Al igual que otros poetas cultores del amor cortés, Nervo se vale de una dama fallecida como pantalla, su «amada inmóvil», para edificar y consagrar un amor perfectamente devoto y reprimido. La primera carta de Mistral a Nervo reconoce todo ello y le agradece, en primera persona, por sus versos de amor no correspondido: «Con sus versos en la boca, fui yo al amor; ellos me ayudaron a querer y cuando se fue el amor ellos me ayudaron a sollozar "de modo sosegado y acerbo"».[174] El sentimiento es igual al de las cartas que Mistral escribió y dirigió a Alone a mediados de 1916, donde ella elogia el «sosiego trágico del sollozo reprimido» e identifica la perfección del amado muerto como una pantalla: «solo hacia un muerto toda nuestra larga sed de perfección y yo llego a poner fin así a mis meditaciones: "solamente a un muerto se puede ~~querer~~ amar. Ya no tienen apetitos, ya no manchan con un gesto innoble la limpidez soberana de un momento de ternura o de santidad"».[175]

Las cartas de Mistral a Nervo enfatizan su propia fidelidad a la «pantalla» incluso cuando el amado está oculto o ausente. En su primera carta a Nervo, escrita a mitad de 1916, Mistral le confiesa que había creído, «desde la edad de diez años, que se vive de amor, absoluta, completamente».[176] En 1917, en una línea semejante, Mistral le escribe que «no hay llamado humano más poderoso que el de los pobres fantasmas».[177] En cada caso, los párrafos interiores de las cartas se vuelven más aterrizados y abiertamente políticos. En su primera carta a Nervo, por ejemplo, Mistral proclama su solidaridad con la Revolución mexicana: «Cada día, al leer con una avidez dolorosa las noticias de México, pienso en usted, amigo mío. Debe usted sufrir mucho con esta hora tan amarga y que no pasa, que me he detenido sobre su gran país desgraciado».[178] Es asombrosa la cuarta misiva de Mistral a Nervo, escrita en septiembre u octubre de 1917, en que le hace un detallado informe sobre las acciones de los ministros mexicanos en Chile y muestra su disponibilidad para trabajar con los servicios de inteligencia de México, como de hecho hará cuando viva en Francia.

«¿QUÉ HAY DE EXTRAÑO? NO SOY HOMBRE»: BARRIOS, MISTRAL Y
EL CÍRCULO DE LECTURA DE MUJERES: FINES DE 1915

Poco antes del primer aniversario de los Juegos Florales, Eduardo Barrios (iniciado en Los Diez en 1918) liberó a Mistral de una ingrata situación, surgida a raíz de un nuevo certamen literario convocado en los primeros días del Círculo de Lectura, la aludida agrupación de mujeres de clase media. Los procedimientos caóticos del concurso sugieren que la organizadora, Amanda Labarca, se vio superada por la tarea. Se suponía, por ejemplo, que la participación sería anónima, aunque Mistral recibió y aceptó una invitación a hacerlo. Peor fue la selección del jurado. Mistral quedó consternada al enterarse de que había sido escogida para encabezarlo: «Yo jurado... Claro que no acepté. Prefería presentarme, a pesar de las ironías de algún amigo porque me

presentaba a un concurso femenino. ¿Qué hay de extraño? No soy
hombre».[179] Luego, como Mistral explicaba, el anuncio del pre-
mio se vio malogrado: «Obtuve dos premios, pero no me dicen si
son 3°, 2°, o 1°».[180]

En el punto más bajo del asunto, Amanda Labarca se apre-
suró a dirigir una misiva «apologética» a Mistral en que le pedía
que retirara del certamen sus versos participantes porque, le ex-
plicaba, dos de los jurados del concurso, ambas mujeres, habían
votado para otorgar el primer premio al trabajo que Labarca su-
puso era de Mistral, pero el tercer juez, el único hombre, insis-
tió en sus prerrogativas: «La juzgó modernista, oscura y a veces
ininteligible... Las señoras se resistieron, pero han concluido por
plegarse a la voluntad masculina...». Labarca, la célebre feminis-
ta, urgió a Mistral a aceptar el veredicto del varón por sobre el
de las dos mujeres: «Y si no, qué otro camino que de aceptarse
dignamente».[181]

¡Menudo fiasco! Mistral envió de inmediato un telegrama que
evidenciaba su enfado: «Con datos que reservo, renuncio al segun-
do premio de poesía y ruéguele retirar mi trabajo en prosa».

Amanda Labarca respondió: «Hay tantos modos de jugar, Ga-
briela, y no podemos forzar a los otros a que piensen como una».[182]
Y cuando *El Mercurio* publicó la lista de los premios, Mistral se per-
turbó al ver que habían retirado su prosa pero no su poema «Ronda
de las madres de la paz», que ganó el segundo premio.[183]

A pedido de Mistral, Barrios asistió a la ceremonia de premia-
ción como su representante, donde hizo constar el desagrado de
esta. «Surgió entre ambos, casi de inmediato, un afecto fraternal».[184]
Poco después de haber aprobado este examen, Barrios recibió una
anécdota jugosa que Mistral escribió, con toda probabilidad, es-
pecialmente para él. No hay nada parecido a ello en otros escritos
suyos. Adoptando el estoico realismo de Barrios en sus novelas,

presenta a una protagonista moralmente inocente cuya lucha solitaria la involucra en una batalla contra un mundo horrendo y carente de principios. Ella es tentada por algo, pero elige ser, pese a todo, consistente con sus valores.

La anécdota relatada por Mistral incluye su «casi boda», un momento pretérito en su vida en que se vio, según se lee, «en la plaza de Coquimbo, en traje de iglesia, a punto de entrar a casarme con un hombre a quien no solo no quería, no estimaba siquiera».[185] El novio aspirante en esta historia que Mistral cuenta como si fuera autobiográfica, aunque es con toda probabilidad ficticia, es un hombre como Barrios, tal y como Mistral lo idealizaba: duro y muy práctico. Según Mistral, había un hombre en Coquimbo que le había prometido aceptar las dos condiciones que ella le ponía. Una, que nunca lo amaría; dos, que ella aceptaba casarse con él porque necesitaba un defensor, «... un hombre que supiera contestar a un ultraje de hombre, golpear la boca de un bribón, matar también, si era necesario...». El día de la boda, la poeta reflexionaba y reconsideraba el asunto: «Vi que, por evitarme una tortura, iba a crearme otra diaria y retrocedí... Pero yo no olvidaré nunca esa espera a las puertas de la iglesia, con un hombre a quien respetaba por fuerte y honrado; ¡pero al que no hubiera podido ni mirar con ternura!».[186]

La estructura en tres partes de la anécdota es típica de esas historias que Mistral cuenta. Inicialmente, ella se muestra de acuerdo en casarse con un hombre para defender su honor, pero recula justo a tiempo. Y al enviarle la historia a un nuevo defensor, en este caso a Barrios, se lava las manos ante esas agrupaciones de mujeres de clase media y urbanas de las que ella misma, como provinciana, desconfiaba. Sin embargo, sigue su asociación con el Club de Señoras.

LUCILA HA CAMBIADO: POR EL CAMINO DE LOS SUEÑOS

Después de los Juegos Florales, en una carta fechada en agosto de 1915, doña Fidelia Valdés le dijo a una amiga mutua y no identificada que Lucila había cambiado: «Usted sabe cómo es nuestra amiga Lucila (no me acostumbro todavía a decirle Gabriela, como le gustaría a ella). La conoce tan bien como yo y sabe lo voluntariosa que es, lo enérgica, lo decidida, aunque a veces da la impresión de una persona tan sumisa y tan sentimental. No creo que sea inestable en sus sentimientos; pero sí creo que se conoce bien cuando dice que ella es patiloca. Usted la ha visto trabajar con tesón, casi con sacrificio, sin quejarse, preocupada de todo con esa responsabilidad tan suya; pero de repente es como si se evadiera, como si emprendiera algún rumbo remoto por el camino de sus sueños. ¿Está de acuerdo?».[187]

Dos huéspedes de Mistral ese año fueron el peruano Juan Parra del Riego y el boliviano Tristán Marof. Ambos adolescentes por aquella época, «dos piedras caídas del cielo, aerolitos en ebullición dispuestos a incendiar pueblos».[188] La noticia de su inminente partida llevó a Mistral a invitarlos a ambos a Los Andes cuando fueran camino a Buenos Aires en el tren Transandino. Ambos reflexionaron sobre su anfitriona. Marof la recordaba «robusta, casi enorme, la cara limpia y los ojos de un verde intenso»; pensó en cómo ella hablaba, «con acento pasado y dulce, a veces con humildad y a través de sus palabras notaba su alta calidad de mujer y el vigor intelectual».[189]

Los dos amigos insisten en la diferencia de Mistral con otras mujeres. Valioso es el recuerdo de Parra del Riego, escrito a un amigo justo después de atravesar los Andes: «Ante su figura sólida y sentimental de montañesa chilena pero tocada de no sé qué ritmo arcaico de majestad y sencillez, pensaba: este es el aspecto digno que debía abundar en todas las mujeres».[190] Las memorias de Marof, publicadas en 1967, ampliaban este tema: «Había, en verdad, un diablillo que no le dejaba vivir, la angustia a cuestas y el solterío prolongado que ella los disfrazaba con tintes suaves y poéticos. Era también varonil y discutía con pasión, no concediendo cuartel cuando se trataba de asuntos en los que ella tenía experiencia».[191]

En ese mismo año, cuando doña Fidelia la observaba en el camino de los sueños, Mistral publicó comentarios en prosa sobre Tagore, a quien consideraba un místico y al que recomendó a Alone, «porque sé que siente la literatura religiosa».[192] Ella insistió en los escritos de Tagore como ejemplares, modélicos: «Usted leyó aquel "Canto al Señor", de Tagore (lléveselo a Barrios). Yo sería dichosa si algún día alcanzara esa altísima y divina sencillez del hindú. Querría aliarla con la intensidad de la emoción».[193] Preocupada de que su inmersión en la lectura acabara privándola de su propia voz, decidió enfocarse en un breve listado de «libros indispensables», títulos que compartía con Alone. Allí ella incluyó el Libro de Job, a Tagore, a Oscar Wilde «y el hombre amargo del Eclesiastés».[194] De paso, se quejaba de una cuota insuficiente de soledad, lo que le hacía daño: «El contacto con diez, con ocho, me aplebeya completamente el pensamiento... Me cuesta reponerme de este descalabro espiritual».[195]

«¡QUÉ NO LE PASÓ A LAURA!». ARTISTA, ACTIVISTA, REBELDE

Es cierta la frase que abre su obituario: «Menuda y energética, Laura Rodig fue artista de nacimiento. Para poder realizar su obra tuvo que luchar».[196] Su lucha abarcó el arte, la educación y el compromiso social. El retrato más temprano de ella, pintado por Judith Alpi, sugiere sus cualidades personales antes de que se transformara en una artista y educadora socialmente comprometida. Una adolescente nos mira fijamente con sus ojos a un tiempo brillantes, soñadores y reflexivos, en un rostro luminoso. Lleva un vestido nada llamativo y parece flotar ligeramente hacia un costado en lo que Gloria Cortés Aliaga llama la «imagen perturbadora y enigmática, fuerte e inquietante de la artista, presentada en un primer plano».[197] La fecha es 1915, menos de un año antes de que conociera a Gabriela Mistral.

La pose es algo más calculada en los siguientes retratos de Laura, quien mira a la lejanía, como indiferente al espectador o sumida en sus pensamientos, según vemos en otra obra de Alpi, el *Retrato de la escultora Laura Rodig en su taller*. Parece mostrarla alrededor del año 1926, luego de haber acompañado a Mistral de Los Andes a Punta Arenas, de Temuco a Santiago, y de ahí a México, Estados Unidos y luego a Europa, para enseguida volver a Chile. En este segundo retrato la chica luminosa se ve transformada en trabajadora andrógina, ataviada con un holgado guardapolvo de pintora en tonos blanco y amarillo. Sostiene en la mano un cincel, el instrumento de la profesión que escogió. Son prerrafaelitas la escenografía y la paleta de color, desde su rostro pálido e impasible hasta el contraste del cabello pelirrojo y dorado con el verde esmeralda de la ventana y las cortinas azul cobalto. «La mirada distante e indiferente de la escultora parece obviar la presencia de un espectador», escribe la curadora de arte Gloria Cortés Aliaga, quien observa que «los retratos de Rodig muestran la doble faceta de una mujer que transgredió las normas sociales en más de un sentido. Su condición sexual la ubica, también, en un nuevo espacio de disidencia».[198]

Varios «hechos» establecidos de la vida de Rodig se tambalean al ser examinados en detalle, partiendo por su edad, que Mistral le ayudó a reinventar. En «Escultura chilena: Laura Rodig» (1920), Mistral implica que Laura nació en 1899: «A los diecisiete años,

Laura Rodig obtenía en un Salón Oficial [en 1916] la segunda medalla de escultura, que otros obtienen en plena madurez. Después de ese éxito, vino la obra de la Vida, la de las duras manos». Rodig restó sin más dos años a esa cifra cuando cruzó la frontera mexicana por Laredo, Texas, en 1922, indicando que su edad era de 23 años y su nacimiento había ocurrido en 1901. Por otra parte, en 1896, el Registro de Nacimientos en Santa Rosa de Los Andes indica que «Pizarro, Laura, sexo femenino, nació el 7 Septiembre a las 8:30 de la mañana, en Alameda del Progreso #2. Su madre: Tránsito Pizarro, chilena, profesión modista, edad de 22 años, según dos testigos: Luis Carlos Galdames ("quien no sabe firmar") y Juana Pino».[199] Al pedírsele que nombre al padre, Tránsito «no se expresa».

Cuando Laura Pizarro tenía cinco años, su madre Tránsito contrajo matrimonio con Alejandro Rodig Lorca, chileno, de profesión farmacéutico, soltero; ambos eran de Los Andes, pero se habían trasladado a vivir al centro de Santiago.[200] La niña «Laura Rodig» nació por así decirlo al adoptar el apellido de su padrastro. Asistió a la escuela básica en Linares y al Liceo Superior de Niñas #2 de Santiago, anexo al Liceo de Aplicación de Hombres.[201] Tenía diecisiete años cuando su padrastro murió de tuberculosis.[202] La situación económica de la familia prometía ruina si no hubiera sido porque un hado con forma de padrino entró en escena. Según Ana Helfant, autora de su obituario, este padrino fue «Pedro Felipe Íñiguez, esposo de Rebeca Matte, [quien] tuvo oportunidad de ver una pequeña obra en greda que Laura Rodig había realizado un poco por entretenerse. Fue el marido de Rebeca Matte quien la apoyó para que ingresara a la Escuela de Bellas Artes en 1913».[203]

El espíritu incontenible de Rodig permea sus notas inéditas, que registran sus conversaciones con gente en Elqui y otros lugares, en contraste con los artículos que otros publicaron por ella, que se centran en anécdotas, aportan fechas contradictorias e inflan el número de años que Rodig y Mistral vivieron de verdad juntas.[204] En sus propios términos, Laura enfatiza el entorno y la experiencia social que constituyó su vida con la poeta: «Vivimos en Coquimbito. Rasgos de generosidad». Con Los Andes de fondo, Rodig evoca el «ámbito de su profundo acento para su alzada presencia: la plaza, el parrón, el correo, Los Violones, El Alanco, Coquimbito, La Virgen [de la Colina]». A Laura le importan las personas y el lugar, que podía graficar con fotografías al enumerar a «las muchachas», principalmente estudiantes: «Gm Benotto, Ester Grimberg, Estela y Delfina Gutiérrez, María Baeza». A continuación, el colegio y las autoridades políticas de las que dependía: «Don Maximiliano Salas. Don Pedro Aguirre. Aida Moreno Lagos. Doña Fidelia. Juanita. Catita».

De estas dos ambiciosas mujeres insertas en la humilde clase media de provincias, la mayor, que era ya famosa, es quien toma desde un principio las decisiones. En las siguientes líneas a su amigo Enrique Molina, escritas a principios de 1921, Mistral rinde tributo al espíritu intrépido de Rodig: «Animosa y alegre, optimista», dice, a la vez que tiende a proyectar su propia lucha en Laura, explicando que «se trata de una muchacha con verdadero talento, que ha vivido dolorosamente y a quien más dañaron que ayudaron los desorientados y malévolos corrillos artísticos de Santiago».[205]

Aparte de las notas inéditas que Laura escribió y de las pinturas, fotografías, archivos públicos y reportajes en que aparece, es posible descubrir su propia voz, fuerte y clara, en cartas y memorias como las de Marta Vergara, *Memorias de una mujer irreverente*: «Cuando la maestra rural Lucila Godoy la conoció, su primera pregunta fue para saber quién pagaba la casa y la mantenía. No había hombre en la familia: solo la criatura, como con su madre, desvalida total de los dones de este mundo».[206] Vergara sugiere y alude, y a su vez silencia, su propia relación posiblemente romántica con Laura cuando escribe que llevó su cama y espejo al apartamento que ambas compartían en París a fines de los años veinte. En la descripción de Vergara aparece una misma tendencia a sugerir y luego silenciar el «amor sin nombre»: «Gabriela fue para Laura su primer amor, a esa edad en que el amor no tiene cara, nombre ni sexo. Fue la primera ternura y el primer hogar; fue además la poesía».[207]

MISTRAL, RODIG Y LOS DIEZ

A lo largo de 1916, su primer año con Rodig, la obra de Mistral comenzó a aparecer en lugares cada vez más prestigiosos: la *Revista de los Diez* y la *Pequeña Antología de los Diez*. Mistral fue en extremo deferente con Pedro Prado, dirigiéndose a él como «maestro Prado» y aludiéndolo como «un Rajah de las cosas del espíritu».[208] Prado estaba al frente cuando el grupo lanzaba sus primeros actos públicos. Los medios de comunicación documentaron las multitudes que se asomaron por el lugar cuando tres artistas incluidos en Los Diez —Magallanes, Prado y Alberto Reid— exhibieron sus cuadros, esculturas y grabados en el salón-galería de *El Mercurio* a mediados de junio de 1916. Sin duda Laura Rodig asistió, pues el mismo diario incluye su nombre entre las participantes en la recién formada Sociedad Artística Femenina, que se reunió en un lugar cercano durante junio y julio de 1916, primero en la casa de su directora, Dora Puelma de Fuenzalida, «para tratar de la academia de pintura y dibujo», y luego en el Club de Señoras.[209]

Cuando la exposición cerró, los tres artistas —Prado, Magallanes y Reid— descubrieron que habían vendido todas sus pinturas. Magallanes, según se dice impactado y negando con la cabeza, murmuraba que no sabía qué había hecho con el dinero. No así Pedro Prado. Este había programado desde ya su bis en el Salón de Honor de la Biblioteca Nacional.

Mistral evitaba razonablemente a Magallanes, a quien rehusó conocer en persona, así que se saltó esta primera función pública oficial de Los Diez, pero Laura Rodig, pequeñita y ágil, poseía un talento para ingresar fácilmente y quedar perdida entre la multitud, según los relatos de Vergara y otros. La joven artista plástica no habría desperdiciado la ocasión de integrarse al tropel de amantes del arte y buscadores de curiosidades. En el interior se deslizó hasta el frente del abarrotado salón, la mejor ubicación para estudiar las cabezas de los «hermanos». Con su cara redonda y altas cejas, Pedro Prado se alzó y leyó en voz alta el manifiesto entre serio y burlón que Magallanes tituló «Somera iniciación al Jelsé». Prado explicó que, cuando todos los hermanos prometieron lealtad y se comprometieron a obedecer «al Hermano mayor», nadie tenía claro quién lo era ni qué significaba, y así cada integrante de la cofradía pudo creer que ostentaba ese título.

La más clara evidencia de cuándo y cómo persuadió Mistral a Rodig de comenzar a trabajar para ella es de exactamente un mes después de esa muestra que agotó las ventas en la galería-salón de *El Mercurio*. El mismo diario anunció que la nueva muestra a exhibirse en ese mismo lugar destacaría la labor de dos mujeres jóvenes de Los Andes: Laura Rodig, «de quince años» (en realidad, muy próxima a su vigésimo cumpleaños), expuso quince esculturas, y Luisa Fernández Abarca, una estudiante de Mistral en Los Andes, mostró cincuenta y cuatro pinturas.

Con la excitación del momento, Rodig se olvidó aparentemente de entregar una carta de Mistral a Eduardo Barrios, el cual se quejó de inmediato por la omisión, pero la poeta excusó a su nueva amiga: «Me ha extrañado la tardanza de la chica Rodig en mandarle mi carta. Seguramente, interesada en dársela personalmente ha ido a buscarlo y no lo halló y se quedó con ella».[210] La verdad sea dicha, «la chica Rodig» no estaba interesada en Barrios, un funcionario público distante e irónico. Aun así, tanto Rodig como Barrios servían de apoyo a Mistral. Al convertirse en la clase de personas para quienes nada pasa inadvertido, cada uno tenía el poder que Henry James reservaba a los verdaderos artistas: el de «adivinar lo no visto en lo visto, de rastrear la implicancia de las cosas, de juzgar la totalidad a partir de un patrón».

DE «COPA DE ROCÍO» (1916) A «VASO DE AMARGURA» (1917)
EN «DÍAS DE LODOS Y FARSAS»

La poeta dejó un cuaderno de composición abierto en dos páginas en blanco. En la de la izquierda escribió como encabezado: «1916, Copa de rocío». Aun cuando dejó el resto de la página en blanco, el «rocío» de sus amistades profundas crecía e incluía ahora a Amado Nervo, quien le había enviado un ejemplar dedicado de su libro más reciente y le había publicado dos poemas en Madrid, y a quien ella había remitido ejemplares de las novelas de Barrios y Alone.

Entretanto, y al fragor de la publicidad que rodeaba a Los Diez, Magallanes la presionó a favor de un encuentro cara a cara:

M: «Tú no serás mía en absoluto sino cuando ese abrazo se haya consumado».

«L» objetó la idea: «Deseo verte mucho más de lo que tú dices desear verme. Aún no es posible. Aprendamos a esperar».[211] Una noche lluviosa de invierno ella despierta a las dos de la madrugada, describiendo, entre otras cosas, su respuesta al rico y joven «hacendado» que acababa de visitarla para proponerle matrimonio: «... le oía con rabia como se oye a un embustero. Eso fuera de la irritación que da el que alguien le hable de ternura cuando se tiene llena el alma de ella, pero para otro».[212]

Mistral ponderó la «copa de rocío» de 1916: las amistades consolidadas, el espectro de escritores serios que ahora conocía y eran sus pares, los poemas escritos que irían integrando las secciones «Vida» y «Dolor» en *Desolación*, como «Ceras eternas» y «La espera inútil», en los cuales destaca el tema de la locura, que antes había restringido a sus textos en prosa.

Entonces, su mano se desplazó a la página de enfrente en el cuaderno, donde escribió en su letra grande e inclinada: «1917, Vaso de amargura». Dos largos meses, «días de lodos y farsas», como ella indicó a Barrios,[213] vinieron tras su vigésimo octavo cumpleaños, poco después de que Ricardo Valdés Bustamante, un acaudalado diletante, adquiriera *Sucesos*. Valdés buscó llamar la atención general pretendiendo que iba a corregir los errores literarios del momento. Su plan de largo plazo era entrar en la política. A diferencia de Prado y Barrios, que contaban con protectores de alto rango, la figura de la poeta-educadora constituía un blanco fácil y vulnerable. El idealismo implícito en su propia labor como poeta y su estatus subalterno le impidieron a Mistral responder cuando vino el primer ataque de Ricardo Valdés, quien utilizó el nombre de «Juan Duval» para denunciar un poema de ella, «Hablando al padre», como «una maravilla de extravío intelectual y decadentismo poético...». Postulaba que «si la poetisa ha pretendido expresar el mayor número de disparates en tan pocas líneas, ha logrado ampliamente su objeto». Y para llenar el espacio asignado a la columna, Duval imprimió una vacua parodia titulada «Al desatino». La publicación salió en *Sucesos* la misma semana en que la poeta cumplió 28 años.

Mistral envió cartas a sus amigos en las que echaba pestes contra Duval: «... el estúpido cree que esa poesía ("Al Padre") está dedicada a un papá, no a Dios. Cualquiera ubica en un papá de chaqué todo lo dicho allí. El fin de la poesía era presentar un Dios diferente del judío y del mahometano y quiere el donoso Duval aplicar tal pintura a un caballero más o menos burgués».[214]

Con Duval lanzando invectivas, Alone y Barrios empezaron a coordinar la defensa de Mistral. «Que no sufra», le aconsejó Alone; Barrios le indicó que se lo tomara a la risa.[215] Pero, una semana después, Duval volvió a la carga con nuevos insultos, a la vez que se hizo de aliados, como alguien cuyo alias era Leonardo Pena, el mismo que había difamado a la Shade de *La sombra inquieta*. Y Omer Emeth, el sacerdote y crítico oficial, buscó revancha por la forma en que Prado y Los Diez se habían burlado de él. Cuando Emeth reseñó la *Antología de Los Diez*, que incluía a Mistral, sostuvo que Prado había incluido poemas mediocres para hacer que los suyos lucieran mejor. En suma, Duval y Emeth «la han incluido en la querella para disimular el conflicto con Barrios y Prado».[216]

Mistral se enfureció: «... Me parece estúpido parangonar a Omer Emeth, sea como sea, con un Duval... Sube la ola de canallería, con cualquier pretexto».[217] La burla de Duval ante la historia que Mistral proyectaba como pantalla la perturbó tanto que estuvo a punto de admitir (en privado, ante Barrios) que había desarrollado la necesaria ficción de un «amor grande» como una pantalla distractiva o escudo contra la acusación de ser un «marimacho»: «¿No ha visto Ud. que en él zarandea a la mujer, a la pobre mujer que debía tener un amor grande en la vida, puesto que no era un marimacho?».[218]

Mistral no esperó más. Recurrió a su propia jefa en el trabajo, quien escribió al político radical Pedro Aguirre Cerda, a un paso de concluir su primer período en el Congreso. La carta de Fidelia Valdés, fechada dos días después del segundo ataque de Duval, apoyó la petición formal de traslado de la joven maestra: «Durante cinco años ha educado a la juventud femenina de Los Andes con una consagración silenciosa y abnegada. Su conocida timidez de carácter habrá hecho que no se dirijiera a mi petición de ayuda a Ud., señor Aguirre; pero yo creo que en tal caso lo haría».[219]

La próxima carta de Mistral, su más temprano contacto con Aguirre Cerda del que hay noticias, enumera sus apoyos y concluye: «Me limito a insinuarle respetuosamente esta gestión. Nada exijo. Lo que usted ha hecho por una desconocida es ya bastante».[220] Con los años, ella le denomina «mi amigo, a quien debo toda mi carrera en la enseñanza de mi país».[221] Pero todo ello está sujeto a las reglas del patronazgo, es decir, a «las influencias políticas para el ingreso, para la movilidad horizontal y para los ascensos en el servicio educacional».[222] Durante las siguientes semanas y meses, la profesora consideró varios sitios —Rancagua, Iquique, Talca— en los que pudiera surgir una vacante. Poco a poco, el traslado solicitado aparece como una apuesta de carácter promocional. Muchas de sus amigas (María Luisa Fernández, Sara del Campo, Dora Alcalde, Delia Matte, todas de la oligarquía) debatieron el asunto con el ministro de Educación en ejercicio, el señor Íñiguez.[223] Dos meses más tarde, Mistral envió un telegrama a Aguirre Cerda, «felicitándolo por su labor como educador y diputado», pero su solicitud languidecía.[224]

«EN TIERRA EXTRAÑA YO SOPORTO TODO». SEGUNDA MITAD DE 1917

Mistral comenzó a sopesar la perspectiva de abandonar Chile. El incidente con «Juan Duval» y «conflictos de familia» le hicieron volver la mirada hacia Argentina.[225] Explica sus razones a Alone: «Al llegar a un pueblo extraño me explico todas las incomprensiones, justifico las humillaciones; no pido nada a la gente que no es mi gente; como sin murmurar el pedazo de pan negro que me dé».[226] También quería mayor libertad como profesora: «Yo no quiero ir a hacer literatura a otra parte; quiero ir a enseñar como no me dejan enseñar en Chile...

No me dejan. Me hace un escándalo con una simple insinuación de lo que quiero. ¿No es ridículo que yo, ¡yo!, esté haciendo versos para álbumes de niñas tontas, odiando como odio lo cursi, siendo como soy del pueblo? Me ahogan, además, estas clases mías, en las que me desbordo, en relación con las demás, pero que son, siempre, ridículas, si se las compara con lo que creo y pienso».[227]

El dinero era, eso sí, fuente de intranquilidad. En un cuaderno que abarca de 1917 a 1918, proyectó sus gastos: cien pesos mensuales a cada uno, a su madre y a «Tannenbaum», esto es, para obsequios navideños. Ochenta pesos mensuales para libros y revistas, compartidos con los amigos. Cincuenta pesos en alquiler; lo mismo para alimentos y «dulces» mezclados. Los precios de la comida escalaron: los propietarios de tierras lidiaban con la inflación mediante la exportación de alimentos a cambio de divisas, en vez de venderles a sus compatriotas chilenos.[228]

La revolución bolchevique barría en toda Rusia.

CARTA A NERVO: UNA AUDICIÓN PARA TRABAJAR EN/POR MÉXICO

Manuel Ugarte, el bien conocido escritor antiimperialista argentino, visitó Santiago en septiembre y octubre de 1917. Mistral y Alone estaban entre la audiencia cuando Ugarte, con el apoyo del nuevo Gobierno mexicano, alabó la nueva Constitución de ese país, de las primeras en el mundo en establecer derechos sociales y laborales. Establecía la educación laica, una legislación a gran escala para la reforma agraria y limitaciones estrictas a la propiedad foránea, especialmente del «subsuelo».

Desde Madrid, Nervo informó a Mistral que estaba a punto de partir a México con la esperanza de conseguir un puesto diplomático. Antes de irse, Mistral le hizo llegar una carta que sería de lo más sorprendente si ignorásemos que Mistral tenía, a la fecha, doce años de experiencia trabajando en la prensa nacional. Lo cierto es que la poeta le ofrece a Nervo un despliegue de su habilidad para reunir y transmitir precisamente los datos de inteligencia local de la que Nervo y sus superiores querían disponer. Informaba de lo que Ugarte y varios ciudadanos mexicanos, incluso el hijo del anterior embajador, habían compartido de manera reciente, en público y en privado, y de cómo se los había recibido. Escribía que le gustaba el nuevo embajador mexicano, pero que hubiera preferido a Nervo en ese cargo. Citaba a Suárez Mujica, el embajador chileno del momento en Estados Unidos, tratándolo de «mi amigo»: «... Los mexicanos son una gran raza y si los *yankees* los presentan como fantoches en revistas y periódicos es porque quieren hacerse perdonar su presión de hace quince años sobre el gran país desgraciado».[229]

¿Y por qué este informe tan detallado? «Yo me vuelvo capaz hasta de criticar prácticas diplomáticas y sistemas de propaganda solo porque no quiero conformarme con no verlo nunca».[230] Si Nervo venía alguna vez a Chile, ella le prometía charlar «largo y tendido» con él bajo su techo de Los Andes, donde le diría más, mucho más.

Cuando el barco de Nervo atracó en Nueva York, Arturo Torres-Rioseco, amigo de Mistral y estudiante recién llegado desde Chile, se encontró con él, que estaba ansioso por saber más de Mistral. «Con los ojos brillantes con emoción, preguntó: "¿por qué será tan dolorosa?". Y cuando supo de mi boca el motivo, tuvo para ella la palabra de "hermana"». Torres Rioseco cuenta eso en un artículo en *Cosmópolis*, de Madrid, pero desafortunadamente, comenta la investigadora y crítica Karen (Peña) Benavente, no comparte ese secreto con nosotros, sus lectores.[231]

Entre los funcionarios de mayor rango que interrogaron a Nervo a su arribo a México estaba el poeta-diplomático Genaro Estrada, un chico maravilla cuya estrella estaba en alza dentro de la

Secretaría de Relaciones Exteriores. Estrada le recomendó de inmediato al escritor Alfonso Reyes, su buen amigo, que leyera los poemas de Gabriela Mistral, Ernesto Guzmán, Pedro Prado y Ángel Cruchaga. «Pueden obtenerse en la Imprenta», escribió Estrada, ignorante de que Mistral iba a publicar su propio volumen.[232]

«EL AMOR QUE CALLA»: EPISTEMOLOGÍAS DEL CLÓSET

El influjo de Nervo permea el poema «El amor que calla», en que Mistral labra un espacio para el amor como algo literalmente inefable, a diferencia del odio, la amargura y la alegría. Este estribillo del amor que no se atreve a pronunciar su nombre asocia la represión y el secretismo con la serenidad, coherente con su experiencia y su mundo durante los seis años en que revisó este poema. Publicó tres de los cinco borradores distintos que escribió, guardando los otros dos en sus archivos. Cada ronda de revisiones comprimió adicionalmente el poema para representar el silencio cristalino o el perfecto decoro de un amor que no se manifiesta.[233]

Eugenio Labarca guardó una versión transcrita de «El amor que calla» en sus archivos, idéntica a la que Mistral publicó en *Nosotros* en 1918. El rechazo de la poeta a la estética «rara» y su preferencia por el decoro la llevó a descartar versos iniciales como «la lascivia en palabras» y «enjutas palabras humanas». Aun así, el intento de Mistral propiciador de la represión y el silenciamiento no acaban de surtir efecto, ya que las emociones prohibidas se hallan entretejidas con la urdimbre misma del poema. La autora emplea la conjetura, la antítesis y la metáfora, desde la afirmación contrafactual ya desde el primer verso («si yo te odiara»), hasta su propuesta de una luz sin límites cuando el amor es inefable: «pero te amo y mi amor no se confía a este hablar de los hombres, tan oscuro».

El hablante en primera persona advierte que el potencial destructivo de su voz rivaliza con el de una diva operática: «Lo mismo que cristal se rompería si lo echara a rodar por mis canciones», dice un verso finalmente descartado. Hay un poder y un riesgo en mantenerse en calma, recogido y oculto. Aquellos cuya atención suele quedar absorbida por el melodrama burdo de los gestos grandilocuentes no perciben la lucha interior del hablante, el «callar atribulado», «peor que la muerte» bajo esa máscara de placidez.

La copia mecanografiada del poema de Mistral que quedó en manos de Labarca incluye extractos de una carta hoy extraviada o destruida de la poeta. Allí lamenta la decisión previa de su amigo de unirse a D'Halmar y su círculo, el que incluye a Leonardo Pena, autor del ataque sobre Shade que resultó en la publicación de *La sombra inquieta*. Pena se había vuelto un acólito de Duval. La carta de Mistral a Labarca es un adiós. Ella declara su disgusto con Pena y sus «d'annunzianismos mal aclimatados» y declara su preferencia por Santiván (a quien D'Halmar había expulsado de su círculo). Mistral lamenta la literatura francesa y declara que con ella «el mismo talento de Augusto Thomson [D'Halmar] se malgasta en asuntos orientales o seudo-orientales», a diferencia de «la Rusia bárbara, que ha dado más de diez firmas de primer orden, pero que valen por doscientas francesas: Tolstoy, Gorki, Dostoiewsky, Turgueneff y el grande y joven Andreieff».[234] A Mistral le preocupa que la asociación de Labarca con D'Halmar, a quien considera un posero, lo haga desviarse de la literatura seria.

Esta carta, acompañada por la publicación del poema que incluye, «El amor que calla», cierra la amistad entre el joven Labarca y la poeta Mistral.

Lucila Godoy Alcayaga, probablemente
en su primera comunión.

Retrato de Petronila Alcayaga Rojas,
madre de Lucila Godoy Alcayaga.

Lucila Godoy Alcayaga, probablemente
vestida de duelo.

Jerónimo Godoy Villanueva e Isabel
Villanueva Herrera, padre y abuela paterna
de Mistral, cerca de 1890.

La casa natal de la poeta en Vicuña, entonces propiedad de
su madre y dos tías, y donde actualmente se encuentra el
Museo-Biblioteca Gabriela Mistral.

Vista de la iglesia de Montegrande.

Lucila Godoy Alcayaga junto a sus compañeras de curso y su hermana,
Emelina Molina, en la escuela de Montegrande, 1896.

Gabriela Mistral e Isauro
Santelices en Los Andes,
cerca de 1916.

Mistral junto a Adriana
Hernández Manterola,
alumna del Liceo de Niñas
de Los Andes, 1916.

Mistral en Coquimbito,
cerca de 1917.

Retrato de Mistral.

Mistral en Punta Arenas.

Mistral en Los Andes.

Emelina Molina, hermana
de Lucila Godoy Alcayaga.

La sobrina de Mistral, Graciela Barraza, junto a Emelina
Molina, su hermana, y Petronila Alcayaga, su madre.

Mistral a los 17 años.

Mistral cuando fue
nombrada inspectora y profesora
en la Escuela de Niñas de
Los Andes, 1912.

Retrato de Gabriela Mistral a
los 26 años, del *Libro de
los Juegos Florales*, 1915.

La escuela donde Gabriela Mistral aprendió a leer
[¿1960?].

Mistral en sus últimos meses
en Punta Arenas, 1920.

Mistral junto a un grupo de profesoras en La Cantera, cerca de 1914.

Mistral junto al pintor Barack Canut de Bon en Coquimbito, 1916.

Mistral junto a Arturo Reñasco, Aida Moreno y Juanita Vásquez,
Los Andes, 1916.

Mistral junto a Carlos
Foresti, Punta Arenas, 1919.

Mistral junto a sus alumnas del Liceo de Niñas
de Punta Arenas, 1919.

Laura Rodig, Mistral y otras pasajeras en el *Oropesa*, en el estrecho de Magallanes,
febrero de 1925, con destino a Santiago.

El pueblo de Montegrande.

Los escritores Manuel Magallanes Moure y
Augusto d'Halmar, 1906, época tolstoyana.

Retrato de Mistral cerca de 1914, con la dedicatoria:
«Para Gabriela Mistral, mi gloriosa amiga, esta foto-
grafía vieja es la que más me gusta y que he obtenido
de un grupo de maestras cuando ella entregaba a la
niñez lo mejor de su alma. Esta es la que yo conozco
junto con sus magníficas poesías, que siempre releo
con deleite y una creciente admiración». C.C. Vigil,
Buenos Aires, 1936.

Retrato pintado de Laura Rodig (Judith Alpi, cerca de 1925-1926), perteneciente al archivo patrimonial de la Universidad de Concepción, Colección Pinacoteca.

«Gabriela Mistral», obra del artista Fab Ciraolo, en las calles de Santiago, octubre de 2019.

Pedro Aguirre Cerda, «mi único amigo político»

Poco después de que Pedro Aguirre Cerda se convirtiera en ministro de Instrucción, la directora del Liceo de Niñas de la ciudad de Punta Arenas renunció, brindando al nuevo ministro una solución a la pregunta de qué hacer a favor de Lucila Godoy. Escribiendo al respecto dos décadas después, el político explica su decisión en términos de la seguridad nacional: «Deseoso de fortalecer el sentimiento nacionalista en esa zona en que tanta influencia ejercen las diferentes colonias extranjeras, me pareció adecuado fomentar la chilenidad con la presencia de una maestra que por sus condiciones excepcionales debía ejercer una benéfica influencia en pro del prestigio de Chile, en el ambiente extranjero de Magallanes».[235] Educar es gobernar.

Aguirre Cerda discutió el asunto con el presidente Sanfuentes. Ambos acordaron que Mistral sería nombrada en el cargo y, al atardecer de un sábado a fines de enero de 1918, Aguirre Cerda escribió el nombre civil de la poeta, Lucila Godoy, en los papeles que envió a Viña del Mar, donde Sanfuentes se preparaba a disfrutar de unas escuetas vacaciones de verano. Cuando los documentos le fueron devueltos sin firmar, Aguirre Cerda cogió el toro por las astas.

> Presidente —le dije—, ¿no habíamos quedado de acuerdo en nombrar a Gabriela Mistral directora del Liceo de Punta Arenas?
> Sí —me respondió al punto el Excmo. señor Sanfuentes—, pero Ud. me mandó el nombramiento extendido a favor de Lucila Godoy, y por eso no lo firmé...

El presidente protestó: «Ese cargo está ya prometido a Gabriela Mistral, la escritora». Y se rehusó a firmar hasta que Aguirre Cerda lo hubo convencido de que la poeta Gabriela Mistral y la maestra Lucila Godoy eran una y la misma persona.[236]

De allí en adelante, Mistral firmaría invariablemente sus cartas a Aguirre Cerda con su nombre civil.

Los dos hombres enviaron así a Mistral, a Laura Rodig y a otras tres profesoras a la ciudad más austral del mundo, a la cual era más fácil llegar desde Buenos Aires que desde la capital chilena. Laura era la más joven y menos experimentada del grupo, pero nadie contribuyó más que ella a fortalecer la moral colectiva y lidiar con las condiciones de decrepitud de la escuela; nadie se mostró más consciente de la interacción allí existente entre el paisaje y la convivencia humana.

Adiós a Los Andes

Al prepararse para partir, Mistral ató algunos cabos sueltos. Había publicado «El maestro rural» en la *Revista de Los Diez*, dedicado a Salas Marchán, su primer y siempre leal amigo en Los Andes, y manifestó su gratitud para con esa ciudad en esos años que ella misma calificó como «los más intensos de mi vida, todo se lo debo a este sol traspasador, a esta tierra verde y a este río».[237]

La correspondencia con Barrios sería el cordón de plata de Mistral con Santiago. En cartas que se hicieron ahora más afectuosas, ella predijo o reconoció su iniciación en Los Diez como «el hermano músico», rememorando su patria chica: «En La Serena, al atardecer, tocan las campanas de sus dieciséis iglesias. Es algo que usted no olvida nunca; un río musical que se le entra por la carne y el alma. En el capítulo de Los Diez en que habla el hermano músico, hallé un poco mi impresión de esos crepúsculos de mi tierra... Esa mecedura musical, más llena de seducción religiosa que todos los sermones, perdura todavía y ya no se borrará más». En esta misma carta a Barrios, Mistral le indicaba que el apoyo a su madre seguía siendo primordial: «Espero realizarlo tan pronto pueda dejar a mi mamá en condiciones de no necesitar demasiado de mí pecuniariamente», y que aún sentía la añoranza de una libertad como maestra y soñaba con trabajar en el sur en su propio colegio: «Quiero, en cuatro años más, irme al sur y crear una escuela de indios... Me cansa enseñar según moldes universitarios y de cuya ineficacia estoy convencida. Además, quiero la raza».[238]

La red creciente de amigos confiables de Mistral se forjó sobre ese sentimiento de un «conocimiento secreto» o un «hallazgo» imbricados en su poesía y su persona, algo capaz de cautivar a sus lectores, como observa Karen (Peña) Benavente: «En casi todos sus poemas, los lectores, incluyendo al sujeto poético, se afanan en buscar o encontrar amantes, objetos, niños, mujeres, palabras y hasta consuelo, esos objetos escondidos que pueden consumir el alma de la poeta...».[239] Esta colaboración en «la búsqueda de los hechos y relaciones perdidos» está presente a lo largo de todas sus cartas, al mismo tiempo que la autora urde nuevos mitos y leyendas para encubrirlos y eliminarlos.[240]

5

La directora en Punta Arenas: 1918-1920

*Fin de la continentalidad
en el Golfo de Reloncaví
Pelea mitólogica del mar
con la tierra, del neptuniano
con la volcánica: una
lucha espectáctular de
exterminio entre los elementos.
Sud-américa con destino
trópical y templado rehúsa
llegar al Antártico...*[1]

¿Y fueron amantes?

Al trasladarse a Punta Arenas, Laura Rodig y Gabriela Mistral vivieron en mayor intimidad que en cualquier otro momento de su vida juntas. Abandonaron todo. Dejaron la vigilancia de la cordillera y el sol tibio del mediodía. En cambio, las recibieron un cielo gris uniforme y un viento sin misericordia. Con ñeque, tal vez con heroísmo, aceptaron vivir —esto es, comer, lavarse, dormir y soñar— bajo el mismo techo desmoronado donde ellas y las otras profesoras enseñaban a una muchedumbre de estudiantes cuyo número —siempre en aumento— Mistral reportaba en su correspondencia con las autoridades en Santiago, proponiéndoles soluciones.

La única excepción a la casi total falta de privacidad que caracterizó la vida íntima de las dos en Punta Arenas se habría producido en febrero de 1919. A principios del breve y tumultuoso verano subpolar, las dos viajaron juntas por la pampa. Siguieron una ruta sin senderos a la vista hasta que llegaron —¡por fin!— a la Posada Tres Pasos, propiedad de Rogelio Figueroa. Laura pintaba mientras Gabriela escribía, planeando su estrategia para el futuro. Las contribuciones de la artista visual eran centrales para tales planes, como se percibe, por ejemplo, en la elaboración de la revista literaria *Mireya*,

«mensuario de actualidades, sociología y arte» que ellas desarrolla-
ron a poco de volver a la ciudad, con seis números publicados entre
mayo y noviembre de 1919. En un fino análisis de la estadía de
Mistral en Punta Arenas, Óscar Barrientos comenta que *Mireya* re-
presenta «un preciado documento tanto de los vaivenes del convul-
so Chile de los albores del siglo xx como del espíritu desarrollista de
Gabriela Mistral...»; él lo compara a «esa cáscara de nuez del poema
de Federico Mistral donde estaba contenido el pensamiento trans-
formador de una época».[2] Barrientos presenta la revista, las cartas y
el trabajo colectivo como ejemplos de su labor «abiertamente des-
centralizadora» en Punta Arenas, un reflejo de su agudeza política al
reconocer la potencia de la región y del regionalismo mismo.

Al aceptar el puesto en Punta Arenas, Gabriela Mistral se con-
virtió en una figura pública. Visibilizó su exitosa reorganización del
liceo en sus cartas y con la publicación de *Mireya*. Su corresponden-
cia aumentó. Así y todo, Gabriela iba cultivando ofertas de trabajo
desde Argentina, adonde amenazaba con trasladarse si Santiago no
le daba un puesto de igual salario, pero en mejor clima. Pero ¿qué ha-
ría por o con Laura Rodig, que tan lealmente la había acompañado?

Clave para entender la relación de las dos mujeres son dos
cuestiones:

¿Cómo interpretó Mistral su responsabilidad hacia Rodig?

¿Hasta qué punto importaba Laura Rodig en los planes de Ga-
briela Mistral?

RODIG Y MISTRAL: INFLUENCIAS MUTUAS

Como Mistral, y a diferencia de todas las otras secretarias de la
poeta, Laura Rodig nunca se estableció en un lugar definitivo. In-
cluso menos que Gabriela, quien escribió una vez «las casas no me

amarran»[3], Laura no era hogareña. Ambas tuvieron la vocación de escapistas a lo Houdini. El haber vivido en el entonces territorio de Magallanes, juntas, marcó a cada una de por vida, infiltrando y transformando sus sensibilidades políticas, estéticas y ecológicas. Rodig volvió a vivir ahí, sola, en 1948 (o antes) y hasta 1951. Y Mistral, por su parte, en los años venideros, reconoció la gran inspiración literaria y política que le regaló esa tierra y ese mar con su «laberinto de fiordos, canales, penínsulas, cabos e islas, archipiélagos...».[4] De allí en adelante, Mistral se dedicaría a la musa de los viajes, persiguiéndola a través de los océanos. Y Rodig descubriría su propia vocación de activista. Ambas emergieron del colonialismo dominante en Punta Arenas y Temuco con una nueva conciencia de «la cuestión social», que Mistral expresaba en sus visitas a los encarcelados, en su solidaridad con los judíos perseguidos, en su acogida a los emigrantes y en su condena de la violencia sufrida por las madres solteras y los miembros de los pueblos originarios. Se percibe la influencia de Rodig en Mistral en todo esto, que comienza a cambiar la sensibilidad estética de la poeta, el modo como percibía el mundo material y las formas humanas. En una especie de diálogo con Rodig, Mistral empieza a escribir textos de poesía y estética cuyas metáforas centrales brotan de las artes que Laura practicaba, como la escultura, en «El Pensador» y los «Motivos de barro», y la danza, como veremos en «Canción de Solveig».

Entre ellas había una diferencia que produjo en 1924 su separación, que llegaría a ser definitiva en 1925. Raíz de la ruptura fue el deseo de Laura de seguir desarrollándose como artista y escultora. Gabriela, por su parte, quería que Laura siguiera atendiéndola. La relación no les permitió la autosuficiencia a ambas: cada una reconocía su arte como punto primordial en la vida.

A través de los años, Laura trataría de restablecer la cercanía tanto con Mistral como sus otras amigas íntimas distanciadas, como Consuelo Lemetayer y Blanca Luz Brum.[5] Mistral evidencia más cautela que cariño al contestar las cartas de Rodig. Lo cierto es que Rodig y Mistral no se reunieron en persona entre 1925 y 1954. Y que el intercambio epistolar volvió a ser explosivo. Con la noticia del Premio Nobel de 1945, Mistral se embarcó a Suecia para participar en las ceremonias relacionadas. Por su parte, Rodig se fue a La Serena, donde hizo entrevistas e investigaciones con la finalidad, según parece, de biografiar a Mistral. Rodig estableció confidencias con varios amigos de la familia de Mistral. Habló con muchos elquinos cuyo orgullo y esperanzas les hicieron muy susceptibles a la sencillez y pericia de Laura, quien se ganó el afecto de todos, incluso de los oficiales del municipio de Vicuña, quienes votaron a favor de comisionarla para hacer un monumento de Mistral.

La poeta se enfureció al enterarse de la noticia de la obra comisionada. La prohibió. Sus cartas dieron varias razones, desde el desagrado personal que le provocaría tener un monumento hasta el alto costo de una estatua en un país donde había tantos niños viviendo en la pobreza. Ya que Mistral se mantenía firme en esa postura, sus representantes oficiales —su abogado de entonces, Eduardo Frei, más la secretaria, pareja y albacea literaria de la poeta, Doris Dana— trabajaron para defender la voluntad de la poeta.

Al fracasar su intento, Laura Rodig volvió a vivir en Punta Arenas, donde se quedó unos cuatro años, hasta fines de 1951. En este segundo exilio Laura sentía (como dice en sus cartas a Gabriela) que el episodio ocurrido en Vicuña la «desprestigiaba en forma ya indefensible» y que ella, Laura, estaba «en cierto modo al margen del mundo». Durante esta segunda estancia en Punta Arenas, Laura siguió trabajando por su propia cuenta en la escultura de la poeta, según lo refiere ella misma, que mantenía la obra tan oculta como podía.[6]

Las cartas que Laura Rodig escribió a Mistral son de doble filo. Por un lado, después de la ruptura de la pareja, la joven iba estableciendo su propia voz y experiencia, algo que no pudo hacer nunca cuando vivió con la poeta. Pero por otro lado, la figura de Mistral repercutió a lo largo de toda la vida y carrera de Rodig. Ella pagó un alto precio por comprometerse con su arte. Se liberó a cambio del alto costo personal que significaba volver a vivir y continuar su trabajo. Como ella misma explicó a Mistral: «En todas partes he pasado con su recuerdo, como un anatema [...] obsesionada con mi trabajo lo recomencé de nuevo, terminándolo y haciéndole un vaciado en el cuarzo... es así que, la estatua anda conmigo y yo vivo a su sombra».[7]

De todos modos, Laura se resistió, como se muestra sutilmente en sus cartas y en el trabajo que realizó sin el beneplácito de la poeta, al perseverar en la estatua y al resguardar manuscritos suyos que de otro modo seguramente se habrían perdido.

Después de la muerte de la poeta, Doris Dana se perturbó al enterarse por informantes de que Laura poseía una cantidad considerable de manuscritos de Mistral. Dana reclamó derechos de propiedad sobre estos. El que resolvió la disputa fue Eduardo Barrios, quien organizó una pequeña ceremonia en la Biblioteca Nacional muy poco después del entierro de la poeta en 1960. A Rodig se le permitió dar un breve discurso cuando los entregó. En él, Rodig honraba la larga amistad entre Mistral y Barrios.[8] Al entrar a la Biblioteca Nacional, los materiales coleccionados y resguardados por Rodig resultan medulares para formar la colección catalogada como «donación de Laura Rodig y Doris Dana», que representa de forma directa e indirecta la cercana amistad, trabajo y vida compartida entre Rodig y Mistral durante los años 1918-1922, cuando salieron juntas de Chile. Páginas imprescindibles para apreciar las transformaciones en la estética y en la poesía *queer* de Mistral y los intentos monumentalizadores de Rodig a la hora del anuncio del Nobel.[9]

De nuevo citamos a Paul B. Preciado, quien arguye que en la estatua, en el espacio público, «los cuerpos migrantes, racializados, femeninos o afeminados, no heterosexuales, no binarios, trans, los cuerpos con diversidad funcional, los "cuerpos abyectos"... se ven constantemente sometidos a diversas formas de restricción, violencia, exclusión, vigilancia, guetización y muerte».[10] La figura monumentalizada de Mistral representa esta violencia restrictiva, porque las estatuas no son dinámicas: son tumbas. Pero esta visión fue derrumbada por el estallido social de 2019, cuando la estatua militar en la plaza Baquedano fue reemplazada no con otra estatua, sino con una serie de instalaciones temporales, entre ellas la representación gráfica de Gabriela Mistral rodeada por otros artistas *queer* como Pedro Lemebel y Simone de Beauvoir. Esta forma de ataque a las estatuas tipifica una nueva y muy interesante modalidad que Preciado describe así:

Los actuales ataques a las estatuas, que vienen a sumarse a los miles de grafitis y tags feministas, *queer*, trans y antirracistas que han cubierto poco a poco las ciudades... están poniendo en cuestión los discursos dominantes acerca de los privilegios raciales, sexuales y de género por medios que no son únicamente la argumentación o la agitación. Lo que es atacado ahora son los signos materiales de la gramática cultural y su inscripción en el espacio de la ciudad. Se trata de romper la falsa coherencia del entramado semiótico de la razón petrosexorracial para abrir los discursos cerrados... y devolver los significados que habían quedado reificados, literalmente «petrificados», a la plaza pública, ponerlos de nuevo en circulación, extraerlos de la sacralización del poder, para que puedan ser repensados colectivamente. Cuando cae una estatua se abre un espacio posible de resignificación en el denso y saturado paisaje de signos del poder. Por eso todas las estatuas tienen que caer.[11]

«Este amor»

Rodig y Mistral pasaron el mes de abril de 1918 alistándose para el largo viaje al sur. En esta temporada de espera y de viva anticipación, Mistral escribió el poema «Este amor». Un manuscrito inédito, ni publicado ni transcrito hasta ahora. De su puño y letra, la poeta puso la fecha: «18 de abril 1918». Hay cinco páginas con más de la mitad de las palabras rayadas, intercaladas y borradas al punto de ser poco legibles. Abundan los sentimientos ardientes en vocablos como «púrpuras», coherentes con la poesía de *Desolación*. La proveniencia importa: es de los 2.313 manuscritos que Laura Rodig resguardaba y entregó a la Biblioteca Nacional en 1960, donde quedó mal microfilmado, ni catalogado ni accesible a los investigadores durante más de cincuenta años, o sea, hasta después de la muerte de Doris Dana. Para las condiciones que lo pusieron a disposición, agradecemos el trabajo generoso de Doris Atkinson, la sobrina y albacea de Doris Dana, más la tenacidad de la documentalista María Elena Wood y de la periodista Elisa Montesinos, y su quehacer operando sutilmente tras bambalinas a Mariano Fernández, el entonces embajador de Chile en Estados Unidos. Los astros se alinearon.

Esta es la penúltima de las nueve estrofas del poema, incluidos los versos rayados por la escritora, haciendo visible la censura que se autoimponía:

> Aunque has llevado cien púrpuras
> de este amor humano
> no has sido más que un mendigo
> de ~~chico~~ vino negro embriagado
> y tengo el orgullo humilde
> de tener entre mis manos

la perla de un terrible éxtasis

~~que te en vano fuiste buscando~~

~~que en sueño solo has acariciado~~

que recogerás temblando...[12]

Entre los vocablos que recuerdan *Desolación*, cuyas páginas Mistral iba a revisar en Punta Arenas, la palabra «éxtasis» es central. Aparece dieciséis veces en aquel poemario, desde los breves «momentos de éxtasis» («El Ensueño») hasta los largos «días de éxtasis ardiente» («Poema del Hijo»), o en la elipsis dentro de la prosa poética «La charca», que nos refiere a «un placer mirándose transfigurada; ... después, el éxtasis». Consistente con el modernismo poético, las páginas de *Desolación* prefieren usar el símbolo y ubicar la emoción en el mundo exterior.

«Este amor» es «humano», a diferencia del «éxtasis» atribuido en *Desolación* a los pinos negros, al segador, al llano patagónico. «Este amor» no nos habla desde los árboles o el barro ni está desplazado a un hijo imaginado. El verso «No has sido más que un mendigo de vino negro embriagado» recuerda la correspondencia con Manuel Magallanes Moure. Y bien antes de eso, la voz que habla del «orgullo humilde» recuerda el «orgullo hasta la altivez, modesta hasta la humildad» de Lucila Godoy en su época coquimbana.

Este amor, este orgullo humilde, es una máquina de paradojas. Cobra fuerza al declarar el tesoro que ostenta «entre mis manos», es «la perla de un terrible éxtasis», oculta, secreta, en un juego de toma y daca. De mostrar y retirar. De aludir sin nombrar, consistente con la disidencia sexual que arde a lo largo de *Desolación*. Entre las paradojas que gobiernan «Amo Amor». En las calurosas prohibiciones de «Ceras eternas». Desde el deseo atribuido a los árboles en los «Motivos de la Pasión» hasta el barro que pide ser recogido y amasado en los «Motivos del barro».

Este amor, este arcángel aprenderá cómo andar por el mundo sin ser corrompido por este:

> Este amor va como un arcángel
> Perdido entre los humanos
> Y mira seres y las casas
> Con un asombro de extrañado.
> Tiene que ir como los otros
> Recibiendo, sobre el rostro
> El acre olor de las ferias
> Y tocando el ensangrentado
> Camino en que van los hombres
> Sus lascivias extravagantes.

Partida y arribo: 1° de mayo, 1918

Los estibadores suspendieron temporalmente la labor de cargar el barco en Valparaíso, demorando la partida, pero a Mistral no le importó demasiado. Dedicó más de tres horas a interrogar al dramaturgo Samuel Eichelbaum acerca de los escritores de Buenos Aires.[13] Cuando el barco finalmente arribó a Talcahuano, su primera escala, Mistral aprovechó de ir a Concepción para encontrarse al pie del cerro Caracol con el educador Enrique Molina. En sus memorias, Molina evocaría ese día: «Pude admirar la espléndida y esbelta figura de elquina sólida, figura coronada entonces por un chambergo de paño negro de amplias alas».[14] Detalla el almuerzo que le ofrecieron en el Club Concepción. Asistieron, además de Molina y Mistral, Luis Cruz Ocampo (más conocido como el crítico literario «Licenciado Vidriera») y Samuel Guzmán García, un político liberal y director del club. Dieciocho años mayor que

Mistral y nacido en La Serena, Molina había estudiado leyes, filosofía y pedagogía. Siendo el rector fundador de la Universidad de Concepción, una de las más antiguas universidades laicas de Chile, Molina resultaría un aliado inestimable de Mistral y Rodig.

Después de diez días a bordo, Mistral se detuvo una vez más con Rodig, Luisa Fernández y Celmira Zúñiga en la cubierta del vapor *Chiloé*. Un vasto horizonte gris y blanco se abría ante ellas; un paisaje glaciar de mar y cielo:

> Despertad y acordaos.
> Venía de donde la tierra
> se casa y junta con el cielo,
> en donde nacen los héroes.
> Viene siempre y no lo veis
> y hacéis fiesta por los otros.
>
> GM, «Lohengrin»[15]

Esperándolas el 12 de mayo en Punta Arenas estaba el doctor Luis Aguirre Cerda. Hermano de don Pedro, este residente de larga data en la región conocía el área «con la precisión de un geógrafo».[16] Trabajaba como secretario de la Sociedad de Instrucción Popular, que les ofreció una recepción a las recién llegadas en el Hotel Kosmos. Cuando las mujeres se escabulleron hacia la noche, «ya de madrugada, escoltadas por los varones», quedaron pasmadas, sorprendidas al ver «las calles blancas de nieve».[17]

> Sigilosa, silente y sosegada
> Era la muerte y pareció el amor
>
> La nieve cae, silente
> Y la noche va a llegar

Y yo tengo lumbre para
Ser mejor mi soledad

Pero ves: vuelvo a estar sola
Y a buscarte y a estregar
En el hueco de tus sienes
Mi locura, mi pasión[18]

El sentido de desarraigo profundo al estar lejos del sol y rodeada de nieve gobierna los poemas que Mistral escribió al llegar a Punta Arenas en 1918. La poeta se enfrenta a una ciudad donde el colonizador abunda y los pueblos originarios, muy reducidos, se destacan por su ausencia. Como anota la crítica Magda Sepúlveda al referirse al poema «Desolación», del poemario del mismo nombre, es «un canto fúnebre por la Patagonia chilena, víctima de los políticos que la quisieron apta para el inmigrante europeo, pero desolada para los indígenas y para los chilenos».[19] La foto que sirve de portadilla en el libro de Sepúlveda para el capítulo «Ante la Patagonia colonizada» representa la apropiación artística de los cuerpos de las trabajadoras indígenas por parte de los colonizadores. Con la inclusión y reconfiguracion de estas imágenes, Sepúlveda anticipa los preceptos de Preciado: al derrumbar las estatuas de «ese silencioso Mausoleo del Terror Histórico Moderno» se pueden reconfigurar, fuera del museo, en un «Monumento a la Necropolítica Mundial Moderna».[20]

Cuando Mistral arribó a Punta Arenas en 1918, era una ciudad de inmigrantes que iban a trabajar en la industria ovejera durante la «época dorada» o de «bonanza económica» de la región. Venían de Croacia, de Italia, de Alemania, de Inglaterra, de toda Europa. Pero cuando Mistral desembarcó del *Chiloé* —cuatro años después de la inauguración del canal de Panamá—, el área estaba en «franco deterioramiento económico».[21] Mistral entiende que en parte se la ha enviado a prepararlo todo para cuando los ciudadanos del territorio puedan votar: «La nacionalización del Territorio debe empezar con la conquista de los extranjeros que llenan los colegios particulares», le advirtió en una carta a don Pedro.[22] A la hora de argumentar políticamente a favor de abrir una escuela que ampliara la enseñanza de adultos, Mistral añadió: «Hasta hoy se limita la enseñanza a los niños que actuarán en diez años más y no influye en los adultos que son los que hacen el momento actual tan intenso...».[23] Comprueba el éxito que tuvo Mistral en el trabajo que, en su campaña presidencial de 1938, Aguirre Cerda obtuviera el 88,5 por ciento de la votación registrada en Magallanes, superior a la que logró en cualquier otra región del país.

El correo llegaba por barco desde Valparaíso. Una vez a la semana Laura Rodig iba a recogerlo. Laura notó la agitación en Punta Arenas, en la vecina Argentina y en el resto de Chile, y Mistral se lo comentó a Eduardo Barrios: «El pueblo es de una inquietud increíble. Gobernadores malos y buenos no duran; ni jueces ni prefectos».[24] En la misma carta, Mistral indica que se llevó bien con el gobernador militar, «el coronel Contreras, un amigo caballeroso y leal» que ayudaba a la escuela. Dice que él hubo de abandonar la región porque los poderes locales querían en su puesto a un hombre fuerte que reprimiera las disensiones.

La dirección del liceo consumía inicialmente todo el tiempo de Mistral: «Mi sitio es este: enseñar», le escribió a un escritor mexicano, y señaló que no podía hablar libremente: «En estos tiempos, ser franca y ser maestra moderna es peligroso».[25] Tres meses después, hubo una iniciativa de Enrique Molina pidiendo un concurso, tal vez para trasladarla a Concepción. Cuando no resultó, ella insistió en que se quedaría allí al menos por el momento: «... no pienso hoy moverme del Polo. Es un Liceo horrible, pero se tiene paz para trabajar. Deseo acostumbrarme. Quiero fijarme aquí, estar unos cuantos años y salir después definitivamente, a ser posible, de Chile».[26]

Después de su primer invierno en Punta Arenas, Mistral se valió de una táctica política que iba a perfeccionar a lo largo de su vida. La usó por primera vez en Punta Arenas. Para lograr cierto grado de influencia en los lugares donde llegaba a residir, Mistral comenzaba a explorar sus opciones y amenazaba con trasladarse a otro puesto y residencia. Aunque decía que estaba motivada por el propósito de conseguir mejor clima y oportunidades, siempre lo hizo sin perder sueldo y después de haber consultado todo, intercambiando cartas con sus varios amigos-consejeros. En este caso, su primera caja de resonancia fue Eduardo Barrios, quien haría correr la voz, discretamente, entre sus admiradores en Santiago.

A la vez, Mistral llegó a Punta Arenas con la determinación de crecer allí donde había sido plantada de la misma manera en que lo hacían los árboles que ella y Laura Rodig pedían a los niños que plantaran cerca de la escuela, en la avenida Colón y en la plaza Punta Arenas. Cuando Rodig volvió a vivir en Punta Arenas, esos árboles fueron la metáfora de sus antiguos alumnos y de ellas mismas. En una carta a la poeta, escrita en 1951, Laura insinúa que una copia de la estatua prohibida que ella quiso hacer para Vicuña ya tenía su sitio entre aquellos árboles: «¿Se acuerda? Son[,] ahora[,] adultos, macizos y hermosos robles, pinos y abedules. Ahí —en su nobleza— tan merecedores, tan azotados —a veces por el viento— ahí están ensalzando nidos y estrechándose, espesándose como para protegerla».[27]

Laura Rodig aceptó ser una «secretaria» y una «empleada de servicio», cultivando una fachada algo dócil y subordinada, tanto en el tiempo que vivió ahí en Punta Arenas con Mistral entre 1918 y 1920, como a su regreso a vivir en la ciudad, al parecer desde fines de 1948 (si no antes) hasta fines de 1951.[28]

MISTRAL Y RODIG VISTAS POR ESCRITORES DE PUNTA ARENAS

Entre las valiosas semblanzas de Mistral y Rodig, en *La desterrada en su patria* (1977) Roque Esteban Scarpa hace un recuento impresionista que reúne gran variedad de materiales de fuentes no siempre identificadas, incluso de varios manuscritos fragmentados de Laura Rodig. Y Dusan Martinovic, en su libro *Gabriela austral* (2013), ofrece una síntesis muy bien documentada, que incluye fotos e investigaciones históricas. Scarpa abre su libro con historias de navegantes y viajeros para sustentar su tesis original y persuasiva: en Punta Arenas, «la desterrada en su patria encontró su patria en el destierro».[29] Evoca de su propia infancia puntarenense remembranzas de los años en que Laura Rodig volvió a vivir ahí. También Scarpa se apropia de los contenidos de los manuscritos no citados ni explicitados, pero hechos por la propia Rodig: «Y en la infinidad de papeles revueltos que ha dejado, hay siempre reminiscencias de esa mujer, de esa región, y ese pueblo, de su duro clima».[30] Con estas palabras, Scarpa se refiere oblicuamente a las notas fragmentarias, hechas a mano, que él recibió de Rodig por medio de la heredera de ella, Elena Echeverría, en los años 1970 (ahora digitalizados por la Biblioteca Nacional de Chile y/o por el Museo Gabriela Mistral de Vicuña).[31] Al utilizarlos sin atribución, es probable que Scarpa evitara provocar a Doris Dana, quien pudiera haber tratado de prohibir su publicación.

Hasta cierto punto, Rodig es considerada una escritora de Punta Arenas, donde vivió y trabajó unos seis años en total. Siendo adulta y habituada más a organizar, hablar, pintar y dibujar que a escribir, desde 1930 Rodig escribió sin embargo varias cartas. Después de la prohibición de hacer su estatua, o sea desde 1946 en adelante, Rodig dejó copiosas notas y cartas relativas a su relación con Gabriela Mistral. En ellas se empeña en dejar que afloren los recuerdos, revividos al volver a habitar en Punta Arenas en 1948. Evocando su experiencia en la ciudad casi tres décadas antes, cuando estuvo ahí dos años junto a Mistral, Rodig pinta el heroísmo cotidiano de quienes habían vivido y trabajado allí: «Parte a Magallanes. La acompaño. Liceo. Radowiski. Cárceles. Estancias. Clases a los obreros. El Paine. Desolación. Cartas. Rúbrica. Anécdota de la Escarcha. Anécdota la entabla, del abrigo. Clima durísimo en aquellos años. Allá rubricó un hombre la hazaña más audaz de la humanidad. Allí mismo vivió, sufrió, enseñó y marcó una obra Juan Contardí, Carlos Forestí, los Scarpa, José Grimaldi, los Bonacich, Juan Secul, Luis Barrera, etc. Las estancias. Los presos. Los 40 cuadernos».[32]

Hay que recordar que la segunda estancia de Rodig en Punta Arenas coincide con el régimen de Gabriel González Videla y la política de la «Ley Maldita». La Guerra Fría entraba en plena intensidad. No es de maravillar que la escultora regresara para vivir sola en el exilio de Punta Arenas. Ahí cristalizó su resolución a desafiar el veto de Mistral: Rodig siguió, sigilosa y silente como la nieve, esculpiendo la estatua de la poeta. Las cartas que escribió y envió a Gabriela Mistral en estos años son bastante pulidas. No son borradores. Evitan todo tema político. Son las palabras de un artesano que intenta llegar a un acuerdo contra viento y marea.

Gabriela austral, de Martinovic, reinstala imágenes y voces del pasado de Mistral: incluye entrevistas a antiguos alumnos suyos y de Rodig. Hay un pequeño tesoro de fotos históricas. Una de ellas, hecha en Punta Arenas a fines de enero o comienzos de febrero de 1925, retrata a Mistral, Rodig y sus compañeros de viaje, de vuelta de Europa, todos esperando en una cubierta inferior del *Orcoma*, que está en proceso de atracar. Las dos chilenas están a un paso de poner pie de nuevo en territorio chileno, luego de dos años y medio de vagar por México y Europa. Es la única vuelta de Mistral a esa tierra magallánica, cuyas tempestades y paisajes dantescos de árboles atormentados externalizan el estado de su alma. No hay, en la actitud de ambas, nada meloso o nostálgico. Es una foto de los años veinte en que el pasado ha quedado atrás. Ya no son días íntimos, menos aún de éxtasis ardiente. Tal vez los motores del barco temblaron de arrullo, ya que Rodig se muestra despatarrada en una silla de cubierta, absolutamente relajada, aún más delgada y desaliñada que antaño. A tres o cuatro metros, se yergue Mistral de pie en la única foto en que aparece con pantalones. Su mirada clava estiletes a la cámara. Su ceño fruncido presagia la inminente tormenta.

Al cabo de un mes de hecha esa foto, sobreviene la disputa y lo que Rodig designa luego como la «Pelea definitiva. Asunto Don Stgo. La mandamos a La Serena».[33]

«La Antártida y el pueblo magallánico»: una alegoría política de Neruda en 1948

Mistral mencionaba a menudo sus años en Magallanes en sus discursos diplomáticos, pero el único ensayo que escribió y publicó enfocado en ello es una parábola de hondo sentido político. La publicación de «La Antártida y el pueblo magallánico» en *La Nación* (Santiago, 24 de octubre de 1948) coincide con la protesta mundial por la persecución al poeta y senador Pablo Neruda. Él se había transformado en un fugitivo sin pasaporte, con paradero desconocido. La represión incluía a Gabriela Mistral, entones la única laureada con el Premio Nobel de Literatura en América Latina. Después de la elección como presidente de Gabriel González Videla en septiembre de 1946, los principales diarios chilenos publican muy pocos artículos de Mistral.[34]

Aun cuando había sido jefe de campaña de González Videla, Neruda, senador por Tarapacá y Antofagasta, se había vuelto un prófugo de la justicia poco después del 6 de enero de 1948, cuando condenó las medidas antidemocráticas del régimen en un feroz discurso que pronunció en el Senado: «Yo acuso». La Corte Suprema se alineó con la furia del presidente González Videla: aprobó y despachó la orden de arresto contra el poeta. Mientras tanto, en abril los legisladores aprobaban la «Ley Maldita», la cual ponía fuera de la legalidad al Partido Comunista y purgaba a sus militantes de las listas electorales, dejándolos cesantes y prohibiéndoles el acceso al sector público o derechamente expulsándolos de él.

Como sus compañeros comunistas, Rodig abandonó la vida pública a consecuencia de la persecución. Parece que leyó el texto «La Antártida y el pueblo magallánico» cuando Mistral lo publicó en octubre de 1948: antes del final de ese año la artista optó por el exilio interior en Magallanes. En un texto de su propia factura, Rodig detalló algunos episodios en que ella había participado con Gabriela; enumera algunos de los mismos episodios a los que se refiere Mistral en su artículo: «los presos, Radowiski, las cárceles, [y] las clases a los obreros».[35]

La persecución a Neruda le trajo una avalancha de mala publicidad a González Videla. Años después, en sus memorias, el expresidente reconocería cómo los amigos de Neruda volvieron la situación a favor del poeta y de sí mismos. La persecución sería el broche de oro para el perfil internacional requerido en cualquier nominación exitosa al Premio Nobel. No es una casualidad. Doris Dana, atraída como polilla por la llama de la celebridad, inicia su correspondencia con Gabriela Mistral precisamente cuando el caso Neruda se convierte en una causa famosa en las páginas del *New York Times*. Para desviar la atención de la condena recibida, el presidente González Videla viajó el 17 de febrero a la Antártica Chilena, siendo la primera ocasión en que un jefe de Estado visitaba el continente helado. Una tropa de fotógrafos registraron ampliamente el evento.

Mistral trabajó por lo menos dos borradores de su ensayo sobre Punta Arenas y la Antártida. Buena parte del ensayo de Mistral alude, sin nombrarla, a la situación del proscrito Neruda y el derecho al asilo. Al escribirlo, Mistral señala el deber moral hacia los refugiados, en resonancia con la condición fugitiva de Neruda. Utiliza la ocasión para observar, a la vez, que los indígenas están refugiados en su propia tierra, sobre la cual el Estado chileno y el argentino disputan. Mistral comenta «el enorme absurdo que funge como ley entre estos dos hechos: el "descubrimiento" de un lugar y la posesión efectiva del mismo por los aborígenes desde todo tiempo».[36] Desde su perspectiva como «una indigenista de siempre», Mistral en 1948 se refiere irónicamente al tema de la virginidad en cuanto a la tierra, la ley y la posesión.[37] Observa que «la posesión venía de la legalidad de nuestra posesión, y la virginidad, del olvido que le dábamos los chilenos de Llanquihue arriba».[38]

En «La Antártida y el pueblo magallanico», la escritora se refiere, en especial, a las prácticas de asilo que ella y Rodig habían desarrollado en el liceo. La clase vespertina de geografía que dictaba Mistral recibía y acogía a prisioneros políticos, dos fugitivos del campamento penal en Ushuaia, a la vez que convocaba a un número creciente de descendientes mestizos de los habitantes originarios del lugar. En 1948, pero no en 1918, Mistral rinde homenaje a la familiaridad de estos con la acuosa geografía de la región. Ahora, en 1948, escribe sobre cómo la tierra y el mar posibilitaban su huida y sobrevivencia en un área de fronteras difusas. Mistral reconoce y acoge a los pueblos indígenas que sobreviven volviéndose fugitivos. Martinovic los enumera: los Selk'nam, Aónikenk, Yaganes y Kawéskar, los que se sumaban a los vecinos Tehuelches, Chonos,

Chuncos y Huilliches, que escapaban a «las postrimerías del territorio, en la pampa inmensa, en los canales innavegables, o en los bosques del sur».[39]

Por contraste, en su libro ya aludido, Scarpa individualiza a un solo miembro anónimo del grupo que ingresó al liceo sin anunciarse, en aquel remoto y templado atardecer de noviembre cuando «Gabriela conversaba con tanta naturalidad e interés, que su clase, que debía concluir a las nueve y media, como nadie daba muestras de impaciencia, se prolongaba hasta las once de la noche».[40] «Laura Rodig es quien lo cuenta», establece Scarpa, cuya versión elimina toda mención de la indigeneidad de los visitantes.[41] Laura se sentó un día al lado de Gabriela, frente a los estudiantes, y de pronto una figura en las sombras se deslizó al interior del aula, al fondo. La artista plástica se alzó de su asiento «con temor y disimulo» y vio a «un hombre, empapado, tembloroso, con tono desfalleciente»:

> Me andan buscando, dijo. Ocúltenme.
>
> Sin pensar si era lo adecuado, le hizo seguirla por el largo pasadizo. Mostrándole el entretecho, le incitó a que subiera y le aguardara. Luego, conturbada, volvió hacia Gabriela y le solicitó en voz baja que terminara su charla... Despidieron a la gente.
>
> Laura no olvidaba que estaban en un Liceo de Niñas, con un hombre dentro y fugitivo: «Podemos vestirlo de mujer y conducirlo a un lugar de refugio o escape».
>
> Gabriela le respondió. «No. Ese hombre no sale a la calle. No sale al peligro... En la calle, están deteniendo a todos los transeúntes». No se trataba de un caso de justicia común, sino un hecho de cierta trascendencia internacional...[42]

Según Scarpa, Laura vio que Gabriela había intuido que el visitante escapaba de una de las colonias penales que Chile y Argentina operaban en esta maraña de islas: «Corriendo todos los riesgos, Gabriela lo amparó, sin preguntarle siquiera su nombre, que solo supo más tarde, por los comentarios en la prensa. Solo cuando amainó la búsqueda, le permitió partir».[43]

Al escribir del incidente en 1948, Mistral sugiere que el embrollado paisaje circundante había conseguido hechizarla, multiplicando en su propia mente el páramo laberíntico y los corredores marinos. Ella conjura la memoria de lo ocurrido tres décadas atrás: «Daba yo una clasecilla de Geografía regional; me había volteado los sesos, estudiándome aquella zona de tragedia terráquea, toda ella hecha de desplazamientos y de resistencias, infierno de golfos y cabos y sartal de islas sin cuento».[44] Cuenta cómo, al salir, la anfitriona y los extraños se subordinan a las reglas de hospitalidad: «El grupo forastero se allegó a saludarme. Dos reos políticos del Presidio de Ushuaia supieron en la ciudad de ese curso nocturno e informal de conversaciones y quisieron ir a verme, y se les sumaron unos chilenos inéditos para mis ojos».[45] Sus invitados se ciñen a su vez a la tradición y la representación oral, respondiendo a las historias de ella con sus propios cuentos: «Sentados otra vez, los seis u ocho, me contarían la escapada de corajudos, los trances de la pampa y el nadar las aguas medio heladas, husmeando entre matorrales encubridores, hasta alcanzar la arribada a Punta Arenas».[46]

El borrador original de ese ensayo de Mistral apareció en un cuaderno de notas que usaba por esos tiempos, y que contiene una carta que la poeta redactó en apoyo al primer tratado de derechos humanos. La ONU lo adoptaría en 1948: firma la condena al genocidio como un crimen contra la humanidad. Y en el artículo, la poeta nos cuenta que los fugitivos son, como ella, hijos de Ghea (término griego para designar la Tierra), de ancestros nativos y de mestizos desconocidos. En el borrador que acá citamos (donde las tachaduras indican palabras expurgadas y luego reemplazadas por las palabras en cursivas), Mistral especifica la información: «Yo miraba y oía a los fugitivos con novelería de mujer lectora de aventuras, pero, sobre todo, devota de Ghea, nuestra madre, y de sus "claros misterios". Los ojos se me quedaron sobre los dos rostros no vistos nunca: allí había unos seres de etnografía poco descifrable, medio Alacalufes, ~~según ellos mismos~~, pero ~~harto~~ mejor vestidos que nuestros pobrecitos fueguinos —eran ~~un indio~~ el *aborigen* inédito para mí, ~~el regalo~~ el *hallazgo* mejor para ~~un poeta~~ una indigenista de ~~vocación~~ siempre».[47]

Es notable que Mistral decida alterar las referencias al indigenismo. Durante sus años en Brasil, afirma que el Gobierno chileno vetaba las imágenes de los nativos en un texto suyo para promover una política caucásica. También notable: la narración denomina a los fugitivos primero como «invitados» y luego «mis huéspedes»: «Los invitados se marchan y difunden lo ocurrido, de modo que la cifra de asistentes a las clases aumenta y nuevos invitados se quedan después de ellas [...] Mis huéspedes volverían solos después, y traerán a otros más, calculando siempre la salida de las alumnas nocturnas, para hablar a su gusto, mudos que soltaban la lengua en perdiendo el miedo y que regresaban para no cortar el relato, por "contar muchísimo más"».[48] Mistral no repite las historias, esos cuentos referidos que a ella no le corresponde contar. En las líneas que Mistral (o el periódico) tachó, leemos: «y ~~como siempre~~ por rebase me habían descubierto la flaqueza indigenista y el gusto de la tertulia».[49] Y resume: «Fue allí donde yo toqué pueblo magallánico y patagón. Podría haber vivido diez años sin contacto con él», dice, mientras observa, en el borrador, «la separación de las clases sociales, que en región poseída por europeos-chilenizados, es mayor aún que la del Chile continental». Pero la versión publicada no menciona la colonización del lugar. Otras líneas que no salen en la versión publicada comentan las visitas de colonizadores en barcos europeos como la base de una «toma de posesión», y notan que el concepto de un «derecho» y un futuro alegato de nacionalización provoca la «risa amarga de los pobladores y traficantes de la zona».[50]

Mistral concluye su artículo con una alusión que finge defender la reciente visita presidencial de González Videla a la Antártica: cita al *Manchester Guardian*, que había criticado el viaje como «una parada de cinematografía».[51] Mistral no tiene que añadir lo que todos saben: que el motivo de la «parada» presidencial era desviar la atención mundial respecto al desconocido paradero del perseguido Neruda. Tan sutil es la operación de Mistral que el Ministerio de Relaciones Exteriores le agradece su defensa de la soberanía chilena.

Rodig y Martinovic identifican al celebre fugitivo que las mujeres acogieron: Simón Radowitzky fue un anarquista condenado por haber activado la bomba que mató, en Buenos Aires, en 1909, al jefe de policía instigador de la Semana Trágica en la ciudad. Al ser demasiado joven para enfrentar al pelotón de fusilamiento, Radowitzky fue sentenciado a cadena perpetua y enviado a Ushuaia, donde hubo de soportar un tratamiento brutal. Apacible y carismático, el anarquista lideró a otros reclusos en huelgas de hambre. Su fama era tal que sus camaradas de Buenos Aires enviaban, año tras año, a cómplices que lo ayudaran a escapar. Seis meses después de que Mistral y Rodig llegaran a Punta Arenas, un anarquista nacido en España tuvo éxito en liberarlo. Siete meses más tarde, Julio Ossandón Munizaga, compatriota de Mistral, escribe en la prensa de la localidad manifestando su apoyo velado a la causa: «Parece que nuestra Mireya se ha puesto revolucionaria».[52]

RESISTENCIA DESDE ESPACIOS LIMINALES

Rodig y Mistral defendían el derecho de asilo, pero sin desafiar al colonialismo blanco en la región, que era un objetivo del Estado. Cinco días después de haber arribado a Punta Arenas, Mistral supo de las limitaciones de su poder administrativo cuando anunció su primera iniciativa. Para compensar los días de colegio perdidos y mejorar la salud de las estudiantes, propuso acortar las vacaciones de verano y alargar las de invierno. El encargado de los exámenes médicos en la escuela, el doctor Abraham Dodds, apoyó la medida, pues él mismo acababa de examinar a los alumnos de toda la ciudad. Su informe indicaba que más de un 95 por ciento sufría de tuberculosis, raquitismo o debilidad general.[53] Pero los restantes directores de escuela se opusieron decididamente a la propuesta de Mistral. Era insalubre para los propios niños, decían, permanecer encerrados durante el verano, los niños estaban muy sanos y debían ir de excursión. Nadie se atrevía a explicar que muchas familias dependían del ingreso estival que los niños conseguían participando en la esquila de ovejas realizada en las vastas estancias de la región.[54]

Para su siguiente iniciativa, un rotundo éxito, Mistral no consultó a nadie, ni a Santiago ni a los demás directores de escuela. Con el apoyo del personal del liceo y de la comunidad, creó una Biblioteca Popular en el Liceo de Niñas. Martinovic nos muestra que algunos libros firmados y donados por Laura Rodig siguen en los anaqueles. Los comerciantes y ciudadanos particulares también aportaron algunos títulos. La Biblioteca Popular del Liceo de Niñas se inauguró con gran fanfarria y 1.200 volúmenes donados, «en una proporción de 100 préstamos semanales».[55]

Esa Biblioteca Popular evidencia una nueva y muy sagaz colaboración entre Gabriela Mistral y el cónsul argentino en la localidad, quien donó ochenta y un libros y cuarenta folletos al proyecto.[56]

A ello sigue su gesto de establecer amistad con otros personeros locales ligados con Argentina: Abraham Aguilera, obispo de Magallanes y las Malvinas, hombre de tan solo 33 años; Sara Braun Hamburgo, una renombrada empresaria local; y las mujeres de la familia Menéndez-Behety de Punta Arenas y Buenos Aires.[57] Todas esas mujeres formidables eran conscientes del interés estratégico internacional por la región y siguieron en contacto con Mistral incluso después de su partida.

El interés por la poeta en Argentina aumentó por la página quincenal que escribía para *Atlántida*, la entonces nueva revista bonaerense donde Mistral publicó en forma estable durante toda su estadía en Punta Arenas.

«UN CARTEO, TAL VEZ UN EQUÍVOCO IRRESPONSABLE»: LAURA RODIG Y SANTIAGO ASTE

Por aquellos años, Mistral y Rodig cayeron bajo el hechizo de Punta Arenas: «En las mismas tierras antárticas donde presiden regiones de mayor realidad, de más allá, de maravilla y de definitiva muerte, más acá aguas grises a veces oscilantes, a veces furiosas sobre un continente que aún no se resuelve del todo a sumergirse, acuchillado de canales que se hunden en su tierra, orillas rugosas a veces desganadas, inmensos peñascos, elevadísimos, torrentes, selvas negras recortándose sobre espesas nubes».[58]

Hechizada o no, el rumbo de Laura Rodig dependía del que escogiera Mistral. A pesar de la voz invariablemente calma y la apariencia tan apacible de la poeta, «Gabriela», un anagrama de *labriega*, trabajadora de la tierra, era un hervor bullente de actividad. Décadas después, los manuscritos inéditos de Laura permitieron que aflorara a la superficie su versión de la historia:

No voy a decir cómo era sino cómo la *vi* [...] Hubiera querido referirme a aspectos de su carácter, curiosidades del ser apasionado, que era rencorosa, no olvidaba, no perdonaba, injusta a veces. Grandezas y debilidades, curiosidades de su carácter y comportamiento. Cada cosa análisis de causa y efecto. No era una santa. Es increíble que se pueda ser tan magníficamente injusta en haber previsto que lo único que contaba entre nosotros era la intención, no el posible amor. Pero todo se empequeñece ante sus virtudes. Contradicciones. Ella que estuvo siempre al lado de las causas nobles[:] la paz, la justicia y la redención de los humildes. Sus reacciones y enojos duraderos, terribles. Empezaron roces entre nosotros.[59]

El vivir y trabajar con Gabriela le fue abriendo a Laura el manejo de su correspondencia. Aburrida y con frío, Laura solía coger la pluma en nombre de la poeta y responder a las consultas que recibía. Sus intercambios con María Enriqueta, la muy popular poeta mexicana, condujeron directamente al primer artículo extenso sobre la obra de Mistral que se publicara en Madrid; también contribuyó a los preliminares de cómo Rodig logró escapar de su condición subalterna y volver a su arte.

Totalmente distinta en la historia de la relación de Rodig y Mistral es la correspondencia con «Don Santiago Aste», a quien Rodig describe, décadas después, como «un muchachón inmigrante italiano casi analfabeto y hermosísimo ejemplar humano».[60] El caso nos hace pensar en las palabras de Marta Vergara, que se refiere a Laura y «esa condición suya para crearse problemas».[61]

«Hacia 1917», escribe Laura, «en la esquina de la plaza y muy cercano al Liceo de Niñas había un almacén de abarrotes donde trabajó Aste».[62] El estilo narrativo es muy afín al «érase una vez»:

Las chiquillas del Liceo sentían gran alboroto con él y pasaban y repasaban por la esquina. Las ventas a menudo aumentaron en forma portentosa a causa de este Don Santiago, que así se llamaba. Gabriela también pasaba y de reojo se solazaba con su bella estampa [...] aunque ni ella ni nadie lo imaginara, fue al fin la elegida de su corazón.[63]

Dueña de un oído formidable para los diálogos, Laura narra el posterior giro de los acontecimientos en el siguiente borrador:

Un día, casi al año de estar en Punta Arenas, llegó una carta, apenas legible. No podíamos orientarnos de quién era. Luego, otra más precisa. Como vivíamos en una verdadera orfandad de novedades, dije: mamita, entretengámonos con este don Santiago. Yo le contesté como que es Ud. y a ver qué pasa. Gabriela no le dio a ello mayor importancia y yo lo pensé y lo hice —y— empezó un carteo [que fue] tal vez un equívoco irresponsable de mi parte. Empecé según los postulados de Gabriela a aconsejar a Don Santiago que fuera a la escuela nocturna que, más que mozo (pero otras palabras) era bonito ser campesino, tener aunque fuera un pedazo de tierra, animales, etc., etc. Lo curioso es que don Santiago resultó tan condescendiente y de tan buena suerte que rápidamente era luego dueño de un predio, luego dueño de animales, y medio cosechas. Todo parecía un cuento optimista...[64]

La tendencia a armar parejas es recurrente a lo largo de la vida de Laura Rodig. A principios de los años treinta, por ejemplo, le buscó pareja a su compañera de vivienda en París y en Santiago, Marta Vergara. Quizá su nexo con Marta había comenzado a tornarse algo claustrofóbico para Laura, quien atesoraba su propia libertad. Ambas mujeres habían estado viviendo en Santiago y trabajado juntas durante tres años cuando, en los términos que emplea Vergara, «Laurita Rodig me dijo una tarde que había dejado a un joven esperando en la esquina. Quería que yo lo conociera. Se trataba de Marcos Chamudes, un dirigente comunista...».[65] Al casarse tiempo después Vergara con Chamudes, Rodig consiguió el mejor de los mundos posibles: una amiga en la cual apoyarse y su propia independencia. Su triunfo en esta ocasión compensa los errores que cometió más tarde, a saber, el resultado calamitoso de su empeño de armar una pareja entre Santiago Aste y Gabriela Mistral, como veremos más adelante y suponiendo que esta historia sea real.

Reorganizar y «chilenizar»

Mistral, Rodig y las demás habían arribado con dos encargos entre manos a Punta Arenas. El primero, reorganizar el Liceo de Niñas, que se estableció en 1906 y que había sido reorganizado ya dos veces; era el único de los cuarenta y cuatro liceos de Chile clasificado como «malo» en 1918.[66] Partieron, en rigor, con el pie derecho y, al añadirle un cuarto año de Humanidades, revirtieron la matrícula en declive que venía teniendo el colegio.[67] Un año después, más de trescientas diez estudiantes se matricularon, con noventa alumnas por aula y tres por pupitre.[68] El segundo año, Mistral sumó nuevas matrículas al crear un primer año de clases para estudiantes que no sabían aún leer.[69] El rápido crecimiento de la matrícula planteó la necesidad apremiante de un edificio más grande para el colegio, tema constante de las cartas dirigidas por Mistral a sus amigos de Santiago. Detestaba rechazar alumnas: «60 niñas no pueden echar a la calle... Ese año he debido rechazar, con la protesta de los padres, 73 alumnas. No podría admitirse más, ni para la primera Preparatoria».[70] Mistral plantea una sugerencia muy sensata en una carta a

Pedro Aguirre Cerda: el colegio debía trasladarse a las instalaciones más amplias de la Escuela Superior de Hombres, que solo contaba con ciento ochenta estudiantes y cuyo traslado a un nuevo edificio ya estaba programado.[71] ¿Y la respuesta de Santiago cuál fue? «No vienen del Ministerio sino amonestaciones...», escribió Mistral.[72]

El segundo encargo que tenían las recién llegadas era el de «chilenizar» aquel territorio de unos veinticinco mil habitantes. Al respecto, Scarpa se pregunta con sarcasmo: «Chilenizar a una región aislada que tenía, para su propio uso, cuatro diarios y catorce periódicos y revistas, lo que no soñaba otra parte de Chile en 1918, ¿y con veinticinco mil habitantes?».[73] Punta Arenas era la ciudad más cosmopolita de Chile.[74] Muchos de sus estudiantes eran antiguos súbditos austrohúngaros.[75] Scarpa cita las palabras del novelista Joaquín Edwards Bello, quien visitó la ciudad y escribió sobre «Punta Arenas, el fin de Chile» donde «las niñas de los millonarios permanecían guardadas como gusanos de seda. Las modestas tenían caras displicentes y con ese aire de ovejas tan extraño y a la vez triste. [...] Los habitantes de Punta Arenas son políticamente chilenos, técnicamente antárticos, étnicamente revueltos y monetariamente argentinos».[76]

Mistral disfrutaba de vivir lejos de lo que percibía como sus enemigos personales, a quienes nunca se cansó de denunciar aunque Alone, por ejemplo, se refiriera a un supuesto «delirio de persecución» en ella. En su carta a Barrios, Mistral subraya a la «gente que nunca me estimó, a la que le es bien fácil sacudirse de mí, hasta sentir el placer de mi "desmoramiento". [...] Celebro su alegría, desde mi casa de nieves. No me rebelo contra mi desgracia».[77] Precisamente en esta carta Mistral se jacta con humildad de los muchos «literatos» a los que debe una misiva. Partiendo, entre los chilenos, por González Vera y los críticos Meza Fuentes y García Oldini, suelta una retahíla impresionante de nombres, escritores diplomáticos mexicanos, argentinos y peruanos, y autores de superventas: «Ni a Nervo, ni a Capdevila, ni a César Duayen, ni a González Martínez, ni a [Francisco] García Calderón, que me solicita colaboraciones con vivo interés, les escribo».[78] ¡Vaya una palestra formidable de aliados la que tenía en su mano!

HUELGA DE PROFESORES, EL SALARIO DE MISTRAL Y NUEVOS DESARROLLOS

En agosto de 1918 se extendió por todo Chile una huelga de profesores en demanda de mejores salarios. Al igual que los políticos radicales de los que dependía su labor, Mistral apoyó la huelga de hecho y de palabra. En un texto publicado en los diarios de Punta Arenas, afirmó que un profesor dentro del rango habitual ganaba lo mismo que un trabajador manual: siete pesos al día, ciento cincuenta pesos al mes. Esto no era, por cierto, lo que ella recibía como directora del liceo, donde además de administrar al personal debía actuar como líder en la comunidad y a la vez en representación del lejano Santiago, manteniendo regulares comunicaciones con la capital. Por esta labor recibía la suma considerable de novecientos pesos al mes, que era dos veces y media el salario de un director de escuela básica. Ella y su personal recibían además entre un 10 y un 30 por ciento de complemento a su sueldo por «gratificación de zona», lo cual respondía al costo de vida en Magallanes, superior al de cualquier otro lugar de Chile.[79] Al recibir ese suplemento, ganaba ocho veces el salario de un profesor regular y tres veces y media el de un director de escuela básica. Adicionalmente, Constancio C. Vigil, editor de *Atlántida* en Buenos Aires, le pagaba doscientos cincuenta pesos mensuales, haciendo habituales reajustes a la tarifa por sus contribuciones. Así, el 20 por ciento del ingreso de la poeta venía directamente de Argentina.

El alcance internacional de Mistral cobró impulso: antes de viajar a Punta Arenas, delegó en un joven estudiante de Talca, Arturo Torres Rioseco, la tarea de representarla en Nueva York —como ya hemos señalado—, ciudad a la que él mismo arribó en septiembre de 1918 con ejemplares de *Selva lírica*, el *Libro de los Juegos Florales* y los *Libros de Lectura*, dándoselos a conocer a dos influyentes profesores de la Universidad de Columbia: el dominicano Pedro Henríquez Ureña y el español Federico de Onís.[80] El mismo Torres Rioseco iba a supervisar la publicación de *Desolación* hasta que el español lo dejó específicamente de lado, como prueba la correspondencia de Onís con Mistral. Quitar de en medio a Torres Rioseco dejó a Onís en libertad de hilvanar la fábula que presenta en las «Palabras preliminares». Ese prefacio no firmado a *Desolación* retrata a Mistral como un territorio desconocido que un grupo de profesores españoles en Estados Unidos descubrió luego de que Onís les presentara la obra. Se sugería que la habían obligado colectivamente a publicar su libro; eso era lo que Onís quería hacernos creer, omitiendo así de la fábula una década de labor mistraliana en el periodismo y su red de contactos en rápida expansión en toda Sudamérica, ampliada a América Central y México y, gracias a Laura Rodig, a España a partir de un contacto que estableció desde Punta Arenas.

¿AMORES PLURALES? MISTRAL, SARA HÜBNER Y MAGALLANES MOURE

La poeta era ya una celebridad en el ámbito educacional cuando, al promediar el invierno, en su trigésimo año de vida, borroneó el dramático «Poema del hijo», «en una noche de viento desatado».[81] Un poema en que representa a la mujer maldita, tema que desarrolló de forma simultánea en una glosa sobre «Los sonetos de la muerte» escrita en prosa y publicada en *Nosotros* en 1918. Bosqueja ahí a un súcubo lascivo cuyas letales cualidades celebra, en una inversión de lo que es un «blasón» familiar. Los ojos, el pecho, el corazón, los labios del enemigo son todos maldecidos con delectación: «... malditos esos senos de doble ánfora dura llenos de miel, cubriéndole el corazón amargo; malditos esos labios, untados de impudicia, siniestramente finos como aceros de oriente que aprendieron un modo de sangrar con Delicia, sabios en ciencia negra del Cuervo y la serpiente; ¡malditas esas manos...!».[82]

«Balada» (también de esa época) continúa el tema de la otra lasciva, pero en un vívido tiempo presente: «Él va amando a otra / por la tierra en flor. Ha abierto el Espino / pasa una canción».[83] Según Scarpa, este poema representa «la primera prueba de la pluralidad del amor en Gabriela y lo simultáneo en ella, la que no olvida, de la pasión próxima y del recuerdo antiguo».[84]

Scarpa no detalla lo que él cree que representa esa «pluralidad del amor». Tampoco alude a la correspondencia de Mistral con Manuel Magallanes Moure, quien le escribió solamente una vez a ella cuando estaba en Punta Arenas, época en que Manuel conoció y se enamoró de Sara Hübner, una celebrada belleza santiaguina y *femme fatale* en torno de la cual no hay un claro consenso: «Ella hechizó a todos quienes la conocieron», escribe Valeria Maino Prado.[85] O era, según Marta Vergara, solo una poetisa genérica, «vestida de negro, sombrero con encajes, y un ramo de violetas en la mano». Pero cuando la misma Sara Hübner le contó su historia con Magallanes a Alone, este escribió en su diario: «Curioso: lo quería y le tenía asco».[86] Mistral se entera de todo este amor no secreto y le escribe: «Eres mi niño; juega, haz lo que quieras con el corazón que te he dado».[87] Insiste, pues, en controlar el libreto y darle instrucciones como a un actor que ensayara sus líneas.[88]

La carta que Magallanes Moure envió a Mistral a la ciudad austral la hizo abandonar el viejo y gastado libreto de «yo no fui querida nunca». Adopta una orientación nueva, como ella misma le contaría más tarde a la poeta Juana de Ibarbourou: «Amor loco, yo por vos y vos por otro».[89] Este nuevo rumbo privilegia el tema, novedoso en la poesía de Mistral, de la maternidad frustrada y, después, prestada, en dos poemas de julio de 1919. En el «Poema del hijo» vemos la fantasía del niño que la poeta pudo haber tenido de no ser por ese «amor loco». Sigue desarrollando la fantasía cuando la voz poética en «El niño solo» toma prestado el bebé de otra mujer para su inspiración. Se abre con una dedicatoria a Sara Hübner, su presunta rival. La voz que habla en «El niño solo» va vagando por las calles y escucha de pronto, por casualidad, un sollozo quejumbroso proveniente de algún lado. Al asomarse por una ventana abierta a la calle, revela que la fuente angustiosa del llanto es un bebé solo en una habitación, estancia a la que esa voz ingresa y donde ve, impactada a la vez por la pena y el placer, al bebé buscando vanamente el pecho materno, decorosamente denominado como «el pezón de la rosa». Ese gesto de búsqueda conduce a la voz o hablante —que solo ahora se nos revela como una voz femenina— a mecer al bebé en sus brazos, a la vez que entona una trémula canción de cuna a la luz de la luna. Y cuando «la mujer», la madre, entra en el cuarto, ve el rostro de esa voz femenina y deja que el bebé siga dormitando en sus brazos. Es como si la poeta cerrara el círculo que inició cuando Manuel le pidió que lo tratara como a «un niño de verdad».

Laura Rodig o el gesto escultórico. Protestas, marchas y huelgas de los trabajadores

Tras «cederle» Magallanes Moure a Sara en «El niño solo», la poeta avanza. Escribe una serie de sensuales poemas en prosa. Cuando un año después ella y Laura Rodig dejan Punta Arenas, Mistral reconoce el sacrificio de la escultora: «Laura Rodig hubo de dejar su taller, sus amigos, su vida artística, para ir a ese Magallanes, lejano y glacial, donde es posible cualquier arte menos éste y donde yo la vi alguna vez tirar la greda cristalizada por el frío en solo una noche con gesto de infinito desconsuelo».[90] El crítico Jaime Concha detalla cómo la poesía mistraliana expone este gesto mudo, escultórico, que da cuenta del alma dolorida atrapada en la vida material: «He aquí la criatura escultórica, que se gesta desde fuera, con sus entrañas en el filo del aire y la materia».[91] De Rodig, Mistral aprende a reconocer la expresividad de la figura humana en movimiento, tanto en la escultura como en la danza, las que salen en las «Canciones de Solveig», por ejemplo. Observándola, Mistral desarrolla nuevas metáforas para su arte. «Laura es», escribe Mistral, «un alma hecha para admirar. [...] Yo he sentido, viéndola modelar el barro humilde con el que se hace la frente del héroe o los labios del dolor en un rostro, la santidad del polvo del camino».[92]

Laura Rodig era un fruto que maduró entre los hielos con una lentitud que fue consolidando aquella fuerza y autoconfianza implacables que Gabriela Mistral había detectado muy tempranamente en ella. La poeta no fue la última que barajó la esperanza de poner un arnés a la energía de su amiga. Ya sea por su bohemia innata o por sus cualidades de organizadora dentro de la comunidad, Laura adoraba vincularse con alguna pandilla, olfateaba aventuras próximas o remotas, desaparecía durante días o semanas. Como Gabriela, gustaba de visitar otras viviendas, sin quedarse.

En los últimos días de 1918, las dos mujeres tuvieron unos días especialmente íntimos al visitar la Posada Dos Pasos y enfrentarse a los picos dentados de las Torres del Paine. La capital ya había experimentado la «marcha del hambre» en noviembre de 1918: más de cincuenta mil personas en una ciudad que no llegaba a medio millón. Por su parte, Laura y Gabriela fueron testigos de confrontaciones cada vez más violentas entre los trabajadores y la policía de Punta Arenas. Esta última irrumpió en una protesta que dejó «un muerto y treinta heridos a bala y sable».[93] Un mes después, Mistral y Rodig se dirigieron a Puerto Natales el mismo día en que una refriega —derivada de una huelga— entre militantes y carabineros se tradujo en la muerte de seis manifestantes y cuatro policías. Mistral alude directamente a la huelga en una carta de catorce páginas que escribió y envió a Eduardo Barrios el mismo día de los hechos, al atardecer: «Por lo de la huelga revolucionaria, tuve que volverme de Natales, estación del camino que hacía hacia el fiordo mayor de Última Esperanza. Ya el torbellino ha parado y vuelvo allá mañana, para estar todo febrero».[94] En la carta detalla, a la vez, su charla «de 20 a 23 horas» con «un mozo anarquista (no se asuste) muy culto, sobre "Vivir" [la obra de Barrios] y sus problemas humanos».[95]

Rogelio Figueroa, el propietario de la Posada Dos Pasos, envió a sus invitadas la opción de una etapa final del viaje para llegar al sitio, muy cerca del Torres del Paine, en que «[g]ran parte de la ruta, probablemente el último tercio, haya transcurrido a través de la Patagonia Argentina».[96] El viaje por la pampa, donde no había senderos a la vista, vivificó a tal punto a la poeta que hasta llegaría a jactarse (algo en extremo inusual en ella) de su excelente estado de salud: «Estoy colorada y fuerte como una salvaje, como una Walkiria, si lo prefiere».[97] La frase, con su sugerencia de mestizaje, evoca una misiva que le escribió a Alone en un similar «estilo de elevada retórica», en la cual se queja de cómo se suele ver ella misma por fuera de manera opuesta a cómo se siente.[98]

En todo ese tiempo en el sur, Mistral nunca se sintió más excitada, relajada y feliz que durante esas vacaciones viajando lejos, mirando el paisaje, disfrutando el verano y charlando con uno de los huelguistas en Puerto Natales. Encendió tanto su ánimo que bajó la guardia. Compartió con Barrios el secreto de su éxito en Punta Arenas: ha aprendido a jugar a dos bandas en cada contienda:

> La huelga nos ha en situación grave, pero ya pasa. Un poco difícil es mantenerse bien con Dios y el diablo aquí, es decir, con obreros (una potencia) y autoridades los radicales me pusieran Belén de Zárraga i los beatos beata. Es mucho pedir. De Belén me pareció siempre grosera, y ridícula y para ser beata tengo demasiada dificultad de hincarme... de este modo, no se tiene partidarios furiosos; pero no importa.[99]

Había tenido éxito con «los radicales», que la comparaban con Belén de Zárraga, la líder anarquista española. Y había a la vez engañado a sus enemigos, los beatos, que la consideraban una «beata» como ellos. Solo con Barrios, el cínico (o, si se prefiere, el realista), podía reírse de la forma en que había engatusado a ambos bandos. Su estado seguía exaltado a lo largo de sus días viajando por el territorio. Dos meses después declara: «Mi dicha de este tiempo ha sido el viaje a los fiordos de Última Esperanza, en la frontera argentina. ¡Una maravilla!».[100] Los contrastes dramáticos se dirigieron a su alma: «Después de 10 meses de auto empieza un reinado de lo maravilloso, que pone trémula y manda», escribe a Barrios, «[E]l mar ha despedazado este confín de mundo y no hay cosa comparable a esta hermosura de la tierra tajeada por el océano y de los bosques vivos y muertos que bordean los fiordos. Solo 20 días me dejaron en paz. Hasta allá llegó la huelga y la alarma. Las horas libres las paso leyendo y viendo arder el fuego. Esto serena y dulcifica».[101]

Años después, Rodig escribe largamente para evocarle a la poeta ese paisaje épico que las animaba: «Me fue dado contemplar espectáculos de una inenarrable belleza. El Sarmiento con sus infinitas terrazas de nieves. Las regiones de los ventisqueros inmensos y que abordamos hasta en sus mismos acantilados, rocas de basalto y pórfido. Y en que —a veces— un sol lejano, había sin embargo una brecha de luz y rompiendo la espesura de las nubes».[102] Así era «la tajeadura enorme entre el pasado y la vida actual, y el trabajo del Liceo».[103] Las dos mujeres habían sufrido una transformación.

Casi cuatro décadas después, Laura Rodig describe cómo marcó el cumpleaños de la poeta con un obsequio extravagante: cuarenta cuadernos de composición «de tapas firmes, flexibles, como le gustaban... Nunca la vi más contenta de un obsequio. Por la noche ya todas estaban destinadas y empezadas, y muy pronto, llenas hasta su última página de interesantes tituladas: "Los ríos de Chile," "Los pájaros de Chile", "Las mariposas", "El folklore", "Yerbas medicinales", "Los hebreos", "Voces indígenas", "Inglés", "Francés", etc. Algunas conservo aún... Ternura. Vida de las Abejas. Gusanos de seda. Construcciones Gramaticales».[104] Los temas enumerados auguraban cuestiones relacionadas con aquello de lo que Mistral escribiría y publicaría durante las próximas décadas.

Después de presenciar el gesto de Mistral de botar el manuscrito de *Desolación* al estrecho magallánico, Laura comenzó a preservar los manuscritos. La evidencia al respecto es clara y taxativa. La colección de Rodig muestra que, entre 1918 y 1920, Mistral había ya desarrollado los hábitos de escritura que quince años después Luis Enrique Délano habría de observar cuando sirvió temporalmente a Mistral como secretario en Madrid: «Escribía con lápiz, corregía abundantemente, intercalando, borrando, agregando, haciendo sacados a otras hojas. Muchas veces copié poemas y artículos suyos de sus originales, lo cual no era siempre sencillo».[105]

Según lo que parece provenir de una entrevista, Volodia Teitelboim describe el método detrás de las intervenciones de Rodig: «Se le convierte en hábito estricto componer, pegar, reconstruir páginas rotas y arrojadas a la basura. A veces es como armar un rompecabezas. Desarrolla la técnica del puzzle o del mecano. Es parte de su oficio [...] maneja la llave para abrir el depósito de historias de ese tiempo magallánico».[106] Por una parte, Laura Rodig era la persona menos entrenada para manejar los florecientes archivos de Mistral. Por otra, fue la primera en reconocer su valía y propiciar su conservación. Entre quienes reconocieron este mérito en el afán de Laura Rodig está Juana de Aguirre, que parece haber sido quien le entregó las cartas que Mistral había escrito a Pedro Aguirre Cerda. Honraron así el sacrificio de Laura Rodig, la única chilena entre las secretarias de la poeta, la única de las asistentes de Gabriela Mistral que la había conocido durante su ascenso a la celebridad internacional.

Al hacer la criba en ese revoltijo de papeles, Rodig llenó un centenar de páginas con notas, rogando todo el tiempo que la memoria, la madre de las musas, terminara deshaciendo la oposición de Gabriela a la estatua que ella quería y necesitaba completar. Al volver a vivir en Punta Arenas en 1948, Laura Rodig obedecía a esa musa, el conjunto de principios que conformaron su propia vocación artística. Pasó un total de seis años afrontando con cierto éxito su clima, y aun cuando ya había jubilado, tenía pensado quedarse otros dos años en la Isla Navarino.[107] Pasó, entonces, un año en Las Condes y después estuvo en la isla Robinson Crusoe (ubicada en el archipiélago Juan Fernández y por ese entonces llamada «Más a Tierra»). Por cierto que Laura tuvo otros amores, pero siguió buscando la presencia de Gabriela Mistral, «caminando en la sombra de los volcanes...».[108]

Laura Rodig fue, así, la más joven, la más aventurera, la más valerosa de todas las aliadas de Mistral.

Colonialismo y descolonización en Punta Arenas:

el liceo y *Mireya*

Hacia el final de su primer año como directora, Mistral detectó que el colonialismo entrelazado con la burocracia pedagógica obstaculizaban una mejoría real del liceo en Punta Arenas. Meditó el asunto en una carta a Barrios: «Las que llegan a aceptar algo aquí son profesoras mediocres o nulas, que nada consiguen en el Norte. El pueblo pide gente de fuera, porque desconfía de las que conoce y no comprende que las que se resignan a venir son más o menos como las otras. [...] Una vez más compruebo que el Pedagógico, que ha dado grandes profesores, da título a profesores que valen menos que una mala normalista».[109] Para sortear este punto muerto, contrató a profesoras como Laura Rodig y Laura Fernández, que tenían formación artística. Mistral estaba convencida de que el talento, la disciplina y la experiencia artística estaban por encima de las credenciales formales: «La Laura se va formando y será en dos años más una buena profesora de dibujo. Las demás de ellas me ayudan con lealtad».[110] Aun así, Mistral era realista: contrataba y promocionaba a profesoras con sólidas conexiones políticas, como la hermana menor de doña Fidelia Valdés Pereira y Celmira Zúñiga, cuya familia estaba involucrada en la Alianza Liberal.

La creación de una revista, *Mireya*, fue un proyecto de descolonización, una estrategia para dejar un legado en Punta Arenas y una oportunidad de explorar nuevas avenidas intelectuales y artísticas. A Mistral le agradó trabajar en equipo, que era lo que ella formó con Laura Rodig y el poeta Julio Munizaga Ossandón. Este había quedado segundo en los Juegos Florales y estaba viviendo por entonces con un tío en Punta Arenas, poco después de haber obtenido una licenciatura en derecho con una tesis sobre *La inferioridad intelectual de la mujer. Sus consecuencias en la capacidad jurídica.*[111] Parece que no compartió sus hallazgos con la poeta y amiga.

La idea le vino a Mistral en las vacaciones de febrero de 1919. Escogió el nombre *Mireya* «para acordarse, entre la nieve, de la Provenza con Sol». Sin embargo, Munizaga Ossandón se distrajo pronto del proyecto, al verse convocado por las secuelas de lo ocurrido en Puerto Natales: «La Federación Obrera busca abogados del foro para defender a los inculpados, que suman 29 personas. Tarea difícil, pues la mayoría de los profesionales abogados tienen relaciones cercanas con los propietarios de la tierra. [...] hay solo un profesional que se compromete con la defensa, él es Julio Munizaga Ossandón».[112] Dos acusados, ambos clientes de Munizaga, fallecieron de tuberculosis durante el juicio. Entonces, el propio Munizaga se enfermó.[113] A la llegada del invierno, Mistral urgiría a su colega a viajar a Buenos Aires para sanarse de los pulmones y de paso visitar a su amigo Constancio C. Vigil. Ella y Laura Rodig producirían por su cuenta el número siguiente de la revista, enfocado justamente en Argentina.

Los motivos de Mistral para enviar a su amigo a recuperarse a Buenos Aires abarcaban sus propios intereses. Siempre que barajaba el desplazamiento a un nuevo lugar enviaba antes a «exploradores» para reunir (y generar) impresiones por adelantado. En una de las cartas que le escribe regularmente a Eduardo Barrios, que ya estaba de vuelta en Santiago, le expone sus planes de traslado: «A la gente de Chile que sostiene mi corazón la tengo más lejos que si viviera en la Argentina. [...] El alma se siente deprimida y se enferma, cuando guarda la mejor que tiene o se le siente al margen de los vivos».[114] No había visto, en rigor, a nadie de esa gente en los catorce meses que llevaba viviendo y trabajando en Punta Arenas.

Julio Munizaga partió a Buenos Aires llevando la carta de Mistral a Constancio C. Vigil, el influyente editor nacido en 1876, hijo de un distinguido editor y periodista originario de Rocha, Uruguay. A sus quince años, Vigil había editado su primera publicación quincenal. Emigró a Argentina luego de que el Gobierno cerrara el diario de su familia. En Buenos Aires, se había especializado en duplicar la circulación de revistas como *El Mundo*. En 1918 resolvió que era tiempo de hacer su propia empresa y fundó la Editorial Atlántida, «que luego se convertirá en una de las empresas fabricantes de revistas más grandes y prolíficas de Argentina».[115] Mistral fue una de las primeras colaboradoras regulares de *Atlántida*, la revista de Vigil, lo cual consiguió que el nombre de la poeta se hiciera familiar entre los lectores de Uruguay y Argentina. Vigil vio su propia laboriosidad reflejada en Mistral. Y, al igual que ella, reconoció el valor comercial e idealista de la literatura infantil.

Poco antes de que Munizaga le llevara la carta de Mistral, Vigil acababa de adquirir un taller de imprenta. Empleaba dos grupos de tipógrafos. Trabajando día y noche, se preparaban para lanzar *Biliken*, una revista para niños hecha en íntima conexión con los colegios. Como Vigil quería a Mistral a bordo del proyecto, le ofreció un empleo a tiempo parcial si se trasladaba a Buenos Aires.

Mistral le describió la oferta a Barrios: «Sería una labor de selección, de trozos antiguos y modernos para su revista escolar, comentarios pedagógicos y versos para *Atlántida* y el diario».[116] Ella propone combinar la oferta de Vigil con otro empleo parcial, «en una sección de la Biblioteca pedagógica».[117] A un amigo venezolano le describe a Vigil como «una bella alma grande, en cuyas revistas trabajaría exclusivamente [...] viviré allá con más apoyo espiritual que en mi patria».[118] El trabajo la tentaba; estuvo considerándolo los siguientes dos meses, a la par que con Laura editaban el número de *Mireya* enfocado en Argentina. Mistral contribuyó con dos artículos sobre los inmigrantes: «El amor a la ciudad» y «Los colonizadores», además de una extensa reseña, titulada «Revistas y escritores argentinos», acerca de la obra de los escritores judíos argentinos Alberto Gerchunoff, Salomón Resnick, Isaac Peretz y de la revista *Vida Nuestra: órgano de la colonia israelita*. La publicación *Renacimiento: revista israelita*, que se hacía en Santiago, se enteró de esto y publicó un mes después el más reciente poema de Mistral: «Al pueblo hebreo: matanzas de Polonia».

Mistral consideraba ya entonces la posibilidad de abandonar Chile, pero se enfrentaba a la dura pregunta de cuánto le debía, en términos afectivos y de lealtad, a Laura Rodig, quien se había convertido en persona-de-todo-servicio. Era quien mantenía encendidas día y noche las quince estufas a leña de aquel edificio atravesado por corrientes de aire, quien filtraba a los visitantes de Mistral, la mantenía informada de los conflictos en la ciudad y batallaba como mejor podía con el revoltijo de manuscritos de la poeta. Aunque Rodig nunca aprendió mecanografía, era ella quien diseñaba e ilustraba *Mireya*, la revista que ambas crearon. La artista imitaba de manera deliberada las tapas y el diseño de *Atlántida*.[119] Caminadora infatigable, Rodig compartía las travesías de la poeta: «De mano en la mano, compañía, crecimiento del ser es lo que todos los cercanos a ella conocimos desde entonces. Sabíamos que su cercanía era afrontar luz cegadora, cumbres alucinadas, valles de afelpadas laderas y era también, adentrarnos en honduras abismantes, en selvas enmarañadas y difíciles. Sin embargo, bastaba tener un alma niña para ser su amiga y creo que lo fui, con solo esa credencial».[120]

¿Qué hubiera ocurrido si Mistral hubiese abandonado Punta Arenas rumbo a Buenos Aires en 1919? Habría encontrado allí un puerto floreciente, un sector comercial en rápido crecimiento y, a la par de todo ello, buenas oportunidades culturales y educacionales... a pesar de que a ella, como a Laura, le faltaban credenciales. La población inmigrante la fascinaba y de hecho los escritores que la poeta conocía en Buenos Aires y de los que gustaba eran inmigrantes, como los uruguayo-argentinos Vigil y Nin Frías; Marof, boliviano; Gerchunoff, que nació en el Imperio ruso, actual Ucrania, y Alfonsina Storni, nacida en Suiza.

No dejó Mistral de reparar en el hecho de que Argentina pagaba a los profesores y escritores mucho mejor que como lo hacía Chile, y escribió en *Mireya* que los profesores en Argentina eran respetados como profesionales, al igual que los médicos y los abogados.[121] Había, así y todo, algunas desventajas en la idea de trasladarse a Buenos Aires. Hacerlo quemaría sus puentes con Pedro Aguirre Cerda. Tampoco quería renunciar a la pensión que le significarían sus catorce años de trabajo continuado en colegios de Chile. Al comunicarse con Tristán Marof, el boliviano que se había desplazado a Buenos Aires para trabajar con Vigil, se enteró de que la promesa tendía a diluirse: «Hablaba de un anarquismo literario, confraternizaba con los pobres y les hacía críticas literarias a las niñas...».[122] Como el propio Marof indica en sus memorias, él mismo no encajó en el imperio editorial de Vigil: «Por esta labor revisteril y su constancia en decir vulgaridades, durante muchísimos años, redondeó una inmensa fortuna y hasta obtuvo popularidad en América, formándose "centros filosóficos vigilianos"».[123]

Pensando en términos más amplios, si Mistral se hubiera ido a Buenos Aires en lugar de a Ciudad de México, habría tenido tremendas oportunidades en el periodismo y las artes y en la literatura relacionada con la expansión masiva de las escuelas. Con sus ferrocarriles y otras infraestructuras, Argentina estaba bien posicionada para participar en grandes reorientaciones socioculturales. De una forma u otra, habría encontrado su camino hacia Europa, pero sin las ventajas personales e internacionales que le vinieron por ser una amiga chilena de México y su revolución.

LA' *VITA NUOVA* EN PUNTA ARENAS

En agosto de 1919, en la víspera de su segunda primavera en las nieves, la poeta borroneó tres poemas de amor y muerte que no fueron publicados sino hasta el siglo XXI y que sobrevivieron porque los escribió junto a los versos de tres grabados incluidos en su ejemplar de *La vita nuova* de Dante.[124] La admiración consabida de Mistral por «nuestro padre Dante» es apreciable en todas sus referencias poéticas a su persona y a la *Divina comedia*.

En una de sus autobiografías dictadas e inéditas de la madurez, enfocada en sus identificaciones literarias, Mistral contrasta cómo «el hombre diferente que de un lado se llama la Divina Comedia, o sea una concepción casi hebrea, se llama del otro lado la Vida Nueva y es el conceptismo antes de los conceptistas españoles».[125] Este «otro lado» de Dante marca el nuevo estilo que Mistral explora en Punta Arenas. Su «conceptismo antes de los conceptistas españoles» es patente en la impresión de la franqueza combinada con los juegos de palabras y la insistencia en dar con la expresión justa. Son todos aspectos del conceptismo español que afloran en el estilo maduro de Mistral cuando llegaba a Madrid, donde leía, admiraba y aconsejaba leer a Gracián. El aspecto de *La vita nuova* que verdaderamente la impresionó al escribir esos poemas en agosto de 1919 fue el recuento cuasi autobiográfico que hace el joven Dante de su desarrollo como poeta, cuya visión central del Amo o Dios del Amor implicaba un mandato específico y detallado: el de elaborar una «pantalla» para ocultar la naturaleza de nuestro amor a todos aquellos lectores salvo los más afines, las mujeres sagaces y los compañeros poetas a los que iba dirigido *Donne ch'avete intelletto d'amore*.

Los tres poemas de Mistral sobre *La vita nuova* fueron publicados *post morten* en *Almácigo*. El primer poema parte así: «Ya sobran

cielo y mar y árbol florido» y está inscrito al otro lado de un gra-
bado de la amada de Dante, Beatriz Portinari. La poeta habla de
la inspiración que halla en el mundo natural, pero el encuentro
silencioso con los ojos de un otro y el hecho de que esa mirada nos
sea devuelta superan tal mundo. Esto es, a su vez, lo que ocurrió
en la primera visión que Dante tuvo de Beatriz y que transformó
su vida. Los versos aquí transcritos incluyen las palabras tachadas
por Mistral:

> Ya sobran ~~el~~ cielo, ~~el~~ y mar ~~y el pasado~~ y árbol florido /
> y los collados
> Ya hallé sus ojos, y es demás el mundo.
> Me miró en un callar sumo [largo] i profundo
> yo no he sido ~~hasta~~ antes que él me ~~ha~~ miraba.[126]

El callar sigue en el segundo poema, escrito al reverso de otro gra-
bado, «"El bajel de amor" por Dante Gabriel Rossetti». Este poema
fluye más velozmente, desarrollando la imagen de las aguas calmas
y el cristal roto:

> Junto a una fuente de agua ~~conmovida~~ estremecida
> y esbelto surtido nos detuvimos
> y el corazón más fuerte lo sentimos
> que el fulgor del cristal en la caída.[127]

Y tuerce el tema del silencio de «El amor que calla»:

> y era una quemadura la terneza
> y el callar parecía una agonía.

Como en «El rival» (1911), «el fantasma de la Muerte» se impone e interrumpe, en este segundo poema, el trance de los dos amantes.

El tercero y más abiertamente erótico de estos tres poemas aparece en el otro lado de la página, que tiene un grabado de «Dante en la casa de los Portinari». «El árbol florido» del primer poema da paso aquí a un bosque casi tropical donde ambos amantes se encuentran, sobrepasados por la fragancia de los nardos y la fecundidad del pecho del hablante:

> más nardo que los nardos tu aliento era
> [y no hubo fruto cual mi pecho bendito] [e iba mi pecho cual
> la poma hendido]

En la estrofa siguiente, como en la «Rima Petrose» de Dante, la mirada del amante transforma la piedra en un torrente de besos que escala desde el temblor inicial a «esta lengua con salmuera» y a otro «beso, inmenso», antes de cerrar con «ese beso, el que temblando entrego». Sin embargo, en *Almácigo* el editor eliminó y sustituyó ese cierre carnal con una promesa de obediencia y castidad (¿matrimonial?): «es ese beso el que devuelvo a Dios».[128] No está claro por qué el editor cambia «entrego» por «devuelvo» y pone a «Dios» como el receptor de ese beso en el manuscrito de un poema erótico que no menciona en absoluto a la deidad.

Otra visión de Dante es la que aparece en el poema «El pensador de Rodin», que Mistral dedicó a Laura Rodig y dispuso en el umbral de *Desolación*. Como observa Jaime Concha, la estatua del escultor galo representando al artista-poeta sentado remite a Dante en el umbral del infierno. Desde arriba e inclinado hacia adelante, el poeta observa hacia abajo los círculos donde se hacinan los condenados. Casi como un alma condenada en un cuerpo atormentado, sentada en el umbral del *Inferno*, resuelta a trascender su sufrimiento a través de la poesía, la voz poética aquí medita en torno a aquellos prisioneros en las profundidades heladas de una fosa creada a raíz de la rebelión de Satanás al rechazar el amor (divino).

Rodin y Rodig, apellidos casi idénticos, difieren en solo una consonante: en lugar de la «n» alveolar nasal del francés, en que la lengua toca el paladar, en Rodig está el fricativo velar sin voz de la «g», producido sin vibración alguna al contraer el flujo de aire.

«RECÓGEME EN TU MANO Y LLÉVAME CONTIGO»: MOTIVOS DEL BARRO Y DE LAURA

Laura Rodig parece no haber escrito nada que haya sobrevivido en los dos años que pasó como vigía de las puertas, del tiempo y de los manuscritos de Mistral en Punta Arenas. En el deshielo primaveral de fines de 1919, la poeta estuvo en extremo ocupada. Además de las poesías sobre *La vita nuova*, en ese lapso escribió una serie de páginas de gran sensualidad, recurriendo al género literario del «motivo». Según Pedro Luis Barcia, el «motivo», en la creación literaria de la época, «alude a una realidad contemplada que mueve a escribir sobre ella, pues dispara una idea poética con fuerza encauzada en prosa o verso que la comentan sentimentalmente».[129]

La realidad contemplada en los «Motivos del barro», por ejemplo, es erótica desde las primeras líneas, «el alfarero» habla de cómo «todos los vasos tienen sed», hasta el propio barro habla del feroz deseo de ser visto, tocado y transformado: «Tengo ojos, tengo mirada: los ojos, y las miradas derramadas en mí por los tuyos que quebró la muerte...». Sigue el gesto de autocensura que vimos en «El amor que calla»: Mistral eliminó algunas frases clave en la segunda edición de *Desolación*, que Barrios preparó según sus instrucciones desde México en 1923. Expurgó las líneas que hablaban de «las miradas derramadas en mí por los tuyos», tan evocadoras de sus versos —inspirados en Dante— acerca del intercambio amoroso de miradas silenciosas que incitan el deseo mutuo más allá del discurso, como es necesario cuando se habla de amor, algo intrínsecamente peligroso. Las revisiones —hechas por ella en 1923— quitan esos versos y enfatizan, en cambio, el poder de la muerte. También elimina el gráfico deseo carnal del verso que la primera edición, publicada en Nueva York en 1922, usaba para cerrar esta última parte de los «Motivos del barro». Reemplaza la corporalidad de «su ansia me esponjo como esponjaban sus pechos» por «el anhelo de sus labios me hace gemir».

Por lo general, en los borradores iniciales de Mistral aflora una mayor intensidad expresiva: esto queda claro en los manuscritos que Laura Rodig guardó y preservó en esos años de ambas en Punta Arenas y Temuco. La poeta somete sus afirmaciones previas de una añoranza y deseo hondo, involuntario, a un proceso riguroso de represión y revisión. Por ejemplo, evita totalmente identificar al ser amado con algún ser humano, asignando en lugar de ello el deseo erótico a los árboles, el barro, las plantas y otras criaturas sin género y no humanas. Entre los contemporáneos de Mistral que advertían lo que estaba haciendo se cuenta el crítico peruano y poeta vanguardista Alberto Hidalgo, quien escribió a principios de 1918 de su admiración por «Los sonetos de la muerte», que leyó por primera vez en la revista *Cervantes*, de España. El peruano declara que «esta poetisa es innegable producto racial. El Americanismo no consiste solamente en cantar las cosas de América sino, y quizá eso es lo esencial, en la manera de cantar. La raza americana, por el hecho de ser el resultado de un cruzamiento entre españoles valerosos y audaces e indios fieros y salvajes tiene como características psicológicas un desorden, una dureza, un vigor y un ímpetu desenfrenado de decirlo con toda claridad de agua corriente, lo que jamás se ha visto en raza alguna. Y esto por encima de otras cualidades, es lo que define la personalidad estética de Gabriela Mistral».[130] Hidalgo intercala una meditación y sigue loándola: «Nunca pluma de mujer expresó con más claridad las reconditeces del espíritu. Asombra y exalta que una mujer diga las cosas que ella dice».[131] Después de condenar las hipocresías de «las mestizas sociedades de América», Hidalgo indica que Mistral «se ha reído de los prejuicios. Por eso, siendo femenina hasta donde puede serlo una hembra, a veces parece un macho».[132]

Alberto Hidalgo —a quien Mistral nominó al Premio Nobel de Literatura en enero de 1953, siendo una de las dos nominaciones que ella hizo al galardón— reconoce a la poeta chilena como la creadora de un tercer estamento o estado, que recoge elementos de lo femenino y lo masculino, de lo español y lo indígena. Hidalgo tiene la primacia en llegar a esta observación que otros escritores iban a ofrecer en el futuro.

Un crítico más indirecto que Hidalgo fue Rafael Heliodoro Valle, hondureño, residente en México, quien reporta una conversación que sostuvo con Mistral a fines de 1922, en presencia de sus anfitriones mexicanos. «Como al hablar hace poemas en prosa», escribe el crítico, «todos comprendimos lo que ella alguna vez dijo, "somos vasos con sed"». Puede que los comentarios de Rafael Heliodoro Valle hayan impulsado a la poeta a quitar los versos más explícitos de los «Motivos del barro». «Esos cántaros en que el alfarero deja enseñando el barro, para que el cántaro se acuerde que también es materia», es la respuesta de Mistral.[133]

Poco después de la conversación con Heliodoro Valle, en una carta a Barrios, Mistral se queja de los lectores dados a la interpretación literal de sus metáforas o a la aplicación literal biográfica que las menosprecia: «A los y a las lenguaraces chilenos, que les prospere la lengua como un retoño de árbol, porque es su única razón de vivir y si se la quitamos, ¡qué van a hacer, Dios mío! Que mi amante nuevo crezca y le salga barba, como a mi hijo del poema de la Madre».[134] No se sabe cómo reaccionó Barrios al leer esta afirmación tan vistosa entre las meticulosas instrucciones de Mistral para los cambios en la segunda edición de *Desolación*, que él supervisó. Sin explicaciones, Mistral le dedicó a Barrios, un hombre confiable, el menos «autocensurado» de sus poemas en prosa, precisamente «Motivos del barro». Al dedicárselo a Barrios, la poeta construyó una tapadera más, una pantalla para la apertura y la vulnerabilidad que manifiesta en sus versos acerca del barro: «Todos los vasos tienen sed... Así los hicieron, abiertos, para que pudieran recibir el rocío del cielo, y también, ¡ay!, para que huyera pronto su néctar».[135]

El género literario del motivo que Mistral utiliza refleja las cinco estrategias que José Eduardo Jaramillo Zuluaga, en *El deseo y el decoro*, asocia con la literatura del decoro y el homoerotismo en los siglos XIX y XX. Tales estrategias incluyen la naturaleza como metáfora, la elipsis, el eufemismo y los cambios drásticos en el foco para articular una perspectiva no humana. Al mirar los paisajes de la Patagonia (como vemos en los poemas que la poeta reúne en esta sección de *Desolación*), queda impresionada por los arboles retorcidos por el viento incesante y los arboles caídos, cuyas «heridas como dos ojos son, llenos de ruego».

En «Motivos de la pasión», cuyo borrador Mistral escribió en Punta Arenas al mismo tiempo que los «Motivos del barro», los olivos hablan entre sí horrorizados del beso traicionero de Judas a Jesús en el jardín de Getsemaní. En las páginas de *Desolación*, la poeta articula desde la conciencia del barro, los árboles y las rocas; de estos focalizadores no humanos emerge una «tercera» perspectiva, muy sensual pero desapegada, más allá de la sexualidad binaria.

LA ESCUELA EN LLAMAS. CÓMO CONSEGUIR UN AUMENTO

El entramado del techo del colegio se incendió en mayo de 1919. Por fortuna, nadie sufrió ningún daño. Mistral acababa de advertirle del problema al más reciente gobernador militar: «Quince estufas de leña en una casa de madera es un peligro diario». Cuando el gobernador intentó responsabilizarla, los amigos de Mistral se alinearon con ella, lo cual llevó a la precipitada partida del funcionario, hecho que la poeta describió a Barrios con no poca satisfacción: «A los ocho días tenía encima, y a la vez, a los capitalistas y a los obreros, y se fue en medio de un desprestigio lamentable».[136]

Los padres de las estudiantes ayudaron a costear las reparaciones, al tiempo que Mistral pagó los materiales, poniendo 179 pesos de su propio bolsillo; los auditores montaron en cólera ante su petición de que le fueran reembolsados.[137]

La perspectiva de una «ida definitiva a la Argentina» seguía tentándola en noviembre de 1919. Como tratando de convencerse a sí misma de quedarse, dejó constancia de las desventajas de ese desplazamiento: una ciudad gigantesca, extraña para ella, sin amigos cerca, y ya no era tan joven; sumado a ello, Barrios (y otros) le advertían «sobre el egoísmo argentino».[138] Ella quería irse, pero le dijo a Barrios que «el sueldo me tiene clavada aquí» y que Chile debía pagar su travesía, igual que había ocurrido cuando los educadores Enrique Molina y Amanda Labarca Hubertson se habían ido a estudiar a Europa y Estados Unidos. Lógicamente, Mistral piensa que Chile debe mandarla a Argentina en una comisión del Gobierno «a estudiar el ambiente y la formación de la biblioteca escolar

de allá», que ella declara «la mejor de Sud América».[139] Y reitera a
Barrios y a Aguirre Cerda que le gusta su trabajo actual: «Con todos
sus defectos, me gusta Punta Arenas».[140]

De hecho, con el fin de la pandemia de la gripe española y
la lenta recuperación de la economía mundial después de la Gran
Guerra, la ciudad de Punta Arenas se estaba vaciando. El doctor
Luis Aguirre se había ido ya. Otro amigo cercano, el presidente
de la Sociedad de Instrucción Popular, Juan B. Contardí, «hom-
bre de profunda cultura», estaba planeando volver a Italia. «Es el
único con quien converso alguna vez de cosas del espíritu», le dijo
ella a Barrios, aludiendo a Contardí como «un viejo demócrata y
casi socialista en política; aristócrata de alma...».[141] Mistral anticipa
entonces la respuesta de Barrios: «Para no sentir una soledad tan
grande, debería casarme, dirá usted. Una mujer no debe casarse a
los treinta años y menos todavía por aburrimiento».[142] Pensando en
el matrimonio, señala sus planes respecto a alguna compañía: «A la
Argentina no iría sola. Me llevaría a la hermana de mi ex-jefe, que
es más madre, en sus cuidados conmigo, que mi propia gente. La
Laura me ha acompañado aquí, con mucha bondad, con mucha
abnegación».[143] De hecho, cuando se fue a México y luego a Euro-
pa, Mistral llevó una «corte» de asistentes y siempre prefirió vivir
con dos o más personas.

Por entonces, informó de una tercera oferta de trabajo llegada
desde Argentina: una invitación a dar un curso en la Escuela Nor-
mal de Rosario y, lo que era más significativo, con todos los costos
y gastos de viaje incluidos. Finalmente, el Ministerio de Educación
de Chile tomó medidas y Mistral aceptó su oferta: un traslado a
Temuco que ella misma entendía como una medida transitoria: «Si
antes de un año no me trasladan, me iré a la Argentina, y quedarán
perdidos quince años de servicios fiscales».[144]

Navidad con Laura y «esa poblada, con razón enfurecida»

Se venía la Navidad y el personal del liceo —encabezado por Laura Rodig— realizó una campaña caritativa a favor de los niños pobres de la localidad. Esperaban aglutinar a unos setenta beneficiarios, pero al final se presentaron más de ciento ochenta madres, con una cantidad superior a trescientos niños. El personal del colegio había reunido seiscientos pesos para «trajecitos, zapatos, chombas, dulces, juguetes» a ser distribuidos. Se formó una fila que se extendía hasta el frontis y circundaba el liceo. Los profesores se vieron prontamente sobrepasados y no quedó nada de lo reunido. Sencillamente, habían subestimado la cifra de gente pobre que vivía en esa ciudad de millonarios. Entonces, relata Rodig, «en un auto, medio desmantelado, apareció alguien, de quien nunca pudimos tener noticias. Empezó a lanzar al aire grandes cantidades de billetes con lo que, poco a poco, fue levantándonos lejos a esa poblada, con razón enfurecida».[145] Los benefactores son tan importantes en la vida y en las historias contadas por Laura como en las de Mistral.

El día después de Navidad, al escribir en *Chile austral,* un periódico de la zona, Mistral explicó que lo que habían intentado era brindar una lección práctica de caridad, no resolver «la miseria de toda una ciudad».[146] El asunto no obedecía a un elevado idealismo: «No pensamos en un flautista de cuento», comenta Scarpa, en tanto Martinovic reflexiona: «Existían poderosos "o poderosas" que poseían un importante grado de aprecio hacia nuestra joven directora».[147]

Pero, con ese tipo de intervenciones, el tiro puede salir fácilmente por la culata. El primer día de las vacaciones de febrero, Mistral quedó impactada e inquieta al saber que Pedro Aguirre Cerda había comenzado a hacer arreglos para su traslado a La Serena. De inmediato sospechó la mano de su madre en ello: «Ella es muy apegada a su tierra».[148] La carta de Mistral a Aguirre Cerda oscila hábilmente entre dos extremos. Por un lado, enumera las injusticias que había sufrido en La Serena, las que le habían dejado un «profundo resentimiento».[149] Por otro, le manifiesta su gratitud al propio Aguirre Cerda: «No tengo motivo de queja de Punta Arenas».[150] Como siempre, le cuenta la gran labor que ha realizado, que sería incluso mejor si el liceo contara con un edificio seguro y decente: «El Liceo ha duplicado su asistencia y la triplicará este año, al tener un local. En el edificio he hecho todo lo que puede hacerse; pero ya es insuficiente. He vivido en paz con el personal...».[151]

Dos semanas después, en mitad de las vacaciones, Mistral muestra sus tretas, diciendo a Aguirre Cerda que deberá trasladarse forzosamente a Buenos Aires visto que no puede ya permanecer en Punta Arenas, y añade, aunque no parece lógico, que la delicada salud de su madre lo exige.[152] Después de que un telegrama le confirma finalmente el traslado a Temuco, hay una fiesta de despedida en el Hotel Comercio y la directora deja el liceo en las manos muy capaces de Celmira Zúñiga. Mistral y Rodig abordan el *Orcoma* el Viernes Santo de 1920. Seis semanas después, Mistral llega a Temuco y le escribe a Nin Frías: «Magallanes era casi otro planeta».[153]

La Patagonia seguía siendo rica en imágenes para Mistral. En su ensayo-discurso «Geografía humana de Chile», que pronunció en Montevideo en enero de 1938, expresaba esa fuerza vital que surge del encuentro de la tierra y el mar, desde el «fin de la continentalidad en el golfo de Reloncaví» hasta la «pelea mitológica del mar con la tierra, de lo neptuniano con lo volcánico: una lucha espectacular y de exterminio entre dos elementos».[154] En un panorama inmenso de «240.000 kilómetros cuadrados: un laberinto de fiordos, canales, penínsulas, cabos e islas», Mistral encuentra el escenario propicio para los relatos de aventuras y rescates, de «las algas marinas salvadoras de los barcos náufragos y abrigadoras de los seres vivos».

La expansividad de esta región fronteriza «gemela de la Argentina» producía, por cierto, «el gozo del ojo chileno».[155] Esa escritora que «sabe igualmente sentir el reclamo de la geografía americana y reunir sus recuerdos en páginas de gran belleza» se lanza a combinar el patriotismo americano y la educación en la antología *Lecturas para mujeres*, hecha en México en 1923.[156] Desde 1929 en adelante, la geografía humana pasará a ser central en muchos artículos que escribe en Europa, donde la poeta empezaría a formar esta conciencia americana que se dejaría ver luego en *Tala*.

Tiempos de transición

En Chile, las escuelas eran un elemento fundamental dentro de la transición política que tenía lugar a nivel nacional. En *La fronda aristócrata en Chile* (1928), Alberto Edwards Vives, «el último pelucón», culpa a los liceos de la efervescencia previa a la caída de la república parlamentaria en 1925. Responsabiliza a «la iglesia fiscal docente» de generar una clase media empobrecida y sin futuro, a la cual denuncia como «improvisada en las aulas, que no debía su ascenso a la economía ni al trabajo de las generaciones, extremadamente pobre y sin perspectivas de adelanto material».[157] En la visión de Edwards Vives, los liceos no eran más que focos de propaganda gestionados por lacayos del Partido Radical, donde el estudio de las humanidades forjaba aspirantes inútiles a la clase media que, al abandonar su posición, traicionaban a la nación traspasándola a los inmigrantes, con «el pequeño comercio cayendo más y más en manos de extranjeros, que no habían cursado humanidades. Un enorme proletariado intelectual (o que imaginaba serlo) comenzó a pulular por las ciudades, muriéndose de hambre y almacenando silenciosamente sus resentimientos».[158]

La enseñanza pública era, para Edwards Vives, la chispa que haría arder la pradera, mientras Alessandri, con sus habilidades de orador público, azuzaba las llamas acabando por «soplar el viento de la discordia».[159] Para cortejar a las masas, Alessandri se proclamaba a sí mismo como «una amenaza a los espíritus reaccionarios, una amenaza a quienes se resistían a todas las reformas justas y necesarias».[160]

Abogado de posición acomodada, Alessandri se alzó para liderar una alianza liberal-radical, apuntando su campaña de reformas directamente «al pueblo». Atacaba a la oligarquía como «la canalla dorada», a la vez que prometía el cielo a «mi chusma». Aun cuando los conservadores, en control del Congreso, bloqueaban la legislación en ciernes, Edwards Vives culpa a los «advenedizos», «hombres destituidos de experiencia y capacidad directiva, sin lastre histórico ni aptitudes hereditarias [...] [quienes] solo conseguirían derribar el majestuoso edificio de la República».[161] Los bárbaros estaban a las puertas de esta última, según Edwards Vives, que culpaba una vez más a las escuelas por la militancia de los trabajadores, ignorando las depresiones cíclicas de una industria basada en exportaciones mineras, los sobresaltos que interrumpieron el comercio durante la Gran Guerra, el descubrimiento del salitre sintético en 1915 y la inflación que erosionaba los magros ingresos justo cuando el costo de los alimentos se disparó.[162]

La vida de la clase pudiente, siempre buena, incluso mejoró.[163] La «gente decente» abrazaba el hedonismo con la devoción casi religiosa desplegada en los Juegos Florales. En tanto, trabajadores que antes quedaban bajo la vigilancia formal de los grandes terratenientes se volvieron difíciles de controlar al desplazarse a las ciudades, donde percibían el estilo de vida palaciego de los políticos de Santiago y sus vastas familias y de las nuevas élites dentro de la industria. En cuanto a la «cuestión social», en 1920 el promedio de vida de los chilenos era de treinta años, una cifra que refleja altas tasas de mortalidad materna e infantil.[164] «Después de 1917, los sindicatos obreros gozaron de un rápido crecimiento, lo que se puede ver reflejado en no menos de 130 huelgas entre 1917 y 1920, a lo largo de todo Chile».[165] Los amigos jóvenes, es decir, los estudiantes y poetas vinculados a Mistral solidarizaron con los anarquistas cuando los vástagos de las familias de clase alta, «la canalla dorada», atacaron la Federación de Estudiantes de Chile.

En lo que respecta a Mistral, una de esos «advenedizos» mencionados, nadie objetó su puesto como directora de los liceos de niñas de Punta Arenas o Temuco, cargos que nadie más codiciaba. ¡Pero no ocurrió lo mismo cuando apostó al cargo altamente deseable de directora de un flamante liceo en Santiago! Lucila Godoy Alcayaga carecía de título para el puesto, tal como se lo enrostraran. ¡¿Qué o quién se creía que era?! No veían que los próximos pasos de la poeta y educadora chilena se dirigían a unas metas que eran a la vez literarias y ecónomicas.

6
Camarada y activista en campaña: Temuco y Santiago, 1920-1922

Arribo a Temuco

Un adolescente delgaducho vio a «una señora alta, en vestidos muy largos y zapatos de taco bajo» navegando por las lodosas calles de Temuco.[1] Cuando este mismo chico, el futuro Pablo Neruda, se enteró de que aquella señora era la nueva directora del Liceo de Niñas, que tenía su oficina en una espaciosa habitación de los altos del establecimiento, subió las escaleras buscándola. «No la encontró y estuvo aguardándola más de media hora, sentado frente a la escultora Laura Rodig, con la cual no cambió palabra».[2] Así lo cuenta José Santos González Vera, amigo de los tres desde aquellos años y en adelante.

El nombre de Neruda abre y cierra la letanía que Laura Rodig escribió luego al recordar su propio año en Temuco: «Pablo. La montaña. Gallinetas. Poemas de la Madre. Navegando por el río. Loncoche. Laura Polizzi: Los árboles. Copihues. Nuestros paseos. La Frontera. Osorno. Winter. El Budi. La Selva. Lluvia. Las furias del viento. La lluvia... Líos. Ana Albala, Isabel Cruz, Familia Ruy, Luisa Fernández. Siempre prestaba libros a los muchachos. Neruda».[3]

Aunque Rodig y Mistral exploraron con gran gozo los ríos y lagos, los volcanes y los baños naturales, además de los bosques y los cerros del área, la poeta nunca tuvo la intención de quedarse en Temuco. Se valió de la ciudad como una avanzada desde la cual planificar su regreso triunfal a la capital. A esa distancia manejable, a dos días de viaje en tren de Santiago, Mistral recibía a sus amigos. González Vera fue, parece, la primera de sus visitas. Llegó al final de julio y se quedó por largo tiempo, unos meses. Después, el embajador mexicano Enrique González Martínez, con quien Mistral había mantenido correspondencia desde Punta Arenas, pasó por Temuco a saludarla al final de 1920. El crítico Alone las visitó en enero de 1921, y enseguida el escritor Pedro Prado, a principios de febrero.

A su vez, Gabriela y Laura visitaron a Enrique Molina y al venezolano Félix Armando Núñez en la Universidad de Concepción en enero de ese año. Las dos se fueron a la playa, en Coronel, con la conocida cantante Cristina Soro, quien las había visto en Punta Arenas. Navegando por el río Imperial, Mistral también visitó Carahue y al poeta-bibliotecario Augusto Winter en Puerto Saavedra, cerca del lago Budi. Y en una señal de su destino transitorio, al parecer Mistral no habría vivido en la escuela, sino en (o cerca de) el renovado Hotel Continental.[4] Edificado en 1890, el comedor de estilo vienés y los salones de techos altos le acomodaban mucho, sobre todo si consideramos su incapacidad para cualquier labor doméstica.

Tal como en Punta Arenas, la nueva directora enfrentaba una ardua tarea: reorganizar un liceo que su antecesor había dejado hecho un desastre. ¡Habría tenido pocas rivales, si alguna, para asumir el puesto! A las tres semanas de llegar a Temuco, la escritora compartió sus impresiones con Pedro Aguirre Cerda: «... la ciudad es como tantas del país: infinitamente inferior a Punta Arenas en sentido de calidad de la población, el nivel de la cultura, etc. Pero hay, por eso mismo, "una *más aguda invitación a la siembra de ideales*"».[5]

El censo de 1920 confirma la impresión de la escritora. El promedio de alfabetos para la república en total fue de 50,3 por ciento. En Punta Arenas fue 60,3 por ciento; en Temuco, 39,6 por ciento. La página del censo que incluye a Lucila Godoy y nueve de sus vecinos nos indica que seis son militares, permanentemente destinados a esas tierras mapuche nunca cedidas a nadie; hay además una costurera, una empleada de oficina y un empresario. Dos encuestados, analfabetos, hicieron una «x» para indicar que no sabían firmar.[6]

Al leer la primera carta que su protegida le había enviado de Temuco, don Pedro Aguirre Cerda aprecia su espíritu valiente y luchador. La poeta le cuenta que ha encontrado al personal del liceo y al pueblo en un «estado de guerilla». Declara que «el bando (4 Prof.) que acusó a [su] predecesora es el menos sano. Como toda guerra, adquirió las malas armas de la enemiga...».[7]

El desafío igualmente fascinaba a Ema Alarcón Arellano, la periodista del diario La Mañana de Temuco, quien se apresuró a encontrarse con Mistral en una tarde gris de agosto. El artículo que la periodista escribió indicaba su sorpresa durante el encuentro. Ella había esperado a una «teósofa, rara, solitaria». En lugar de ello, se topó con una poeta como Tagore, «místico de la India que canta himnos al trabajo, a la energía, al hogar, que canta con tono optimista a la dicha del bien vivir», y comprometida con «un ideal nuevo, de lucha más activa, que invita al combate... sin necesidad de alzarse sobre las ruinas del otro».[8] Pero el escritor Alone percibe algo distinto cuando la visita a principios de 1921. Describe la plaza donde «[h]ay mucha gente paseándose y numerosos militares se pavonean, mucho más dominantes que en Santiago».[9] Alone reconoce y comunica a los lectores de la revista Zig-Zag que Temuco era un sitio vigilado, altamente militarizado en febrero de 1921.

En marzo o abril de 1932, once años después de que dejara Temu-
co, Gabriela Mistral está en su casa de Santa Margherita Ligure,
en el norte de Italia, escuchando cuatro discos de «música arau-
cana», es decir *ül* y *ülkantun mapuche*.[10] Parece que se informaba
de ellos gracias a las recién publicadas actas del Primer Congreso
Internacional de Artes Populares (Praga, 1928). Congreso y actas
que Gabriela misma había ayudado a organizar y publicar. En ellos,
el compositor Pedro Humberto Allende había representado a Chile
con una exposición sobre tal música.[11] Allende cuenta cómo ha-
bía recorrido el sur de Chile, «especialmente las regiones de Nueva
Imperial, Boroa y Lepe», para grabar y preservar la música en la
lengua indígena y en los instrumentos originales, y «después de
arduas tentativas, logró que lo acompañara a Santiago un grupo
de músicos mapuches, con el fin de grabar sus composiciones. La
Casa Víctor imprimió cuatro matrices de discos que se llevaron a
Estados Unidos para realizar las grabaciones».[12]

Aquellos discos grabados en 1928 ya eran escasísimos en 1932,
cuando Mistral dice haberlos conseguido. Al contextualizar la his-
toria de los discos, la escritora recurre a las mismas tradiciones ora-
les que estructuran su poesía y gran parte de su prosa, amén de sus
cartas, para contar lo siguiente: «Según me cuentan, un personaje
oficial que escuchó con su pobre oreja los cuatro discos impresos,
encontró demasiado primitivos aquellos cantos de guerra o de caza,
indignos de ser mostrados como documentos raciales, y ordenó la
recogida de las cuatro ediciones».[13]

Después de comentar la notable ascendencia mestiza de «di-
cho personaje», Mistral indica que los cuatro discos fueron «exclui-
dos de la venta y arrinconados en almacenes fiscales o legaciones»,
pero ella, gracias a «una casualidad bienaventurada», consiguió «la

pequeña colección, a pesar de los pesares».[14] Además del racismo, cuentan entre los «pesares» que Mistral debidamente anota en su artículo los problemas de distribucion y el desigual acceso a la tecnología. Concluye entonces la historia de las «cuatro grabaciones en discos de 78 rpm en idioma Mapundungun, duración entre 3 y 4 minutos cada tema», de las cuales hay tres conocidos en el mundo: «Una original en el Museo Etnográfico de Berlín y otra en la ciudad de París (fonoteca)», más una en el Museo de Historia Natural en Santiago, comprado por un millón de pesos chilenos, exentos de IVA, en 2016.[15]

Primero Paula Miranda (2008) y después Leonidas Morales (2011) han escrito de forma magistral sobre «Música araucana». Ambos señalan la importancia de este artículo para entender el pensamiento indigenista y las tradiciones orales en la obra de Mistral. Entrando por la poesía, Miranda expone cómo las tradiciones orales poéticas de lo sagrado, que provienen de distintas epistemologías indígenas, aparecen a lo largo del pensamiento de la escritora.[16] Morales, por su parte, teoriza los «recados» en prosa de Mistral al definir el género, citando a Corominas, no como «un mensaje de transmisión lineal, es decir, entregado o enviado directamente por su emisor a su destinatario, sino un mensaje en "comisión"». Este mensaje, puntualiza Morales, «pasa, encargado a un intermediario», reflejando así principios literarios no modernos, sino basados en el «mundo de la oralidad».[17]

Al escribir «Música araucana», Mistral se muestra profundamente conmovida. En el acto de escuchar las canciones, las voces en lengua indígena la devuelven a la época en que vivía en Temuco. Recuerda con encendida ira el racismo y el colonialismo que era la ley en el trato a los mapuche por parte de los blancos y los mestizos. Y capta la atmósfera de corrupción al narrar el escenario que solía ver a diario al ir y volver del liceo:

El anexo de mi Liceo de Niñas de Temuco funcionaba al vecino del juzgado: la mayoría de la parte de la clientela de aquella sucia casa de pleitos, resolvedora de riñas domingueras, naturalmente, la indiada de los contornos. Cada día pasaba yo delante de ese montón de indios querellosos o querellados, que esperaba su turno en la acera, por conversar con las mujeres que habían venido a saber la suerte que corría el marido o el hijo.[18]

Mistral recuerda las caras de las mujeres indígenas que pasaban a la vista suya, y mientras escribe vuelve a oírlas, a escucharlas en su propio idioma, como indica en una larga metáfora sobre las mapuche sentadas afuera de aquel juzgado en Temuco:

> Sus caras viriles, cansadas del mayor cansancio que puede verse en este mundo, me irritaban acaso por un resabio de la apología ercillana, acaso por el simple sentimiento de mujer que no querría nunca mirar expresión envilecida hasta ese punto en cara de varón. Pero una cosa me clavaba siempre en la puerta del colegio, expectante y removida: la lengua hablada por las mujeres, una lengua en gemido de tórtola sobre la extensión de los trigos, unas parrafadas de santas Antígonas sufridas que ellas dirigían a sus hombres, y cuando quedaban solas, una cantilena de rezongo piadoso o quién sabe si de oración antigua, mientras el blanco juzgador, el blanco de todos los climas, ferozmente legal, decía su fallo sin saber la lengua del reo, allá adentro. Dejé aquella ciudad de memoria amarga para mí y no volver a caer en mis oídos acento aruacano en quince años.[19]

Enfrentar el tema del racismo legal, así como el de las altísimas tasas de mortalidad materna e infantil, contaba entre los tópicos a los que una maestra y administrativa del sector público no podía referirse abiertamente cuando Mistral vivía en Chile y dependía del Estado. Por un lado, la poeta ya gozaba de mayores licencias en 1932, cuando publicó «Música araucana» en el diario *La Nación* de Buenos Aires. Podía hacerlo gracias a su fama internacional y al hecho de que no percibía a esa altura ningún ingreso proveniente de Chile sino que, en ese tercer año de la gran depresión económica mundial, dependía de una combinación de periodismo *free-lance,* empleos de corto plazo en la enseñanza universitaria estadounidense y lo que cobraba como conferenciante.

Por otro lado, no se publicará su artículo «Música araucana» en Chile sino hasta poco después de la muerte de la autora en 1957. Y al ser publicado de nuevo en 1979 son omitidos los párrafos de dolor y denuncia que Jaime Quezada describe, con razón, como «la parte medular» del artículo en que Mistral vuelve, en la memoria, a Temuco.[20]

Mistral escribió su artículo sobre la música araucana en un momento de inflexión en su vida: volvió a Europa a fines de 1931, después de quince meses en América. Allá tuvo, por un lado, una experiencia conflictiva en Columbia University en Nueva York, donde el profesor Federico de Onís, español, criticaba el americanismo enfático de Mistral. Pero, por otro lado, Nueva York le servía como campo de pruebas: desde Manhattan inició una larga y exitosa gira de conferencias que la llevó a Puerto Rico, Santo Domingo y Cuba. A continuación visitaría Panamá, Salvador, Costa Rica y Guatemala. Volvió a Italia en diciembre de 1931.

En todas partes los poetas, políticos, periodistas, educadores y estudiantes la reciben calurosamente. Los diálogos en vivo con el público amplio y diverso que asiste a sus conferencias la afectaron bastante. A la vez, intensifican su aprecio artístico por el folclore y por el indigenismo y el carácter mestizo de América. Aspectos en la maduración del pensamiento que Mistral después cristalizó en *Tala*

(1938) y en la segunda y muy ampliada edición de *Ternura* (1945). Pero tal vez el impacto más duradero de aquel periplo americano y los contactos que entonces estableció se vería en 1932, cuando logra entrar en el servicio consular chileno.

Volviendo a su vida en Chile, en Temuco, hay que señalar que Mistral elegía cuidadosamente sus palabras. Era un momento delicado y solo ocasionalmente elevó la voz para cuestionar al Estado. No podía denunciar de forma abierta el racismo de los tribunales, a diferencia de 1932, cuando Mistral, valiéndose de la primera persona del plural, se contaría a sí misma entre los agraviados: «Nos manchan y nos llagan, creo yo, los delitos del matón rural que roba predios de indios, vapulea hombres y estupra mujeres sin defensa a un kilómetro de nuestros juzgados indiferentes y de nuestras iglesias consentidoras».[21]

FRENTES DE BATALLA; LAS DISPUTADAS ELECCIONES DE 1920

El año 1920 está entre los más convulsionados de la historia de Chile en todo el siglo xx.[22] Temuco era un bastión izquierdista adonde varias figuras acudían a visitar a Mistral y Rodig. «Desde Santiago iban a verla», escribe Laura. Una de esas visitas fue, como queda dicho, la de José Santos González Vera, entonces de 23 años. «Santo muy de nuestra devoción», apunta afectuosamente Laura.[23] Las memorias de González Vera cuentan cómo huyó de Santiago a Temuco temiendo por su vida, dado el poder otorgado a la policía militarizada por parte de un sistema legal corrupto para responder a las protestas y huelgas con detenciones masivas y sin formular cargos.

Tres semanas después de arribadas las dos mujeres a Temuco, la convención de la alianza liberal-radical inauguró la campaña presidencial designando a Arturo Alessandri Palma como su candidato. «¡Aníbal a las puertas!», contestó el diario de oposición. Los mitines al aire libre de Alessandri y sus desplazamientos a lo largo del país representan la primera instancia de una campaña presidencial de tiempo completo, algo inédito hasta entonces en la historia de Chile. Su oponente, Luis Barros Borgoño, que provenía de una familia con tradición en política, hablaba preferentemente desde los balcones e hizo una sola visita al empobrecido sur del país. Entre los amigos de Mistral, Alessandri contaba con el apoyo de Pedro Aguirre Cerda, que lideraba a los radicales en el Senado, y de Pedro Prado, presidente del pequeño Partido Democrático. Tan fervorosa fue la escritora «Iris» (Inés Echeverría Bello) en su aporte a la campaña de Alessandri que su conservadora tía Dolores Echeverría —quien la crio en vez de la madre, que murió en el parto— rompió toda correspondencia y terminó por repudiar a su sobrina-hija.[24]

La elección, celebrada en junio de 1920, no fue concluyente: Barros Borgoño ganó por muy poco en votos, pero Alessandri recibió la mayoría electoral, obteniendo el triunfo de acuerdo al sistema imperante hasta ese entonces. Las protestas y manifestaciones estallaron en todo el país; el Congreso formó un «Tribunal de Honor» —que incluía al senador Pedro Aguirre Cerda— para investigar las acusaciones de fraude y dirimir el resultado. La represión policial del régimen conservador de Sanfuentes mostró una escalada. González Vera estaba trabajando en el cuartel general de la Federación de Estudiantes de Chile (FECH), en Santiago, cuando una turba de estudiantes borrachos, derechistas y de clase alta, irrumpió en el edificio y lo saqueó. La policía acudió al lugar, pero solo para detener a las víctimas; nunca fueron formulados cargos contra los perpetradores de la asonada, fácilmente identificables en las numerosas fotografías que el historiador estadounidense Raymond Craib presenta en *Santiago subversivo*, su microhistoria de la represión derechista en el centro de Santiago en el año 1920. El régimen conservador de Sanfuentes agitó la xenofobia, movilizando al ejército y forzando a los hombres jóvenes a enlistarse a la luz de cierta información secreta (cuya falsedad quedó prontamente demostrada) sobre una inminente invasión por parte del Perú. Muchos se burlaban luego del ardid, rotulado como «La guerra de don Ladislao», en alusión al irresponsable ministro de Guerra. Pero las medidas del notorio juez Astorquiza no eran ningún chiste: sus resoluciones permitieron a la policía arrestar y detener sin cargos a quien se le diera la gana. Fueron blanco de ello los estudiantes, anarquistas, residentes extranjeros y miembros de la clase trabajadora urbana.

El sector céntrico de Santiago —donde Laura Rodig había crecido— emergió como la zona cero, en la medida en que «hombres y mujeres salían a las calles para protestar contra el ataque a la FECH y en defensa de la libertad de expresión y de huelga. También defendían su derecho a estar en las calles. En ese contexto de transformaciones urbanas bastante dramáticas, surgían las preguntas sobre quiénes tenían derecho a la ciudad. "¿Quiénes tenían derecho a las calles?" (una pregunta que había sido prioritaria en la actividad organizativa anarquista). Muchas de las personas arrestadas la última semana de julio estaban detenidas no solo por lo que supuestamente habían dicho, sino por *dónde* lo habían dicho. Los manifestantes llenaron los corredores centrales de Santiago, ante los ojos y oídos de los aristócratas de Santiago».[25]

Entre quienes afirmaban su derecho a las calles de Santiago estuvo Mistral, que ya tramaba su vuelta a la capital. Conocía personalmente a varios de los líderes estudiantiles encarcelados, incluido el popular Santiago Labarca, hermano mayor de Eugenio, con quien

Mistral renovó brevemente su correspondencia. Esto encajaba en el plan maestro de la poeta para asegurarse un empleo en Santiago, es decir, volver al centro de las actividades educacionales, artísticas y literarias, participando en ellas según las capacidades y talentos que ya había demostrado.

Gabriela Mistral simpatizaba y tuvo mucho en común con otro detenido: el poeta José Domingo Gómez Rojas, tildado «el poeta cohete» porque tenía apenas 16 años cuando publicó su primer libro, *Rebeldías líricas*. Al igual que Mistral, Gómez Rojas publicó en *Selva lírica* y en *Los Diez*. Ambos poetas valoraban la autenticidad y precision lingüística, admiraban la literatura rusa y la Biblia y eran escépticos de la ortodoxia religiosa, pese a lo cual percibían el mundo en términos espirituales. Hay un registro lingüístico de ese terreno compartido por ambos en el poema «¡Miserere!», por el cual Gómez Rojas se volvió famoso: «¡Y hasta quizás la muerte que nos hiere / también tendrá su muerte. ¡Miserere!».[26] Como indica Magda Sepúlveda en su astuto ensayo, con esa palabra (miserere), «común en los círculos anarquistas de la época, que aludía al destino mortuorio de quienes estaban en un lazo de vencidos y vencedores», el fondo político-lingüístico que Mistral y Gómez Rojas compartieron da forma a un mandato directo.[27] Mistral honra a Gómez Rojas al asignar la palabra al futuro recuerdo truncado de su madre:

> ¡Bendito pecho mío en que a mis gentes hundo
> y bendito mi vientre en que mi raza muere!
> La cara de mi madre ya no irá por el mundo
> ni su voz sobre el viento, trocada en miserere![28]

Detenido sin cargos cuatro días después del ataque a la FECH, Gómez Rojas sufrió condiciones de arresto mucho peores que las de sus camaradas. Su fama de poeta le ganó un maltrato especialmente cruel. Durante semanas, su familia trató de localizarlo, no enterándose sino hasta después de su muerte —a causa de una meningitis espinal, ocurrida a fines de septiembre— de que había sido transferido a la Casa de Orates, el manicomio más antiguo y más infame de Santiago. Sus funerales convocaron a doscientas cincuenta mil personas en marchas de protesta en todo el país, el 20 por ciento de ellas solo en Santiago.[29] Al día siguiente, el Tribunal de Honor se reunió y decidió la elección a favor de Alessandri. El Congreso votó y Alessandri se convirtió en presidente electo.

En esta atmósfera de profunda inquietud y de detenciones masivas, Mistral dejó a Laura Rodig a cargo del liceo e hizo sola un largo viaje a Santiago durante las vacaciones de septiembre. Lo hizo sentando las bases para su campaña en busca de un nuevo y mejor puesto de trabajo. En ese afán usará las extraordinarias capacidades organizadoras que había ya mostrado en Punta Arenas y que la harán seguir contactándose con sus pares, poetas, escritores y artistas de Chile y otros países.

Al bajar del tren en la estación Mapocho por primera vez en dos años y medio, Gabriela Mistral hizo tres visitas estrictamente confidenciales: la primera a la casa de su amiga Juanita, la esposa de don Pedro; la segunda, a la oficina de Enrique González Martínez, el embajador de México; la tercera, a Pedro Aguirre Cerda, para contarle en persona los acontecimientos en Temuco. En su breve encuentro con Juanita, Mistral le dejó una escueta nota al esposo en la que ella se ofrecía tentadoramente a «contarle... algunas cosas de interés del Ministerio».[30] Esas «cosas» habrían sido información de gran valor, visto lo que ella esperaba de vuelta: «LE PIDO OBTENGA MI TRASLADO A ALGÚN PUESTO QUE YO SEA CAPAZ DE DESEMPEÑAR: QUE NO SEA EN UN PUEBLO DE CLIMA EXTREMO NI LEJOS DE SANTIAGO» [mayúsculas en el original].[31]

Lo que provocó sus urgencias fue aquel antiguo némesis suyo, Ricardo Valdés, el mismo «Juan Duval», el millonario que se había comprado la revista *Sucesos*, utilizando sus páginas para burlarse de ella tres años antes.

Mistral le informa a don Pedro que «Duval» había reflotado: «Tengo la penosa convicción de que don Ricardo Valdés será senador por Cautín y, a no haber vacante propicia de aquí a Marzo, tendría que aceptar lo que ofrecen de la Argentina».[32] Es esta la segunda ocasión —y muy lejos de ser la última— en que Mistral amenaza con irse de Chile si Aguirre Cerda no la ayuda. Y lo que la poeta omite decir, aunque sea relevante, es justamente la segunda visita que hará: pasará la mayor parte del día en Santiago en compañía del nuevo embajador de México en Chile, el poeta, médico y revolucionario Enrique González Martínez, editor de la revista *México moderno*. No fue una visita casual.

En Temuco, en tanto, el electorado local se burlaba de Ricardo «Juan Duval» Valdés. De profesión corredor de bolsa, nunca antes había postulado a un cargo de elección. Con el buen humor que siempre caracteriza sus narraciones, González Vera testifica la acelerada y chabacana campaña que realizó:

> El caballero, fiel a la tradición de los ricos, se hizo acompañar por matones empedernidos, ignorando que el clima local no era propicio debido a la balacera que empezaba con las primeras sombras y que solía sonar a pleno sol. Los matones fueron sitiados en el hotel y cuando uno intentaba asomarse, solo por casualidad no le entraba una bala al cuerpo. La policía los hizo salir de la ciudad y los escoltó, formando un anillo en torno a ellos, hasta la ferrovía, pues no fue posible conducirlos por los caminos públicos, porque muchos voluntarios no encontraban qué hacer con sus revólveres.[33]

Pero la compra de votos era «más importante que la fuerza bruta».[34] Cuando González Vera preguntó a los lugareños, se enteró de que Valdés pagaba «cien pesos por voto». Los lugareños se encogían de hombros: «¡Hay que sacarle algo a los ricos!».[35]

Poco después de la elección, nos cuenta González Vera, el senador electo (Ricardo Valdés) y el intendente (presumiblemente de Temuco) se presentaron un día sin aviso en la puerta de Mistral. Una sirvienta los recibió. «Gabriela paseaba por el patio con un amigo y estaban frente al portón cuando los visitantes dieron el aldabonazo. Ella siguió andando y dijo a la hermana portera que avisara a los caballeros que había salido».[36]

POEMAS DE LAS MADRES: CENSURA DEL EROTISMO CENTRADO EN LA MUJER; LA REACCIÓN DE NERUDA

Cuando Mistral y Rodig llegaron a vivir a Temuco en abril de 1920, las interminables lluvias invernales las mantenían recogidas bajo techo. Desde junio en adelante, la poeta escribió una serie de catorce prosas poéticas de tema erótico, que tituló inicialmente «El poema de la madre». Cuando las publicó un año después, en junio de 1921, pluralizó el título luego de haber ampliado a diecinueve las viñetas. Luis de Arrigoitia describe el sensual realismo de sus referencias corporales como algo sin precedentes en la literatura en lengua española hasta entonces.[37] En otras palabras, decía que ningún otro poeta de habla hispana había celebrado tan gráficamente el cuerpo femenino sin referencia alguna al deseo masculino.

Al continuar Mistral explorando la tension entre lo erótico y el decoro o el discurso permitido, afán que había iniciado en Punta Arenas, deriva a escribir eróticamente y en primera persona acerca del embarazo y la gestación. El tópico del embarazo femenino luego de que el deseo masculino queda satisfecho era tolerado en grupos privados de mujeres, pero era un tabú entre los leñadores, baqueanos y ferroviarios de Temuco, y en general entre los varones. Al entrar en este discurso, Mistral escribe del cuerpo femenino valiéndose de la tensión entre sexualidad lícita y tabú, convirtiendo esta escritura en la pieza central de una ingeniosa campaña publicitaria.

En una serie de cartas, Gabriela Mistral generó un escándalo con los poemas, haciéndolos circular a la vez que insinuaba, sin tener prueba alguna, que ciertos individuos no especificados habían tratado de censurarlos. Su campaña publicitaria tenía multiples objetivos. Primero: publicitar su presencia en Temuco y su vuelta del exilio, que era su salida de Punta Arenas. Segundo: actualizar su perfil como escritora mostrando su preocupación por «la cuestión social», no en relación con la clase trabajadora masculina, sino con las humildes tareas de la maternidad. Con todo el *pathos* del miserere, representa la vulnerabilidad materna y la abyección subyacente a asuntos como el de los hijos nacidos fuera del matrimonio y la violencia contra las mujeres. Este interés iba más allá del tema de la educación estético-moral de los ñinos, con el que Mistral se identificaba desde hacía tiempo. Representa una continuación del interés por la maternidad como factor social que emerge en su obra durante su residencia en Punta Arenas. Y el tercer objetivo de su campaña es que Gabriela Mistral se proponía con esos poemas reforzar su credibilidad ante los radicales al mostrar su compromiso, a su manera, con la «cuestión social», hablando desde y por las mujeres desprovistas de la capacidad de hablar por sí mismas. Viene del mismo espíritu compasivo y denunciador que Mistral iba a mostrar al escribir sobre la música mapuche en 1932.

La campaña de Mistral provocó desde un principio el escándalo, nada más enviar los catorce poemas inéditos a tres editores afines, en julio de 1920. Dos son editores con quienes Mistral reestablece el contacto después del silencio impuesto por el vivir y trabajar en las nieves del lejano sur. Junto a cada envío incluyó una apasionada nota personal en que rogaba a esos editores que le respondieran, alegando sin evidencias que ciertas «mujeres piadosas» le habían sugerido en tono reprobatorio que eliminara los poemas. La poeta recurre, primero, a Salas Marchán, a quien trata de «mi noble amigo»: «Me han dado a dudar de esos poemas en prosa [...] me han dicho que son crudos. Le ruego leerlos i darme su opinión desnuda, en la que descansaré en absoluto».[38] El director de la Escuela Normal reaccionó de inmediato publicándolos en la *Revista de la Asociación de Educación*, y les sumó una extensa nota editorial haciendo su defensa. Mistral entonces menciona esta publicación al ofrecérselos a Eugenio Labarca, a pesar de sus «dudas»: «Yo temía —y temo— que espanten a las beatas, porque aunque son puros, son crudos».[39] Al parecer Eugenio Labarca no respondió a esta carta en que ella es evasiva al contestar la anterior carta de él, que la acusaba de olvido y malevolencia.[40] En Buenos Aires, en tanto, Constancio Vigil publicó los poemas en su totalidad, sin comentarios, en su revista *Atlántida*. Y un año más tarde aparecen en *Repertorio Americano* de Costa Rica gracias a su editor, Joaquín García Monge, con quien Mistral disfrutará de una amistad importante, de larga duración.

La única señal de una censura posible se asoma en la publicación en *La Mañana* de Temuco. Este periódico publicó solo diez de las catorce viñetas originales. Omitió la sexualidad explícita entre mujeres de «La hermana», cuya hablante femenina alaba y acaricia el cuerpo visiblemente embarazado y protuberante de otra mujer: «Sus caderas están henchidas, como las mías, por el amor, y hacía su faena curvada sobre el suelo. He acariciado su cintura; la he traído conmigo».[41] Cinco años después, los falocéntricos poemas amorosos de Neruda igualan también a la mujer con la tierra, pero sin las metáforas que desarrolla la hablante en primera persona de los «Poemas de la madre» de Mistral, donde la gestación representa una metáfora de la creatividad, compartida y sensual, entre mujeres, en una pluralidad de amor: «Beberá la leche espesa de mi mismo vaso y gozará de la sombra de mis corredores, que va grávida de gravidez de amor. Y si mi seno no es generoso, mi hijo allegará el suyo, rico, sus labios»[42].

Aunque las cartas de Mistral alegaban que «los falsos puros» se quejaban de la «crudeza» de su obra, las críticas —ya fueran reales, ensoñadas o algo entre ambas— inyectaron energía a la poeta.[43] Durante las vacaciones de diciembre concluyó la serie con dos nuevas viñetas que respondían a «la cuestión social» en Chile. Los dos nuevos «Poemas de la madre más triste» enfrentan un país cuyas tasas de mortalidad infantil estaban entre las peores del hemisferio occidental. Para contextualizarlo, Mistral añade una nota afirmando que había escrito los dos últimos poemas en Temuco, tras presenciar la escena de un hombre abusando verbalmente de una mujer visiblemente embarazada. La poeta concluye condenando como falsamente piadosa a toda mujer que considere el embarazo fuera del matrimonio un tema vergonzante.

Luego de la muerte de Mistral, Neruda denunció los «Poemas de las madres» como un agravio a Temuco. Sin mencionar la violencia y el abuso o las amenazas de abandono descritas por la autora, Neruda alegó que Mistral quedó sensibilizada porque «... algo confuso se susurró en Temuco, algo impreciso, algo inocentemente torpe, tal vez un comentario burdo que hería su condición de soltera. [...] Años después, en la primera edición de su gran libro, puso una larga nota inútil».[44] Neruda adhiere a la dilatada tradición del amor inmencionable cuando elude identificar «lo que se había dicho y susurrado sobre su persona en aquellas montañas al fin del mundo».[45] Aun cuando dice admirar los poemas, deja en evidencia sus prioridades cuando evoca erróneamente el título como «estos poemas del hijo».[46] Para el vate de Temuco, «el hijo» es un tópico viable para el deseo poético, no así la abyección y vulnerabilidad materna.

OBERTURAS A MÉXICO: EL BÚHO Y SU PARLAMENTO

La campaña de Mistral con miras a dejar atrás Temuco encontró en la persona del embajador mexicano Enrique González Martínez un arma secreta para conseguir su meta. El embajador y poeta —diecisiete años mayor que ella— era un veterano de la Revolución mexicana cuando llegó a Chile. Pese a su formación como médico, hoy se lo recuerda como poeta, especialmente por su consejo a los jóvenes poetas de que le «torcieran el cuello al cisne» del modernismo y lo reemplazaran por el búho sabio que todo lo ve. Como está consignado en *El hombre del búho* (sus memorias), él había solicitado específicamente Chile «como lugar de residencia y de noviciado» en la diplomacia.[47] Antes de su llegada, González Martínez ya había intercambiado cartas con Mistral, Eduardo Barrios, Ernesto Guzmán y Pedro Prado. Pero cuando llegó a mediados del decenio de 1920, vio que Chile estaba «en momentos graves de su política interior [...] y en los momentos de su despertar literario». Sin embargo, las violentas confrontaciones que tenían lugar en Santiago y en todo Chile no le perturbaron mayormente.[48]

«El diplomático escritor fue mi amigo desde nuestra primera conversación», indicaría Mistral más tarde en la prensa, señalando, indirectamente, el intercambio epistolar que las involucró a ella y a Laura y que comenzó desde Punta Arenas en 1919.[49] Es que González Martínez había llegado al Cono Sur, al menos en parte, a proseguir las negociaciones interrumpidas por la prematura muerte de Amado Nervo.

Muy poco después de que el nuevo embajador mexicano llegara a Santiago, un largo artículo sobre la poesía de Mistral fue publicado en *España*, un semanario madrileño erudito, con la firma de Carlos Pereyra. Este distinguido historiador mexicano, exdiplomático y bien conocido contrarrevolucionario, no tenía ningún interés particular en la poesía. Su nombre era en realidad una pantalla para su esposa, la famosa y vastamente leída poeta María Enriqueta Camarillo, con quien Laura Rodig, aburrida y con frío, se había estado carteando desde Punta Arenas.

Iniciaron esta amistad entre las dos poetas luego de que María Enriqueta contactara a Gabriela Mistral para pedirle algunos recortes sobre su poesía. Mistral respondió solicitando a su amiga escultora que armara un paquete y lo enviara desde Punta Arenas a Enriqueta en Madrid. La poeta mexicana seleccionó, organizó y contextualizó entonces esos materiales, antes de pasarle el resultado a su esposo, el aludido Carlos Pereyra. A instancias de ella, él pulió y firmó el artículo resultante porque —como Enriqueta explicó a su amigo Rafael Heliodoro Valle— «la voz del hombre tiene más prestigio que la de la mujer».[50] Es decir, los recortes y detalles biográficos contenidos en el artículo provenían de Rodig y el montaje fue obra de Enriqueta. La mano de Carlos Pereyra está presente en lo relativo al trasfondo histórico y en generalizaciones como esta: «Chile posee un rasgo peculiarísimo: allí los hombres son hombres y las mujeres son mujeres, desde que fue fundada la nacionalidad...».[51]

«EL ARTE» DE SUFRIR

Una semana después de la publicación en Madrid del artículo laudatorio firmado por Pereyra, Mistral comenzó a devolver el favor.

Desarrolló un conjunto de cuatro muy breves prosas poéticas que dedicaría, en *Desolación*, a María Enriqueta, la esposa de Pereyra, agradeciéndole. Mistral las tituló «El Arte», puesto que son un *ars poetica* en cuatro partes. Cada una demuestra algo distinto.

En la primera sección de «El Arte», «La Belleza», la autora muestra que ha aprendido, tras quince años de escribir para los periódicos, que vale asumir una actitud polémica desde el principio. Capta nuestra atención con un gancho: «Una canción es una herida de amor que nos abrieron las cosas».[52] Siguen los términos contenciosos al contraponer y caracterizar a su adversario (¿imaginado?): «A ti, hombre basto, solo te turba un vientre de mujer, el montón de carne de la mujer. Nosotros vamos turbados, nosotros recibimos la lanzada de toda belleza del mundo porque la noche estrellada nos fue amor tan agudo como un amor de carne».[53]

Como ha hecho en muchos de sus poemas desde el «Ángel guardián» en adelante, Gabriela Mistral rehúsa marcar el género del hablante. Emplea la primera persona del plural sin pronombre al proponer el origen del arte en la experiencia visceral de una herida que trasciende al género binario y la carne. «El Arte» también representa sin marcos de género la autoridad poética que viene de un apareamiento cósmico con el vasto firmamento nocturno. En «La Belleza» la voz poética contrapone la sensibilidad de los seres superiores al imaginado «hombre basto»: «Una canción es una respuesta que damos a la hermosura del mundo. Y la damos con un temblor incontenible, como el tuyo delante de un seno desnudo».[54]

Y por ser creador y sensible, el artista (sin especificar su género) es un ser superior: «Y de devolver en sangre esta caricia de la Belleza, y de responder al llamamiento innumerable de ella por los caminos, vamos más febriles, vamos más flagelados que tú».

Gana el artista herido y sensible y por ello capaz de canalizar el temblor incontenible. Gana la dolorida dominatriz que «L» representaba en su intercambio con «M».

El borrador de «Canto», que es la segunda sección de «El Arte», se encuentra entre los papeles que Laura Rodig entregó. Lleva como fecha el 31 de agosto de 1920, diez días después de la promoción favorable que Carlos Pereyra publicó en el semanario *España*. Hay poca diferencia entre este borrador y la versión publicada en *Desolación*. Ambas versiones desarrollan el tema de la abyección y/o la vulnerabilidad femenina al caracterizar «una canción» por el impacto que provoca la voz de una mujer cantando en el valle. Puede ser un retrato de la poeta como diva, pero vestida de campesina, cuyo canto, que viene de su corazón herido, ennoblecido, provoca la misma belleza del valle. El canto refleja lo cósmico del entorno, «hacia las estrellas».

«El Ensueño», la tercera parte de «El Arte», ofrece una parábola, levemente platónica y parecida a los «cuentos» algo moralizantes de Mistral escritos en Los Andes, que salieron en las páginas de los *Libros de Lectura* desde 1917 en adelante. Concluye la serie con su «Decálogo del Artista», cuyos preceptos nos ponen al día, de manera fascinante, sobre la gran gama de sus lecturas en la autoayuda y los escritos espirituales de los teósofos. Postula a Dios como «el Creador», mientras «el artista» (a quien la voz del decálogo dirige sus mandamientos) es un ser humano, algo monástico, «hombre o mujer» cuyo destino es crear y actuar humildemente, porque su acto de creación va a ser «inferior a tu sueño, e inferior a ese sueño maravilloso de Dios, que es la Naturaleza».

María Enriqueta replicó con el poema «El afilador», dedicado a Laura Rodig, cuyas tijeras habían propiciado el intercambio. «El afilador» es un apóstrofe, modalidad que Mistral y Enriqueta empleaban para invocar a una amada, ausente o distante, o a una musa (como lo era Rodig).[55] En «El afilador», la poeta recuerda un

placer y dolor mezclados y tan agudos que solicita a la destinataria
no identificada que afile su cuchillo y lo suprima:

> Ya viene el afilador
> tocando su caramillo...
> ¡Ay, decidle, por favor
> cuánto su alegre estribillo
> viene a aumentar mi dolor![56]

GABRIELA Y EL EMBAJADOR MEXICANO

El círculo de Gabriela Mistral sigue creciendo, en concordancia con
el papel descomunal que poetas y escritores jugaban a la hora de
promover la imagen internacional de México. Después de que el
país ratificara su nueva Constitución antiimperialista en 1917, los
arquitectos de la política exterior de la nación se abocaron a recons-
truir su cuerpo diplomático, para lo cual buscaron reclutar a «reco-
nocidos hombres de letras [...] embajadores de cultura».[57] Durante
la Primera Guerra Mundial, nuevas agencias como la Associated
Press apoyaron los intereses empresariales estadounidenses abriendo
oficinas permanentes en Río de Janeiro y Buenos Aires y más tarde
en Santiago. La expansion continuó en la próxima década.[58] México
respondió ampliando, como un tema de interés nacional, «el asilo y
empleo de intelectuales latinoamericanos perseguidos y la invitación
a las "cumbres de la raza" para que visitaran el país y participaran en
la cruzada: Restrepo, Morillo, Valle-Inclán, José Eustasio Rivera, y
finalmente: Víctor Raúl Haya de la Torre y Gabriela Mistral».[59]

Como ocurría con las cartas de Gabriela Mistral a Magallanes
Moure, la poeta chilena y el embajador mexicano se comunicaban
a través de distintos canales, uno rigurosamente privado y el otro

público. Pero a diferencia del intercambio entre Mistral y Magallanes, cuyas comunicaciones públicas eran una pantalla para las privadas, la relación entre Mistral y el embajador se jugó en una serie de gestos y declaraciones públicas. Los dos poetas «hablaban» entre sí como se estila entre los embajadores. Mediante intercambios ritualizados hicieron un despliegue de favores mutuos y personales.

Así, Mistral aprovechó sus vacaciones de septiembre y viajó desde Temuco no solo para encontrarse con «el hombre del búho», o sea, el embajador mexicano, sino para legitimar su presencia. Para ello, pidió a sus dos colegas más leales, confiables y de larga data que visitaran al embajador mexicano en su nombre: «Vayan a verlo pronto».[60] Salas Marchán, el teósofo y director de escuela normal, consintió alegremente en hacerlo junto a su colega, el doctor Carlos Fernández Peña, fundador de la Asociación Educación Nacional.

Como una manera de devolver el favor de Mistral, fue probablemente González Martínez quien gestionó que, en su edición del domingo siguiente, *El Mercurio* de Santiago reimprimiera en sus páginas el artículo de su buen amigo Carlos Pereyra sobre la poeta, donde su protector Aguirre Cerda (entre otros) seguramente lo leería. Y por su lado, Mistral se lo agradeció dirigiéndole una carta al jefe de González Martínez, esto es, a Genaro Estrada, de la Secretaría de Relaciones Exteriores (SRE) de México.

«Estamos muy contentos con el poeta que nos ha mandado su Gobierno», escribe Mistral a Estrada. Y aprovechó el contacto para reiterar más o menos el deseo que le había comunicado a Amado Nervo tres años antes: quería ella misma mejorar la reputación inmerecida de la tierra de «Pancho Villa y la revolución permanente», reemplazándola por la imagen más halagüeña de México como «un país tan notable intelectualmente como la Argentina...».[61] A Estrada le complació recibir la noticia: él ya había señalado su admiración por Mistral en su artículo sobre «La nueva literatura chilena», publicado el año anterior, en 1919, que destacaba a los poetas, especialmente a «el controvertido Ernesto A. Guzmán», «el sutil Pedro Prado» y «la modesta Lucila Godoy».[62]

La cadena de cumplidos y favores intercambiados entre Mistral y el embajador mexicano fluyó sin interrupción de octubre a mayo. Reforzó los lazos mutuos y fue forjando nuevos vínculos. Después de que González Martínez imprimiera el «Decálogo del Artista» de Mistral en su revista *México Moderno*, ella envió una cálida carta de bienvenida a un diplomático recién arribado, el poeta Federico Henríquez y Carvajal. Este poeta y académico antiimperialista de Santo Domingo tenía lazos cercanos con México y Cuba. Llegó a Chile a la cabeza de una delegación que buscaba aliados para protestar por la ocupación militar estadounidense de Santo Domingo. Una causa perdida en lo que atañía a la política oficial de Chile, pero Mistral envió igualmente una cálida misiva de solidaridad, detallando su admiración por el poeta y mártir antiimperialista José Martí, describiéndolo como «el verdadero iniciador del modernismo...» y poniéndolo al lado de sus más estimados escritores en aquella época: Tagore, Guerra Junqueiro y Andreiff.[63]

El embajador mexicano no tardó en devolver la gentileza de Mistral para con sus colegas caribeños: la apoyó cuando su adversario, Ricardo «Juan Duval» Valdés —nuevo senador por Cautín— la acusó al ministro de Instrucción «de intervenir en política», o sea, en la elección en Cautín.[64] El embajador mexicano no podía criticar a un senador electo sin violar el protocolo diplomático. Lo hizo entonces con una fórmula que le permitió apoyarla públicamente. Se encontraba en el segundo día de una publicitada visita como invitado especial en el cuarto centenario de Punta Arenas cuando *El Mercurio* informó a sus lectores que «el Embajador de México, altísimo poeta don Enrique González Martínez», ordenó que el tren se detuviera para poder visitar el Liceo de Niñas de Temuco, «que dirige Gabriela Mistral. [...] Largo rato departieron los dos poetas, en plena camaradería artística».[65]

El toma y daca siguió adelante: Enrique Molina, el amigo de Mistral, dio la bienvenida al embajador a Concepción; a su turno, González Martínez elogió a Mistral al encontrarse con Alessandri, el nuevo presidente de Chile, en marzo.

Alone, Laura y Gabriela viajan al sur: noviembre de 1920-enero de 1921

Las lluvias invernales cesaron al fin en Temuco, apareciendo en su lugar el sol, el verdor y visitantes como Alone. Su «Diario de un caminante», decididamente subjetivo, retrata a Mistral en Temuco como un monarca volviendo del exilio: «... siempre queda en ella algo de una desterrada que no ha dicho en realidad quién es; sentada en una pequeña silla, nos parece una reina venida de lejos que llega de paso, y que está cansada...».[66] El ensayo de Alone publicita el regreso de Mistral, cuyos planes y quehaceres pinta incluyendo a sus dos leales subordinadas, Laura Rodig y Luisa Fernández. Alone cuenta que ellas forman parte de «el admirable trío que dirige el Liceo de Temuco...». A Laura Rodig, «la escultora cuyas obras hemos admirado en varios salones», Alone la describe como «una joven rubia, fina, de hondos ojos negros bajo la frente descolorida, penetra, envuelta en una capa roja, suelta, de pliegues franciscanos. Y tras ella otra, esbelta, con un perfil prerrafaelita lleno de cierta melancólica delicadeza... Luisa Fernández, pintora distinguida, salidas ambas de la Escuela de Bellas Artes para seguir a la escritora, primero a Punta Arenas, luego a Temuco...».[67] Este retrato no es nada casual. Muestra que Laura Rodig y Luisa Fernández figuran en los planes de la escritora.

Mistral y Alone son grandes cultores de anécdotas impresionis-
tas. A la altura de 1920, las de ella son de índole moralista, a veces
abstractas; las de él, románticas, empapadas de luces y sonidos. El
recuento que Alone hace de cuando el cuarteto subió al cerro Ñie-
lol se vuelve una metáfora de Mistral como soberana y princesa y
en última instancia encarnación del espíritu de la «montaña», como
«una inmensa catedral con sus columnas de troncos y sus colga-
duras de hiedras y enredaderas floridas. Hosca, guerrera, lóbrega
por el exterior, la montaña descubre adentro ternuras infinitas...».[68]
Su ensimismamiento en la cumbre cesa en breve: el deber espera
a la soberana y a Rodig, su dama de compañía atenta: «—Ahora
tenemos que conocer el barrio pobre —dice Gabriela Mistral, con
cierto aire de resignación. Laura Rodig la mira. —Será preciso».[69]

Dada la proclividad de Alone a los «barrios marginales», su cró-
nica refleja su horror y fascinación cuando descienden a través de
la miseria infernal del pueblo: «Tolderías indígenas, detrás de tablas
donde se agrupan familias y familias, la asquerosa mescolanza de
niños, borrachos, mujeres, enfermos... Cruzamos más y más ca-
llejuelas inmundas, en declive, entre muchedumbres de perros y
niños como un barrio turco, cruzamos un puente de madera sobre
un río, un puente muy largo y desparejo, hasta salir al campo, en
silencio...».[70]

«MANUEL, SU CARTA ME HA DADO UN ASOMBRO COMO NO PODRÍA
EXPRESARSE»

Como caída del cielo, un día llegó una carta de Manuel Magallanes
Moure poniendo fin a dos años de lapidario silencio. De las dos
cartas que Mistral escribió y envió en respuesta, la primera llevaba
una pregunta amarga y escueta: «¿Qué he sido para usted que no

fuera la ingenua mujer de provincia...?». Lo diagnostica como «el tipo del Tenorio... el conmovido de cada hora... Usted está enfermo...».[71] Propone seguir adelante sin él: «Siento en mí un alma nueva... ¿Adónde me voy? Parece a la Argentina. Estoy cansada de la enseñanza, no de ella misma en verdad, sino de agregados odiosos que tiene...».[72] Así escribe un viernes, al atardecer, pero cuando escribe la segunda carta, a la luz fría de la mañana siguiente, le baja a todo una octava, aunque se muestra igualmente desilusionada al terminar su carta así: «Yo conozco lo que en Ud. pierdo en la vida y los hombres».[73]

Al enviar las dos cartas juntas, Mistral se sube al viejo carrusel de las recriminaciones y las negativas. Como antaño, Manuel envía emisarios: primero a su primo, Custodio, después al poeta Augusto Winter. Como antes, cuanto más desea él verla a ella, menos quiere ella verlo a él. Cuanto más lo atormenta ella, con mayor probabilidad volverá él para recibir más de lo mismo. Por ejemplo, Mistral espera dos semanas antes de contestar a la furiosa respuesta de él diciéndole que su carta fue «injusta... No me trate de Ud.». Al momento de cerrar, se muestra hastiada, indiferente, casi aburrida: «Que yo tenga palabras suyas de tarde en tarde. Lucila».[74]

Pese al intervalo de dos años, el melodrama entre ambos permanece inalterado. Por ejemplo, en la Navidad, ella envía una tarjeta decisiva (hoy extraviada), seguida de una carta de arrepentimiento, la que él responde con un telegrama (también extraviado) que a ella le cambia el estado mental: eso se infiere de una siguiente carta en que ella se rehúsa a explicar nada en detalle hasta (es lo que sugiere implícitamente) que lo vea y experimente la verdad de todo: «No puedo darte detalles: se trataba de decidir mi futuro y quise saber, saber la verdad mirándote y sintiéndome. Fueron tres días de lucha tremenda cerca de un ser. Ya pasó eso. Quedó la solución, a pesar de mi urgencia, pendiente».[75]

Como siempre, ella misma establece la norma a seguir: «No es posible verte en otro pueblo en la forma que dices».[76] A diferencia de antes, ya no explica sus decisiones. Su significado se hará legible en sus próximas acciones, o eso es lo que dice, mientras le manda sus «Poemas de las madres». Un momento de suspenso.

Mistral no comparte con Manuel Magallanes su plan ni sus dos objetivos interrelacionados, aunque él sea instrumental para ambos. El primero: con miras a asegurar su traslado a Santiago, la poeta enviará a Laura para que contribuya a poner en movimiento esa maquinaria política. Magallanes será a la vez su instrumento para cumplir el segundo objetivo: asegurarse una invitación a México, una empresa que ya ha puesto en marcha. La misma carta en que la poeta informa a Manuel que ha decidido ya su futuro, pero que no puede brindarle detalles al respecto, incluye una larga descripción de su nuevo amigo, el embajador mexicano, «un hombre sencillo y campechano casi en exceso... Te pido que vayas a verlo. Por él y por mí vas a ir».[77]

El ruego no funciona. Supuso una verdadera ingenuidad de parte de Mistral este intento de persuadir a Magallanes, antiguo gobernador de San Bernardo, de que visitara al embajador mexicano, es decir, el nuevo embajador de un Estado revolucionario, en los comienzos de un nuevo régimen presidencial en Chile. Habiendo sobrepasado los cuarenta años, Magallanes era aún dado a las aventuras amorosas, o eso parece, pero era cauteloso, tímido incluso, ante el nuevo orden de cosas que se imponía a lo largo de Chile. Había declinado, por ejemplo, una oferta para subirse al carro de Alessandri. Mistral era igualmente cautelosa con Alessandri, pero contaba con el amparo de Aguirre Cerda, que estaba en el círculo del presidente.

Mistral engatusa a Magallanes para que se sume a los tiempos que corren, o al menos para que se ponga a tono con ellos: «¿Por qué no hablas con Aguirre Cerda?... Te tratará como lo que eres; no le sentirás la insolencia de los políticos radicales de baja extracción; te comprenderá en tu alto valer de caballero. Habla con él».[78] Para suavizar su mandato, bromea con Magallanes, algo que él anhela: «¿Sabes que yo soy muy pesada de manos? Me gusta pegar; creo que acaricio y dejo una mancha... ¿Te he contado que a un hombre que me quiso abrazar le di un bofetón y le rompí el tímpano?».[79]

Primero lo de «creo que acaricio», luego lo del «bofetón»; y luego concluye la carta: «¿Sabes que antes me ofrecieron el Liceo de San Bernardo?... ¿Quieres que me vaya allá?».[80] Esto puso a Manuel inequívocamente alerta. De todas las armas al alcance de Mistral, ninguna podía resultar más aterradora para él que la perspectiva de que ella se trasladara a San Bernardo. ¿Cómo le agradaría tener a Mistral... no solo como vecina, sino como directora del Liceo de Niñas local?

Y Mistral enseguida complicaba aún más la trama de escenarios posibles: «Hoy me llegó carta de Constancio C. Vigil... me llama para marzo a Buenos Aires».[81]

La poeta continúa atormentando a Magallanes en sus próximas cartas, interrogándolo, por ejemplo, acerca de su amor más reciente, especialmente desastroso, del supuesto «hechizo de Sara [Hübner]...».[82] Mientras Mistral sabe que Sara Hübner se fue, «L» (Lucila) finge inocencia al introducir este asunto doloroso: «¿Por eso volviste, Manuel?».[83] Juega entonces el papel de la amiga preocupada e interesada: «¿Sufres por ella? Sin embargo, te quiso y te quiere. *A su manera*. ¡Qué extraña es para mí el alma de las mujeres!».[84] ¡Como si «el alma de las mujeres» fuera una experiencia ajena a «L»!

Y continúa ablandándolo, proponiéndole la forma en que él podría ayudarla, antes de recordarle su posibilidad de hacerle la vida auténticamente miserable trasladándose a San Bernardo. «Sí, yo quería conocer y amar a tu niñita y que ella me quisiera. Y si mi alma muda algo, si creo al fin, iría a San Bernardo, a pesar de todo».[85] Pero no obstante lo mucho que anhela dejar atrás el liceo de Temuco, que es de categoría 2, rechaza el recorte salarial que resultaría de dirigir un liceo de categoría 4 en San Bernardo. Incluso Volodia Teitelboim, quien ignora por completo los temas del dinero y la política cuando argumenta que Mistral dejó Los Andes para escapar de su supuesto amor por el poeta Magallanes, reconoce que «ese amor ya no la induce a hacer locuras».[86]

ESCULTURA CHILENA

Cuando la campana del colegio anunció el fin del semestre, Gabriela y Laura abordaron el tren a la playa. Uno o dos días después, se presentaron en Concepción donde Enrique Molina, que completaba entonces su segundo año como rector de la universidad de la ciudad.

El rector Molina recuerda cómo les dio la bienvenida a sus dos visitas como «la más extraordinaria de las sorpresas y de las más gratas a la vez. Sin haberse anunciado previamente, descendió Gabriela de un coche de posta a la puerta de mi casa [...] traía en la mano una gran bolsa de tela blanca llena de yeso. La acompañaba una jovencita de regular estatura, delgada, perfecto el óvalo del rostro y la tez pálida... Laura Rodig...».[87]

Laura era la razón de la visita, como explicó Gabriela al rector. Mistral le dijo: «Aquí le traigo esta niña para que le haga un busto. Tiene un gran talento de escultora que hasta ahora no ha aprovechado bien por falta de práctica».[88]

Molina quedó fascinado: «Iba a tener un busto hecho por mano de verdadera artista y debido a la iniciativa y patrocinio de

Gabriela. Para trabajar, Laura se quedó alojada en casa. Pasamos con ella unos días muy agradables. Laura o Laurita, como la hemos llamado desde entonces, posee una gracia especial para referir cuentos y chascarrillos. Mi busto fue avanzando con promisoria regularidad».[89]

Cuando apareció por allí el hijo de Molina, Laura aprovechó la oportunidad: «Su cabeza le interesó mucho a Laura y se puso de preferencia a reproducirla. Mas, pronto ambos bustos quedaron terminados en forma magnífica y figuran entre las pocas y auténticas obras de arte que poseemos».[90]

Visita a la Casa del Pueblo y la cárcel de Temuco

Tras dejar a Laura en Concepción, Mistral volvió rápidamente a Temuco para encontrarse con Pedro Prado, que habría de presentar el discurso de ella ante una organización obrera, la Casa del Pueblo. El 6 de febrero de 1921, *La Mañana* informaba del asunto: «Disertó sobre el alcance moral que revisten los problemas sociales y la lucha por medio de leyes contra el alcoholismo, contra la habitación insalubre, contra la crisis económica».[91] Y ese mismo día al atardecer Mistral escribió y envió una carta a Molina. En ella, la poeta juega a dos bandas. Por una parte, reconoce la ira de los trabajadores como enteramente justificada; por la otra, contribuye a la cosmovisión de Molina al describir a su audiencia de la Casa del Pueblo como «... una masa de hombres de una ignorancia y de una ingenuidad lastimosas [...] las cabecillas obreras son de una bajeza moral que da escalofrío. Estos serían los jefes verdaderos, no los niños de la universidad».[92]

Al día siguiente, Mistral y Prado visitaron la cárcel local, «un matadero humano, una cosa no para ser contada sino vista» que la hizo apreciar la futilidad de sus palabras previas, como lo refiere ella misma a Magallanes: «Les hablé contra el odio de clases, y horas después, en la Cárcel, lo justificaba...».[93] Cuando ella y Prado acompañaban a un médico en sus rondas, veían a reclusos que no habían recibido atención o suministros médicos en cinco meses.

Los reclusos, por su parte, les rindieron un inolvidable homenaje: «... en el patio de los reos, para dejarnos pasar, se movieron todos y sonaron los grillos. ¡Qué música atroz!».[94] Cuando Mistral volvió a la Casa del Pueblo tres meses después, exhortó a su audiencia a no olvidarse de los reos.[95] En sus «Coplas del presidiario», escritas por esa época, la poeta se identifica con el recluso que asesinó a un hombre en un crimen pasional:

> Tiene el alma tan convulsa
> y dulce como una estrella.
> ¡Ay! porque mató una noche
> a ese hombre sobre la hierba,
> para torcerse de amor
> ahora tras de las rejas.[96]

Quince años después, Mistral contaría en una carta a su amiga española Victoria Kent, la exdirectora de Prisiones de la República española, que había creado el Centro Concepción Arenal en 1920, en el Liceo de Temuco, con el cual «unos 40 presos tuvieron cama y frazadas y medicinas».[97]

Al tiempo que escribió, durante esas vacaciones, infinidad de cartas, Mistral daba cada tanto un vistazo al mapamundi nuevo, impreso en Argentina, que ella o Laura habían claveteado en la pared. En su sustancial carta a Molina, esa imagen incita a la poeta a meditar sobre el maximalismo, el «"experimento" que lleva tres años en Rusia», y profetizar sobre los acontecimientos globales: «Tiene marcados claramente los estados soviéticos; no creo que el occidente de Europa pueda atajar la avalancha asiática...».[98] Y predice otros futuros cambios: «La América [se] va a encontrar en el torbellino con toda la candidez de razas primitivas y con toda su barbarie. La organización argentina es formidable».[99] Sabe bien que cualquier predicción exitosa debe utilizar frases evocadoras pero imprecisas, como «la candidez de razas primitivas» y «toda su barbarie».

Poco a poco Mistral revela sus preocupaciones por Laura Rodig: pide a Molina que actúe como mentor de la joven:

> Se trata de una muchacha con verdadero talento, que ha vivido dolorosamente, y a quien más dañaron que ayudaron los desorientados y malévolos corrillos artísticos de Santiago. Su desengaño la hizo seguirme para hallar otro daño: durante los dos años en Magallanes, no pudo trabajar; en el año de Temuco ha hecho algo, poco, por la esclavitud de su empleo administrativo. Todo esto, la forzada adaptación al ambiente escolar, que no es para ella, la consideración de que pierde su único camino, que es el del arte, y algunas cosas tristes de su familia, la han deprimido mucho [...].[100]

La cita nos revela algo de la empatía mistraliana. Todos los talentos, penas y desilusiones que Mistral atribuye a Rodig se aplican igualmente a ella. Solo que *ella* tenía el apoyo de Rodig, en quien Gabriela Mistral afirma su asombrosa productividad... a pesar de «la forzada adaptación al ambiente escolar» a lo largo de tres años de trabajo feroz.[101] Enseguida, Mistral le pide a Molina que empuje a Laura a trabajar mucho:

> A pesar de su empleo, que sienta la verdad de su vocación y le permanezca fiel [...] yo creo que en uno o dos años más, podría

ir a estudiar fuera del país. Es una niñita de una altura moral rara en los artistas, con vuelo de espíritu, pero casi abúlica y con una actividad dispareja, que viene de los altos y bajos de su estado de ánimo. Yo, que tengo defectos parecidos, hasta mayores, no puedo influirla personalmente; la sola aproximación al espíritu de usted le ha sido un manifiesto bien».[102]

Primero en Punta Arenas y luego en Temuco, Laura Rodig vio e hizo lo que era preciso antes de que alguien lo advirtiese o incluso se lo pidiera.

Apostando en Santiago: la dama y su doncella intercambian lugares

La maquinaria de la campaña emprendida por Mistral se aceleró cuando Laura regresó a Temuco. Bajó del tren con un saco de herramientas de esculpir colgado al hombro y una maleta en la mano. Pocos días, tal vez solo unas horas después, Laura estaba de nuevo parada en la estación. Mientras Rodig espera o viaja en el tren a Santiago, Mistral escribe al joven poeta Félix Armando Núñez solicitándole que le diera a Laura la bienvenida a la ciudad: «Se la encargo. Cuando la vea, alégrela y levante su ánimo. Su madre es un poco —algo más— cruel para ella, y va a faltarle ese rocío que es el trato de la Luchita Fernández».[103]

En paralelo, Mistral había publicado en fecha reciente un breve ensayo, «Escultura chilena: Laura Rodig», en el cual proyectaba a la antigua «niña prodigio» como una artista que trabajaba arduamente y que había sacrificado mucho al irse a Magallanes.[104] Con eso, la escritora buscaba garantizarle una recepción cálida a Rodig en la capital.

Al llegar a Santiago, Laura anduvo de una oficina a otra. Su belleza, inteligencia y honestidad le abrieron las puertas. Pedro Aguirre Cerda y dos diputados, Domingo Matte y Alejandro Rengifo, la recibieron. Más adelante, ella resumió la recepción de que disfrutó: «En esas vacaciones yo me vine a contar nuestras adversidades y a poner en conocimiento el hecho de que Gabriela estaba casi postrada y que Argentina estaba proponiéndole excelentes condiciones de trabajo y en el clima que ella eligiese».[105] A volver Laura a Temuco, ella y Gabriela habrían de intercambiar de nuevo lugares. Mistral abordaría el tren y Rodig se quedaría en el liceo.

En Temuco con Santiago Aste: diciembre de 1920-enero de 1921

Entre esa ausencia de Laura y las últimas semanas de vacaciones, Mistral tuvo todo el liceo para ella. La poeta disfrutaba de este respiro dentro del calendario, como cuenta en una carta a Félix Armando Núñez, su amigo venezolano: «Vivo al día, no tengo un centavo de ahorros; gano novecientos pesos, que gasto. [...] Esta vida, no es la felicidad, puesto que esto se basa en grandes cosas espirituales que yo perdí para siempre: el amor, la familia mía, un hijo; pero no es un cuadro lúgubre».[106]

Pero este equilibrio se vio interrumpido por Santiago Aste, que acababa de llegar a Temuco. Laura Rodig lo explicaría veinticinco años después, disculpándose:

> Un día Don Santiago anuncia que todo está listo. ¿Listo para qué? Para el matrimonio con la Señorita Lucila. Y lo curioso es que hasta entonces él no tenía idea de Gabriela ni de la profesora ni menos de la poetisa y tampoco parecía importante... Por lo

demás, aunque muy cordiales y animadoras, las cartas cambia-
das nunca habían tocado el límite del romance. Él solo decía en
aquella última suya que se había ilusionado y que ya nada lo haría
desistir... Y aquí vinieron las recriminaciones de Gabriela conmi-
go, pero un día ella declaró: después de todo me gustaría conocer
más personalmente a este hombre y a lo mejor me caso con él...
También es bonito que a una la quieran por lo que es y no por
lo que hace. De todos modos, don Santiago arribó a Temuco...[107]

Lo que Laura narra en los años cincuenta confirma la observación
de Molina de que ella «posee una gracia especial para referir cuen-
tos y chascarrillos».[108] Y la carta que Mistral le envió al joven poe-
ta Félix Armando Núñez en febrero de 1921 confirma, a su vez,
algunos hechos sobre un tal pretendiente al que ella designa, más
tarde, como «Santiago Aste». Mistral refiere la historia a Núñez a
principios de 1921 porque anticipa que Laura la compartirá con él.
Con esto, tanto Mistral en 1921 como Laura en los años cincuen-
ta indican que el primer encuentro de la poeta y Aste ocurrió en
1913, antes de que Mistral cobrara fama.

Los relatos de Mistral y de Rodig concuerdan en que el pre-
tendiente Aste es «un hombre modesto, casi un campesino» que la
había seguido hacía siete años «... con su ternura».[109] Y tanto Mis-
tral como Rodig indican que la poeta consideró la proposición del
varón antes de rechazarlo: «Yo he pensado algunas veces, tocada de
sentimentalismo, en darle mis días», escribe Mistral a Núñez: «He
visto a tiempo mi error. Lo he tenido un mes cerca de mí y me he
convencido que no es posible que yo sea su mujer».[110]

Laura explica que, tras la llegada de Aste a Temuco, «eran de-
masiado las diferencias». Y cuando Laura le preguntó a él «qué es
lo que tanto le atraía de ella», el pretendiente replicó «... que tenía
esperanza de que fuera ella una buena dueña de su casa...». Con

esas palabras y otras, concluye Laura, «él se mostró además un tanto burdo, limitado y naturalmente de un absoluto sentido práctico».[111]

Lo que Mistral le cuenta a Núñez no tiene que ver con un «sentido práctico» de Santiago, sino con su visión de sí misma como irremediablemente dañada. Escuchemos su aria: «Dos veces he querido, intensa, terriblemente; las dos veces me han humillado y me han herido. Siento todavía en mí la impresión de haber sido pisoteada y de haber estado en la tierra bajo el tacón de la injuria y del desprecio. ¿Qué más he de ensayar? Me quedaré sola».[112]

De este preludio, entonces, Mistral representa, en su carta a Núñez, otra visión, muy idealizada, de la persona con quien se imagina viviendo el resto de sus días. Mistral idealiza (sin nombrarla) a alguien que se parece mucho a su musa y recadera, Laura Rodig, que iba en ese momento rumbo a la capital a representarla. Y a quien la poeta apostrofa: «Llevaré a esta alma limpia que me ha sido leal, si me voy lejos, para tener, si me enfermo, quien me amortaje, para tener, si caigo en la miseria, quien me dé de su mismo alimento».[113]

«Esta alma limpia», idealizada en Laura, contrasta con el pretendiente, a quien Mistral no puede amar, cuyo deseo la amenaza: «Quererlo no. Él sabe que no puedo quererlo, que no es posible, que nunca será para mí sino un amigo que no ha de levantar su deseo hasta mi cuerpo ni pretender entrar en mi alma».[114]

Y es inconfundible la posdata de Mistral al joven Núñez: «No hay amor que merezca la ruina de nuestro ser. No hay ser, por alto que sea al que le sea debido el sacrificio de una juventud».[115]

Al concluir sus consejos a Núñez, las palabras de la poeta resuenan con la determinación que la ha caracterizado a ella desde la adolescencia, si no antes: «Lo llama a usted una labor ante la cual las pequeñas desdichas son pequeñas. Usted puede crear, en Chile, su obra literaria; en Venezuela un servicio entero, en bien de su raza. Tales perspectivas son para iluminarle el rostro y exaltarlo por años».[116]

Cuatro décadas después de todo eso, Laura insinuaría en sus notas estar dispuesta a contar la historia entera: «Han pasado 40 años en que solo ella habló. Algún día no lejano lo haré. Sus reacciones y enojos terribles y duraderos, interpretaciones, emociones —resentimientos inmoderados. Se creía olvidada. La hostilidad la rodeaba».[117]

Estaba dispuesta a contarla... pero no lo hizo.

¿Y sus acciones hablan por ella?

EN LUGAR DE ADIOSES, REORGANIZAR UN INFIERNO

Apenas Laura Rodig bajó del tren, al regresar de Santiago a Temuco, Gabriela emprendió un viaje administrativo a la capital. Un viaje cuya larga duración —unos ochenta días— asombraría tan solo a un novato en las normas burocráticas del sector educativo. Desde principios de marzo hasta mediados de mayo, Laura Rodig tuvo que ocupar el lugar de la poeta como directora del liceo en Temuco. Y hubo otros dos viajes más cortos en junio y julio que la obligaron a lo mismo. Rodig se sentía miserable: «Yo de directora. Líos. A reorganizar un infierno».[118]

Antes de partir, Mistral le pasó varias novelas rusas al joven Pablo Neruda. «Son lo más extraordinario de la literatura mundial», le dijo. Años después, él reiteró su gratitud: «Gabriela me embarcó en esa seria y terrible visión de los novelistas rusos. Siguen acompañándome».[119] El obsequio fortaleció la resolución del poeta en una época difícil, cuando su padre, José del Carmen, quedó furioso al enterarse de que el hermano de Neruda, Rodolfo, un talentoso cantante, había recibido una beca completa en el Conservatorio de Santiago. A gritos, José del Carmen subió y bajó al muchacho: «Ociosos de mierda, los hijos que me fueron a tocar. Primero, uno anda tocándose con anarquistas y borrachos y luego el otro tonto grandote quiere seguir el mismo camino».[120] Para el joven Neruda, el arte implicaba sigilo. Lo cuenta González Vera, que cuando Neruda «... estaba a solas con ella [Gabriela Mistral], [él] sacaba de un bolsillo secreto su último poema en el cual, invariablemente, renegaba de la lluvia de Temuco, del barro de sus calles...».[121] Mistral partió con el regalo de despedida del muchacho: algunos ejemplares de la revista *Claridad* de la FECH, que estaba ahora publicando su obra en ciernes. Poco antes de abandonar Temuco, Mistral habló, de hecho, con el editor de la revista de su charla con «Neftalí Reyes».[122]

Cuando llegó el otoño de 1921, Neruda comenzó a seguir literalmente los pasos de Mistral. Una inclinación que podemos observar en varias ocasiones a lo largo de la vida de Neruda. Pero, mientras que ella dejó Temuco para hacer presión y requerir favores en el Ministerio de Educación, el adolescente Neruda se arrojó a la vorágine sin fondo de la capital, una ciudad de «no más de quinientos mil habitantes. Olía a gas y café. *Miles de casas* estaban ocupadas por gentes desconocidas y por chinches».[123] Neruda fue un ave migratoria. Volaba de la capital en otoño y regresaba a los lugares de su infancia durante la primavera o el verano. Mistral, en cambio, se fue empujada. Ni su querido valle ni la apacible ciudad colonial de La Serena podían contener ni parar las fuerzas téctonicas de su talento y ambiciones. Sus retornos fueron como terremotos. Todos salían corriendo. Largas filas de personas se reunían en las plazas y a lo largo de las carreteras. Nadie dejaba de atenderla, pero más que unos pocos suspiraban de alivio cuando se alejaba hacia el mar.

PIEDRA POR PIEDRA

Los planes de Mistral, siempre cambiantes a corto plazo, se desplegaban poco a poco en sus cartas al poeta Magallanes. El 8 de febrero anuncia su viaje a Santiago. ¿Se verán al fin? «Me voy el 20, sin tardanza. Vuelvo después de las elecciones, para que no me vuelvan a acusar de politiquería. ¿Tampoco te veré ahora, pues? Parece que alguién defiende a tu ilusión y te aleja las probabilidades de verme, misteriosamente. Me voy a hospedar en Providencia, en casa de una maestra, en la calle San Gabriel. Aún no sé el número. Que estés bueno, que me escribas».[124]

Ante su inminente partida, sus cartas se tornan cada vez más tiernas: «Mirados por Dios, todas éramos árboles, yo también, y las otras. [...] Camina en la sombra hacia mí, o salva con una sola mirada inmensa toda esa niebla, y queda cara a cara conmigo. Pero no quedes solo en esta noche. Con ternura tranquila e inmensa».[125]

Pero doce días después, el mismo 20 de febrero que había planeado partir a la capital, la poeta, recién regresada de Puerto Saavedra y Carahue, le escribe de nuevo a Magallanes advirtiéndole: «Salgo de aquí el 24. Volveré, parece, en cuanto halle la gente que voy a buscar. Le daré el número de la casa».[126]

Después de cinco años de rehuir cualquier encuentro con el fino Magallanes, Mistral le envía audazmente una fecha y dirección precisas: el 25 en Santiago, Providencia, San Gabriel 107. La dirección delata (si hubiera dudas) el motivo principal de su viaje a Santiago, ya que la casa indicada estará a solo cinco calles de la de Juanita y don Pedro Aguirre Cerda en la calle Las Claras.[127] Y, en su primer día completo en Santiago, a Lucila le vinieron resquemores: «Tal vez, Manuel, no lo vea. Si salgo de mi asunto antes, el 7 ya estaría en mi casa. Si no, tendré, por fin, la dicha de verlo. ¡Por fin!».[128]

Son los actos de Mistral, tanto o más que sus palabras impresas, los que hablan de sus auténticas prioridades. Pasó toda la tarde de su primer día en la capital (un domingo) con el embajador mexicano, ya que él, como ella, estaba muy lejos de su familia y amigos cercanos.

Y en su lugar de estadía, al anochecer, Gabriela Mistral retomó su correspondencia con Manuel Magallanes. Le informa que el poeta-embajador González Martínez «lo recordó, lamentando, otra vez, no conocerlo aún».[129] Más adelante, esa misma semana, Gabriela Mistral se sumó al embajador en una recepción de la legación dominicana.[130]

Edificando así los cimientos de su futuro, piedra por piedra.

«ME LIMITO A PEDIRLE SEA NEUTRAL EN ESTA LUCHA»: CON PEDRO AGUIRRE CERDA, MARZO DE 1921

Obtener un nuevo empleo en el Ministerio de Educación era como el juego de las sillas musicales. Los sobrevivientes de las rondas eliminatorias competían para hacerse con la vacante más a su alcance. Mistral debe haber sido, en su momento, la única candidata deseosa de ser reubicada en Punta Arenas, lo mismo después en Temuco, donde ninguno de los candidatos que competían con ella hubiera codiciado tampoco la labor de reorganizar el liceo local. Pero Santiago, la ronda final, a la que la poeta ahora aspiraba, implicaba el escenario clásico de dos jugadores dando vueltas en torno a la única vacante, creada cuando la rival más fuerte de Mistral, Amanda Labarca, fue promovida a visitadora. Retirada de la competencia, Labarca envió en su lugar a una delegada suya: Josefina Dey de Castillo. Para ganar experiencia administrativa, Dey había trabajado gratuitamente (según su partidiario García Oldini) como segunda a bordo de Labarca durante todo el año precedente en el Liceo N° 5.[131] Labarca y Dey eran las dos masonas, como sus cónyuges, que trabajaban, igual que don Pedro Aguirre Cerda, en el Partido Radical.

Aguirre Cerda era quien debía dirimir este empate entre Dey de Castillo y Mistral, pues era, en aquel entonces, ministro del Interior de Chile. Fumador empedernido, había revisado su correo, que incluía una carta de Lucila-Gabriela fechada nueve días después de su arribo a Santiago. En la papelería que utilizó, ella había borrado con dos trazos a pluma el membrete en relieve que decía «Gabriela Mistral» y escrito al lado «Lucila Godoy». Su mano suave y confiada seguía una línea más abajo, en tinta: «Ha pasado a saludarle y volverá mañana por si fuera posible obtener audiencia».

«Mañana en la tarde», respondió abajo Aguirre Cerda con lapicero, en la misma hoja.[132] Visto que él canceló después esa cita, las próximas misivas de Mistral insistían y subían la apuesta: «Ayer quise hablarle para esclarecer ante Ud. una situación molesta». La escritora le indica que, como el ministro de Instrucción había prometido nominarla para el Liceo N° 6, quería que él se refrenara de apoyar la candidatura de la señora Josefina Dey de Castillo: «*Me limito a pedirle sea neutral en esta lucha, si eso le es posible*». [133]

¡Neutral! ¡Menuda osadía! Puede que Pedro Aguirre Cerda riera entre dientes al momento de garrapatear su respuesta, girando la hoja para escribir en el margen izquierdo de su carta, con lapicero rojo, antes de pasársela a su secretaria: «Se sirve pasar a hablar conmigo el lunes próximo».[134]

Muy pocos días después, don Pedro y Juanita, su esposa, viajaron a Antofagasta, donde él debía investigar la masacre de San Gregorio, que lo condujo a renunciar a su cargo de ministro.[135] Ya que sus dos amigos estarían fuera de la ciudad, Gabriela se trasladó a un alojamiento más familiar y menos costoso en avenida Francia

1159, con algunos parientes de Luchita Fernández. El barrio Independencia por aquel entonces atraía a recién llegados como Mistral, y como Neruda, quien vivía en las cercanías en una anónima pensión de la calle Maruri.

«LA CANDIDATA MÁS PROBABLE ES UNA SEÑORA DEY»:
MEDIADOS DE MARZO

En la imprevista ausencia de don Pedro, la atención de Gabriela Mistral se volvió hacia Magallanes Moure: «Te acepto lo de tu ayuda», le escribe, y le hace llegar un listado de apoyos con los que ella deseaba que él trabajara. «Hay cien candidatas. Es cuestión de empeños políticos». Aunque Pedro Aguirre Cerda se fue al norte, «han hablado a Armando Jaramillo [ministro de Instrucción], Pedro Prado [cuñado de Jaramillo, además de íntimo amigo de Magallanes], los jefes del ministro (todos a mi favor). Es poco. González Martínez pidió al Presidente algo, pero fue otra cosa. El asunto se plantea así: la candidata más probable es una Señora Dey», de la cual Mistral acota: «Puede venir aquí a Temuco».[136]

Sus cartas nuevamente eran erráticas en cuanto a lo que le proponía a Magallanes. Por ejemplo, Mistral le dijo que lo recibiría «en mi casa», pero sin indicarle fecha, hora o dirección: «Si Ud. viniera a verme», le escribe, «me avisaría con anticipación...».[137] Magallanes, un caballero, sabía que una dama tiene siempre la prerrogativa de cambiar de opinión. Y, al igual que ella dilataba su encuentro con él, él dilataba su empeño de hacer cabildeo a su favor.

El largamente pospuesto primer encuentro tuvo lugar finalmente a principios de abril de 1921. Mistral había amanecido para pasar su cumpleaños, el 7 de abril, en las honduras del Cajón del Maipo. No fue una excursion espontánea: hubo de tomar el tren a las ocho y media de la mañana desde Providencia y viajar a través de Pirque (Puente Alto), haciendo combinación con el «tren militar», cuya velocidad rondaba los treinta kilómetros por hora sobre un riel de seiscientos milímetros, llegando a El Melocotón al mediodía.[138] De allí continuó a San Gabriel, donde esperó por Magallanes hasta la hora del crepúsculo... y en ese momento se dio cuenta de que, en rigor, no le había pedido a él que se encontraran ahí.

Ella muestra su desesperación en la agitada carta que le envió a Magallanes desde las profundidades de la cordillera: «Mal día, porque era mi cumpleaños y yo esperaba salir contigo al campo, toda la tarde. Llegué a [las] 12. No he salido hasta ahora (las 18) esperándote. Ya no vienes y estoy triste».[139] Luego se vale de su siguiente carta para burlarse de su escapada como una farsa sublime: «¡Qué par de embobados! Hay para darnos azotes. ¿Te los doy yo? [...] ¡Tonto! Era *mi día*, y no me viniste a ver. Me envejezco, Manuel. Entro, parece, al año místico: 33».[140]

Mistral y Magallanes vivieron al fin su encuentro cara a cara. Este fue entre el 7 y el 10 de abril, tras un intercambio postal prolongado durante seis años y medio.

Alto y de tez pálida, ataviado inmaculadamente con «su invariable traje negro, su corbata blanca y suelta y su cuello blando», Magallanes la saludó con un besamanos.[141] Este gesto anticuado, en conflicto con la democracia aspiracional del liceo, provocó la inmediata reprimenda de ella. Y tal como Mistral había previsto desde los principios de su acercamiento, el asunto no resultó bien: «Hay un remedio triste para sanarlo a usted de este leve y fugaz mal de entusiasmo por mí: que me conozca. [...] Después de conocerme verá que he tenido sensatez al rechazar su pacto, en la forma que usted quería sellarlo...».[142]

Transcurrió casi una semana antes de que le escribiera de nuevo, pues Magallanes no había aún enviado lo que ella le pedía.

Luego de que Mistral y el embajador mexicano tuvieran otra charla en privado, ella retomó el contacto con Magallanes, lamentando «la mala impresión» que le había causado.[143] Y Mistral lamenta «algo peor que eso. [...] Espero que haya excusado Ud. la grosería de mi último momento con Ud.».[144] Igual no se excusa ni admite culpa alguna: «Fui menos culpable que nunca, me avergüenza no haber dominado ese impulso».[145]

En la carta que Mistral escribió a Magallanes una semana después de su primer y desastroso encuentro, la poeta se muestra más convencida que nunca de que son insuperables las diferencias entre «la humanidad culta» de él, con su ascendencia racial, europea blanca, y «el ser primitivo» que ella representa en palabras y de hecho. La carta de Mistral suma las diferencias irremediables entre el «aristócrata» (Magallanes) y ella misma, «el peón»: «Es el caso del aristócrata con el peón: son dos universos, son dos planetas espirituales que no pueden compenetrarse»; ella explica que son diferencias irremediables que ninguna dosis de «educación» o refinamiento iba a alterar. La lengua y el decoro no le permiten decir que es una «marimacho» de huesos grandes, provinciana y de piel morena, una mujer hombruna, pero sí le permiten tratar de la clase social y el mestizaje como asunto de «herencia» para describir la fatalidad de haber nacido sin futuro y crecido en la pobreza: «Mi herencia es cosa fatal; la cultura nada ha hecho en mí o porque estudié tarde o porque los temperamentos primitivos repelen la educación».[146] Con su vida privilegiada, Magallanes no puede concebir el impacto de esa herencia: «Recuerde [...] que yo le hablé en serio y en broma de mis intemperancias del carácter. Si me hubiese creído antes nos habríamos ahorrado, Ud. y yo, este dolor. No me siento dentro de casi ninguna acción civilizada. Sin embargo, no se dice de mí —por la mayoría— que sea una salvaje. Es que vivo dos vidas: la que me hacer vivir el mundo y la otra».[147]

El vocabulario y las costumbres de la poesía amorosa tampoco conseguirán explicar la ineptitud de ella, «Lucila», para jugar el papel femenino ante él, un galán. Por eso, la poeta se vale del tropo de «la verdad desnuda»: «El amor es el que suelta las trabas hipócritas y por él yo dejé mi actitud de persona decente, de mujer más o menos tolerable. No me enrostre nunca esta desnudez. *Mire de dónde vino*».[148] Nada podría estar más alejado del alma «maravillosa» que ella misma atribuye al bien nacido Magallanes, incapaz de ver más allá de la máscara que Mistral asume en su fingida «actitud de persona decente».[149] Por debajo de la máscara, él encontraría, de poder ver, la verdadera naturaleza de su interlocutora en «una fatalidad que me han creado tres o más generaciones de gentes violentas».[150]

Si Mistral exagera, es que se desesperó. No por las ridiculeces del «amor», sino porque Magallanes no había aún contactado a Jaramillo en el Ministerio de Educación para propiciar su candidatura. En la desesperación, la escritora activó una táctica, un arma secreta que ella —hasta entonces— había evitado emplear. A este respecto, los editores de la correspondencia entre Mistral y Magallanes afirman que no hay «ninguna referencia en todo el epistolario a la esposa de Magallanes Moure».[151] Pero en rigor sí la hay. Con su promoción a Santiago pendiente en la balanza o silla musical, Mistral invoca esa referencia con total ¿alevosía? No le queda alternativa para empujar a Magallanes a dejar de lado sus vacilaciones y hablar con quien corresponda. Concretamente, la poeta le dice a Magallanes que su esposa, «la Sra. Vila», es relevante para el futuro que imaginan los dos y sobre el cual deben discutir: «Si Ud. puede, hablaríamos sobre el asunto de la Sra. Vila. Me interesa darle detalles y decirle lo que vamos a hacer».[152] La mera mención, la sola perspectiva de debatir sobre la Sra. Vila con Mistral impulsa finalmente a la acción a Magallanes, que solicita a Pedro Prado que obtenga para la poeta la dirección del Liceo N° 6. «La gestión prosperó después de la intervención de Pedro Prado...».[153]

«LA POLITIQUERÍA NAUSEABUNDA»

Con su nominación asegurada, pero no anunciada aún formalmente, Mistral hizo bien las cosas ante el Ministerio de Educación. Trabajó para lograr aumentos salariales para su personal de Temuco. También sugirió cargos alternativos para su rival, la señora Dey. Y para evitar que Amanda Labarca examinara a las estudiantes del Liceo N° 6, Mistral aportó los nombres de varias nuevas visitadoras. Todo como era habitual dentro del rubro, hasta que la revista *Zig-Zag* lanzó una nota a toda página felicitando a Mistral por su nominación en Santiago. Tres días después, el esposo de Dey replicó atacando por impreso tanto a Mistral como al Ministerio de Instrucción. La respuesta de Mistral invocó sus calificaciones: dieciocho años de servicio en varios colegios y en condiciones bastante adversas; la pobreza, además, le había impedido obtener un título.[154] Un déficit por el que nunca se disculpó, más bien al contrario: en cuanto pudo, rebautizó el Liceo N° 6 con el nombre de Teresa Prats de Sarratea, una prestigiosa educadora que también carecía de título.

Una panoplia de políticos salió a defender el nombramiento, partiendo por el presidente Alessandri, cuya nota de felicitación se publicó en *El Mercurio*. En el mismo diario, el Partido Radical le recriminó al señor Castillo, es decir, el esposo de la señora Dey, que hubiera escrito y publicado una carta que violaba la tradición al aludir al presidente y al ministro sin considerar que ellos actuaban como meros funcionarios públicos. Entonces, el ministro de Instrucción sopesó las cosas: comparó los dieciocho años de

Mistral al servicio del fisco y de los dos colegios que dirigió, con los apenas tres años de servicio de Dey y su no dirección de colegio alguno.[155] Entretanto, desde la izquierda, González Vera la alabó en *Claridad*. Desde la derecha, la cuñada del expresidente, Josefina Smith de Sanfuentes, una escritora relativamente conocida, defendió a Mistral como «un puente tan buscado entre las dos clases sociales de nuestro país: la clase alta y la clase baja, la clase que sabe y la clase que no sabe».[156] Smith dio el golpe de gracia: invitó a la comunidad diplomática del Club de Señoras a una lectura de Mistral.

Aunque había triunfado en la campaña, Mistral fue francamente pesimista. Así respondió a uno de sus admiradores: «Sé que se me hostilizará siempre y que habrá un examen envenenado de mis menores actos administrativos».[157] Auguraba que «los radicales y en especial los profesores de Estado» nunca perdonarían su falta de credenciales.[158]

«Usted sabe cómo llegué al Liceo», dijo a Eduardo Barrios a finales de 1922, explicándole por qué no quiso volver a Chile: «Me prometí al entrar a la casa no durar sino el tiempo necesario para probar a mis enemigos que podía organizar un Liceo, así como había reorganizado dos. Viví un año recibiendo anónimos de insultos y oyendo de tarde en tarde voces escapadas de la campaña».[159]

La batalla se transforma en acoso general

«El zarandeo de los diarios de todo este tiempo» se convirtió en un cuento de terror —o una variante del cuento anterior de «la echada»— cuando Mistral descubrió que ciertos funcionarios aparentemente amistosos enviados por el Ministerio estaban actuando como espías.[160] Como es habitual en ella, sus historias menos halagüeñas son referidas por primera vez en un momento cercano a los eventos que describen; esas historias se vuelven más dramáticas con cada reiteración de ellas que la poeta hace, a medida que el recuerdo de la historia contada va sustituyendo al recuerdo de los hechos en sí. Un año después de que dejara el liceo, Mistral dijo a Barrios que su amistad con Torreblanca, su enlace en el Ministerio de Educación, se había cortado «desde aquella discusión religiosa en la cual se desnudó en él y en [ella] el espíritu fanático...». La confrontación fue, como escribió ella misma, «un choque tremendo, que me sacudió las entrañas con un horror parecido al de los hombres de la Edad Media por la blasfemia. Le debía servicios, pero se me nubló todo, me quedó solo Cristo, sostén de mi vida, mi único compañero de los años negros, y lo herí, como él me hería, en su creencia. Desde entonces fue para mí irónico y a veces francamente hostil».[161]

Modelando esa versión que Mistral cuenta a Barrios estaba su afinidad creciente con el catolicismo, desarrollada luego durante su estancia en México. La versión que, treinta años después, Mistral compartió con Radomiro Tomic es, en contraste con ello, una conspiración masónica en toda regla, que incluía al agente incrustado en el Ministerio de Educación y a varios enemigos visibles e invisibles, y «cosas inefables, amenazas de apedreo y más, registros de mi archivo de cartas hechos por hombres que entraban cuando yo salía y hurgaban en mi Biblioteca, mis archivadores, mi cuarto de dormir, etc. Esto cuando yo salía. Y quienes me "sacaban" eran, *casualmente*, T. y su mujer. Salí nombrada y el proteccionismo suyo continuó. Hasta que una noche, cuando él se puso a copiar el borrador de la "Oración de la Maestra," cayó su pregunta azorada, *escandalizada*, sobre si yo, *realmente*, creía en N.S.J. Y al oír la respuesta mía, larga, ese hombre sin delicadeza, al oír, digo, mi respuesta a su pregunta: "¿Y qué ve Ud. en ese?", me respondió: "Yo no veo sino un hombre con..." —aquí una obscenidad, en relación con el sexo de Jesucristo». Ella lo tacha de su vida. «Y desde entonces la vida del Liceo 6 pasó a ser una desventura de abandono: nada de nada yo obtenía para un colegio *nuevo* que carecía de muchas cosas. Por esto, acepté ir a México, por *el cerco* que se me había creado y que llegaba aun al Presidente Alessandri».[162]

Hay ecos de la historia de «la echada» vivida en Vicuña en eso de las «amenazas de apedreamiento». A poco de su salida de Chile, Mistral desarrolla el tema del némesis oculto dentro de una poderosa hermandad secreta. No es solo que ella atraiga enemigos, sino que los merece, sean el padre Munizaga y la directora Ana Krusche, en La Serena, o Amanda Labarca y el funcionario Torreblanca, en Santiago.

NEGOCIACIONES SECRETAS: RECLUTAMIENTO DESDE MÉXICO

Cuando sonó la campana marcando el fin de la jornada escolar en Santiago, Mistral salió del liceo y fue a visitar al embajador González Martínez. En julio de 1921, escribió una segunda carta a la delegación dominicana. Al lamentar la cancelación repentina e inexplicada de su presentación programada en la universidad, Mistral emplea el lenguaje antiimperialista que México esperaba de sus aliados: «... esos Estados Unidos agarraron hasta nuestra Universidad, para que se negara en ella la voz a los pequeños países hermanos y cautivos».[163]

A mediados de 1921, el embajador mexicano planeaba traspasar las riendas a su reemplazante, Antonio Castro Leal, otro poeta-diplomático. Ambos en deuda con Mistral, los dos poetas-diplomáticos mexicanos ponderaban la forma de manifestarle su gratitud. Desplegar esfuerzos a favor de México era imprescindible en esos momentos. El país azteca requería de todos los amigos que pudiera convocar, considerando la línea de dureza que Estados Unidos mantenía con el régimen «revolucionario» mexicano. Solo una acogida en plenitud convencería a Mistral de irse a México. Tal y como se dieron las cosas, a ellos se sumó una figura primordial: Antonio Caso. Este afamado y respetado filósofo, educador y conferenciante mexicano tenía programado visitar Perú, Chile y Argentina en una gira de charlas financiada por la Secretaría de Relaciones Exteriores [SER] de México. Él mismo, el filósofo más distinguido de su país, representaba el liderazgo de la nación azteca en el tema del internacionalismo latinoamericano.[164] La gira serviría, a su vez, para apartar a Caso del camino en esos momentos en que José Vasconcelos iniciaba en México su ofensiva en la recién creada Secretaría de Educación Pública [SEP]. A diferencia de Caso, un incondicional defensor de la universidad, el presidente mexicano Álvaro Obregón deseaba que el nuevo ocupante del puesto dentro del gabinete hiciera hincapié en las escuelas básicas y rurales.

Mistral admiraba el heroísmo personal de Caso. Estuvo tan comprometido con la universidad que había permanecido en Ciudad de México durante toda la revolución, literalmente «el único profesor en la universidad entera».[165] Otros individuos menores se burlaban del optimismo del propio Caso, de su entusiasmo y exaltación del espíritu religioso, cualidades que brillaban en sus momentos más destacados, como en las conferencias populares en torno a «La psicología de la cristiandad», que había impartido en el invierno de 1915 en el Teatro Díaz de León, por entonces el edificio más grande de México. En una de esas conferencias, a la luz de las velas que sus discípulos habían traído por haberse cortado la electricidad, Caso cautivó a la audiencia con su rostro extraño, el mentón enorme, sus cabellos desordenados, la mirada luminosa y un discurso de gran intensidad dramática.[166]

«Si Ud., Magallanes, nuestro lujo espiritual, se retrae...»:
Santiago, agosto de 1921

Como Magallanes no había pasado aún a visitar al embajador mexicano, Mistral insistió en enviarle largas cartas, un poco exaltadas, que no tenían ya nada que ver con el «amor» y sí mucho con lograr una recomendación personal de parte suya, cuyas palabras sedosas y modales impecables constituirían su as bajo la manga ante el diplomático mexicano. Fue la razón por la que Mistral revirtió su dilatada política de negarse a verlo y por la que persistió luego de su desastroso primer encuentro.

Magallanes esperaba. El 3 de mayo, Mistral le insiste para que contacte al embajador mexicano. Dos semanas después, el 17 de mayo, Mistral escribe que ha esperado «en vano» por (otra) visita del poeta.[167] Cuando le escribe de nuevo, estando ella de vacaciones en un sector montañoso de San Alfonso, lo que le envía es una carta larga en la cual entona un aria a la desesperación: «¡Tanto que he soñado contigo, en siete años, al ver la belleza de los paisajes!».[168] Cita versos de María Enriqueta: «"Hubo una vez en mi alma un gran castillo, donde un rey fue a pasar la primavera." ¿Hermoso? Sí, hubo un rey; hubo; ya no hay nada. [...] Cuando quieras, y de que me vengas a ver. Cuando quieras. No te puedo pedir nada».[169]

«L» termina la carta con su despedida más seria, «Hasta siempre», pero sigue, sin embargo, en la modalidad de reproches afectuosos: «Tú eres un verdadero niño malo, malo de buena gana, es inútil decirte verdades».[170]

Cuando el filósofo Antonio Caso llegó ese mes de agosto a Santiago, Magallanes estuvo de acuerdo en fijar al fin una cita con el embajador mexicano, pero solo si Mistral prometía acompañarlo. Ella consintió de inmediato, afirmando que «sé que el poeta mejicano siente la frialdad "de sus hermanos de Chile" y que se aburre aquí. Si Ud., Magallanes, nuestro lujo espiritual, lo mejor que podemos mostrarle, se retrae, ¿qué deja a los demás?».[171] Dos semanas después, Mistral afinó la puntería sobre la visita haciendo dos reseñas favorables de las conferencias de Caso: «Reveló el México prodigioso que el cable no revela, que hasta suele ocultar entre torpezas de exageraciones revolucionarias: el admirabilísimo México de la cultura».[172] Y Caso discretamente visitó a la vez el liceo de Mistral, con quien probablemente habló de sus ideas sobre la enseñanza como una ocupación heroica. Mistral escribió sus impresiones del encuentro para *México Moderno*, la revista que González Martínez dirigía. El discreto diplomático mexicano no publicó el artículo hasta que ella se había establecido en México y él, en Argentina.[173]

Cuando Caso le habló de Mistral a González Martínez y presumiblemente a Antonio Castro Leal, todos coincidieron en que Vasconcelos estaba contratando demasiada gente joven e inexperimentada para que contribuyera, junto a él, un viejo de 39 años, a dar forma al futuro educacional y cultural de México. A sus 32 años, Gabriela Mistral no era ya tan joven, y sí muy experimentada, una poeta capaz, con un gran potencial como amiga de México.

JOSÉ VASCONCELOS: «UN EJÉRCITO DE EDUCADORES QUE SUBSTITUYA AL EJÉRCITO DE LOS DESTRUCTORES» (1921)

José Vasconcelos llevaba un mes en su nuevo cargo de la Secretaría de Educación de México cuando arribó un telegrama desde Chile. Como el propio Vasconcelos nos lo cuenta, no perdió ni un minuto: «... Por conducto de González Martínez, a la sazón ministro en Chile, supe que Gabriela Mistral, cuya fama de maestra y poetisa comenzaba, quería trasladarse a México, y en seguida por cable la invité a colaborar en la Secretaría, fijándose de inmediato la fecha de su arribo a México».[174]

Habiendo cumplido cuarenta años, Vasconcelos estaba entre las figuras mayores de los estamentos superiores del nuevo Gobierno. Igual que Mistral, disfrutaba con gente mucho más joven que él y la buscaba, y su energía personal iba aparejada a sus ambiciones. Bajo el Gobierno de Madero, Vasconcelos había servido brevemente como director general de las escuelas públicas de la Capital Federal. En el exilio, había publicado libros acerca de las religiones de Asia. Cuando los generales lo nombraron rector de la Universidad Nacional en 1920, Vasconcelos puso las editoriales de propiedad estatal bajo control universitario. Cuando estalló un escándalo por eso, respondió: «Lo que necesita el país es ponerse a leer la *Ilíada*. Voy a repartir cien mil Homeros, en las escuelas nacionales y en las bibliotecas que vamos a instalar».[175] «Organicemos, entonces, al ejército de los educadores que substituya al ejército de los destructores», proclamó. Entonces se imprimieron y distribuyeron cincuenta mil ejemplares de autores clásicos, y la cifra de bibliotecas públicas aumentó a cuatro mil quinientas. «Vasconcelos no esperó mucho de las clases medias, las veía como cultivo de profesionales para la servidumbre de los tiranos. Buscó, en vez de ellos, a los jóvenes artistas para captar la inspiración popular, recordando aquellas edades de oro —Pitágoras, Buda— en que el artista era el maestro del pueblo».[176]

La reforma constitucional que creó la Secretaría de Educación Pública (según su denominación completa, Secretaría de Educación, Bellas Artes y Asuntos Indígenas) generó a la vez un cargo a nivel ministerial para federalizar las escuelas de México. Hasta los muchos detractores de Vasconcelos reconocían que su ministerio era «una de las pocas cosas que funcionaron en forma democrática» en México.[177] La prensa estadounidense sospechaba que él deseaba sovietizar las escuelas mexicanas, y no andaba muy descaminada. Al estar exiliado en San Antonio, Texas, Vasconcelos había leído acerca del activo programa educacional de Lunacharsky en la Unión Soviética.[178] Pero mucho de ello cambió después de que él mismo desplegara su «ejército de educadores» para tomarse varios edificios que el Ministerio de Salud había clausurado. Cuenta Claude Fell en su biografía de Vasconcelos que en enero de 1923 la Secretaría de Educación Pública representaba el 25 por ciento del presupuesto federal, con un décimo del total destinado a la construcción. Obtuvo el presupuesto más alto de la historia mexicana.[179]

Mistral y Vasconcelos eran buenos improvisadores. Él improvisaba como escritor, político, filósofo, novelista y educador afín a la idea de los educadores místicos o religiosos del pasado, ya fueran hindúes o pitagóricos; había resuelto, en esa vena, que los profesores debían ser apóstoles. La apostura física de Mistral, evocadora de una sacerdotisa, encarnaba esta idea de la maestra gurú; su poesía empleaba el lenguaje del orador para inspirar y alentar a los profesores. Ella sentía una gran admiración por la revista *El Maestro*, que Vasconcelos creó en el Ministerio de Educación y donde Mistral escribiría: «La crisis de los maestros es crisis espiritual: preparación científica no suele faltarles, les faltan ideales, sensibilidad y evangelismo (perdone la palabra)».[180] A la vez, tanto Mistral como Vasconcelos se dejaron invadir por un rango enorme de influencias: «... budismo, zapatismo, socialismo, constitucionalismo, Rodó, Lunacharsky, Carnegie, Romain Rolland, los griegos, la tradición liberal, Ruskin, sindicalismo, Walter Pater, Platón, Pitágoras, Lenin. [...] No hago historia: intento crear mito».[181] Llamando a la conversión, Vasconcelos hablaba a favor de una enseñanza que capacitara al pueblo para la democracia, que convirtiera a las masas en ciudadanos. La reforma agraria debía convertir a los indios, peones y cuasi esclavos en dueños de la tierra. Debía contribuir a desarrollar una cultura nacional, pero en los lineamientos de Grecia y la India, no de Roma.

Para difundir la educación y la democracia, Vasconcelos envió cuadros de «maestros misioneros» al campo y los barrios urbanos más desposeídos. Los profesores experimentados y que trabajaban duramente sin haber recibido el pago durante meses se quejaban de que iban a ser reemplazados por «profesores misioneros» voluntarios que acababan de dejar atrás el analfabetismo.

Trabajar en México fue mejor que una formación universitaria para Gabriela Mistral.[182] Como ha observado Jaime Concha, el curso de su vida se vio alterado para siempre: «Resulta hendido en casi exactamente dos mitades; y su hendidura no es otra que su alejamiento de Chile en 1922. Treinta y tres años en casa, treinta y cuatro años afuera, en andanzas a las que solo por eufemismo puede dárseles el nombre de "exilio voluntario"».[183] Problemas financieros y la suerte política tan cambiante de Chile motivaron buena parte de ese exilio, instigado por los insultos anónimos y envenenados que llegaban por escrito en su correo: «He visto alguna carta de *bajeza* increíble», testimonia Roque Estaban Scarpa.[184] Los matones la buscaban. Entre ellos, comenta Concha, «señoronas de la clase media acomodada, mujeres de marido en ristre. Dignas representantes del magisterio secundario le harán la vida imposible en Temuco y escribirán más tarde, en Santiago, anónimos contra ella y cartas públicas en *El Mercurio*. ¿Las acusaciones? Nada menos que la de no tener título estatal, terrible pecado que suena tan bien en boca de mujeres mediocres...».[185] Y después vendrían los «hombres mediocres» atacando a Mistral por osar representar a Chile en el extranjero como cónsul.

LA AUTORA DE SU AUTOBIOGRAFÍA CUBRE SUS HUELLAS

En vísperas de su partida de Chile, Mistral habló con la prensa de sus nexos cercanos con México y algunos de sus intelectuales más brillantes: «En los últimos años he escrito con más frecuencia en las revistas de México y Argentina que en las del país. [...] Larga e íntima amistad epistolar me unió con Amado Nervo, cuya alma patriótica trasluce en sus preciosas cartas. Después he tenido estrecha y sincera amistad con González Martínez, quien, apenas se creó el Liceo [...] se apresuró a pedirlo para mí al presidente Alessandri».[186]

A medida que su trabajo con México se fue haciendo más complejo y abarcador, recurrió a la coartada distractiva, esto es, al cuento de hadas de la intervención del «Gran Hombre». Sus contenidos se relacionan con lo que Grínor Rojo describe como «El-Nombre-del-Padre» y «El Falo Supremo», es decir, «un continuo montaje de simulacros».[187] Al conceder a José Vasconcelos el crédito de haberla llevado al país azteca, Mistral distrae el foco. Oculta su gran gestión personal, haciendo pasar su actividad autopromocional como si fuera parte de la relación mecenas-discípulo empezada por el mexicano. Ante todo, Mistral esconde la faceta transaccional de su relación con Palma Guillén, «la discípula predilecta de Antonio Caso», que se convertiría en su guía oficial, compañera y consejera.

«REINA EL SILENCIO MÁS DULCE». NAVIDAD Y DESPUÉS, 1921

José Santos González Vera se dejó caer por el liceo, entonces ubicado en la Población Huemul, un barrio santiaguino obrero algo espartano y recién inaugurado. Laura Rodig, Luisa Fernández y Celmira Zúñiga estaban inmersas en preparar las ceremonias de clausura del año escolar. Mientras Mistral permanecía sentada en el patio, «muy seriecita y callada», todos observaban a las gimnastas. «Cuando equivocaban los movimientos, ella lanzaba una o dos palabras que electrizaban a las muchachas y corregían de inmediato el trastorno. Antes no me había figurado que tuviese tanta autoridad y tan de adentro».[188] Todo cuanto quedaba de la timidez de su infancia era su misteriosa calma y el viejo hábito de mirarse las manos al hablar, alternado todo ello con su sonrisa, que era deslumbradoramente infantil y tanto más efectiva porque llegaba con unos pocos segundos de retraso.

En noviembre de 1921, Magallanes se embarcó en un viaje de un año a Europa. Mistral se resignó. Escapaba regularmente de la ciudad para dirigirse a un hotel en el «camino al volcán», en el Cajón del Maipo, donde se reunía en privado con Haya de la Torre cuando este futuro gran líder peruano venía de visita a Chile.[189] En el silencio de la cordillera, ella meditaba en torno a las quejas de sus críticos: «Tanto me repitieron que no soy maestra sino versainera [poeta popular] y nada más, que ya lo creo y me interesa más [...] el musgo de las hierbas que mi ilustre cátedra de Castellano».[190]

Mistral comenzó a negociar los detalles de su partida a México justo después de haber adquirido una casita en Santiago, cercana a un parque, con una hipoteca a veinte años. Cuando Petronila Alcayaga viajó a Santiago en diciembre de 1921 para una visita largamente pospuesta a su hija, se sintió agradecida de no tener que quedarse en lo que ella misma calificaba como «ese Liceo bullicioso que nos tenía la cabeza enferma, y todo, la bulla del tren y el carro». Prefería la casita: «Reina el silencio más dulce por aquí. No hay línea de carros, ninguna bulla». Petita no quiso, o no pudo, rendirse a las peticiones habituales de dinero de Emelina, su otra hija (que habrían de ser un tema constante). Y señaló a la propia Emelina que la casita necesitaba reparaciones, pero que «no hay forma que paguen a nadie».[191]

Hasta abril de 1922, Mistral mantuvo absoluto secreto sobre su inminente viaje a México, diciéndoselo solo a su madre y quizás a Laura Rodig. El primer anuncio indirecto fue su ensayo «El Grito», que publicó en torno al día de la independencia mexicana. También cumplió con varias obligaciones, escribiendo múltiples cartas de recomendación y reseñando la nueva novela de Eduardo Barrios, la mejor que había escrito hasta entonces: *El hermano asno*. Mistral quedó gratamente conforme con las reseñas positivas al último libro de Pedro Prado, esa parodia literaria llamada «Karez-I-Roshan: fragmentos» coescrita con Antonio Castro Leal, que fue el primer y único superventas de ambos escritores.[192] La escritora se propuso visitar a Prado en abril y, probablemente, le reveló en esa ocasión su partida en ciernes, en tanto necesitaba y quería que él presentara su viaje en la prensa como un gran honor, no como una traición a Chile o su abdicación del país. Prado, un hombre que detentaba a la vez un gran sentido común y una sutileza inhabitual, se mostró de acuerdo. Por su parte, Mistral le recordó a Aguirre Cerda («mi único amigo político») que su primer libro, *Desolación*, sería pronto editado en Estados Unidos, dedicado a él y Juanita. El matrimonio Aguirre Cerda, Barrios y Petita recibieron, de hecho, los tres primeros ejemplares.

Las noticias de la partida de Mistral desconcertaron inicialmente a la prensa. A la vez que sus miembros se enorgullecían de que alguien de su gremio recibiera lo que Pedro Prado anunció como un muy alto honor, el periodismo local se preguntaba: ¿por qué Mistral? ¿Por qué esta mujer grandota, obviamente una campesina, abiertamente autodidacta y nunca expuesta a la ciencia de la pedagogía o la formación universitaria?

Entretanto, Mistral reía con los panegíricos impresos que le pasaba a Barrios, diciéndole: «Lea como curiosidad cómica esos versos en que me dicen siete veces santa. Me han despertado un apetito de santidad, hermano...».[193]

Cuando se disponía a enviar el borrador final de *Desolación* a Nueva York, Mistral hizo a Laura recortar varios poemas recientemente publicados en una variedad de revistas, los que fueron incorporados al álbum de recortes de la poeta junto a las cartas de dos lectores que la admiraban y que no conocía.[194] En aquel entonces,

Laura Rodig puede haber pensado en la poesía «El afilador» de María Enriqueta:

[...]
más aquí, en esta escondida
callejuela silenciosa,
donde la hierba crecida
se mece triste y polvosa
¿quién puede ganar la vida?

En el secretismo que siempre exhibía en sus asuntos financieros, Mistral, una administrativa bien remunerada cuya escritura se vendía bien, recurrió probablemente a sendas hipotecas cuando compró dos parcelas en los límites meridionales de la ciudad, localizadas en las comunas de La Cisterna y Lo Ovalle, «en el camino a San Bernardo». Y periódicamente iba en vehículo a contemplar la cordillera. «La montaña me lo da todo. Me eleva el alma inmensamente, me aplaca y me vivifica. En cada quiebra con sombra pongo genios de tierra, poderes, prodigios».[195]

Dos semanas antes de su partida a México, Laura Rodig interpretó un rol en la puesta en escena del ballet de *Peer Gynt* con música de Edvard Grieg «en el proscenio del Municipal, a beneficio del Hospital San Juan de Dios...».[196] Dado que Zoila Godoy, una tía paterna de la poeta, fue una hermana de la caridad y enfermera en ese hospital, el primero y más antiguo de Chile,[197] las dos mujeres estuvieron sentadas juntas observando a Laura. Algo de eso inspiró a Mistral:

La noche ciega se echa sobre el llano,
¡ay! sin piedad para los peregrinos.
La noche ciega anegará mis ojos:
¡Cómo vendrá Peer Gynt por los caminos![198]

Cuando el *Orcoma* zarpó de Valparaíso rumbo al norte, Gabriela Mistral comenzó a asumir en los medios ese estatus de Jano que sigue siendo tan central a su imagen. Siempre fotografiada al llegar a un sitio o partir de otro, se convierte en un ícono de la moderna travesía para las compañías de vapores y empresas automovilísticas cuyos anuncios subsidiaban los periódicos en que ella publicaba. En Antofagasta, los miembros del nuevo Auto Club se reúnen con ella a bordo y la llevan en vehículo por toda la ciudad, en fase de expansión. Ya en Perú, en Callao, varios escritores acuden en un bote a remos a verla: entre ellos, Haya de la Torre y el poeta José María Eguren; luego el historiador Alcides Arguedas abordó el mismo barco, pues viajaría en él a Europa. Bastante más al norte, la maquinaria del canal de Panamá fascinó a Mistral, que expresó su gratitud por los verdes trópicos. Y cuando el *Orcoma* atracó en el muelle de La Habana, la poeta asistió a varias recepciones. «Cuba hierve de escritores de tercer orden y de segundo», le escribiría después a Eduardo Barrios. «Los yankees les manejan la vida. Es cosa que da pena».[199]

Agradecimientos

Este libro no existiría en nada parecido a su forma actual sin la cadena de acciones y el plan visionario impulsado por Doris Atkinson, sobrina y albacea de Doris Dana. Poco después de la muerte de su tía a finales de 2006, Atkinson se preparó para su trabajo viajando silenciosamente a Chile: buscó comprender mejor la tierra donde Gabriela Mistral nació, creció y de la cual se fue a los 33 años. Cuando me telefoneó en enero de 2007, Atkinson me contó que había conducido miles de kilómetros entre su hogar y las casas de Doris Dana, repletas con los efectos de su largo acaparamiento. Al contarme algunos detalles de su trabajo de albacea, Atkinson me dijo que le vendría bien mi ayuda para identificar y separar todo lo que había pertenecido a Mistral, que ella había separado de lo demás y trasladado a un apartamento alquilado. Arreglamos mi viaje para realizarlo.

Al final de ese primer periplo, comencé a entender que Atkinson estaba trazando un plan a largo plazo, bastante completo, en el que la reparación sería esencial a su papel de albacea, tal como ella lo concibió. Miope, no vislumbré su alcance hasta ahora, al finalizar este libro.

Agradezco a Doris Atkinson y Susan Smith por la bienvenida, cálida y sincera, que en South Hadley me ofrecieron a mí en febrero y en el verano de 2007 también a Luis Vargas Saavedra y Carmen

Bullemore, quienes se unieron a nosotros para fotografiar manus-
critos de poesía mientras yo leía y escaneaba cartas, pasaportes y
fotos. Agradezco a Luis y Carmen por su amistad y el bienvenido
aporte de sus consejos y, poco después, por la llamada en que Luis
me instó a trabajar con la cineasta María Elena Wood Montt, quien
se encontraba en Estados Unidos para documentar los archivos de
Mistral y su historia. Agradezco a María Elena por su brillante pelí-
cula documental *Locas mujeres* (2011), que honra tanto la relación
íntima de Mistral y Doris Dana como la visión de Doris Atkinson,
quien habla en la película desde su rol de albacea de su tía, que le
dejó el encargo de decidir el destino de los archivos.

Reconozco y agradezco al diplomático Mariano Fernández
Amunátegui, embajador de Chile en Estados Unidos (2006-2009),
por la realización del plan de Doris Atkinson, que requería de la
coordinación de muchas tareas visibles e invisibles, como se aprecia
en un momento iluminador de la película de Wood. Acontece a las
afueras de la embajada en Washington. Al fondo, los de la mudanza
efectúan el traslado de las múltiples cajas. A su lado, hablando con
Wood, Fernández observa, escuetamente, que el inminente tras-
lado de los archivos a Chile no representa un «regreso a casa» de
Gabriela porque, cuando lleguen, estarán ahí por primera vez. No
habían estado antes en Chile. Se originaron en el largo periplo de
Mistral por Europa, Brasil, México y Estados Unidos.

La llegada de los archivos a Chile no sería, pues, otro hito en
la larga historia de intentos de domesticar y normalizar a Mistral.
Historia en que los archivos son más bien como una «caja negra»
del temor y la ansiedad. Temor de los secretos soterrados que los
archivos pudieran desencadenar. Ansiedad en torno al carácter na-
cional y a cómo Mistral lo representaría o no.

Agradezco igualmente la bienvenida que la embajada chilena en
Washington extendió a mí y a otros, como Karen Peña Benavente
y Claudia Cabello, cuyas publicaciones tienen su origen en este

nuevo punto de partida que implicó la reparadora apertura y donación de los archivos mistralianos gestionada por Atkinson. También reconozco el trabajo pionero de la periodista Elisa Montesinos, cuyo número de teléfono me lo pasó Doris Atkinson junto con la sugerencia de que la llamara para contar con su colaboración. Agradezco y saludo la persistencia de Montesinos en sus muy bien documentadas investigaciones, que ayudaron a asegurar que las cartas entre Mistral y Doris Dana no desaparecieran.

APORTES INSTITUCIONALES

En la Universidad Estatal de Arizona, donde he trabajado desde 1989, agradezco el apoyo del Departamento de Inglés, el Centro de Investigación en Humanidades, la Facultad de Artes y Ciencias Liberales, el Programa de Estudios de Mujeres y Género Barrett Honors College y el Lincoln Center para el Estudio de la Ética Aplicada. Agradezco la Beca Fulbright Chile en 1985-1986 y la Beca Fulbright de Investigación y Docencia en la Universidad de Costa Rica en 1996. Agradezco a la Universidad de Michigan, Ann Arbor, por el financiamiento que me dio durante tres semestres para estudiar bibliotecología e informática en la Escuela de Información en 2001-2002. Por dos productivas y esclarecedoras residencias de escritores, agradezco a Ledig House en Nueva York y a la Fundación Valparaíso en Almería, España.

BIBLIOTECARIOS Y EDITORES CHILENOS

Agradezco a Nivia Palma, quien encabezó la Dirección de Bibliotecas, Archivos y Museos en el período 2006-2010, durante el primer

Gobierno de Michelle Bachelet, por la implementación del plan de Doris Atkinson: un acceso libre y abierto a los archivos desde la web, es decir, democrático y gratuito. Lo opuesto del statu quo observado durante la vida de Doris Dana, cuando un puñadito de personas disfrutaba de acceso exclusivo a los archivos e incluso a los microfilmes que Dana hizo de ellos, microfilmes cuya existencia, irónicamente, se debían a la Ford y otras fundaciones cuyas becas exigían un acceso público a los materiales. Dana evadió aquel requisito al adjuntar una restricción escrita a los microfilmes cuando los pasó a la Biblioteca del Congreso de Estados Unidos, la Biblioteca Colón de la Organización de Estados Americanos y la Biblioteca Nacional de Chile. Agradezco a los bibliotecarios en Washington que desafiaron dicha restricción y pusieron esos microfilmes a disposición de cualquiera que viajara a consultarlos in situ entre 1983 y 2007. Agradezco a Georgette Dorn, directora de la Sala de Lectura Hispana y el Archivo Sonoro de la Biblioteca del Congreso de Estados Unidos, por su compromiso con el acceso y por haber impulsado este proyecto desde el principio.

La magnitud del trabajo de preservación y digitalización realizado por la Biblioteca Nacional de Chile inspira tanto gratitud como asombro por el continuo crecimiento del legado de Mistral y de sus documentos disponibles en el sitio web de Memoria Chilena. Agradezco a Pedro Pablo Zegers y a todos los que han trabajado detrás de escena en Washington, Santiago y otros lugares, mejorando los metadatos y otros mecanismos mediante los cuales los investigadores y el público en general pueden descubrir los materiales del legado. Entre tales trabajadores, agradezco a Daniela Schütte, Carlos Decap, Gustavo Barrera Calderón y Tomás Harris, de la Biblioteca Nacional de Chile, por sus ediciones de Mistral basadas en el legado. Y a Jaime Quezada por su trabajo editorial sin cesar. Y de la nueva generación, a los editores Lorena Garrido Donoso y Diego del Pozo.

Académicos chilenos

En la Universidad Católica de Chile, Campus San Joaquín, agradezco a los siguientes profesores por sus invitaciones a visitar el país, hablar, intercambiar puntos de vista y publicar: Roberto Hozven, del programa de doctorado en literatura; Magda Sepúlveda Eriz, quien trabaja muy diplomáticamente en la Cátedra Mistral; Paula Miranda Herrera, de la Facultad de Letras y el Centro de Estudios Interculturales e Indígenas; a Rubí Carreño Bolívar, de *Taller de Letras*; a Cristián Opazo, Alison Ramay y Andrea Casals Hill de la Facultad de Letras, y a Lorena Amaro, del Instituto de Estética. Y en el GAM (Centro Cultural Gabriela Mistral) agradezco a la profesora Magda Sepúlveda y la Cátedra Gabriela Mistral por organizar el animado diálogo que tuvimos en el Santiago pospandemia de agosto de 2023, a modo de adelanto de este libro. En la Biblioteca de Humanidades, agradezco a Amelia Silva Peralta y Paola Córdova Arellano por su valiosa ayuda y facilidades brindadas en el acceso a la correspondencia entre Mistral, Magallanes Moure y Pedro Prado, especialmente por las copias digitalizadas de alta calidad que me brindaron cuando no pude viajar, y asimismo por el acceso a los originales cuando pude trabajar en persona con la poeta mapuche-williche Graciela Huinao y con la investigadora Macarena Urzúa, quienes exploraron aquellos originales conmigo en Santiago. Y agradezco a Graciela y Macarena por acompañarme.

En el Campus Villarrica de la Universidad Católica de Chile agradezco a la poeta y académica mapuche María Millapán por la bienvenida que me brindó junto a mis colegas de la ASU, los poetas Simón Ortiz (Acoma Pueblo) y Laura Tohe (Diné), en el Simposio internacional de poesía indígena y popular en 2013, y a Paula y Alison, quienes ayudaron a organizarlo.

En la Universidad de Chile, en la Cátedra Indígena, agradezco a Sonia Montecino por haberme invitado a mí y a tantas voces interesantes a una magnífica conferencia internacional de tres días, «Mistraleando las tierras», realizada en noviembre de 2022 con el aporte de Patrimonio.cl y del Gobierno mexicano.

También en la Universidad de Chile agradezco a Pablo Ruiz-Tagle, decano de la Facultad de Derecho, por la invitación a participar, junto a Jaime Quezada, Soledad Falabella y otros, en La Semana Cultural de la Facultad dedicada a Gabriela Mistral en noviembre de 2021, al cumplirse setenta años desde que la poeta recibiera el Premio Nacional de Literatura. Y en la Facultad en Literatura agradezco a la profesora Soledad Falabella por su colaboración conmigo en este y otros paneles y por su incansable promoción de Mistral, desde sus acercamientos al *Poema de Chile* hasta su reflexión sobre las conexiones de la poeta con la masonería. Agradezco a Alejandra Araya Espinoza por la invitación que me extendiera al Archivo Central Andrés Bello de la Universidad de Chile.

En la Universidad de Santiago de Chile agradezco al profesor Miguel Farías, amigo y compañero de viaje desde 1985: gracias por darme la bienvenida a Chile, a mí y a mis amigos, colegas, estudiantes y familiares, y por presentarme a sus amigos, a su familia y a sus colegas, como Naín Nómez y Maximiliano Salinas Campos, lo que me permitió acceder así a sus estudios, que sitúan a Mistral entre otros poetas chilenos y, en general, en la historia de Chile. Agradezco a la decana de Humanidades, Cristina Moyano Barahona, historiadora, por el financiamiento que me ayudará a viajar a Chile a lanzar este libro. Agradezco a Raquel Olea por sus astutas e innovadoras contribuciones, en específico por su participación junto a otras personas del grupo La Morada: Soledad Bianchi, Soledad Fariña, Cecilia Vicuña y Eliana Ortega, cuyas reuniones en 1988 y 1989 revivieron y transformaron la figura de Mistral, recuperándola para el arte y el activismo feministas en la transición del siglo xx al xxi. Agradezco a los miembros de ese grupo por compartir generosamente su tiempo, sus libros, su visión artística y sus ideas.

En el Museo Nacional de Bellas Artes (MNBA) de Santiago agradezco a la curadora Gloria Cortés Aliaga por sus excelentes aportes al aprecio de la obra de Laura Rodig y por la organización de una inspiradora y muy concurrida exposición sobre su obra, además de la preparación de un excelente catálogo al que tuve el honor de contribuir. Reconozco a Gloria el haberme presentado a María José Toro, a quien agradezco por compartirme su excelente tesis de maestría sobre Laura Rodig. Aprecio profundamente que María José me haya facilitado copias de sus fotos de los manuscritos relevantes de Rodig: lo hizo en una etapa crucial de mi investigación, cuando estos materiales no estaban accesibles digitalmente.

También agradezco a Ángela San Martín por buscar copias de materiales originales en la Hemeroteca de la Biblioteca Nacional de Chile. Y a Ernesto Vargas Cádiz, webmaster de Amigosdeltren. cl, por su investigación de los horarios de trenes que me ayudaron a iluminar los viajes de la poeta en Chile. Entre los museos de Santiago, agradezco a los monjes franciscanos por su administración de parte del legado de Mistral, y a la buena administración del Museo de la Educación Gabriela Mistral, que atiende al público tanto en su bello edificio como virtualmente.

En la Universidad de La Serena agradezco al profesor Rolando Manzano, director fundador, ahora jubilado, del Centro Mistraliano, por darnos la bienvenida a mí y a mis colegas de Arizona en una visita en 2013. Agradezco su generosidad al compartir una copia —previa a la publicación— de su excelente estudio biográfico, citado en este libro. En el Museo Biblioteca Gabriela Mistral de Vicuña agradezco a Betty Jorquera Toro, quien me recibió calurosamente en 1985-1986 y en 1990. También a dos de los directores de dicho lugar, Rodrigo Iribarren Avilés (en 2013) y Leslie Azócar (en 2023), por la ayuda que me brindaron haciendo sugerencias y respondiendo preguntas, así como por sus esfuerzos continuos de presentar la historia in situ.

En la Universidad de Concepción agradezco a Victoria Mireya Mora Muñoz, bibliotecaria de la Biblioteca Central, y al profesor emérito Miguel Da Costa Leiva por responder a mis consultas en 2015 sobre Enrique Molina Garmendia.

La bien merecida reputación de Chile de dar una cálida bienvenida a los visitantes me hace imposible enumerar a todos los que me han recibido en sus hogares, pero quiero mencionar especialmente la hospitalidad y los consejos brindados a lo largo de los años por Amalia Pereira, Carmen Gloria Bravo, José Cariaga y Germán Corey.

ARGENTINA

Agradezco a Eduardo Muslip, novelista, profesor de la Universidad Nacional de General Sarmiento, Buenos Aires, y buen amigo, quien inició el contacto con el editor Edgardo Russo que condujo a la publicación de *Esta América nuestra: correspondencia de Gabriela Mistral y Victoria Ocampo 1926-1956*. En la Fundación Sur de Buenos Aires agradezco a su presidente, Juan Javier Negri, quien ha hecho y sigue haciendo tanto para preservar y promover el extraordinario legado de SUR y de Victoria Ocampo. Agradezco a Negri por otorgarnos rápidamente los permisos que permitieron la publicación de *Esta América nuestra* en Buenos Aires y de *Preciadas cartas (1932-1979)* en España. En la Universidad Católica Argentina agradezco a la profesora y filósofa María Laura Picón por compartir su fascinante investigación sobre la vida y obra del Círculo

Maritain. Por la cálida bienvenida brindada en la Villa Ocampo de San Isidro, Buenos Aires, agradezco al entonces director de esta, Nicolás Helft, y al investigador Ernesto Montequin, cuyas suge- rencias sobre biografías en español e inglés valoro especialmente. En la Universidad de Buenos Aires agradezco a la profesora Silvina Cormick por compartir su investigación sobre las mujeres intelectuales en América Latina. En la Universidad Nacional de la Plata, en tanto, agradezco a la profesora Luisa Granato por su ayuda para obtener copias claras y legibles de materiales de archivo.

México y Centroamérica

En El Colegio de México agradezco a la historiadora Gabriela Cano, investigadora y profesora de historia, y a la periodista Patricia Vega por la hospitalidad en la Ciudad de México: su larga, informativa y muy grata conversación sobre Palma Guillén me dio datos fundamentales para los siguientes capítulos (ya escritos) de esta biografía. Agradezco a la profesora Carla Ulloa, en la UNAM, por compartirme ideas y su tesina doctoral. En la Biblioteca de la Universidad Nacional de México agradezco a la doctora María de los Ángeles Chapa Bezanilla, quien me proporcionó materiales del Fondo Rafael Heliodoro Valle.

En la Universidad de Costa Rica agradezco a Laura Guzmán Stein, entonces directora del Programa de Estudios de la Mujer, ahora vicerrectora para la investigación; a María Inés Salvador Ortiz, directora del Centro de Estudios de Centro América y el Caribe, y a Florencia Quesada Avendaño, entonces investigadora en el Centro de Investigaciones Históricas de América Central y ahora profesora en la Universidad de Helsinki. Todas me recibieron y me brindaron excelentes sugerencias para relacionar a Mistral con los intelectuales costarricenses, entre ellos Joaquín García Monge y Carmen Lyra.

APORTES INDIVIDUALES

Por tratarse esta de una biografía que se basa en cartas y manuscritos, agradezco muy especialmente a mi querida y recién fallecida amiga Doris Meyer, profesora de Connecticut College y de la Universidad de Nuevo México. Biógrafa de Victoria Ocampo, Meyer me inició en la práctica de transcribir y anotar cartas y manuscritos y luego traducirlos. Esta biografía sobre Mistral tuvo su génesis en *This America of Ours: correspondence of Gabriela Mistral and Victoria Ocampo*, que editamos junto a Doris en University of Texas Press, en 2003, y que luego fuera publicada en castellano en 2007.

En la Universidad Estatal de Arizona he tenido el privilegio de colaborar con las profesoras Carmen Urioste Azcorra y Cynthia Tompkins desde hace tres décadas: les agradezco por su amistad, entusiasmo, ideas y trabajo al recopilar, descifrar y editar la colección de misivas que publicamos como *Preciadas cartas: correspondencia de Gabriela Mistral, Victoria Kent y Victoria Ocampo* (2019). También les agradezco la muy amena conferencia sobre la Guerra Civil Española que organizamos en ASU, trayendo a nuestro campus a las destacadas académicas Noel Valis (Yale), Josebe Martínez (Universidad del País Vasco) y Shirley Mangini (California State University, Long Beach), a quienes les agradezco sus contribuciones.

Cuando Mistral aceptó el Premio Nobel, lo hizo como «una hija de la democracia chilena» y como «una voz directa de mi raza y la voz indirecta de las nobles lenguas española y portuguesa». En este espíritu, en la Universidad Estatal de Ohio, agradezco a la profesora Isis Costa McElroy por su asistencia como experta para transcribir el «portuñol» de Juan Miguel Godoy. Otros que me ayudaron en la transcripción de materiales escritos a mano en portugués fueron David y Verónica Martínez y Eduardo Muslip: les agradezco. A la profesora Luiza Moreira Franco de SUNY-Binghamton, compañera de conferencias en Nueva York y Europa: gracias por sus conversaciones sobre la «microhistoria» y los escritores-diplomáticos en Brasil durante la Segunda Guerra Mundial.

Por su ayuda con materiales escritos a mano en francés, reconozco y agradezco a Doris Meyer, Jonathan Reyes, Lauren Moses, Carmen Bullemore, Cristina Viñuela y Dolores Bengolea. Por la ayuda con traducciones, transcripciones y otros materiales en catalán, estoy profundamente agradecida a Ana María Martí Subirana y a su padre, Joan Martí. Por acceder y/o traducir materiales escritos originalmente en sueco, agradezco a mis colegas de Arizona Robert Bjork y Cajsa Baldini, así como a la lúcida historiadora Corinne Pernet, profesora de la Universidad de Formación Docente de Zurich. A mis amigas Malene Boeck Thorborg (también una excelente traductora) y Julie Nachtigal Broberg: gracias por su ayuda con materiales escritos en danés.

BIBLIOTECAS EN ESTADOS UNIDOS

Las bibliotecas y los bibliotecarios de la Universidad Estatal de Arizona han sido un aporte constante para mi investigación durante más de tres décadas. Entre los bibliotecarios del estado de Arizona que demostraron ser especialmente ingeniosos en la búsqueda de soluciones, les agradezco a Orchid Mazurkiewicz (ahora directora de HAPI), a Melissa Guy (ahora bibliotecaria y directora de la Colección Latinoamericana Nettie Lee Benson de la Universidad de Texas, Austin), a Virginia Pannabecker (ahora en Virginia Tech), a Rhonda Neugebauer (ahora en la Universidad de California, Riverside), a Claude Potts (ahora en UC Berkeley) y a Seonaid Valiant. Agradezco especialmente a la Oficina de Préstamos Interbibliotecarios, cuya facilidad para acceder a una variedad enorme de material impreso es completamente excepcional.

En la Biblioteca de Libros Raros y Manuscritos Beinecke, de la Universidad de Yale, agradezco a Laurie Klein, Timothy Young y Kevin Repp. En la Universidad de Notre Dame (South Bend, Indiana) agradezco al personal de la Biblioteca Hesburgh, cuyas Colecciones Especiales y Sala de Libros Raros visité por primera vez en 2001: agradezco al entonces director Cristian Dupont, así como a Scott Van Jacob (QEPD), curador de Colecciones Especiales, y a la profesora María Rosa Olivera-Williams, en el departamento de Lenguas Romances, quienes me recibieron muy calurosamente y me compartieron detalles sobre la procedencia de su colección, además de fotocopias de epistolarios inéditos, mostrándome el desarrollo de su sistema de catalogación. Y de nuevo agradezco a la Universidad de Notre Dame y a la profesora María Rosa Olivera-Williams y al Centro Kellogg de Estudios Internacionales, además de a Sebastián Cottenie y Ignacio Sández Osores por ese trabajo tan inspirador que fue la serie de presentaciones virtuales que organizaron a lo largo del segundo semestre de 2022, con la colaboración de Grínor Rojo, Raquel Olea, Magda Sepúlveda, Claudia Cabello, Licia Fiol-Matta, Cristián Opazo y esta escritora.

CONFERENCIAS EN ESTADOS UNIDOS

En Wellesley College, alrededor de 1995, la profesora Marjorie Agosín organizó una conferencia memorable dedicada a Gabriela Mistral. Agradezco a Marjorie por ese trabajo suyo que pude presenciar (y tantos otros, también) y por haberme presentado a Doris Meyer (ya mencionada) y Patricia Rubio, gran estudiosa de Mistral. En Smith College, en 2018, agradezco a la profesora Velma García-Gorena, quien marcó con una notable conferencia el décimo aniversario del traslado de los archivos mistralianos, con la participación de Doris Atkinson y de gente cuya asistencia la conferencia generosamente subvencionó. Asimismo, agradezco a las siguientes instituciones y personas que me invitaron a hacer presentaciones sobre mis hallazgos en los años posteriores al traslado de los archivos a Chile: Case Western Reserve University de Cleveland (gracias a Jaqueline Nanfito y Cristian Gómez Olivares, de Estudios Románicos); en el Centro de la Universidad de Stanford, en Santiago, agradezco a los profesores Iván Jaksić, Valerie Miner y Helen Longino; en el Departamento de Estudios Hispánicos de la Universidad de Bristol, Inglaterra, agradezco a la profesora Jo Crow; en el Stone Center, Pomona College, California, agradezco a Susana Chávez-Silverman, profesora de español.

Agradezco especialmente a todos los que han leído y comentado borradores a lo largo de los años: Marjorie Agosín, Lee Bebout, Jeanne E. Clark, Amparo Clavijo, Germán Corey, Jo Crow, Grace Ditsworth, Julia Douthwaite, Miguel Farías, David William Foster (QEPD), Marietta Franulic, Gary Francisco Keller (QEPD), Amelia Kiddle, Joan McGregor, Kirstie McClure, Gloria Medina-Sancho, Joan C. Melcher, Brook Michalik, Paula Miranda Herrera, Harryette Mullen, Eduardo Muslip, Cristián Opazo, Marilyn Patton, Henry Quintero, Diane Rayor, Roz Spafford, Patricia Rubio Villarroel, Cynthia Tompkins, Carmen Urioste Azcorra, Luis Vargas Saavedra y Ken Weisner. Les agradezco una y otra vez. Y agradezco a Susan Carlisle (quien es ahora una biógrafa) y Matthijs «Tice» Smith, quienes me ayudaron a ordenar mis papeles cuando no estaban aún digitalizados.

Agradezco vívidamente que no falten mistralianos con buen sentido del humor y con la voluntad de mostrarlo en sus publicaciones y conferencias: pienso en mis colegas Licia Fiol-Matta, Claudia Cabello y Karen Benavente. Vuelvo a mencionar a Valerie Miner para recordar que fue ella quien me preguntó detenidamente, allá por 1991, sobre el porqué de los académicos que se negaron rotundamente a reconocer el comportamiento *butch* de Mistral. Y por su aporte en esto, agradezco a David William Foster, que incluyó mi ensayo sobre Mistral en Foster, D. W. & Nelson, E. S. (1994), *Latin American Writers on Gay and Lesbian Themes: A Bio-Critical Sourcebook*. Entre los editores cuyos comentarios me ayudaron a desarrollar y publicar versiones iniciales de las ideas que aparecen en el presente volumen sobre la disidencia sexual de Mistral en el Chile de principios del siglo xx, quiero señalar a María Ester Martínez Sanz, quien publicó, en 1997, mi artículo «Santa Maestra Muerta: Body and Nation in Portraits of Gabriela Mistral», aparecido en la revista *Taller de Letras* 25, pp. 21-43. Y agradezco a Susana Chávez Silverman y Librada Hernández por incluir, en 2000, mi «Gabriel(a) Mistral's Alternative Identities 1906-1920» en su volumen *En el Ambiente: Queer Sexualities in Latino, Latin American and Spanish Writing and Culture*. A Shaun Levin, agradezco la publicación de «Innocent Pornographers: Doris Dana and Gabriela Mistral» en *Chroma: A Queer Literary Journal* (9), London, Summer 2009. Y a Cristián Opazo lo vuelvo a mencionar para agradecerle la traducción y publicación, en 2017, en *Cuadernos de Literatura XXI* (2017), de «De los árboles y la pantalla: la amistad viril a través de Alberto Nin Frías y Gabriela Mistral».

Y agradezco a mi querida familia, Paul Skilton y Amalia Skilton, por todo.

Notas

LISTA DE ABREVIATURAS

AE: Archivo del Escritor, Biblioteca Nacional de Chile
ABS: Antonio Bórquez Solar
AEC: Alejandro Escobar Carvallo
AVP: Alfredo Videla Pineda
AMC: Mistral, Gabriela. *Antología mayor: Cartas* (1992). (Luis Vargas
        Saavedra, ed.)
AN: Amado Nervo
ALH: Amanda Labarca Hubertson
ANF: Alberto Nin Frías
AR: Alfonso Reyes
ATR: Arturo Torres Rioseco
BC: Benjamín Carrión
BNCH: Biblioteca Nacional de Chile
DRAE: *Diccionario de la Real Academia Española de la Lengua*
EB: Eduardo Barrios
EL: Eugenio Labarca
EMG: Enrique Molina Garmendia
FAN: Félix Armando Núñez
FHC: Federico Henríquez y Carvajal
FVP: Fidelia Valdés Pereira
GE: Genaro Estrada Félix
GM: Gabriela Mistral
IB: Isolina Barraza de Estay
L: Lucila
LG: Lucila Godoy
LGA: Lucila Godoy Alcayaga
LR: Laura Rodig Pizarro
M: Manuel Magallanes Moure
MGM: Manuel Guzmán Maturana
MMM: Manuel Magallanes Moure
MSM: Maximiliano Salas Marchán
OED: *Oxford English Dictionary*
OL: Gabriela Mistral (1949). *Oficio lateral.* BNCH AE0014553.
PAC: Pedro Aguirre Cerda
PG: Palma Guillén [y Sánchez]; también como Palma Guillén de Nicolau
PP: Pedro Prado
RHV: Rafael Heliodoro Valle
RT: Radomiro Tomic
SEP: Secretaría de Educación Pública, México
SFL: Sergio Fernández Larraín
SRE: Secretaría de Relaciones Exteriores, México
UND: Universidad de Notre Dame, Biblioteca Hesburgh
VK: Victoria Kent Siano
VO: Victoria Ocampo

Prólogo

1. Laura Rodig y Palma Guillén se quitaron cinco o más años de sus edades, consignadas por los respectivos registros de nacimientos de México y de Chile.
2. Fiol-Matta (2014). «A Queer Mother for the nation, redux: Gabriela Mistral in the 21st Century. *Radical History Review 14*: (120), p. 48 (este y los siguientes pasajes que se citen de libros en inglés han sido traducidos por E. Horan).
3. Victoria Kent a Victoria Ocampo, 28 feb. 1958, en *Preciadas cartas* (2018, Horan, Urioste, Tompkins, Eds.), p. 515.
4. Fiol-Matta (2014), p. 48.
5. Ibid, p. 45.
6. José Esteban Muñoz (1996), «Ephemera as Evidence: Introductory Note to Queer Acts», *Women & Performance: A Journal of Feminist Theory* 8, no. 2.
7. Cristián Opazo (nov. 2022), «Mistral, diva»: presentación en el ciclo sobre Gabriela Mistral organizado por la Escuela Kellogg de Estudios Internacionales, en la Universidad de Notre Dame, South Bend, Indiana.
8. Fernández Larraín, «Introducción», *Cartas de amor de GM*, p. 47.
9. Citado por «Ero» en «La Dama Portera». *El Diario Austral*, 2 feb. 1963.
10. GM/Alone [abril 1917], AE0029945.pdf
11. GM/Alone [oct. 1917), AE0029962.pdf
12. GM/EB [enero-febrero 1919], UND.
13. GM/VO, [marzo/abril, 1939] en Mistral y Ocampo (2007). *Esta América nuestra: correspondencia de Gabriela Mistral y Victoria Ocampo, 1926-1956.* Elizabeth Horan y Doris Meyer, eds. Buenos Aires: Editorial Cuenco de Plata.

Capítulo 1. Biógrafa de sí misma

1. González Le Saux, p. 18.
2. Alone, «GM», en *Los cuatro grandes*, pp. 137-138.
3. Muchos declaran, erróneamente, que Mistral fue la primera mujer en el servicio consular chileno. El Archivo Histórico del Ministerio de Relaciones Exteriores de Chile indica que Mistral fue, de hecho, la tercera, después de Inés Ortúzar Bulnes (en 1928) y de Olga de la Barra Bordalí (en 1930), ambas hijas de cónsules chilenos en Gran Bretaña: https://archigral.minrel.gob.cl/webrree.nsf/fsRepresentantes
4. Alone, «GM», en *Los cuatro grandes*, p. 150.
5. González Vera, «GM» en *Revista Babel*.
6. Sobre la escritura en las redes intelectuales y afectivas de GM, véanse Devés Valdés, «Redes intelectuales en América Latina»; Cabello Hutt, «Redes *Queer*»; y Garrido Donoso, «Género epistolar».
7. GM, «Sarmiento en Aconcagua».
8. Ní Shíocháin, p. 54. (Las citas de este y todos los textos referidos en inglés corresponden a traducciones de la autora o del traductor al castellano del volumen).
9. F. Alegría, «Aspectos ideológicos de los recados de GM», p. 70.
10. V. Ocampo, «Y Lucila que hablaba...», p. 306.
11. K. Benavente, Prólogo a *GM, Carta para muchos: España 1933-1935*, p 12.
12. V. Ocampo, «Y Lucila que hablaba...», p. 307.
13. Ibid.
14. Concha Álvarez, *Así pasó mi vida*, p. 110.
15. Palma Guillén, «Introducción» a *El Maravilloso,* p. xxii.
16. C. Marval, «Victoria Ocampo», p. 93.
17. Palma Guillén, «Introducción» a *El Maravilloso,* p. xxii.
18. GM, «Rimas (a Delia)», en *La Constitución*, Ovalle, junio 1908; en R. Manzano, *Gabriela en Coquimbo*, pp. 151-153.
19. Fidelia Valdés, carta a destinatario no identificado, cit. en Bahamonde, p. 175.
20. GM, «Cartas a Eugenio Labarca», p. 281; GM/Alone, 1915, AE0029948.
21. Zemborain, «Las resonancias de un nombre», pp. 156, 159.
22. Soledad Bianchi, «Amar es amargo ejercicio: Cartas de amor de GM», en *Una palabra cómplice*, Santiago de Chile, Isis Internacional y Casa de la Mujer La Morada, Santiago, 1990.
23. Papen, p. 19.
24. Ibid.
25. Papen, p. 12.
26. GM/AR, 30 de oct. 1930, en *Tan de usted: Epistolario GM con Alfonso Reyes*, p. 68.
27. Ibid., p. 69.

28. Raymond Williams, *The Sociology of Culture*, Schocken Books, 1982 (segunda edición, 1995), p. 37. (La traducción del pasaje citado es de E. Horan).

29. V. Pedro L. San Miguel, «La importancia de llamarse la República Dominicana», *El País* (Madrid), 31 de agosto de 2010.

30. GM con María Rosa González, «Autobiografía», en Cuaderno 95, *circa* 1952, AE0013647 (este y otros cuadernos de Mistral se encuentran en la Biblioteca Nacional de Chile). Este manuscrito de múltiples fuentes fue parcialmente publicado en *Mapocho* 43 (1988), donde fue difundido sin año y sin atribución a María Rosa González. De aquí en adelante, citado como «*Autobiografía, Cuad 95*».

31. GM, «Prólogo» a *Poesías* (editado por Manuel de Montoliu), p. 6.

32. Ibid., p. 23.

33. Entre los manuscritos de Laura Rodig que anotan el origen de los Alcayaga en Huanta y otros antecedentes provenientes de la tradición oral que ella recogía, se encuentran: «La familia de Gabriela Mistral», SURDOC 19-399 y 19-401, ambos con el mismo título, ubicados en el Museo Gabriela Mistral de Vicuña. En la Biblioteca Nacional de Chile se encuentran, de Rodig: «Regresamos a Chile» (1953-1954), AE0026275; «Gabriela» (1951 y 1954) AE0026274; además de dos cuadernos: «Actual», AE0026281, y «Cuaderno 1», AE0026278.

34. Manzano, p. 29.

35. Varela Ramírez, pp. 118-119.

36. Peta nació en 1845, según Samatán; en 1850, según Papen; el reportaje médico refleja la entrevista de Gabriela Mistral con Percy Gray en Santa Bárbara, California, en mayo de 1947: véase AE0018958.

37. Ley de Defensa Permanente de la Democracia, aprobada el 3 de septiembre de 1948 y publicada en el *Diario Oficial* el 8 de octubre del mismo año; http://www.memoriachilena.gob.cl/archivos2/pdfs/MC0023011.pdf, artículos 1 y 6, pp. 3, 4 y 10.

38. PG/GM, 17 oct. 1946, AE0011772. Aunque la «Ley Maldita» no fue derogada hasta 1958, se reconocieron los años de servicio de Laura Rodig, quien podía jubilar en 1951, por razones complicadas que Laura no quiso detallar: LR/GM, 21 mayo 1951, AE0009006. Poco después de jubilar, Rodig volvió a trabajar de maestra en 1953-1954 en la Isla Juan Fernández: LR/GM, 15 sept., 1954, AE0009009.

39. Varela Ramírez, p. 6.

40. Álvarez Gómez, p. 5.

41. GM/RT, ¿feb.? 1954, en *Vuestra Gabriela*, pp. 224-229.

42. Gregorio Godoy: Fernández Larraín, p. 12; F. Moraga, entrevista con E. Horan, 1986; Manzano, p. 11.

43. Rodig, Cuaderno «Actual», AE0026281, BNCH.

44. Rodig, «Presencia de GM. Notas de un cuaderno de memorias». Anales de la Universidad de Chile, 1958, http://www.anales.uchile.cl/index.php/ANUC/article/view/1899/1976

45. Samatán, pp. 25-26.

46. Ibid, p. 46.

47. L. Rodig, «Pasajes de la vida de GM», SURDOC 19-398, p. 3.

48. Rodig, Cuaderno 1, AE0026278, BNCH.

49. GM, «He vuelto», en *Recados para hoy y mañana*, vol. II, ed. Luis Vargas Saavedra, Sudamericana, 1999, p. 246.

50. L. Rodig, Cuaderno «Actual», AE0026281, BNCH.

51. Emelina Molina, cit. en Samatán, p. 78.

52. Zamudio, p. 1113, y Manzano, p. 25.

53. Varela Ramírez, pp. 41-42.

54. Rodig, Cuaderno «Actual», AE0026281.

55. Manzano, p. 21

56. Pinilla, p. 15.

57. Manzano, p. 36.

58. Rodig, «Presencia de GM», p. 283.

59. Varela Ramírez, p. 36.

60. GM/don Pedro Moral, Archivo del Escritor, citado en «Informe del Proyecto Reconstrucción Casa Natal de Gabriela Mistral», informe de 40 páginas escrito después de 1948 y antes de 1974. Consultado en el Archivo del Escritor 2002, cuando estaba numerado 5, 418, según el antiguo catálogo. Ni el informe ni las cartas incluidas aparecen en el catálogo actual; la carta misma puede leerse en Herrera Vega, pp. 42-45.

61. González Le Saux, cap. 3.

62. Emelina Molina, carta a Isolina Barraza de Estay, 26 de febrero 1945. Es una de tres cartas incluidas en Jorge Iribarren Charlín, «Informe del Proyecto Reconstrucción Casa Natal de Gabriela Mistral».

63. Manzano, p. 32.

64. González Le Saux, cap. 3.

65. GM/RT, 1954, en *Vuestra Gabriela*, pp. 224-229.

66. Rodig, Cuaderno «Actual», AE0026281.

67. Herrera Vega, p. 40; Ilanes Adaro, p. 59.

68. Manzano, p. 39.

69. Rodig, Cuaderno «Actual», AE0026281, y Cuaderno 1, AE0026278.

70. González Le Saux, cap. 3. Torres Pinto era un declarado balmacedista que luego actuó como cónsul de carrera en Mollendo, Perú (1909), Ciudad de México (1927) y después en Mendoza, Argentina, donde pasó a retiro en 1935, según el archivo histórico del Ministerio de RR.EE. de Chile. Torres Pinto tuvo contacto con el poeta en los años treinta.

71. Samatán, p. 79, y Pereira, Teresa, en *Tres ensayos sobre la mujer chilena*, p. 159.

72. Rodig, Cuaderno «Actual», AE0026281.

73. GM/Alone, 1930, en GM, *Recados para hoy y mañana*, vol. 1, p. 21. Si los arrieros vinieron de San Juan, es más probable que cruzaran la cordillera por el Paso Agua Negra.

74. GM, «Notas» a «Todas íbamos a ser reinas», en *Tala*, 1938.

75. Santelices, p. 69.

76. GM/AR & PG, ¿dic.? 1955, en *Tan de usted*, p. 229.

77. Ibid.

78. GM, «Recuerdo de la madre ausente», *Lecturas para mujeres*, p. 12.

79. Santelices, p. 69.

80. GM, «Recuerdo de la madre ausente», *Lecturas para mujeres*, p. 12.

81. J. Der Derian, *On Diplomacy*, p. 42.

82. J. Der Derian, «Mediating», p. 93.

83. Pruebas de las amplias redes seculares e internacionales de Mistral hay en la obra de los historiadores que han investigado la presencia e influencia de América Latina en la Liga de Naciones: F. Herrera León; C. Pernet, J. Dumott, A. Pita González, Martin Grandjean y Yannick Wehrli, entre otros.

84. GM a V. Figueroa, 14 de junio, 1933, cit. en Figueroa, *La divina Gabriela*, p. 47.

85. GM a Isolina Barraza de Estay, 1947, en *GM, Antología Mayor: Cartas*. Ed. Luis Vargas Saavedra, Santiago, Cochrane, 1992, pp. 409-410. De aquí en adelante, se cita este texto como *AMC*.

86. GM, «Cómo escribo», texto leído por Gabriela Mistral en Uruguay en enero de 1938.

87. Manzano, p. 21

88. M. L. Pratt, «Arts of the Contact Zone», p. 34.

89. Varela Ramírez, p. 106.

90. GM, *Autobiografía, Cuad. 95*.

91. Muchas versiones de esta historia varían en este detalle. La citada aparece en una carta de GM a Pedro Moral, el 23 de junio de 1948. A contar de octubre de 2004, fue catalogada en la Biblioteca Nacional de Chile (BNCH) como «Archivo del Escritor 419», pero como otras misivas que Mistral envió a Pedro Moral, no hay ningún listado de ninguna índole en el catálogo actual.

92. Figueroa, p. 43; Samatán, p. 83.

93. GM cit. en J.J. Julia, *GM y Santo Domingo*, p. 100 y en Arrigoitia, *Pensamiento y forma*, p. 18.

94. GM, «Entrevista», sept. de 1954, en *Moneda dura*, ed. Cecilia García-Huidobro, p. 283.

95. GM, *Autobiografía, Cuad. 95*.

96. Ibid.

97. Ilanes Adaro, p. 61.

98. M.J. Toro Abé, «Vocación silenciada», p. 90.

99. Según J.S. Varela Ramírez, M. Samatán, G. Ilanes Adaro, H. Herrera Vega.

100. GM, *Autobiografía, Cuad. 95*.

101. Ilanes Adaro, p. 61.
102. Samatán, p. 108.
103. Samatán, p. 109.
104. GM, *Autobiografía, Cuad. 95.*
105. Ibid.
106. Ibid.
107. GM/Isolina Barraza de Estay, en *Antología Mayor: Cartas (AMC)*, pp. 409-410.
108. Figueroa, p. 49; también en Rodig, Spínola, Samatán, J.J.Julia y Dana.
109. Conde, *Gabriela Mistral*, p. 16.
110. GM, *Autobiografía, Cuad. 95.*
111. Ibid.
112. GM, *Autobiografía, Cuad. 95.*
113. Herrera Vega, p. 39.
114. Ilanes Adaro, pp. 60-61.
115. GM, citado en Samatán, p. 109.
116. GM, *Autobiografía, Cuad. 95.*
117. Ibid.
118. Herrera Vega, p. 38.
119. Ibid., pp. 39-40.
120. Manzano, p. 77.
121. Peter Brown, *The Cult of the Saints*, University of Chicago, 2014, p. 81.
122. Inostroza, citado en *Moneda dura*, p. 284.
123. Manzano, p. 80.
124. Ilanes Adaro, p. 59.
125. Ibid.
126. GM, *Autobiografía, Cuad. 95.*
127. IB/GM, enero 1945, AE00006279.
128. Samatán, pp. 107-108.
129. Registro Civil Nacional de Chile, Vicuña, Inscripción #38, 20 de mayo, 1902.
130. Samatán, p. 61. El certificado de defunción de José de la Cruz en Arqueros señala 1838 como su año de nacimiento. Murió a los 69 años.
131. GM, «Recado sobre La Serena y Pompeya» (1951). En *Recados para hoy y mañana*, vol. 2, ed. Luis Vargas Saavedra, Santiago, Sudamericana, 1999.
132. Registro de defunciones en la circunscripción de Coquimbo, 1902, p. 15: 22 de febrero, 1902.
133. González Le Saux, capítulo 3.
134. Registro Civil, Inscripción de Nacimiento, Vicuña, 1903, marzo, p. 101.
135. Véase GM, «La siesta de Graciela», en *Recopilación*. En 1925, el pronóstico relativo a la salud de Graciela Barraza Molina seguía siendo malo: GM/ Juana de Ibarbourou, 1925, *AMC*, pp.129-130. La niña murió dos años después, en abril de 1926.

136. González Videla, *Memorias*, vol. 1, p. 43.
137. Varela Ramírez, p. 90.
138. GM, «Éxtasis», en *Desolación*.
139. Manzano, p. 86.
140. Samatán, pp. 61-63; Asta-Buruaga y Cienfuegos, p. 69.
141. GM, «La abandonada», en *Lagar*.
142. Rodig, «Presencia», p. 289.
143. Ladrón de Guevara, v. 2, p. 29.
144. Manzano, p. 81.
145. *Recopilación*, pp. 34-35.
146. Ibid.
147. GM/RT, ¿feb.? 1954, *Vuestra Gabriela*, p. 226
148. Citado en Inostroza, *Moneda dura*, p. 282.
149. Inostroza, p. 282.
150. Ibid.
151. Torres Rioseco, *GM*, p. 64.
152. GM/RT, ¿feb.? 1954, *Vuestra Gabriela*, p. 246.
153. GM/Tomic, ¿feb.? 1954, *Vuestra Gabriela*, pp. 225-226.
154. GM, «Mi cuerpo», AE0014953; *Almácigo* (2008), p. 58.
155. «De Iris», 21 de junio, 1922, *Recopilación*, p. 523.
156. GM, «Mi cuerpo», AE0014953; *Almácigo* (2008), p. 58.
157. GM, citado en Figueroa, 40, n. 2.
158. GM/T.M. Llona, *circa* oct., 1943, en *AMC*.
159. Alone (1941), «Historia de Gabriela Mistral», en Gabriela Mistral, *Antología*, p. v.
160. Sor María/GM, 22 de noviembre, 1895, AE0006382.

Capítulo 2. Algunas cursilerías de Lucila

1. GM, *Autobiografía, Cuad. 95*.
2. Antonia Molina (Cantalicia Antonia Molina Caravantes) murió en La Serena en 1918. Tía de Emelina y, al parecer, del conocido educador Enrique Molina Garmendia, nacido en La Serena, rector fundador de la Universidad de Concepción y muy amigo de Mistral y Rodig desde 1918, como señalaremos en el capítulo 5.
3. GM,«Adiós, amiga mía» (29 de marzo, 1918, AE0001305).
4. Manzano, GM, p. 90; y véase GM, «Mi biografía está llena de errores».
5. Entrevista con Lenka Franulic, en 1952, *El Mercurio*, 29 de oct., 2005.
6. GM, «El oficio lateral», *Pro-Arte*, abril, 1949, AE0014553. Cit. en adelante como «GM, *OL*».
7. GM, cit. en Manzano (2008), «Recorrer», p. 15.
8. GM, «Hija del cruce», 1942.

9. GM, «Adiós, amiga».

10. GM, *OL*.

11. Pablo Neruda, Carta a Sara Tornú, 19 de sept., 1934, cit. en Schidlowsky, p. 234.

12. GM (1905), «Federico Schiller», 6 de mayo, 1905, *El Coquimbo*, en *Recopilación*, p. 54.

13. GM, *OL*.

14. «Clientelismo», DRAE.

15. GM, *OL*.

16. Varela Ramírez, pp. 258-259; Manzano, *GM en Coquimbo*, p. 123.

17. El estudio comprensivo de Ramírez y Leyton (2021) señala la importancia del escritor científico Camille Flammarion para Lucila Godoy (y sus contemporáneos), como se ve en «La instrucción de la mujer» (1906) y en «El oficio lateral» (1949).

18. GM, carta a Alone, 1930, en *Recados para hoy y mañana*, ed. Luis Vargas Saavedra, p. 21.

19. GM, *OL*.

20. GM, *OL*.

21. GM 1925, cit. en Manzano, «Recorrer».

22. Manzano, *GM en Coquimbo*, p. 190.

23. GM/PAC, 1 de feb., 1920, en *Antología mayor: cartas,* p. 72.

24. GM, cit. en Bahamonde, p. 47.

25. GM/AR & PG, *Tan de usted*, p. 229.

26. GM/VO, [abril] 1939, *Esta América nuestra*, p. 105.

27. «Amor imposible» es de Lucila Godoy Alcayaga (LGA), en *El Coquimbo*, 17 de diciembre de 1904, en *Recopilación*, p. 44-46; «Ecos», LGA en *La Voz de Elqui*, 23 de marzo de 1905, en *Recopilación*, p. 81; el texto que comienza con «La mirada ajena...» es de «Carta íntima», firmado por «Alma» en *Penumbras* de La Serena, 21 de julio, 1907, en *Recopilación*, p. 131. La poeta comenzará a usar seudónimos para esconder, un poco, su identidad tras el ascenso social (temporal) al trabajar en el Liceo de Niñas de La Serena.

28. Lanser, p. 70.

29. Rama, «La oscura», p. 113.

30. Rama, «La oscura», p. 117.

31. Ibid.

32. Rojas, *Breve historia,* p. 114.

33. Rama, «La oscura», p. 118.

34. F. Alegría, *GM Genio*, pp. 56- 57.

35. Ídem.

36. *Recopilación,* pp. 70, 125, 161.

37. *The Beard* en el texto original en inglés, equivalente a «la barba». En inglés coloquial, se emplea para aludir a la persona que disimula la propia orientación sexual con la complicidad de otros. Como su empleo en castellano

resultaría confuso en ese sentido, he preferido sustituirlo aquí y en otras secciones por el término «la pantalla», más acorde al significado de la expresión coloquial en ambos idiomas (*Nota del traductor*).

38. Fernández Larraín, «Introducción», *Cartas de amor de GM*, p. 42. Luego reproducido en Quezada, *Cartas de amor y desamor*, p. 200.
39. Ibid.
40. Ibid.
41. Ibid.
42. Ibid.
43. Ibid., p. 15.
44. Fernández Larraín, «Introducción», *Cartas de amor de GM*, p. 22.
45. Véase la nota 37 de este capítulo.
46. Leonidas Morales, *Cartas de amor*, p. 52.
47. LGA/AVP, Carta 1, *Cartas de amor de GM*, p. 79.
48. LGA/AVP, Carta 5, *Cartas de amor de GM*, p. 91.
49. LGA/AVP, Carta 1, *Cartas de amor de GM*, pp. 79-80.
50. LGA/AVP, Carta 2, *Cartas de amor de GM*, p. 81.
51. LGA/AVP, Carta 2, *Cartas de amor de GM*, p. 82.
52. LGA/AVP, Carta 3, *Cartas de amor de GM*, p. 85.
53. Enrique Molina, *Lo que ha sido el vivir*, p. 93.
54. LGA/AVP, Carta 4, *Cartas de amor de GM*, p. 88
55. LGA/AVP, Carta 5, 20 de marzo, 1906, *Cartas de amor de GM*, p. 93.
56. Manzano, *GM en Coquimbo*, p. 114.
57. Madac, Abel (seudónimo): «Crítica y réplica literaria», carta al editor de *La Voz de Elqui*, noviembre de 1905, en *Recopilación*, p. 89.
58. LG, cit. en *Recopilación*, p. 90.
59. LGA, «La instrucción de la mujer», 8 de marzo, 1906, *Recopilación*, p. 98.
60. «El final de la vida», 11 de marzo, 1906, *Recopilación*, p. 100.
61. LGA/AVP, 20 de marzo, 1906, Carta 5, *Cartas de amor de GM*, p. 94.
62. LGA/FVP, Carta 4, 16 [¿?] 1906, *Cartas de amor de GM*, p. 88.
63. LGA/AVP, 20 de marzo, 1906, en *Cartas de amor de GM*, p. 88.
64. LGA/AVP, Carta 4, 16 [¿?] 1906, *Cartas de amor de GM*, p. 87.
65. «No se ofenda»; ibid.
66. LGA/AVP, 20 marzo, 1906, Carta 5, *Cartas de amor de GM*, p. 93.
67. Ibid., p. 94.
68. Ibid., p. 94.
69. GM, *Autobiografía, Cuad.* 95.
70. LG/PAC, 1 de febrero, 1920, *Antología mayor: Cartas* (*AMC*), p. 71.
71. González Vera, *Algunos*, p. 166.
72. GM, *Autobiografía, Cuad.* 95. El *Diario Oficial* de la República de Chile confirma que Figueroa de Guerra fue la subdirectora de la Escuela Normal de Preceptoras de La Serena desde marzo de 1903.
73. GM, *Autobiografía, Cuad.* 95.

74. Varela Ramírez, pp. 253-554.
75. LGA, «La instrucción de la mujer», 8 de marzo, 1906, *Recopilación*, p. 98.
76. GM, *Autobiografía, Cuad.* 95.
77. GM, *Autobiografía, Cuad.* 95.
78. Spínola, GM: *Huéspeda de honor*, p. 95.
79. GM, *Autobiografía, Cuad.* 95.
80. Sobre la matanza de la Escuela Santa María de Iquique (21 de diciembre de 1907), véase https://www.archivonacional.gob.cl/sitio/Contenido/Temas-de-Colecciones-Digitales/37527:Matanza-de-la-Escuela-de-Santa-Maria-de-Iquique-y-sus-consecuencias, y Frazier, pp. 117-118, 125-127.
81. LGA/AEC, 12 de agosto, 1909, cit. en *Vuestra Gabriela*, p. 29
82. GM/MMM, 27 de mayo de 1915, *Manuel*, p. 103; GM/PAC 1 de febrero, 1920, *Antología mayor: Cartas*, p. 71.
83. GM/PAC 1 de febrero, 1920, *Antología mayor: Cartas*, p. 71.
84. GM, «Entrevista», en *Moneda dura*, pp. 44-45.
85. GM cit. en J.J. Julia, *GM y Santo Domingo*, p. 61. En este giro, su charla era, precisamente, muestra de «Autodidactismo», pues contaba su autobiografía educacional: Arrigoitia, p. 18.
86. GM, *Autobiografía, Cuad.* 95.
87. Ibid.
88. Ibid.
89. Ibid.
90. GM, *Autobiografía, Cuad.* 95.
91. GM, *Autobiografía, Cuad.* 95.
92. Manzano, *GM en Coquimbo*, p. 146.
93. GM, «Charla con GM», 1922, en *Moneda dura*, p. 136.
94. Mario Cerda, referido a Miguel Farías en 2020.
95. GM, *Autobiografía, Cuad.* 95.
96. Soto Ayala, *Literatura coquimbana*, p. 101.
97. Bahamonde, *GM en Antofagasta*, p. 38.
98. LGA/AEC, 12 de agosto, 1909, citado en *Vuestra Gabriela*, p. 29.
99. LGA/ABS, 2 de febrero, 1911, Benson Latin American Collection, The University of Texas at Austin.
100. LG/MMM, Carta 33, PUC 18 [1915], *Manuel*, p. 103.
101. Ibid.
102. Ibid.
103. Manzano, *GM en Coquimbo*, p. 154.
104. GM, entrevista en *El Diario Ilustrado*, Santiago, 1922, en *Moneda dura*, p. 136.
105. GM, entrevista, posiblemente de la revista *Vea*, pero no identificada, en Spínola, p. 96.
106. Jorge Inostroza, «96 horas con GM», *Revista Vea*, sept. 1954, en *Moneda dura*, p. 287.

107. Soto Ayala, *Literatura coquimbana*, p. 103.

108. LG, «Saetas ígneas», 18 de octubre, 1906, en *Recopilación*, pp. 108-109.

109. Soto Ayala, *Literatura coquimbana*, p. 103.

110. González Vera, «Gabriela Mistral» en *Babel: Revista de Arte y Crítica*, enero-dic. 1946, vol. 8, n. 31, pp. 5-19.

111. Grínor Rojo, *Dirán*, pp. 74-76.

112. LG, «Saetas ígneas», 18 de octubre, 1906, en *Recopilación*, pp. 108-109.

113. Vargas Vila, *La cosecha del sembrador: en los jardines de Lesbos*, ed. Juan Carlos González Espitia; *Lirio rojo*, p. 206.

114. Vargas Vila, cit. en Alperi, pp. 206/610.

115. Soto Ayala en *Literatura coquimbana*, p. 103.

116. Manzano, *GM en Coquimbo*, p. 161.

117. Guillén, «Introducción» a *Desolación-Ternura-Tala-Lagar*, p. x.

118. Iglesias, *GM y el modernismo*, p. 197.

119. LG a MMM, *Manuel*, p. 100.

120. Iglesias, *GM y el modernismo*, p. 197; *La Reforma*: La Serena, 26 de noviembre, 1909, *Recopilación*, p. 148.

121. Iglesias: *GM y el modernismo*, p. 196.

122. GM/Lagos Lisboa, 1916, citado en Alone, *Historia*, p. vii.

123. Conde: *GM*, p. 21.

124. Ídem.

125. LG/MMM, 20 de mayo de 1915, *Manuel*, p. 100.

126. GM/Lagos Lisboa, 1916, citado en Fernández Larraín, p. 23.

127. GM/MMM, 20 de mayo, 1915, *Manuel*, p. 100.

128. Ibid.

129. GM/MMM, *Manuel*, pp. 100-101.

130. *La Reforma*, 26 de noviembre, 1909, en *Recopilación*, p. 148.

131. GM/Lagos Lisboa, 1916, cit. en Fernández Larraín, *Cartas de amor de GM*, p. 28.

132. Manzano: *GM en Coquimbo*, p. 166.

133. GM, *Autobiografía, Cuad.* 95.

134. Alone, *Pretérito*, p. 913.

135. Brown, *The Cult of the Saints*, p. 81.

136. Figueroa, *La divina Gabriela*, pp. 77, 83.

137. Iglesias, *GM y el modernismo*, p. 198.

138. GM/MMM, 20 de mayo, 1915, *Manuel*, p. 101.

139. Manzano, *GM en Coquimbo*, pp. 162-163.

140. Rodig, «Presencia de GM. Notas de un cuaderno de memorias», p. 289.

141. Fidelia Valdés Pereira a Alejandro Escobar Carvallo, 26 de agosto, 1910, SURDOC 19-665, Museo Gabriela Mistral de Vicuña.

142. GM, «Hija del cruce», 1942, en GM, *Recados para hoy y mañana*, tomo II, pp. 255-256.

143. Leiva Berríos, pp. 55-56.

144. Mora Alarcón, cit. en Elías Sepúlveda, *La niña del Valle de Elqui*, p. 146.

145. Manzano, *GM en Coquimbo*, p. 176, y en un correo electrónico a Elizabeth Horan, el 9 de noviembre de 2017.

CAPÍTULO 3. LA MAESTRA DEL LICEO DE NIÑAS DE ANTOFAGASTA

1. Bahamonde, p. 172.
2. Sandra McGee Deutsch, correo electrónico con la autora, 2005.
3. Bahamonde, pp. 32; 17-18; 141-142.
4. Bahamonde, p. 38.
5. GM/Samuel Glusberg [seudónimo de Enrique Espinoza], enero 1937. En CeDInCI, Centro de Documentación e Investigación de la Cultura de Izquierdas, Buenos Aires.
6. LG/MM, [1915], *Manuel*, p. 103.
7. GM/Joaquín Edwards Bello, 14 de marzo [1926], en Joaquín Edwards Bello, *Cartas de ida y vuelta*, pp. 392-393.
8. GM, cit. Bahamonde, pp. 114-115.
9. GM/Gonzálo Zaldumbide, 22 de oct., 1933, en Gonzalo Zaldumbide, *Cartas (1933-1934)*, pp. 55-64. Zaldumbide era conservador, seguidor del nacionalista francés Charles Maurras, conocido antisemita y antirrevolucionario.
10. Campbell, p. 29.
11. Bahamonde, pp. 29-30.
12. Ibid.
13. Bahamonde, pp. 44-45; 60-61.
14. GM, «Otra vez Castilla», en *Materias* (Alfonso Calderón, ed.), p. 41.
15. Scarpa, *Una mujer*, p. 14.
16. Marof, pp. 105-106.
17. García Games, pp. 28-34.
18. GM, «La escuela del bosque», en Bahamonde, p. 25.
19. GM/ABS, 2 de feb., 1911, Benson Latin American Collection, The University of Texas at Austin.
20. GM/ABS, 18 de feb., 191[1], *op. cit.*
21. GM/ABS, [~ago., 1912].
22. Ibid.
23. Ibid.
24. García Pérez, p. 12.
25. GM/ANF, [enero, 1912], en Nin Frías, *El culto del árbol* (1933), p. 13-14.
26. GM, «Cuentos», en Bahamonde, p. 27.
27. Nin Frías, *Sordello Andrea*, p. 195.
28. García Pérez, p. 44.
29. Herrera y Ressig, cit. Hagius, p. 15.
30. Según *El Mercurio de Valparaíso*, p. 3, Nin Frías salió de Montevideo rumbo a Chile el 29 de octubre de 1912.

31. Nin Frías, cit. Santelices, p. 25.

32. *El Mercurio de Valparaíso* publicó un capítulo de *Sordello Andrea* el 15 de enero de 1913, p. 4; las cartas de Mistral a Salas Marchán sugieren que la *Revista de Educación Nacional* publicó algo de *Sordello Andrea*, al parecer en 1914.

33. Giaudrone, p. 317.

34. La fecha está inferida por Belmas, pp. 123-124, que reproduce la carta.

35. Ibid.

36. Ibid.

37. Ibid.

38. GM/ABS, ~oct., 1912, GM Papers, Benson Latin American Collection, University of Texas at Austin.

39. Belmas, p. 159.

40. *Almácigo*, p. 44.

41. Sobre «el incidente en torno a Safo», véase M.E. Vaz Ferreira, «Correspondencia: Cartas a Nin Frías».

42. Ibid.

43. GM/MSM, 1913, AE0001117.

44. Ibid.

45. Ibid.

46. Ibid.

47. Bravo Villasante, p. 290.

48. Masiello (1992), *Between civilization and barbarism*, p. 12; y Masiello (2018), «Introducción» a *The Senses of Democracy: Perception, Politics and Latin American Culture*.

49. Rojas Piña, Benjamín, «Gabriela Mistral, su poesía y el niño», p. 25.

50. «Respuesta de Lucila Godoy Alcayaga a la solicitud de la Logia Destellos para que desarrolle los 2 puntos siguientes», fechada por referencias internas en la segunda mitad de 1912 o en 1913. Facilitado por Luis Vargas Saavedra.

51. Bahamonde, p. 18.

52. GM, «Hija del cruce», 1942. En *Recados para hoy y mañana*, vol. 2 (1999), pp. 261-262.

53. GM, «El rival», cit. Bahamonde, pp. 116-127.

54. GM, «El rival», cit. Bahamonde, p. 116.

55. K. Peña, «Violence», p. 88.

56. GM, «El rival», cit. Bahamonde, p. 127.

57. Ibid.

58. K. Peña, «Violence», p. 92.

59. Ibid.

60. Ibid.

61. GM, «El rival», cit. Bahamonde, p. 122.

62. Álvarez Gómez, p. 13.

63. Ibid.

64. GM/EB [1916], carta que comienza: «Hermano Eduardo, le agradezco mucho sus noticias...», Biblioteca Hesburgh, Univ. Notre Dame Special Collections.
65. Ibid.
66. Ibid.
67. *Almácigo*, p. 44.

CAPÍTULO 4. EL HERMANO GABRIELA EN LOS ANDES

1. GM/Ossandón de la Peña, 12 de julio, 1912, Museo GM de Vicuña, SUR-DOC 19-378.
2. Ibid.
3. Serrano, *El Liceo*, pp. 17-18.
4. GM/RT, 1952, *Vuestra Gabriela*, pp. 174-178.
5. Barr-Melej, pp. 218-233.
6. Manuel Guzmán Maturana a GM, 12 julio de 1914, p. 4, Museo GM de Vicuña, SURDOC 19-524.
7. GM/Alone [junio, 1916] AE0029959. Los puntos suspensivos son de GM.
8. Alone/A. Winter, 18 de julio, 1923, AE0024106.
9. Véase Fernández Latapiat y GM, «Escuela al aire libre» (1922), en *Recopilación*, pp. 645-646.
10. González Vera (1946), «Gabriela Mistral».
11. Cit. en Fernández Latapiat, p. 62.
12. GM/EL, *circa* 15 de octubre, 1915, *Cartas a Eugenio Labarca*, pp. 275-276.
13. GM/MSM, [octubre, 1913], AE0001131.
14. Ibid.
15. Véanse Subercaseaux, Crow, Coletta.
16. GM, octubre, 1913, citado en Peralta Espinosa, p. 43.
17. Ibid.
18. Núñez P., Iván, *Magisterio: 70 años*, p. 30.
19. Ibid.
20. GM/MSM, [1913], AE 00001117.
21. GM, «El árbol dice», *Selva lírica*, J. Molina Núñez y J. Agustini, eds.
22. GM, «Magallanes Moure», en *Repertorio americano*, N° 30, 20 de mayo, 1935.
23. GM/MMM, [1915], *Manuel*, p. 109.
24. *Manuel, en los labios por mucho tiempo* (Luis Vargas Saavedra, ed.), pp. 17-23, enumera esas palabras y frases que Mistral parece citar textualmente de las cartas que recibía de Magallanes. Nuestro texto se ciñe a esta edición, hoy la más completa que existe, salvo cuando alguna carta se ha omitido o una transcripción difiere significativamente de los originales en la Pontificia Universidad Católica o en la Universidad de Notre Dame.

25. Vargas Saavedra, *Manuel, en los labios por mucho tiempo*, p. 14.
26. GM/ANF, oct./nov. de 1914, en *El ojo atravesado* (2005), tomo 1, S. Guerra y V. Zondek (eds.), pp. 15-16.
27. GM/MSM, 1914, AE0001090.
28. GM, «Una opinión interesante», *Recopilación*, p. 285.
29. GM/MMM, [1914], *Manuel*, p. 45.
30. GM/MMM, [nov.] 1914, *Manuel*, p. 46.
31. Ibid.
32. GM/MMM, [nov.], 1914, *Manuel*, p. 47.
33. Ibid.
34. Ibid.
35. GM/MMM, [nov.], 1914, *Manuel*, p. 48.
36. Ibid.
37. Véanse Fernández Larraín, p. 205, y Vargas Saavedra, «Preámbulo», *Manuel*, p. 15.
38. GM/MMM, [1915], *Manuel*, p. 65.
39. La cita es de F. Simon (2022), «Amor maternal y perversa», p. 208; una búsqueda en la base de datos de los periódicos latinoamericanos de las primeras décadas del siglo xx para la expresión «una degenerada» comprueba la existencia de un discurso profundamente racista y clasista a la vez, sobre todo al referirse a la mujer, a quien se representa solo como madre, esto es, como progenitora de la raza.
40. Santiván, *Confesiones*.
41. GM/MMM, 2 de dic., 1914, *Manuel*, p. 50.
42. Preciado (2019), «Carta de un hombre trans al antiguo régimen sexual», *Un apartamento en Urano*, p. 306.
43. GM/MMM, 2 de dic., 1914, *Manuel*, p. 51.
44. GM/MMM, 2 de dic., 1914, *Manuel*, p. 52.
45. GM/MMM, 13 de dic., 1914, *Manuel*, p. 53.
46. Ibid.
47. Ibid.
48. Ibid.
49. GM/MMM, diciembre, 1914, *Manuel*, p. 54.
50. Ibid.
51. GM/MSM, 1913, AE 00001117.
52. GM/MMM, dic., 1914, *Manuel*, p. 54.
53. Ibid., p. 55.
54. GM/MMM, dic., 1914, *Manuel*, p. 56.
55. Vargas Saavedra, «Preámbulo», *Manuel*, pp. 14-16; 56.
56. GM/MMM, diciembre, 1914, *Manuel*, p. 56.
57. Ibid.
58. Caballero Waguemert, p. 159.
59. Hurtado, p. 170.

60. V. Domingo Silva, «Glosas de los Juegos Florales», en *El Libro de los Juegos Florales*. Facsimilar. Memoria Chilena. MC0003265.

61. Hurtado, p. 170; Paula Miranda Herrera, email a E. Horan, 3 de junio de 2021.

62. Los itinerarios del ramal Santiago-Valparaíso y/o del ramal Llay-Llay-Los Andes indican que la última combinación de trenes que salían de Santiago a Los Andes estaba programada para las 6:35 p.m., más de una hora antes de la ceremonia de los Juegos Florales.

63. Alone (1946). *GM*, p. 105.

64. GM/MMM, 23 de diciembre, 1914, *Manuel*, p. 57.

65. GM/MMM, 24 de diciembre, 1914, *Manuel*, p. 58.

66. GM/Letelier del Campo, 24 de dic., 1914, AE0001386.

67. GM, «Con su retrato», en *El libro de los Juegos Florales* (1915).

68. GM/ MSM, fines de 1914, AE0001092.

69. Fernández Latapiat, p. 18.

70. Ibid.

71. Ibid.

72. GM, *Cartas a E. Labarca*, p. 268.

73. GM/MMM, [fin de dic., 1914], *Manuel*, pp. 58-59.

74. GM/MMM, [fin de dic., 1914], *Manuel*, p. 59.

75. GM/MMM, 10 de feb., [1915], *Cartas de amor*, pp. 107-108.

76. Ibid.

77. GM/MMM, 1915, *Manuel*, p. 65.

78. MMM/GM, cit. en GM/MMM, 11 de feb., [1915], *Manuel*, p. 68.

79. GM/MMM, 25 de feb., 1915, *Manuel*, p. 71.

80. Ibid.

81. GM/MMM, 26 de feb., 1915, *Manuel*, p. 72.

82. Preciado (2019), *op. cit.*

83. GM/MMM, 26 de feb., 1915, *Manuel*, p. 72.

84. Ibid.

85. MMM/GM, 1 de marzo, 1915, *Manuel*, pp. 76-77.

86. GM/MMM, marzo, 1915, *Manuel*, p. 77.

87. Ibid.

88. Ibid.

89. Ibid.

90. GM/MMM, marzo, 1915, *Manuel*, pp. 77-78.

91. GM/MMM, marzo, 1915, *Manuel*, p. 78. La palabra «amadas» está tachada por la poeta, pero es legible en el manuscrito.

92. Ibid.

93. Ibid.

94. Ibid.

95. GM/MMM, marzo, 1915, *Manuel*, p. 79.

96. MMM citado en GM, 17 de mayo, 1915, *Manuel*, p. 94.

97. GM/MMM, 17 de mayo, 1915, *Manuel*, pp. 94-95.
98. GM/MMM, 18 de mayo [1915], *Manuel*, p. 98.
99. GM/MMM, 18 de mayo [1915], *Manuel*, p. 99.
100. GM/MMM, *Manuel*, p. 79.
101. MMM, 4 de abril, 1915, *Manuel*, p. 93.
102. LG/MMM, [¿1915?], *Manuel*, pp. 96-97, es contemporánea con las dos cartas citadas de MGM/GM, 14 de mayo, 1915 y 16 de mayo, 1915, SUR-DOC 19-516 y 19-517, Museo Gabriela Mistral de Vicuña.
103. Hurtado, p. 188.
104. MMM citado en [1916], *Manuel*, p. 117.
105. Ibid.
106. MMM cit. en [1915], *Manuel*, p. 105.
107. Eduardo Barrios (1915), *El niño que enloqueció de amor*, Santiago.
108. GM/EB, abril, 1915, AE000376.
109. GM/EB, «El niño que enloqueció de amor», AE0000376.
110. GM/EB, abril, 1915, UND.
111. Ibid.
112. Ibid.
113. E. Barrios (1925), «Autobiografía, o también algo de mí»; Barrios (2018), *Cuentos*, Temuco, Ed. de la Frontera, pp. 15-21.
114. Hamilton-Jones/GM, 17 de julio, 1915, SURDOC 19-485, Museo Gabriela Mistral de Vicuña.
115. Jorge Edwards (2006), «Los hombres de Gabriela Mistral», en *La otra casa*, p. 43. Hay un período de silencio en la amistad entre Mistral y Barrios que empezó en 1926, poco antes del primer régimen de Carlos Ibáñez, cuando Barrios priorizó la política por sobre la literatura. Mistral nunca dejó de admirar a Barrios.
116. GM, «Recado sobre Eduardo Barrios», AE0013153.
117. M. Redondo, *De mis días tristes*, p. 47.
118. Ibid., p. 48.
119. Ibid.
120. Ibid.
121. M. Redondo, pp. 25 y 27.
122. Magallanes Moure, carta a Pedro Prado, 19 de dic., 1912, AE0020593.
123. M. Redondo, p. 32.
124. Magallanes, *La Jornada,* cit. en M. Redondo.
125. Todas las citas de cartas escritas por Magallanes Moure a Pedro Prado y viceversa provienen de la Biblioteca Nacional de Chile, MMM/PP, 5 de dic., 1912, AE0026200; MMM/PP, 19 de dic., 1912, AE 0020593 y PPP/MMM, 22 de dic., 1912, AE0026200.
126. GM/MMM, [1915], *Manuel*, p. 105.
127. GM/EB, [¿junio? 1915] UND.
128. Ibid.

129. GM/MMM, [22 de junio, 1915], *Manuel*, p. 111.

130. Maino Prado, V., *et al.*, *Los diez...*, p. 69.

131. Alone, *La sombra inquieta*, p. 46.

132. GM/Alone, [fin de 1915], AE0029948.

133. GM/Alone, agosto, 1916, *La sombra inquieta*, segunda edición, p. vii.

134. GM/EL, *Epistolario EL*, p. 180.

135. GM/Alone, [¿1916?], AE0029957.

136. GM/Alone, [fin de abril, 1917], AE0029945.

137. GM/Alone, [*circa* octubre, 1917], AE0029962.

138. Alone, *Diario íntimo*, p. 33.

139. Alone, ibid, p. 29.

140. Alone/PP, 5 de marzo, 1921, AE0024095.

141. «Hay algo...?»: GM/Alone, [enero, 1917], AE0029943: «la la» está escrita así en manuscrito.

142. Ibid.

143. Ibid.

144. GM/Alone, [12 de abril, 1917], AE0029952.

145. Alone, *GM*, p. 31.

146. Halberstam, *In a Queer Time and Place*, cap. 3.

147. GM/EL, [fines de octubre 1915], AE0001483, y en *Cartas a EL*, pp. 275-276.

148. Olea, *Como traje de fiesta*, p. 63; Sepúlveda, *Somos los andinos*, p. 119.

149. GM/EL, [fines de octubre, 1915], AE0001483, y en *Cartas a EL*, pp. 276-277.

150. Fojas, *Cosmopolitanism*, p. 27.

151. GM/EL, AE0001472, *Cartas a EL*, p. 271.

152. GM/EL, *circa* junio 1915 o después, AE0001471 y en *Cartas a EL*, p. 276. Los puntos suspensivos son de GM.

153. GM/EL, [mitad de octubre] de 1915, AE0001473 y en *Cartas a EL*, p. 276. Los puntos suspensivos son de GM.

154. GM/MMM, Carta 49, 1917, *Manuel*, p. 131.

155. Molloy, *Politics of Posing*, p. 147.

156. Salessi, p. 85.

157. Lipschutz, cit. en Contardo, *Raro*, pp. 169-170.

158. Marañón, *Tres ensayos*, p. 184.

159. Doris Dana, «The Library of Gabriela Mistral», en *The Gabriela Mistral Collection*. Barnard College, 1978, p. ii.

160. GM/EB, [enero-feb., 1919], UND.

161. G. Kirkpatrick, *Dissonant Legacy of Modernismo*, cap. 4.

162. O. Segura Castro, cit. en Muñoz González y Oelker Link (1993).

163. M. Redondo, p. 36.

164. Jorge Edwards (2006), *op. cit.*, p. 42.

165. M. Redondo, p. 37.

166. Santiván (1955), p. 136.
167. Ibid, p. 113.
168. *Selva lírica*, en Memoria Chilena (http://www.memoriachilena.gob.cl/602/w3-article-7859.html).
169. Ibid.
170. González Vera (1946), «GM».
171. El fino estudio de Loveluck (1970) trata los comienzos de la amistad de Mistral con Nervo; véase, en paralelo, el *Epistolario de GM con Eugenio Labarca*, ed. Raúl Silva Castro, quien hizo una lastimosa edición de cartas valiosas.
172. Iglesias, *GM y el Modernismo*, p. 50; Leal, «Situación».
173. Véanse Molloy (2001), Chaves (2005) y Bolaño (2016), p. 71.
174. GM/AN, Loveluck (1970), p. 499.
175. GM/Alone, [junio, 1916], *La sombra inquieta*, p. viii; GM/Alone, [junio, 1916], AE0029943.
176. GM/Amado Nervo, [1916], en Loveluck, p. 502.
177. GM/Amado Nervo, [1917], en Loveluck, p. 506.
178. GM/Amado Nervo, [1916], en Loveluck, p. 502.
179. GM/EL, [segunda mitad de 1915], AE0001483, y en *Cartas a EL*, p. 280.
180. Ibid.
181. ALH/GM, 24 de dic., 1915, SURDOC 19-476, Museo Gabriela Mistral de Vicuña.
182. ALH/GM, 29 de dic., 1915, SURDOC 19-477, Museo Gabriela Mistral de Vicuña.
183. GM/EL, [1915], *Cartas a EL*, p. 281.
184. Jorge Edwards (2006), *op. cit.*
185. GM/EB, [1916]. *Antología mayor: cartas*, p. 69. Vargas Saavedra pone la fecha «1919» para esta carta cuyas referencias internas al liceo de Los Andes y a la obra *Vivir* de Barrios corresponden al año 1916. El incidente descrito es poco probable.
186. Ibid.
187. F. Valdés Pereira, Carta, 1915, cit. en Bahamonde, p. 175.
188. Marof, p. 109.
189. Marof, p. 112.
190. Parra del Riego, Carta, 22 de junio, 1917, en Guerra y Zondek (2005), tomo 1, p. 179.
191. Marof, p. 113.
192. GM/Alone [mediados de 1916], AE0029951.
193. GM/Alone [mediados de 1916], AE0029953.
194. Ibid.
195. Ibid.
196. Helfant, p. 44.
197. Cortés Aliaga, «Estéticas de resistencia».

198. Ibid.
199. Pizarro, Laura. Registro de Nacimientos, Santa Rosa de los Andes, 1896, depto. 1, p. 299, certificado 597, fecha inscripción 8 de octubre 1896. Véase FamilySearch.org.
200. Tránsito era la hija de Felipe Pizarro y Brígida Moya; Alejandro Rodig Lorca, nacido en Valdivia en 1881, era el hijo de Maximiliano Rodig, nacido en Alemania, y de Matilde del Tránsito Lorca, ambos residentes en Los Andes, según el Registro de Matrimonios de Santiago, 14 de enero, 1902.
201. Valdebenito Carrasco, p. 226.
202. Alejandro Rodig Lorca, empleado, nacido en Valdivia, casado con Tránsito Pizarro, murió de tuberculosis pulmonar el 16 abril de 1913, según el Registro de Defunciones en Santiago (1913). nº 2, p. 169, nº 1537.
203. Aunque Marta Vergara lealmente afirma que Rodig entró a «la Academia de Bellas Artes a la edad de 11 años» (Memorias, p. 341), el Registro de Nacimientos es mucho más verosímil pues indica que Rodig habría tenido 16 años al entrar al Bellas Artes, 18 al ganar la primera medalla en el Salón Oficial de 1914 y 20 años al ganar la segunda medalla en el Salón Oficial de 1916.
204. Rodig, «Presencia de GM», pp. 282, 284.
205. GM/Enrique Molina Garmendia, 7 de febrero, 1921, en Costa Leiva (1983).
206. M. Vergara, Memorias (1962), p. 263.
207. Ibid.
208. GM/PP, dic. de 1915, En batalla, p. 31.
209. El Mercurio, 9 de junio, 1916, y otras fechas en junio-julio, 1916.
210. GM/EB [a principios de 1917], UND.
211. GM/MMM [fines de 1916 o comienzos de 1917], Manuel, pp. 116-118.
212. GM/MM, Manuel [¿1916?], p. 122.
213. GM/PP, junio, 1917, En batalla, Vargas Saavedra (ed.), p. 55.
214. GM/EB, [entre abril y agosto, 1917], UND.
215. GM/Alone, [abril o mayo, 1917], AE0029945.
216. GM, En batalla, Vargas Saavedra (ed.), p. 59.
217. GM/EB [junio, 1917], UND.
218. GM/EB [entre abril y agosto, 1917], UND.
219. FVP/PAC, 17 de mayo, 1917, AE00001085.
220. GM/PAC, [mayo], 1917, AE0001180.
221. GM/Teresa Diez-Canedo, 20 de junio, 1939, en Montiel Rayo (2020).
222. Iván Núñez P., Gremios del magisterio, p. 26.
223. GM/Alone [mayo, 1917], AE0029950.
224. GM/PAC, 29 de julio, 1917, en Memoria Chilena.
225. GM/Alone, 21 de abril, 1917, AE0029952; Alone, Diario íntimo, 3 de octubre, p. 17.
226. GM/Alone, circa mayo, 1917, AE0029962.

227. Ibid.

228. Craib, *Santiago subversivo*, cap. 2.

229. GM/Amado Nervo, [sept./oct. 1917], en Loveluck, p. 506.

230. Ibid, p. 507.

231. A. Torres Rioseco, «GM», *Cosmópolis*, p. 374; Benavente (2018), «GM», en *Cambridge Companion*, p. 114.

232. Estrada/Reyes, 15 oct., 1917, *Con leal franqueza*, tomo I, p. 43.

233. «El amor que calla». La versión 1 (AE0001307) tiene veintiocho líneas distribuidas en siete estrofas; la versión 2 (AE0001393) elimina dos estrofas; la versión 2 es más parecida a la versión 3 (AE0001468), publicada en *Nosotros* (Buenos Aires, 1918) y en un libro de comentarios sobre Tagore, cuyo editor, Raúl Ramírez (1917), fue recomendado a Mistral por Manuel Guzmán Maturana. La versión 4, con doce líneas distribuidas en tres estrofas, salió en *Desolación* (1922, 1923).

234. GM/EL, AE00001468, y en *Cartas a EL*, p. 281. El primer Gobierno de Ibáñez en Chile envió a Labarca a Bélgica en un cargo consular en 1928. Al saber de ello, Mistral pidió a un amigo mutuo, el diplomático ecuatoriano Benjamín Carrión, que no hablara de ella cuando se encontrara con Labarca (GM/BC, 21 de oct., 1928). Tuvo amigos y detractores. Samuel Lillo (1947, p. 255) lo defendió luego de su fallecimiento: «Murió triste y casi abandonado en aquella Francia que tanto quiso y donde soñó que culminaría su carrera literaria». Ricardo Latcham (1931, p. 257) describía a Labarca como «amigo de lanzar frases venenosas, denunciadoras de un ingenio indiscutible». En sus memorias, *Volvería a ser marino*, Huerta Díaz (1988, p. 151) describe al cónsul como «todo un personaje; delgado y bajo, con excelente humor y lengua acerada, las damas de la colonia apetecían su compañía siempre amena...».

235. PAC, 1938, cit. en Tagle Domínguez (2002).

236. Ibid.

237. GM, Entrevista, «Gabriela Mistral en su huerto» de 1918. En Scarpa, *Desterrada*, tomo I, p. 27.

238. GM/EB, [*circa* septiembre, 1917], UND.

239. Benavente, «GM», en *Cambridge Companion*, p. 114.

240. Ibid, p. 115.

Capítulo 5. La directora en Punta Arenas

1. GM [1937-1938]. «Magallanes» (notas para su charla «Geografía humana de Chile»), AE0014512.

2. Barrientos (2019), p. 15.

3. GM/BC, Florencia, agosto de 1927, en Carrión (1956), p. 139.

4. GM [1937-1938]. «Magallanes» (notas para su charla «Geografía humana de Chile»), AE0014512.

5. Claudia Cabello Hutt (2017) analiza un epistolario que muestra la relación romántica y doméstica entre Rodig y Consuelo Lemetayer. La relación entre Rodig y Blanca Luz Brum parece haber sido política y sentimental a la vez: veáse Rodig a Brum [después de 1938], AE0026272. La Biblioteca Nacional indica que está fechada en 1930, pero eso sería imposible, ya que la carta se refiere a los hijos de Brum, Eduardo y María Eugenia, quien no nació sino en 1938.

6. Rodig a GM, 17 dic., 1950, AE00009005.

7. Rodig a GM, 15 sept., 1954, AE0009009, pp. 10, 14; sobre el episodio de la estatua, véase Horan (2020).

8. Rodig, «Discurso» [1960 o 1961], AE0001329.

9. Cabello (2018), p. 187, n. 2.

10. Preciado (2022), p. 405.

11. Preciado (2022), pp. 409-410.

12. «Este amor», 18 de abril, 1918, AE0001303, no fue «escrito en Punta Arenas» dado que Mistral no salió de Valparaíso hasta el mes de mayo: GM (1993), *En batalla*, Vargas Saavedra (ed.), p. 66. Llegó a Punta Arenas el 18 de mayo: Scarpa (1977), p. 119.

13. GM/PP, 1 de mayo, 1918, *En batalla*, p. 66.

14. E. Molina (2013), *Lo que ha sido*, p. 220.

15. GM (2008), *Almácigo*, p. 150.

16. Martinovic (2013), *Gabriela austral*, p. 22.

17. Scarpa (1977), *La desterrada*, t. 1, pp. 119.

18. GM, «La nieve», en Scarpa (1977), *La desterrada*. De este poema existen otras versiones. Una de ellas recogida en *Almácigo* (2008) como «A la noche».

19. Magda Sepúlveda (2018), p. 59.

20. Preciado (2022), p. 415.

21. Martinovic (2013), pp. 24, 27.

22. GM/PAC, 30 de junio, 1919, AE0001400.

23. Ibid.

24. GM/EB, 16 de noviembre, 19[19], que comienza «Hermano, no he recibido», UND.

25. GM/José Nuñez y Domínguez [mayo 1918]. En Scarpa (1977), *La desterrada*, I, pp. 185-186.

26. GM/EB, 29 de agosto, 19[18], que comienza «Hermanito, he enviado», UND.

27. LR/GM, 21 de mayo, 1951, AE0009006, p. 6.

28. «Seis años afronté con cierto éxito su clima», escribe Rodig a GM (dic. 1951, AE009007). Se refiere a los dos años ahí con Mistral y los cuatro que pasó sola, de por lo menos 1948 hasta 1951; véase Cortés Aliaga (2020), p. 15.

29. Scarpa (1977), *La desterrada*, I, p. 37.

30. Ibid., p. 94.

31. Carmen Palomino a Doris Dana, 17 feb., 1978, AE00011660.
32. Rodig [¿1954?], «Regresamos a Chile», AE0026275, p. 12.
33. Ibid., p. 15.
34. *El Mercurio* efectivamente dejó de publicar los artículos de Mistral después de septiembre de 1946 y hasta marzo de 1948 o más tarde: comprobantes son el reportaje consular 82/57, al Ministerio de RR.EE., 30 de septiembre, 1948 (paradero desconocido, antes catalogado como AE0000423); Arrigoitia (1989), pp. 386-386, correspondiente a 1946-1951; GM, cartas a Zacarías Gómez en GM (1992), *Antología mayor: Cartas.*
35. Laura Rodig [1954], «Regresamos a Chile», AE0026275, p. 12.
36. GM (1948), «La Antártida y el pueblo magallánico», AE0014350 (borrador, puño y letra de GM); AE0013098 (dos copias del manuscrito mecanografiado). Referimos al manuscrito mecanografiado, idéntico con la versión publicada, que Scarpa incluye en *GM anda por el mundo.*
37. Ibid., AE0013098, p. 1.
38. Ibid., p. 2.
39. Martinovic (2013), p. 143.
40. Scarpa (1977), *La desterrada*, I, pp. 176-177.
41. Ibid.
42. Ibid.
43. Rodig citada en Scarpa (1977), *La desterrada*, I, p. 177.
44. GM (1948), «La Antártida y el pueblo magallanico», AE0014350 (borrador a puño y letra de GM). La versión publicada dice «charla» en vez de «clasecilla».
45. Ibid.
46. Ibid.
47. GM, borrador de «La Antártida y el pueblo magallanico,» 1948. AE0014350, p. 11.
48. GM, AE0013098, publicada en GM (1978), *GM anda por el mundo*, Ed. Scarpa.
49. GM, «La Antártida», AE0014350 y AE0013098.
50. GM, «La Antártida», AE0013098, p. 3.
51. Ibid.
52. Martinovic (2013), p. 135.
53. Scarpa (1977), p. 115; Martinovic (2013), p. 56.
54. Scarpa (1977), p.126.
55. Martinovic (2013), p. 75.
56. Scarpa (1977), pp. 143-145.
57. Martinovic (2013), pp. 42; 81-86.
58. Rodig (múltiples fechas), «Gabriela», AE0026274.
59. Rodig (múltiples fechas), «Gabriela», AE0026274, pp. 16-17.
60. Rodig (múltiples fechas), «Gabriela», AE0026274, p. 9.
61. Vergara (1962), *Memorias,* p. 91.
62. Rodig (múltiples fechas), «Gabriela», AE0026274, p. 9.

63. Ibid.
64. Ibid.
65. Vergara (1962), *Memorias*, p. 115.
66. Scarpa (1977), p.103.
67. Martinovic (2013), p. 39.
68. Ibid., p. 43.
69. Scarpa (1977), p. 164.
70. GM/EB, 12 de abril, 1919: comienza «Hermanito, Perdone que».
71. GM/PAC, 30 de junio, 1919, AE0001400.
72. GM/EB, 12 de abril, 1919: comienza «Hermanito, Perdone que».
73. Scarpa (1977), *La desterrada*, I, p. 21.
74. Martinovic (2013), pp. 192-193.
75. Martinovic (2013), p. 29.
76. Joaquín Edwards Bello, cit. Scarpa, *La desterrada* (1977), p. 62.
77. GM/EB, 12 de abril, 1919, comienza «Hermanito, Perdone que».
78. Ibid.
79. Scarpa (1977), p. 124.
80. Torres Rioseco (1962), *GM*, p. 37.
81. Guillén (1966), «Gabriela Mistral 1922-1924». En *Lecturas para mujeres*.
82. GM, «De los sonetos de la muerte», *Nosotros* (Buenos Aires), oct. 1918.
83. Véase también «Balada» en GM/MMM, 22 de ago., 1921, *Manuel*, pp. 172-173.
84. Scarpa (1977), p. 259.
85. V. Maino Prado, en Lucía Santa Cruz *et al.* (1976), *Tres Ensayos*, p. 231.
86. Vergara (1962), *Memorias*, p. 164; Alone, «22 de oct., 1918» en *Diario íntimo* (2001), p. 75.
87. GM/MMM, Carta 50, 1918, *Manuel* (2003), p. 133.
88. Ibid., p. 135.
89. GM/JI, marzo 1925, cit. en *Antología mayor: cartas* (1992), p. 130.
90. GM (1920), «Escultura chilena: Laura Rodig».
91. Concha (1979), «GM: *Mi corazón*».
92. GM (1920), «Escultura chilena: Laura Rodig».
93. Scarpa (1977), p. 224.
94. GM/EB [enero-febrero 1919]. Comienza «Querido, recordado hermanito».
95. Ibid.
96. Martinovic (2013), p. 111.
97. GM/EB [enero-febrero 1919]. Comienza «Querido, recordado hermanito».
98. GM/Alone [*circa* junio 1917], AE0029945.
99. GM/EB [enero-febrero 1919], comienza «Querido, recordado hermanito».
100. GM/EB, 12 de abril [1919], comienza «Hermanito, Perdone que».
101. Ibid.
102. LR/GM, 21 de mayo, 1951, AE0009006, p. 12.

103. GM/EB, 12 de abril [1919], comienza «Hermanito, Perdone que».
104. Rodig (1958), «Presencia», pp. 285-286; LR, «Regresamos a Chile», AE0026275.
105. Délano (1979), «Recuerdos dispersos de GM», p. 84.
106. Teitelboim (1991), pp. 93, 100.
107. LR/GM, 21 de mayo, 1951, AE0009006.
108. LR/GM, 15 de septiembre, 1954, AE0009ll9.
109. GM/EB, 12 de abril, 1919.
110. Ibid.
111. Scarpa (1977), *La desterrada*, p. 207.
112. Martinovic (2013), p. 127.
113. Ibid.
114. GM/EMolina G, carta 51, julio-agosto, 1919.
115. Guerra y Zondek (2005), *El ojo atravesado*, p. 18.
116. GM/EB, 16 de noviembre, 1919.
117. Ibid.
118. GM/FAN, [1919], en GM, *Caminando se siembra*, (2013), p. 478.
119. Martinovic (2013), p. 124.
120. Rodig (1958), «Presencia».
121. *Mireya*, octubre, 1919.
122. Marof (1967), p. 124.
123. Ibid.
124. Dante Alighieri (1912). Pub. original 1294.
125. GM, «Autobiografía» [1946-1950]. Cuaderno 103, p. 29-49, AE0015262.
126. *Almácigo* (2008), p. 107.
127. Ibid., p. 97.
128. Ibid., p. 101.
129. Barcia (2010), «La prosa de GM», pp. lxxix.
130. Hidalgo (1919), p. 145.
131. Ibid., p. 146.
132. Ibid., pp. 145-147.
133. Heliodoro Valle (1924), cit. en *Moneda dura*, pp. 140-141.
134. GM/EB, 15 de enero, 1923.
135. GM (1922), *Desolación*.
136. GM/EB, 16 de noviembre, 1919.
137. Scarpa, *La desterrada* (1977), I, pp. 165-166; Martinovic (2013), pp. 152-153.
138. GM/EB, 16 de noviembre, 1919.
139. Ibid.
140. Ibid.
141. Ibid.
142. Ibid.
143. Ibid.

144. GM/FAN, [finales de 1919], en GM, *Caminando se siembra*, (2013), p. 478.
145. Rodig cit. en Scarpa (1977), p. 133.
146. GM cit. en Scarpa (1977), p. 133.
147. Scarpa (1977), p. 133; Martinovic (2013), p. 71.
148. LG/PAC, 1 de febrero, 1920, *AMC*, p. 72 .
149. Ibid.
150. Ibid.
151. Ibid.
152. LG/PAC, 25 de febrero, 1920, AE0001401.
153. GM/ANF, 18 de mayo, 1920, en *El ojo atravesado* (2005), Guerra y Zondek, p.18.
154. GM, «Geografía humana de Chile» (1938). Ofreció otras versiones del mismo discurso a lo largo de su gira de conferencias de 1937-1938: en São Paulo, Brasil, y extendiéndose al Uruguay, Buenos Aires, Lima, Guayaquil y La Habana.
155. Ibid.
156. Arrigoitia (1989), pp. 240-244.
157. Edwards Vives (1928), p. 202.
158. Ibid., p. 203.
159. Ibid., p. 223.
160. Cit. en Loveman (2001), p. 215.
161. Edwards Vives (1928), p. 223.
162. Craib (2017), cap. 2.
163. Collier y Sater (2004), p. 173.
164. Ibid., p. 177.
165. Martinovic (2013), p. 105.

CAPÍTULO 6. CAMARADA Y ACTIVISTA EN CAMPAÑA: TEMUCO Y SANTIAGO

1. Neruda (1974), *Confieso que he vivido*, p. 29.
2. González Vera (1951), *Cuando era muchacho*, p. 199.
3. Rodig [¿1953-1954?], «Regresamos», AE0026275, p. 13.
4. Peña Muñoz (2001), *Los cafés*, p. 163.
5. GM/PAC, 1 junio, 1920, AE0001402, donación de Laura Rodig y Doris Dana; la misma carta, sin embargo, aparece con otra numeración, AE0001326, con la proveniencia de «comprado por la DIBAM [196-]».
6. Censo de 1920, Chile, Temuco: visto en una exhibición en la Biblioteca Nacional de Chile.
7. GM/PAC, 1 de junio, 1920, AE0001326, donación de Laura Rodig y Doris Dana. Véase la nota 5.
8. Alarcón Arellano, 28 de ago., 1920, en *Recopilación* (2002), pp. 453-54.

9. Alone, «Diario de un caminante», *Zig-Zag*, 14 de enero, 1921, en *Moneda dura* (2005), pp. 130-134.
10. P. Miranda (2008).
11. H. Allende (1931), «La musique populaire chilienne». En Institut International de Cooperation Intellectuelle (Ed). *Art populaire: travaux artistiques et scientifiques du 1er Congrès International des Arts Populaires*, Tomo II. Henri Focillon, prólogo. París: Éditions Duchartre, pp. 118-123. La conferencia aconteció en Praga, 1928.
12. H. Allende (1945). Noticia biográfica. *Revista Musical Chilena*, 1 (5), pp. 5-7. Recuperado a partir de https://revistamusicalchilena.uchile.cl/index.php/R MCH/article/view/681, 4 julio de 2023.
13. GM (1932), «Música araucana», en *La Nación* (Buenos Aires), 17 de junio, 1932, p. 81: Alfonso Escudero (1957) lo publica en *Recados contando a Chile*, pp. 80-90. Seguimos a Figueroa *et al.* (2003), Miranda (2008), Morales (2011) y Rojo (2017), quienes destacan el tema de la transmisión oral y citan explícitamente la versión de Escudero, que es la más completa hasta esta fecha, a diferencia de la versión publicada por Scarpa (1979), que omite, sin explicación, dos páginas enteras.
14. Ibid., p. 81.
15. http://transparenciaactiva.dibam.cl/Documentos%20Otras%20Com pras%20y%20Adquisiciones/Resolucion%20894%20Trato%20Direc to%20Colec.%20Musica%20Mapuche%20MNHN.pdf, acceso 6 julio de 2023.
16. Miranda (2008), pp. 9-21.
17. Morales (2011), p. 206.
18. GM (1932), «Música araucana», p. 85.
19. Ibid.
20. GM, *Escritos políticos* (1995), Jaime Quezada (ed.), p. 75.
21. GM (1932), «Música araucana», *op. cit.*, p. 86.
22. Loveman (2001), p. 217; Craib (2017), *Santiago subversivo*, cap. 1.
23. Rodig (1958), «Presencia», p. 286.
24. Echeverría Yáñez (1996), *Agonía de una irreverente*.
25. Craib (2017), *Santiago subversivo*, p. 168.
26. Gómez Rojas (1913, 2020), p. 77.
27. M. Sepúlveda (2018), *Somos los andinos*, p. 32.
28. GM, «Poema del hijo».
29. Craib (2017), *Santiago subversivo*.
30. GM/PAC, 20 de sept., 1920, AE0001089.
31. Ibid.
32. Ibid.
33. González Vera (1946), «GM».
34. Loveman (2001), p. 195.
35. González Vera (1946), «GM».

36. Ibid.
37. Arrigoitia (1989), *Pensamiento*, pp. 55-56.
38. GM/MSM, 21 de julio, 1920, AE0001133.
39. GM/EL, 23 de oct., [1920], *Epistolario: cartas a E. Labarca* (1958), pp. 43-44, AE0001486.
40. Ibid.
41. GM, «Poemas de la madre», *La Mañana* de Temuco, 5 de dic., 1920, en *Recopilación* (2002), pp. 455-457.
42. Ibid.
43. GM/MMM, Carta 55 (SFL 25), 29 de dic., 1920, *Manuel* (2003), pp. 141-142; GM/MMM, Carta 56 (SFL 26), 4 de enero, 1921, *Manuel* (2003), pp. 143-145.
44. Neruda (1974), *Confieso...*, p. 305.
45. Ibid.
46. Ibid.
47. González Martínez (2002), *Prosa*, p. 207.
48. Ibid.
49. En GM/EB, 12 de abril, 1919 (UND), desde Punta Arenas, Mistral menciona su correspondencia con González Martínez; véase también GM, «Poetas mexicanos: María Enriqueta y su último libro», *El Mercurio*, 1 de abril, 1923; AE0014606.
50. MEC/RHV, Carta, 15 de junio, 1923. Archivo Rafael Heliodoro Valle, Biblioteca Nacional de México.
51. Carlos Pereyra, «Gabriela Mistral», *España* (Madrid), n. 277, 21 de ago., 1920, pp. 11-12; también en *El Mercurio* (Santiago), 26 de sept., 1920, p. 9.
52. «El Arte», *Desolación* (1922), p. 203.
53. Ibid.
54. Ibid.
55. K. Peña (2007), *Poetry and the Realm of the Public Intellectual*, p. 25.
56. Citado en Peña, ibid.
57. Yankelevich (1997), *Miradas australes*, pp. 136, 138-139.
58. Pita González, 2019, mayo, «América y Europa: un debate a la sombra de la Guerra». Presentado en la Latin American Studies Association, Boston, MA.
59. Blanco (1977), *Se llamaba Vasconcelos*, p. 89.
60. GM/MSM, 17 de sept., 1920, AE0001097.
61. GM/GE, oct. 1920, en Zaïtzeff (1993), «Cartas de GM a Genaro Estrada», p. 115.
62. G. Estrada (1919), «La nueva literatura chilena», *Revista de revistas*, 9 de feb., cit. en Zaïtzeff (1993), p. 116.
63. GM/FHC, nov. 1920, en J.J. Julia (1989), pp. 288-289.
64. «Valdés me acusó al Ministro de intervenir en política»: GM/PP, 2 de dic., 1920, en *En batalla de sencillez* (1989), p. 70; GM/MMM, 20 de enero, 1921, carta 57 (SFL 28), en *Manuel* (2003), pp. 146-147.

65. *El Mercurio*, 1 de enero, 1921, p. 5.
66. Alone, «Diario de un caminante», *Zig-Zag*, 14 de enero, 1921, en *Moneda dura* (2005), p.132.
67. Ibid.
68. Ibid., pp. 132-134.
69. Ibid., p. 133.
70. Ibid., pp. 133-134.
71. GM/MMM, Carta 51 (SFL 20), 19 de nov., 1920, *Manuel* (2003), p. 136.
72. Ibid., p. 137
73. Ibid., p. 139.
74. GM/MMM, Carta 52 (SFL 22), 14 de dic., 1920, *Manuel* (2003), p. 139.
75. GM/MMM, Cartas 53 y 54 (SFL 23 y 24), el 25 y 26-27 de dic., 1920, *Manuel* (2003), pp. 140-41.
76. GM/MMM, Carta 54 (SFL 24), 26-27 de dic., 1920, *Manuel* (2003), p. 141.
77. Carta 56 (SFL 26), 4 de enero, 1921, *Manuel* (2003), pp. 143-145.
78. Ibid., p. 145.
79. Ibid.
80. Ibid.
81. Ibid., p. 145.
82. Redondo Magallanes (2015), p. 51; *Manuel* (2003), p. 37.
83. GM/MMM, Carta 57 (SFL 28), 20 de enero, 1921, *Manuel* (2003), p. 146.
84. Ibid., p. 146.
85. Ibid., p. 147.
86. Teitelboim (1991), p. 124.
87. Molina (2013), *Lo que ha sido el vivir*, pp. 220-221.
88. Ibid.
89. Ibid.
90. Ibid.
91. En *Recopilación* (2002), p. 457.
92. GM/EMG, 7 de feb., 1921, en Costa Leiva (1983), *op. cit.*
93. GM/MMM, Carta 59 (PUC 1, 8), [-8 de feb.], 1921, *Manuel* (2003), pp. 152-153.
94. Ibid.
95. GM, «Oración a los obreros», *Recopilación* (2002), pp. 468.
96. GM, «Coplas del presidiario», AE0001161.
97. GM/VK, 18 de dic., 1935, *Preciadas cartas* (2019), pp. 225-228.
98. GM/EMG, Carta 9, 7 de feb., 1921, en Costa Leiva (1983), p. 30.
99. Ibid.
100. Ibid., pp. 29-30.
101. Ibid., p. 29.
102. Ibid., p. 30.

103. GM/FAN, Carta 4 [feb., 1921], *Caminando se siembra* (2013), p. 481.
104. GM (1920), «Escultura chilena: Laura Rodig», *Revista Zig-Zag*, 18 dic., 1920.
105. Rodig, cit. en Teitelboim (1991), p. 115. Aunque Teitelboim indica que Rodig le dijo que el viaje a Santiago salió de Punta Arenas, la carta a Félix Armando Núñez indica que Rodig salió de Temuco en febrero de 1920.
106. GM/FAN, Carta 7 [feb. 1921], *Caminando* (2013), pp. 487-488.
107. Rodig [¿1953-1954?], «Regresamos», AE0026275.
108. Molina (2013), *Lo que ha sido...*, pp. 220-221.
109. GM/FAN, Carta 7 [feb., 1921], *Caminando* (2013), p. 489.
110. Ibid.
111. Rodig [¿1953-1954?], «Gabriela», AE0026274, p. 10 (de 17).
112. GM/FAN [feb. 1921], *Caminando* (2013), p. 489.
113. Ibid.
114. Ibid.
115. Ibid., p. 490.
116. Ibid.
117. Rodig, [¿1951-1954?],«Gabriela», AE0026274, p. 17.
118. Ibid.
119. Neruda (1974), *Confieso...*, p. 29.
120. B. Reyes (1996), *Neruda: Retrato de familia*, p. 91.
121. González Vera (1946), «GM».
122. GM/Yépes Alvear, 14 de feb., 1921, AE0000373.
123. Neruda (1974), *Confieso...*, p. 18.
124. GM/MMM, Carta 58 (PUC 6 y 7), 8 de feb., [1921], *Manuel* (2003), p. 151.
125. GM/MMM, Carta 59 (PUC 1, 8), 8 de feb., [1921]), *Manuel* (2003), p. 154.
126. GM/MMM, Carta 60 (ND 8), 20 de feb. [1921], *Manuel* (2003), p. 155.
127. GM/MMM, Carta 61 (ND 7), 22 de feb. [1921], *Manuel* (2003), p. 155. Agradezco la ayuda de Germán Corey y Miguel Farías en hallar la callecita San Gabriel, ahora desaparecida, en los mapas antiguos de Santiago; Craib (2017) indica la residencia de los Aguirre Cerda en el mapa de Santiago centro en 1920.
128. GM/MMM, Carta 62 (SFL 29), 27 de feb., 1921, *Manuel* (2003), p. 156.
129. Ibid.
130. J.J. Julia (1989), p. 233.
131. F. García Oldini, «Carta abierta a GM», 4 de junio, 1921, *Claridad*, Santiago. En *Recopilación* (2002), p. 478.
132. GM/PAC, 9 de mar., 1921, AE0001111.
133. GM/PAC, [marzo, 1921], AE0001121.
134. PAC/GM, ibid.
135. K.A. Rosemblatt (2001), nota 6.
136. GM/MMM, Carta 63 (ND 9) [fines de marzo, comienzos de abril, 1921], *Manuel* (2003), p. 157.

137. GM/MMM, Carta 62 (SFL 29), 27 de feb., 1921, *Manuel* (2003), p. 156.
138. A. Redondo Magallanes (2015), p. 18.
139. GM/MMM, Carta 65 (SFL 307), 7 de abril, 1921, *Manuel* (2003), p. 158.
140. Ibid.
141. GM, «Manuel Magallanes Moure», 17 de abril, 1927, en J. Quezada y S. Fernández Larraín (1999), *Cartas de amor y desamor*, p. 149.
142. GM/MMM, Carta 3 (PUC, 2, 11), 2 de dic., 1914, *Manuel* (2003), pp. 50-51.
143. GM/MMM, Carta 67 (SFL 34), 19 de abril, 1921, *Manuel* (2003), p. 159.
144. GM/MMM, Carta 68 (SFL 31), 13 de abril, 1921, *Manuel* (2003), p. 161.
145. Ibid.
146. GM/MMM, Carta 67 (SFL 34), 19 de abril, 1921, *Manuel* (2003), p. 159.
147. Ibid, pp. 159-160.
148. Ibid., p. 160.
149. Ibid.
150. Ibid.
151. Vargas Saavedra (2003), *Manuel*, p. 15.
152. GM/MMM, Carta 70 (SFL 26), 3 de mayo, 1921, *Manuel* (2003), p. 163.
153. *En batalla* (1993), p. 63, y MMM/PP, 11 de mayo, 1921, en el Archivo Pedro Prado, PUC.
154. *Recopilación* (2002), p. 471; *Manuel* (2003), p. 165.
155. «La Dirección...», *El Mercurio*, 23 de mayo, 1921, p. 14.
156. Smith, Carta al editor de *El Mercurio*, 12 de junio, 1921.
157. GM/Carlos Silva Cruz, 30 de mayo, 1921, AE0001466.
158. GM/FAN, Carta 8, [segundo semestre, 1921], *Caminando* (2013), p. 492.
159. GM/EB, comienza «Hermanito el muy recordado», 31 de dic., 1922 (UND).
160. Teitelboim (1991), p. 131.
161. GM/EB, comienza «Hermanito le escribo cerca del Pacífico», 5 de abril, 1923 (UND).
162. GM/RT, Nápoles, 1952, en *Vuestra Gabriela* (1995), pp. 175-177.
163. GM/FHC, 15 de julio, 1921, en J. J. Julia (1989), pp. 290-91.
164. Yankelevich (1997), p. 139.
165. Cosío Villegas (1976), *Memorias*, p. 49.
166. Ibid.
167. GM/MMM, Carta 71 (SFL 33), 17 de mayo, 1921, *Manuel* (2003), p. 163.
168. GM/MMM, Carta 74 (SFL 37), [entre junio-sept. de 1921], *Manuel* (2003), p. 170.
169. Ibid.
170. GM/MMM, Carta 75 (ND 6), 4 de julio, 1921, *Manuel* (2003), p. 171.
171. GM/MMM, Carta 76 (SFL 38), 22 de ago., 1921, *Manuel* (2003), p. 172.
172. GM cit. en Yankelevich (1997), p. 140.

173. Mistral, «La misión de Antonio Caso», *México Moderno* 2:1 (1º de agosto 1922), pp. 3-4.

174. Vasconcelos (1938), *El desastre*, p. 117.

175. Vasconcelos, cit. Blanco (1977), p. 104.

176. Blanco (1977), p. 84.

177. Cit. en Blanco (1977), p. 83.

178. Blanco (1977), p. 85.

179. Fell (1989), *José Vasconcelos: Los años del águila*, pp. 67-76; 106, 193.

180. GM, cit. en Blanco (1977), p. 107.

181. JV, cit. en Blanco (1977), p. 97.

182. Blanco (1977), p. 107.

183. Concha (1987), *GM*, p. 23.

184. Scarpa (1976), *Una mujer*, p. 26.

185. Concha (1987), *GM*, pp. 21-23.

186. GM, «Un momento de charla con GM», *El Diario Ilustrado*, 22 de junio, 1922, en *Moneda dura* (2005), p. 135.

187. Grínor Rojo (1997), *Dirán que está en la gloria: Mistral*, p. 95.

188. González Vera (1946), *GM*.

189. Haya de la Torre a GM, Carta 1951, AE0007788, refiere a la visita en 1922; véase también García-Bryce (2018), cap. 1.

190. GM a «Compañero y amigo» [probablemente Félix Armando Núñez, nov.-dic.], 1921. Fechada por referencias a la visita de Petronila, que va a ocurrir el 20 de diciembre. En octubre de 2004, esta carta fue incorporada al Archivo del Escritor, Caja 8, con el título «Santiago, en ruta a San Alfonso f.f.c.c. al volcán». No he podido averiguar si está catalogada y/o digitalizada en el sistema actual.

191. Petronila Alcayaga, carta a Emelina Molina, después del 20 de dic., 1921, AE0022929.

192. Véase Faúndez Morán (2014).

193. GM/EB, 15 de junio, [1922], (UND).

194. Gabriela Mistral, Álbum de recortes, de 18 páginas, con trozos de artículos impresos y corregidos de puño y letra de la poeta, y cartas de admiradoras, la mayoría fechadas entre febrero y abril de 1922. No catalogado. Visto en el Archivo del Escritor, Biblioteca Nacional de Chile, en octubre de 2004.

195. GM/MMM, carta 73 (4 de junio, 1921), *Manuel* (2003), p. 166.

196. «Bailes clásicos», *El Mercurio*, 6 de junio, 1922.

197. Mistral más tarde se refiere a Zoila Godoy, tía de GM y hermana de caridad, en GM, «A un sanatorio-liceo en California» (Duarte, California, 7 julio de 1947), en GM (1992), *Antología mayor: cartas*, p. 434; también véase Oriel Álvarez Gómez (s.f., ¿1980?), *Jerónimo Godoy V., padre de Gabriela Mistral*.

198. GM, «Canciones de Solveig», *Desolación*.

199. GM/EB, «Mi querido hermanito: Esta noche», 11 de sept, 1922, UND.

Obras citadas

I. Libros

Alegría, Fernando (1966). *Genio y figura de Gabriela Mistral.* Buenos Aires: Universitaria.

Alighieri, Dante (1912). *La vida nueva,* edición ilustrada; trad. Luis C. Viada y Lluch. Barcelona: Montaner y Simón.

Alone [seudónimo de Hernán Díaz Arrieta] (1915). *La sombra inquieta; fragmentos del diario íntimo de Alone.* Santiago: Impr. New York.

—— (1946). *Gabriela Mistral.* Santiago: Nascimento.

—— (1963). *Los cuatro grandes de la literatura chilena: Augusto D'Halmar, Pablo Neruda, Gabriela Mistral y Pedro Prado.* Santiago: Zig-Zag.

—— (1976). *Pretérito imperfecto: memorias de un crítico literario.* Santiago: Nascimento.

—— (2001). *Diario íntimo, 1917* (Fernando Bravo Valdivieso, ed.). Santiago: Zig-Zag.

Álvarez, Concha (1962). *Así pasó mi vida.* México: Porrúa.

Amaro Castro, Lorena (2018). *La pose autobiográfica, ensayos sobre la narrativa chilena.* Santiago: Universidad Alberto Hurtado.

Arrigoitia, Luis de (1989). *Pensamiento y forma en la prosa de Gabriela Mistral.* 1ª ed. Río Piedras, P.R.: Universidad de Puerto Rico.

Asta-Buruaga y Cienfuegos, Francisco Solano (1899). *Diccionario geográfico de la República de Chile.* 2ª ed. Santiago de Chile (editorial no identificada).

Bahamonde S., Mario (1980). *Gabriela Mistral en Antofagasta: Años de forja y valentía.* Santiago: Nascimento.

Barr-Melej, Patrick (2000). *Reforming Chile: Cultural politics, nationalism and the rise of the middle class.* Durham: University of North Carolina.

Barrios, Eduardo (1915). *El niño que enloqueció de amor.* Santiago: Heraclio Fernández Impresor.

Belmas, Antonio Oliver (1968). *Este otro Rubén Darío.* Madrid: Aguilar.

Blanco, José Joaquín (1977). *Se llamaba Vasconcelos: una evocación crítica.* México: Fondo de Cultura Económica.

Bolaño, Roberto (2016). *Los detectives salvajes.* Santiago: Alfaguara.

Bravo Villasante, Carmen (1989). *Ensayos de Literatura Infantil.* Universidad de Murcia, España.

Brown, Peter (2014). *The Cult of the Saints: Its Rise and Function in Latin Christianity.* Chicago: University of Chicago.

Cabello Hutt, Claudia (2018). *Artesana de sí misma: Gabriela Mistral, una intelectual en cuerpo y palabra.* West Lafayette: Purdue.

Campbell, Bruce F. (1980). *Ancient Wisdom Revived: A History of the Theosophical Movement.* Berkeley: University of California.

Carrión, Benjamín (1956). *Santa Gabriela Mistral.* Quito: Editorial Casa de la Cultura Ecuatoriana.

El censo de la población de la República de Chile levantado el 15 de diciembre de 1920 (1925). Santiago: Universo.

Chaves, José Ricardo (2005). *Andróginos. Eros y ocultismo en la literatura romántica.* México: UNAM.

Coletta, Michela (2018). *Decadent Modernity: Civilization and «latinidad» in Spanish America, 1880-1920.* Liverpool University Press.

Collier, Simon & William Sater (2004). *A History of Chile 1808-1994.* Cambridge: Cambridge University.

Concha, Jaime (1987). *Gabriela Mistral.* Madrid: Júcar.

Conde, Carmen (1970). *Gabriela Mistral.* Madrid: E.P.E.S.A.

Contardo, Óscar (2012). *Raro: una historia gay de Chile.* Santiago: Planeta.

Cosío Villegas, Daniel (1976). *Memorias.* México: Joaquín Mortiz.

Craib, Raymond (2017). *Santiago subversivo 1920: Anarquistas, universitarios y la muerte de José Domingo Gómez Rojas.* (Pablo Abufom Silva, trad.). Santiago: LOM.

Crow, Jo (2022). *Itinerant ideas: Race, Indigeneity and Cross-Border Intellectual Encounters in Latin America (1900-1950).* Suiza: Palgrave MacMillan/Springer Nature.

Crow, Joanna (2013). *The Mapuche in Modern Chile.* Gainesville: University Press of Florida.

Der Derian, James (1987). *On Diplomacy: a Genealogy of Western Estrangement.* London: Blackwell.

Echeverría Yáñez, Mónica (1996). *Agonía de una irreverente.* Santiago: Sudamericana.

Edwards, Jorge (2006). *La otra casa. Ensayos sobre escritores chilenos.* Santiago: Ediciones Universidad Diego Portales.

Edwards Bello, Joaquín (2010). *Cartas de ida y vuelta* (Salvador Benadava C., ed.). Santiago: Ediciones Universidad Diego Portales.

Edwards Vives, Alberto (1928). *La fronda aristócrata en Chile.* Santiago: Imprenta Nacional.

Fell, Claude (1989). *José Vasconcelos: Los años del águila, 1920-1925: Educación, cultura e iberoamericanismo en el México postrevolucionario.* México: UNAM.

Fernández Latapiat, Ariel (2005). *Gabriela Mistral, Los Andes y mis padres, 1912-1918.* Santiago: Tamarugal.

Ferrocarril del Estado, Empresa (1915). *Itinerario de los trenes entre Santiago y Valparaíso y ramales: rige desde el 4 de abril de 1915.* Santiago.

Figueroa, Virgilio (1933). *La Divina Gabriela.* Santiago: El Esfuerzo.

Figueroa, Lorena; Silva, Keiko; Vargas, Patricia (2000). *Tierra, indio, mujer: pensamiento social de Gabriela Mistral.* Santiago: LOM.

Fiol-Matta, Licia (2001). *A Queer Mother for the Nation: The State and Gabriela Mistral.* Minneapolis: University of Minnesota Press.

Fojas, Camila (2005). *Cosmopolitanism in the Americas.* West Lafayette: Purdue University.

Frazier, Lessie Jo (2007). *Salt in the Sand: Memory, Violence and the Nation-State in Chile, 1890 to the present.* Durham, N.C.: Duke University Press.

García-Bryce, Iñigo L. (2018). *Haya de la Torre and the Pursuit of Power in twentieth-century Peru and Latin America.* Chapel Hill: University of North Carolina.

Gazarian-Gautier, Marie-Lise (1975). *Gabriela Mistral, the teacher from the Valley of Elqui.* Chicago: Franciscan World Herald.

Giaudrone, Carla (2005). *La degeneración del 900: Modelos estéticos-culturales en el Uruguay del Novecientos.* Montevideo: Trilce.

González Le Saux, Marianne (2011). *De empresarios a empleados: Clase media y Estado Docente en Chile, 1810-1920.* Santiago: LOM.

González Martínez, Enrique (2002). *Obras de Enrique González Martínez, Prosa I, El Hombre del búho, La apacible locura, Epistolario.* México: Colegio Nacional.

Gómez Rojas, José Domingo (2020). *Rebeldías líricas.* Santiago: Universidad Diego Portales. (Publicación original: 1913).

González Vera, José Santos (1951). *Cuando era muchacho.* Santiago: Nascimento.

—— (1959). *Algunos.* Santiago: Nascimento.

González Videla, Gabriel (1975). *Memorias.* Santiago: Editora Nacional Gabriela Mistral.

Hagius, Hugh & Marta Pesce de Bargellini (2009). *Alberto Nin Frías. Vida y Obras.* Nueva York: Bibliogay.

Halberstam, J. Jack (2011). *Queer Art of Failure,* Durham: Duke University.

—— (2005). *In a Queer Time and Place: Transgender Bodies, Subcultural Lives,* Nueva York: NYU Press.

Herrera Vega, Héctor Hernán (1995). *Gabriela Mistral, Vicuña y su gente (1934-1945).* Vicuña: Del Norte.

Huerta Díaz, Ismael (1988). *Volvería a ser marino,* tomo 1. Santiago: Andrés Bello.

Ilanes Adaro, Graciela (1971). *Gabriela Mistral y el Valle de Elqui.* Lugar no indicado: J. Almendros.

Iglesias Palau, Augusto (1949). *Gabriela Mistral y el modernismo en Chile: ensayo de crítica subjetiva.* Santiago: Universitaria.

Iribarren Avilés, Rodrigo (2012). *Agua Negra: Historias de un camino.* La Serena: Editorial del Norte.

Jaramillo Zuluaga, J. Eduardo (1994). *El deseo y el decoro.* Bogotá: Tercer Mundo.

Julia, Julio Jaime (1989). *Gabriela Mistral y Santo Domingo.* Santo Domingo: Centro de Investigación para la Acción Femenina.

Kirkpatrick, Gwen (1989). *The Dissonant Legacy of Modernismo: Lugones, Herrera y Reissig and the Voices of Modern Spanish American Poetry.* Berkeley: University of California.

Ladrón de Guevara, Matilde (1957). *Gabriela Mistral: rebelde magnífica.* [s.n.].

445

Lafleur, Héctor; Provenzano, Sergio; Alonso, Fernando (1962). *Revistas literarias argentinas (1830-1960)*. Buenos Aires: Ediciones Culturales Argentinas.

Lanser, Susan S. (2014). *The Sexuality of History: Modernity and the Sapphic 1565-1830*. Chicago: University of Chicago.

League of Nations (1925). *Reports of International Arbitration Awards: Tacna-Arica Question (Chile-Perú)*, 2, pp. 921-958. http://legal. un.org/riaa/cases/vol_II/921-958.pdf

Lillo, Samuel (1947). *Espejo del pasado*. Santiago: Nascimento.

Loveman, Brian (2001). *Chile: The Legacy of Hispanic Capitalism*. 3ª ed. NY; Oxford: Oxford University Press.

Magallanes Moure, Manuel (1910). *La Jornada*. Santiago: La Ilustración, http://www.memoriachilena.gob.cl/archivos2/pdfs/MC0036835.pdf.

Maino Prado, Valeria; Elizalde Prado, Jorge; Ibáñez Santa María, Adolfo (1976). *Los Diez en el arte chileno del siglo xx*. Santiago: Universitaria.

Manzano Concha, Rolando (2015). *Gabriela en Coquimbo*. Editorial Universidad de La Serena.

Marañón, Gregorio (1926). *Tres ensayos sobre la vida sexual*. 1ª ed. Madrid: Biblioteca Nueva. https://babel.hathitrust.org/cgi/pt?id=uc1.$ b194023&view=1up&seq=5

Marof, Tristán (1967). *La novela de un hombre: Memorias*. Editorial del Estado: La Paz.

Masiello, Francine (1992). *Between Civilization and Barbarism: Women, Nation and Literary Culture in Modern Argentina*. University of Nebraska Press.

Martinovic Andrade, Dusan (2013). *Gabriela Austral, su vida en la Patagonia chilena. Revisión histórica (1918-1920)*. Fondo Nacional del Desarrollo Regional de Magallanes y la Antártida Chilena.

Molina Garmendia, Enrique (2013). *Lo que ha sido el vivir: Recuerdos y reflexiones*. Ed. Mario Rodríguez Fernández. Editorial Universidad de Concepción.

Molina Núñez, Julio; Araya, Juan Agustín (1917). *Selva Lírica: Estudios sobre los poetas chilenos*. Santiago: Sociedad Imp. y Lit. Universo. En Memoria Chilena: http://www.memoriachilena.cl/602/w3-article-3705.html

Montiel Rayo, Francisca (ed.) (2020). *De mujer a mujer, cartas desde el exilio a Gabriela Mistral*. Madrid: Fundación Banco Santander.

Morales T., Leonidas (2003). *Cartas de amor y sujeto femenino en Chile: siglos XIX y XX*. Santiago: Cuarto Propio.

—— (2014). *Diario íntimo en Chile*. Santiago: RIL Editores.

Muñoz González, Luis; Oelker Link, Dieter (1993). *Diccionario de movimientos y grupos literarios chilenos*. Concepción: Universidad de Concepción.

Museo Nacional de Bellas Artes (2020). *Laura Rodig: lo que el alma hace al cuerpo, el artista hace al pueblo [catálogo]*. Santiago de Chile: Museo Nacional de Bellas Artes, 2020 ([Chile]: Andros impresores). Con artículos de Gloria Cortés Aliaga, Elizabeth Horan, Claudia Cabello Hutt, Jocelyn Valdebenito y Francisca Marticorena.

Neruda, Pablo (1974). *Confieso que he vivido: memorias* (2ª ed.). Buenos Aires: Losada.

Nin Frías, Alberto (1910). *El árbol*. Valencia: Sempere. http://bdh-rd. bne.es/viewer.vm?id=0000144742&page=1

—— (1911). *Marcos, amador de la belleza, o la casa de los sueños: novela de un discípulo de Platón durante el Renacimiento (el libro del alma hermosa)*. Valencia: Sempere.

—— (1910-1913). *Sordello Andrea, sus ideas y sentires (novela de la vida interior)*. Valencia: Sempere. http://catalog.hathitrust.org/api/volu mes/oclc/5093651.html

—— (1932-1933). *El culto del árbol*. Buenos Aires: Claridad, Lectura Libre.

Ní Shíocháin, Tríona (2017). *Singing Ideas: Performance, Politics and Oral Poetry*. Nueva York, Oxford: Berghahn.

Núñez P., Iván (1986). *Gremios del magisterio. 70 años*. Santiago: Programa interdisciplinario de estudios de educación. http://piie.cl/biblio teca/publicaciones/libros/L1986-034.pdf

Olea, Raquel (2009). *Como traje de fiesta: loca razón en la poesía de Gabriela Mistral*. Santiago: USACH.

Palacios, Nicolas (1904). *La raza chilena. Libro escrito por un chileno y para los chilenos*. Valparaíso: Alemana.

Papen, Gerardo (1989). *Una campesina llamada Lucila de María*. Santiago: Instituto Nacional del Pastoral Rural.

Peña, Karen (2007) [ver también: Benavente, Karen]. *Poetry and the Realm of the Public Intellectual: The Alternative Destinies of Gabriela Mistral, Cecilia Meireles and Rosario Castellanos*. Oxford: Legenda/ Routledge.

Peña Muñoz, Manuel (2001). *Los cafés literarios en Chile*. Santiago: RIL.

—— (2009). *Historia de la literatura infantil en Chile*. Santiago: Andrés Bello.

Peralta Espinosa, Victoria (2012). *El pensar y sentir de GM sobre la educación de la primera infancia, sus educadores e instituciones*. Santiago: Universidad Central.

Pinilla, Norberto (1946). *Biografía de Gabriela Mistral*. Santiago: Editorial Tegualda.

Preciado, Paul B. (2019). *Un apartamento en Urano. Crónicas del cruce*. Barcelona: Anagrama.

—— (2022). *Disphoria mundi*. Barcelona: Anagrama.

Redondo Magallanes, Amalia (2015). *Magallanes Moure: Cartas a su hija Mireya, 1917-1921*. Santiago: RIL.

Redondo Magallanes, Mireya (1999). *De mis días tristes (Manuel Magallanes Moure)*. Santiago: Biblioteca Nacional de Chile.

Reyes, Alfonso y Estrada, Genaro (1993). *Con leal franqueza. Correspondencia entre Alfonso Reyes y Genaro Estrada*. Serge I. Zaïtzeff (ed.), tomo I (1916-1927). México: El Colegio Nacional, 1992.

Reyes, Bernardo (1996). *Neruda: Retrato de familia, 1904-1920*. San Juan: Universidad de Puerto Rico.

Rojo, Grínor (1997). *Dirán que está en la gloria...: Mistral*. Santiago: Fondo de Cultura Económica.

Safo (2004). *Poemas y testimonios*, traducción de Aurora Luque. Barcelona: Acantilado.

Salazar, Gustavo (ed.) (2007). *Cartas de Benjamín Carrión*. Quito: Centro Cultural Benjamín Carrión.

Salessi, Jorge (1995). *Médicos maleantes y maricas: higiene, criminología y homosexualidad en la construcción de la nación argentina (Buenos Aires, 1871-1914)*. Buenos Aires: Beatriz Viterbo.

Samatán, Marta Elena (1969). *Gabriela Mistral, campesina del Valle de Elqui*. Buenos Aires: Instituto Amigos del Libro Argentino.

Santa Cruz, Lucía; Pereira, Teresa; Zegers, Isabel & Maino, Valeria (1978). *Tres ensayos sobre la mujer chilena, siglos XVIII-XIX-XX* (1ª ed.). Santiago: Universitaria.

Santelices, Isauro (1972). *Mi encuentro con Gabriela Mistral, 1912-1957*. Santiago: Editorial del Pacífico.

Santiván, Fernando (1958, 2016). *Confesiones de Santiván: Recuerdos literarios*. Valdivia: Universidad Austral de Chile.

—— (1955). *Memorias de un Tolstoyano*. Santiago: Zig-Zag

Scarpa, Roque Esteban (1976). *Una mujer nada de tonta*. Andrés Bello.

—— (1977). *La desterrada en su patria: Gabriela Mistral en Magallanes, 1918-1920*. Tomo 1. Santiago: Editorial Nascimento.

Schidlowsky, David (2008). *Neruda y su tiempo, 1904-1949*. Santiago: RIL Editores.

Sepúlveda, Elías (1989). *La niña del Valle de Elqui*. La Serena: Círculo de Lectores.

Sepúlveda, Magda (2018). *Somos los andinos que fuimos*. Santiago: Cuarto Propio.

Serrano, Sol (2018). *El liceo: relato, memoria, política*. Santiago: Taurus.

Sin editor identificado (atribuido a Munizaga Ossandón, Julio). *El libro de los Juegos Florales* (1915). Facsimilar. Memoria Chilena MC0003265.

Soto Ayala, Carlos (1908). *Literatura coquimbana*. Santiago: Imprenta Francia.

Spínola, Magdalena (1968). *Gabriela Mistral: Huéspeda de honor de su patria*. Guatemala: Tipografía nacional.

Subercaseaux, Bernardo (2007). Literatura, nación y nacionalismo. *Revista chilena de literatura*, 70, 5-37. https://doi.org/10.4067/s0718-22952007000100001

Teitelboim, Volodia (1991). *Gabriela Mistral pública y secreta: truenos y silencios en la vida del primer Nobel latinoamericano*. Santiago: BAT.

Torres Rioseco, Arturo (1962). *Gabriela Mistral: una profunda amistad, un dulce recuerdo*. Valencia: Castalia.

Valis, Noël (2015). *La cultura de la cursilería*. Tr. Olga Pardo Torío. Madrid: Editorial Antonio Machado.

Varela Ramírez, José Segundo (1921). *Reseña histórica del Valle de Elqui*. La Serena: Moderna.

Vasconcelos, José (1938). *El desastre, tercera parte de Ulises criollo, continuación de La tormenta* (5ª ed.). Ediciones Botas.

Vargas Vila, José María; González Espitia, J.C. (2015). *La cosecha del sembrador: en los Jardines de Lesbos*. North Carolina: Editorial Panamericana.

Vergara, Marta (1962). *Memorias de una mujer irreverente*. Santiago: Zig-Zag.

—— (1974). *Memorias de una mujer irreverente*. 1a ed. Santiago: Editorial G. Mistral.

—— y Vicuña, Manuel (ed.) (2013). *Memorias de una mujer irreverente*. Santiago: Catalonia.

Vicuña Urrutia, Manuel (2006). *Voces de ultratumba: historia del espiritismo en Chile*. Santiago: Taurus.

Williams, Raymond (1982). *The Sociology of Culture* (1st American ed.). Nueva York: Schocken Books.

Yankelevich, Pablo (1997). *Miradas australes: propaganda, cabildeo y proyección de la Revolución mexicana en el Río de la Plata, 1910-1930*. México: Instituto Nacional de Estudios Históricos de la Revolución Mexicana.

II. Artículos

A. Artículos en revistas y periódicos y folletos

Alarcón Arellano, Ema (1920, agosto 28). «Con Gabriela Mistral». *La Mañana*, Temuco. En P.P. Zegers (ed.), *Recopilación de la obra mistraliana 1902-1922*, pp. 353-354.

Allende, Humberto (1931). «La musique populaire chilienne. Presentación de conferencia en Praga, 1928». En Institut International de Coopération Intellectuelle (ed.). *Art populaire: travaux artistiques et scientifiques du 1er Congrès International des Arts Populaires, Tomo II*. Henri Focillon, prólogo. París: Éditions Duchartre, pp. 118-123.

—— (1945). «Noticia biográfica», *Revista Musical Chilena*, 1 (5), pp. 5-7. En https://revistamusicalchilena.uchile.cl/index.php/RMCH/article/view/681, 4 julio de 2023.

Alone (1919, enero 22). «Diario de un caminante», *Zig-Zag* 16 (831) 21. En C. García-Huidobro, *Moneda Dura*, pp. 130-134.

Alperi, Víctor (2001). «Con César González-Ruano: Conversación y Evocación», *Anales de la Literatura Española Contemporánea* 26 (2), 595-618. www.jstor.org/stable/27742062.

Álvarez Gómez, Oriel (1980). «Jerónimo Godoy V, padre de Gabriela Mistral». Folleto, sin impresor indicado.

Anónimo. «Un momento de charla con Gabriela Mistral». *El Diario Ilustrado* (Santiago), 1922, junio 22. En C. García Huidobro, *Moneda dura*, pp. 44-45.

Anónimo. «Bailes clásicos». (1922, junio 6), *El Mercurio*, p. 5.

Barrientos Bradasic, Óscar. «Gabriela Mistral en el país de los chilenos olvidados». En *Bajo la lupa*, Subdirección de Investigación, Servicio Nacional del Patrimonio Cultural.

Cabello Hutt, Claudia (2017). «Redes *queer*: Escritoras, artistas y mecenas en la primera mitad del siglo xx», *Cuadernos de literatura (Bogotá)*, 21 (42), 145-160. https://doi.org/10.11144/Javeriana.cl21-42.rqea

Concha, Jaime (1979). «Gabriela Mistral: Mi corazón es un cincel profundo», *Araucaria de Chile* 8, 96-106. http://www.memoriachilena. gob.cl/archivos2/pdfs/MC0005460.pdf

Cortés Aliaga, Gloria (2013). «Estéticas de Resistencia. Las artistas chilenas y la vanguardia femenina (1900-1936)», *Artelogie* 5 (Oct). http:// cral.in2p3.fr/artelogie/spip.php?article261

——— (2020) (ed.). «La que el alma hace al cuerpo, el artista hace al pueblo». Catálogo de la obra de Laura Rodig en el Museo Nacional de Bellas Artes. https://www.mnba.gob.cl/sites/www.mnba.gob.cl/files/ images/articles-95304_archivo_01.pdf

Costa Leiva, Miguel Da (1983). «Gabriela Mistral: correspondencia inédita con Enrique Molina Garmendia», *Cuadernos Hispanoamericanos* 402, 4-44. https://www.cervantesvirtual.com/nd/ark:/59851/ bmc1144914

Délano, Luis Enrique (1979). «Recuerdos dispersos de Gabriela Mistral», *Araucaria de Chile* 8, 83-88. http://www.memoriachilena.gob.cl/archivos2/pdfs/MC0005460.pdf

Der Derian, James (1987). «Mediating estrangement: A theory for diplomacy», *Review of International Studies*, 13 (2), 91-110. http://www. jstor.org/stable/20097106

Devés-Valdés, Eduardo (2000). «El pensamiento indigenista en América Latina 1915-1930», en http://www.archivochile.com/Ideas_Autores/ devese/devese0006.pdf

——— (1999). «La red de los pensadores latinoamericanos de los años 1920: Relaciones y polémicas de Gabriela Mistral, Vasconcelos, Palacios, Ingenieros, Mariátegui, Haya de la Torre, *Repertorio Americano* y otros más», *Boletín americanista* 49, pp. 67-79. https://raco.cat/index.php/BoletinAmericanista/article/view/98812.

«Día a día» (1921, enero 1°), *El Mercurio*, p. 5.

Dumont, Juliette & Frank, R. (2019). «*Diplomaties culturelles et fabrique des identités: Argentine, Brésil, Chili (1919-1946)»*, Presses Universitaires de Rennes. https://doi.org/10.4000/books.pur.137792

Duval, Juan (1917, abril 05). «Literatura femenina», *Sucesos* 758, p. 53. http://www.bibliotecanacionaldigital.gob.cl/visor/BND:124279

Echeverría Larraín, Inés (Carta a GM, 21 junio 1922). «De Iris», en *Mistral* (2002), *Recopilación de la obra mistraliana*. Santiago: RIL.

Edwards, Jorge (2006, nov. 26). «Los hombres de Gabriela Mistral», *El Mercurio. Revista de Libros,* E14-E15. Biblioteca Nacional de Chile: RCO221602.

Emeth, Omer (1915, oct. 18). «El movimiento literario: Crónica bibliográfica semanal. Reseña del *Libro de los Juegos Florales*», *El Mercurio*, p. 3.

Faúndez Morán, Pablo (2014). *Fragmentos* de Kerez-i-Roshan, o la inutilidad de los artistas profesionales», *Anales de Literatura Chilena* 15 (22), 45-62. http://login.ezproxy1.lib.asu.edu/login?url=https://www.proquest.com/scholarly-journals/fragmentos-de-karez-i-roshan-o-la-inutilidad/docview/1703937682/se-2

Fiol-Matta, Licia (2014). «A *Queer* Mother for the nation, redux: Gabriela Mistral in the 21st Century«, *Radical History Review* 14: (120), 35-51, https://doi.org/10.1215/01636545-2703715

García Games, Julia (1944). «El Modernismo en Chile: Antonio Bórquez Solar», *Revista Hispánica Moderna* 10, 1 & 2, 28-34. https://www.jstor.org/stable/30201582

García Pérez, Guillermo (2012). *«El culto al árbol* y otras aportaciones hispanas pioneras de Alberto Nin», *Boletín de la Sociedad Ateneísta de Aire Libre* 44, 12-21.

Garrido Donoso, Lorena (2014). «Género epistolar y hermandad artística en la poesía de mujeres de la primera mitad del siglo xx», *Literatura y lingüística*, (29), 10-15. https://dx.doi.org/10.4067/S0716-58112014000100002

Gómez de la Serna, Ramón (1934). «Ensayo sobre lo cursi», *Cruz y Raya* (España) 16, 9-38.

González Vera, José Santos (1946). «Gabriela Mistral», *Revista Babel* 7:31, http://www.letras.s5.com/gm161004.html

Grandón, Olga (2009). «Gabriela Mistral: Identidades sexuales, etno-raciales y utópicas«, *Anales De Literatura Chilena* (12), 149-158.

Helfant, Ana (1972). «El Caso Rodig: demasiado típico», *Ercilla* n° 1948, pp. 41-44.

Hidalgo, Alberto (1919). «Sobre Gabriela Mistral», *El Imparcial de Texas,* 28 de Agosto. Publicación original en Hidalgo, *Jardín Zoológico,* Tipografía Quiroz Perea, Arequipa, Perú, 1919.

Horan, Elizabeth (1997). «Santa Maestra Muerta: Body and Nation in Portraits of Gabriela Mistral», *Taller de Letras* 25: 21-43.

—— (2020). «Musa y recadera: Laura Rodig y Gabriela Mistral», en *Lo que el alma hace al cuerpo, el artista hace al pueblo*. Gloria Cortés Aliaga, Ed. Museo Nacional de Bellas Artes, Santiago de Chile, pp. 39-51. https://www.mnba.gob.cl/sites/www.mnba.gob.cl/files/images/articles-95304_archivo_01.pdf

Hurtado, María de la Luz (2008). «La performance de los juegos florales de 1914 y la inadecuada presencia de Gabriela Mistral en ellos», *Revista Chilena de Literatura* 72, 163-191. https://doi.org/10.4067/S0718-22952008000100008

Inostroza, Jorge (1954, sept. 7 oct.). «96 Horas con GM», *Vea*. En C. García Huidobro, *Moneda dura*, 279-288.

Latcham, Ricardo A. (1931). «Diagnóstico de la Nueva Poesía Chilena», *Sur* 4 (I), 138-215.

Leal, Luis (1970). «Situación de Amado Nervo», *Revista Iberoamericana* 36 (72), 485-494. http://revista-iberoamericana.pitt.edu/ojs/index.php/Iberoamericana/issue/view/115/showToc

Leiva Berríos, René (1990). «Gabriela Mistral en Traiguén», *Revista de Educación* 177, 55-56. http://www.bibliotecanacionaldigital.gob.cl/bnd/628/w3-article-183876.html

Loveluck, Juan (1970). «Documentos: Cartas de Gabriela Mistral a Amado Nervo», *Revista Iberoamericana* 36 (72), 496-507. http://revista-iberoamericana.pitt.edu/ojs/index.php/Iberoamericana/issue/view/115/showToc

—— (1983). «Una carta desconocida de Pablo Neruda», *Revista Chilena de Literatura* 22 (Nov.), 143-147. https://www-jstor-org.ezproxy1.lib.asu.edu/stable/40356374

Manzano, Rolando (2008). «Recorrer la vida desde la vereda contraria», *Revista Patrimonio Cultural* 46 (Verano), 10-16.

Marval, Carlota (1980). «Victoria Ocampo, testimonio y nostalgia», *Arbor* 107 (417), 93-96.

Masiello, Francine R. (2018). «Senses of Democracy. Perception, Politics and Culture in Latin America». Austin: University of Texas Press. 325 Pages. *Iberoamericana*, 48 (1), 146-147 https://doi.org/10.16993/iberoamericana 478.

Miranda, Paula (2008). «Culturas indígenas en la poesía de Gabriela Mistral». *Taller de Letras* 43, pp. 9-21.

Morales T, Leonidas (2011). «Gabriela Mistral: recados de la aldea», *Revista Chilena de Literatura*, 80, 203-222.

Múñoz, José Esteban (1996), «Ephemera as Evidence: Introductory Note to Queer Acts». *Women & Performance: A Journal of Feminist Theory* 8, no. 2.

Ocampo, Victoria (1957). «Y Lucila, que hablaba un río», *La Nación*, 2 de marzo de 1957, y *Sur* 245, 75-82.

Opazo, Cristián (2022), «Mistral, diva»: presentación en el ciclo sobre Gabriela Mistral organizado por la Escuela Kellogg de Estudios Internacionales, en la Universidad de Notre Dame, South Bend, Indiana.

Peña, Karen (2005) [ver tb. Benavente, Karen]. «Violence and Difference in Gabriela Mistrals Short Stories (1904-1911)», *Latin American Research Review*, 40(3), 68-96. https://doi.org/10.1353/lar. 2005.0060

Pereyra, Carlos (1920). «Gabriela Mistral», *España* 277, (21 de agosto, pp. 11-12); también en *El Mercurio*, Santiago, 26 de sept., 1920, p. 9.

Pratt, Mary Louise (1991). «Arts of the Contact Zone», *Profession*, 33-40. https://www-jstor-org.ezproxy1.lib.asu.edu/stable/25595469

Ramírez, Verónica; Leyton, Patricio (2021). «Gabriela Mistral y su lectura de Camille Flammarion: Ciencia, religión y educación (1904-1908)», *Anales de Literatura Chilena* 36, 37-55.

Rama, Ángel (1966). «La oscura formación de un poeta», *Revista Iberoamericana de Literatura* N° 1, 2ª época, 109-118.

Rodig, Laura (1958). «Presencia de GM. Notas de un cuaderno de memorias», *Anales de la Universidad de Chile* 106, (2), 1957, 282-292. http://www.anales.uchile.cl/index.php/ANUC/article/view/18 99/1976

Rojas Piña, Benjamín (1989). «Gabriela Mistral, su poesía y el niño», *Consejería* 4: 4, 23-28. Biblioteca Nacional de Chile: RC0009966.

Rojas Piña, Benjamín (1989). «Literatura infantil en *Desolación*, Rondas», En *Acta Literaria* 14 (Concepción), 121-137. Biblioteca Nacional de Chile: RC0007685.

—— (1989). «La significación relevante de "Prosa escolar" en *Desolación*», *Taller de Letras* 17, 63-74.

Rojo, Grínor (2017). «Gabriela Mistral y la Reforma Agraria chilena», *Anales de la Universidad de Chile* 12. https://doi.org/10.5354/0717-8883.2017.47180

Rosemblatt, Karin Alejandra (2001). «Charity, Rights and Entitlement: Gender, Labor, and Welfare in Early-Twentieth-Century Chile», *The Hispanic American Historical Review*, 81(3-4), 555-585. https://doi.org/10.1215/00182168-81-3-4-555

San Miguel, Pedro L. (2010). «La importancia de llamarse la República Dominicana», *El País* (Madrid), 31 de agosto.

Tagle Domínguez, Matías (2002). «Gabriela Mistral y Pedro Aguirre Cerda a través de su correspondencia privada (191-1941)», *Historia* 35, 323-408. http://revistahistoria.uc.cl/index.php/rhis/article/view/1219

Torres Rioseco, Arturo (1920). «Gabriela Mistral», *Cosmópolis de Madrid* 3, 373-378.

Valdebenito Carrasco, Yocelyn (2018). «Laura Rodig Pizarro: un caso de estudio en la historiografía del arte chileno desde un enfoque de género», *Anales de Historia del Arte* 28, 225-245. https://doi.org/10.5209/ANHA.61613

Vaz Ferreira, María Eugenia (1976). «Correspondencia: Cartas a Nin Frías» (Arturo Sergio Visca, ed.), *Revista de la Biblioteca Nacional* (Montevideo) 12, feb. 1976, pp. 71-89.

Zaïtzeff, Serge (1993). «Cartas de Gabriela Mistral a Genaro Estrada», *Cuadernos Americanos* 7 (37), 115-131.

Zemborain, Lila (2000). «Las resonancias de un nombre: Gabriela Mistral», *Revista Iberoamericana* 64 (190). https://doi.org/10.5195/reviberoamer.2000.3598

B. Introducciones, prólogos y capítulos publicados en libros

Alcayaga v. de Godoy, Petronila (1921, *circa* 20 de dic.) «Carta a Emelina Molina». En Gabriela Mistral, *Proyecto preservación y difusión del legado literario de Gabriela Mistral* (Magda Arce y Gaston von Demme Bussche, eds). Santiago: Zig-Zag, pp. 93-94; AE0022929.

Alegría, Fernando (1980). «Aspectos ideológicos de los recados de Gabriela Mistral». En Fernando Alegría *et al.*, *Gabriela Mistral* (pp. 70-79). Centro de Investigaciones Lingüístico-Literarias, Instituto de Investigaciones Humanísticas, Universidad Veracruzana, Xalapa, México.

Alone (1941). «Historia de Gabriela Mistral». En Gabriela Mistral, *Antología* (1ª ed., pp. i-xxiv). Santiago: Zig-Zag.

Barcia, Pedro Luis (2010). «La Prosa de GM». En *GM en verso y prosa, antología* (pp. 64-100). Perú: Santillana/Alfaguara/Real Academia Española.

Barrios, Eduardo (1925). «También algo de mí». En *Cuentos* (pp. 15-21), Temuco: Ediciones de la Frontera, 2018. Tb. véase «Autobiografía» (manuscrito). Biblioteca Nacional de Chile, Archivos Documentales # 10142

Benavente, Karen (2018) [ver tb. Peña, Karen]. «Gabriela Mistral». En Stephen M. Hart (ed.), *The Cambridge Companion to Latin American Poetry* (pp. 113-124). Cambridge University. https://doi.org/10.1017/9781108178648

Beccalossi, Chiara (2018). «Latin Eugenics and Sexual Knowledge in Italy, Spain, and Argentina: International networks across the Atlantic». En Veronika Fuechtner *et al.* (eds.) *A Global history of sexual science 1880-1960* (1ª ed.) (pp. 305-329). University of California, www.jstor.org/stable/10.1525/j.ctt1vjqqxw.18.

Bianchi, Soledad (1989). «Amar es amargo ejercicio: *Cartas de Amor* de Gabriela Mistral». En Soledad Fariña, Raquel Olea (eds.), *Una palabra cómplice. Encuentro con Gabriela Mistral* (pp. 87-94). Santiago: Isis Internacional-Casa de la Mujer La Morada, 1989.

Caballero Wangüemert, Maria (2013). «Gabriela Mistral, las entretelas de una chilena universal». En Ana Gallego Cuiñas y Erika Martínez (eds.) *Queridos todos: El intercambio epistolar entre escritores hispanoamericanos y españoles del siglo XX* (pp. 147-162). Brussels: Peter Lang.

Dana, Doris (1978). «*The Library of Gabriela Mistral*». En *The Gabriela Mistral Collection*. Barnard College, pp. ii-iv.

García Oldini, F. «Carta Abierta a GM», 4 de junio, 1921, *Claridad*, Santiago. En *Recopilación* (2002), p. 478.

Guillén, Palma (1966). «Gabriela Mistral 1922-1924». En GM (1923, 1967), *Lecturas para mujeres* (7ª ed., pp. 5-18). México: Porrúa.

—— (1970) «Introducción». En Selma Lagerlof, *El maravilloso viaje de Nils Holgersson* (1ª ed.) (pp. 5-29). México: Porrúa.

—— (1973). «Introducción y datos biográficos». En GM (1986) *Desolación; Ternura; Tala; Lagar* (4ª ed., pp. 9-48). México: Porrúa.

Lanser, Susan S. (2010). «Mapping Sapphic Modernity». En Jarrod Hayes, & Margaret Higgonet & William Spurlin (eds.), *Comparatively queer: Crossing time, crossing cultures* (pp. 69-89) London: Palgrave Macmillan.

Latcham, Ricardo (1969). «Mi vida literaria...: Discurso en su incorporación a la Academia Chilena». En Pedro Lastra; Alfonso Calderón (eds.), *Páginas escogidas* (pp. 245-273). Santiago: Andrés Bello.

MacMillan, Kurt (2018). «"Forms So Attenuated That They Merge into Normality Itself": Alexander Lipschutz, Gregorio Marañón and theories of intersexuality in Chile, *circa* 1930». En Veronika Fuechtner *et al.* (eds.), *A Global History of Sexual Science, 1880-1960* (pp. 330-352). University of California, www.jstor.org/stable/10.1525/j.cttlvjqqxw.19.

Molloy, Sylvia (1998). «The Politics of Posing». En Robert McKee Irwin; Sylvia Molloy (eds.). *Hispanisms and Homosexualities* (pp. 141-160). Durham NC: Duke University Press, https://doi.org/10.1215/9780822399957-009

—— (2000). «Of Queens and Castanets: *Hispanidad*, Orientalism and Sexual Difference». En Cindy Patton; Benigno Sánchez-Eppler (eds.), *Queer Diasporas* (pp. 105-121). Durham NC: Duke University.

—— (2001). «Sentimentalidad y género: notas para una lectura de Nervo». En Raquel Olea Franco (ed.), *Literatura mexicana del otro fin del siglo* (pp. 102-113). México: Colegio de México, Centro de Estudios Lingüísticos y Literarios, Cátedra Jaime Torres Bodet.

—— (2003). «Sentimental Excess and Gender Disruption». En Robert McKee Irwin *et al.* (eds.) *The Famous 41. New Directions in Latino American Cultures*. Palgrave Macmillan, New York. https://doi.org/10.1007/978-1-349-73069-8_12

Pita González, A. (2019). «América y Europa: un debate a la sombra de la Guerra». Ponencia presentada en la Latin American Studies Association, Boston, MA.

Silva, Víctor Domingo (1915). «Glosas de los Juegos Florales». En *El Libro de los Juegos Florales*. http://www.memoriachilena.gob.cl/archivos2/pdfs/MC0003265.pdf

Simón, Francisco (2022). «Un amor maternal y perverso: paradojas sexoafectivas en la correspondencia de Gabriela Mistral a Manuel Magallanes Moure». En *Anales de Literatura Chilena*, 38, 197-211.

Smith de Sanfuentes, Josefina. «Carta al editor». En *El Mercurio*, 12 de junio, 1921.

Vicuña, Cecilia (1989). «Andina Gabriela». En Soledad Fariña; Raquel Olea (eds.), *Una palabra cómplice. Encuentro con Gabriela Mistral* (pp. 95-102). Santiago: Isis Internacional-Casa de la Mujer La Morada.

Zamudio Zamora, José (1973). «Primera producción de Gabriela Mistral, 1904-1914». En Neville Blanc Renard (ed.), *Homenaje al profesor Guillermo Feliú Cruz* (pp. 1111-1124). Santiago: Biblioteca del Congreso Nacional.

III. Escritos de Gabriela Mistral

A. *Ediciones de la obra escrita de Gabriela Mistral*

Mistral, Gabriela (1922). *Desolación: poemas.* NY: Instituto de las Españas en los Estados Unidos. Disponible en Google Books.

—— (1923). *Poesías* (Manuel de Montoliu, ed., con una nota autobiográfica por GM). Barcelona: Editorial Cervantes.

—— (1923). *Desolación: poemas.* Santiago: Nascimento.

—— (1923, 1966). *Lecturas para mujeres.* México: Porrúa.

—— (1924). *Ternura: Canciones de niños.* Madrid: Saturnino Calleja.

—— (1938). *Tala* (1ª ed.). Buenos Aires: SUR.

—— (1945). *Ternura* (2ª ed.). Buenos Aires: Espasa Calpe.

—— (1957). *Epistolario: Cartas a Eugenio Labarca* (Raúl Silva Castro, Intro y notas). *Ediciones Anales de la Universidad de Chile,* 13, https://anales.uchile.cl/index.php/ANUC/article/view/1898/1974

—— (1957). *Recados contando a Chile* (Alfonso Escudero, ed.). Santiago: Editorial del Pacífico.

—— (1978). *Cartas de amor de Gabriela Mistral* (Sergio Fernández Larraín, ed.). Santiago: Andrés Bello.

—— (1999). *Cartas de amor y desamor* (Jaime Quezada y Sergio Fernández Larraín, eds.). Santiago: Andrés Bello.

—— (1978). *Materias: prosa inédita* (Alfonso Calderón, ed.). Santiago: Universitaria.

—— (1978). *Gabriela anda por el mundo* (Roque Esteban Scarpa, ed.). Santiago: Andrés Bello.

—— (1979). *Grandeza de los oficios* (Roque Esteban Scarpa, ed.). Santiago: Andrés Bello.

—— (1991). *Tan de usted: Epistolario de Gabriela Mistral con Alfonso Reyes* (Luis Vargas Saavedra, ed.). Santiago: Hachette.

—— (1992). *Antología Mayor: Cartas* (Luis Vargas Saavedra, ed.). Santiago: Cochrane.

—— (1993). *En batalla de sencillez. Cartas de Gabriela Mistral a Pedro Prado* (Luis Vargas Saavedra, María Ester Martínez Sanz y Regina Valdés Bowen, eds.). Santiago: Dolmen, 1993.

—— (1995). *Vuestra Gabriela: cartas inéditas de Gabriela Mistral a los Errázuriz Echenique y Tomic Errázuriz* (Luis Vargas Saavedra, ed.). Santiago: Zig-Zag.

—— (1995). *Gabriela Mistral: escritos políticos* (Jaime Quezada, ed.). Santiago: Fondo de Cultura Económica.

—— (1999). *Recados para hoy y mañana* (Luis Vargas Saavedra, ed.; tomo 1 y 2.). Santiago: Sudamericana.

—— (2002). *Recopilación de la obra mistraliana* (Pedro Pablo Zegers, ed.). Santiago: RIL.

—— (2003). *Manuel, en los labios por mucho tiempo: epistolario entre Lucila Godoy Alcayaga y Manuel Magallanes Moure* (María Ester Martínez Sanz y Luis Vargas Saavedra, eds.). Santiago: Ediciones Universidad Católica de Chile.

—— (2005). *Moneda dura: Gabriela Mistral por ella misma* (Cecilia García-Huidobro McA., ed.). Santiago: Catalonia.

—— (2005). *El ojo atravesado* (Silvia Guerra & Verónica Zondek, eds.). Santiago: LOM.

—— y Ocampo, Victoria (2007). *Esta América nuestra: correspondencia 1926-1956* (Elizabeth Horan y Doris Meyer, eds.). Buenos Aires: El Cuenco de Plata.

—— (2008). *Almácigo: Poemas inéditos de Gabriela Mistral* (Luis Vargas Saavedra, ed.). Santiago: Ediciones Universidad Católica.

—— (2013). *Caminando se siembra: prosas inéditas* (Luis Vargas Saavedra, ed.). Santiago: Lumen.

—— (2015). *Carta para muchos. España, 1933-1935* (Karen Benavente, ed. y prólogo; Daniela Schütte González, investigación). Santiago: Origo, Ediciones Universidad de La Frontera.

——; Ocampo, Victoria; Kent, Victoria (2019). *Preciadas cartas (1932-1979): correspondencia entre Gabriela Mistral, Victoria Ocampo y Victoria Kent* (Elizabeth Horan, Carmen Urioste Azcorra y Cynthia Tompkins, eds.). Sevilla: Renacimiento.

B. *Poesías, artículos y discursos sueltos de Gabriela Mistral citados en este libro*

Mistral, Gabriela (L. Godoy A.) (1904/2002). «El Perdón de una Víctima». En P.P. Zegers (ed.), *Recopilación* (pp. 34-35). Santiago: RIL. Publicación original 1904, agosto 11.

Mistral, Gabriela (L. Godoy A.) (1906/2002). «La instrucción de la mujer». En P.P. Zegers (ed.), *Recopilación* (pp. 98-99). Santiago: RIL. Publicación original 1906, marzo 8.

Mistral, Gabriela (1906/2002). «Saetas ígneas». En P.P. Zegers (ed.). En *Recopilación* (pp. 108-09). Santiago: RIL. Publicación original 1906, oct. 18.

—— 1908/2002 (2002). «Rimas (a Delia)». En P.P. Zegers (ed.). En *Recopilación* (pp. 136-137). Santiago: RIL. Publicación original en *La Constitución*, Ovalle, 1908, junio 10.

—— (1910). «Rimas» [Manuscrito]. Oct. 24, en Traiguén. AE0024803.

—— (1912/1980). «Cuentos: Oyendo los del kindergarten». En M. Bahamonde, *Gabriela Mistral en Antofagasta* (pp. 127-129). Publicación original: *El Mercurio de Antofagasta*, 1912, enero 14.

—— [1916] «La sombra inquieta». En Alone, *La Sombra Inquieta*, Santiago: Universitaria, 1997, p. 155. Publicación original en 1916: junio-agosto.

—— (1917). «Comentarios líricos a poemas de Rabindranath Tagore». En Raúl Ramírez (1917). *Rabindranath Tagore, poeta y filósofo hindú*. Santiago: Minerva.

—— (1917). «El árbol dice». En Julio Molina Núñez y Juan Agustín Araya (eds.), *Selva Lírica* (pp. 156-169). Santiago: Universo.

—— (1918). «Una opinión interesante (sobre los Diez)». En P.P. Zegers (ed.), *Recopilación* (p. 285). Santiago: RIL. Publicación original *Zig-zag*, 1918, enero 26.

—— (1918). «De los Sonetos de la Muerte», *Revista Nosotros*, Buenos Aires, oct. 1918.

—— (1918). «Adiós, amiga mía», fechada en 29 octubre [BibNacCh metadata sic: 29 marzo 1918]: AE0001305.

—— (1920). «Escultura Chilena: Laura Rodig». [*Revista*] *Zig-Zag*, 1920, dic. 18. http://www.gabrielamistral.uchile.cl/prosa/lrodig.html

—— (1922/2002). «La Escuela al aire libre. Carta a G. Lemmonier». Abril 1922. En [Revista] Atlántida y en Recopilación (pp. 645-646). Santiago: RIL. Publicación original 1922, mayo 4.

—— (1923). «Prólogo a Gabriela Mistral: poesías» (Manuel de Montolieu, ed.). Barcelona: Editorial Cervantes.

—— (1923). «Poetas mexicanos: María Enriqueta y su último libro». El Mercurio, 1 de abril.

—— (1927, 1999). «Manuel Magallanes Moure». En J. Quezada y S. Fernández Larraín (eds.), Cartas de amor y desamor (1999), p. 149. Publicación original 1927, abril 17.

—— (1928, 1978). «Otra vez Castilla». En Alfonso Calderón (ed.), Materias, pp. 38-43, Santiago: Universitaria. Publicación original 1928, nov. 25.

—— (1930/1931). «Sarmiento en Aconcagua». Escrito en agosto, pub. en La Nación 19/10/30, Buenos Aires; El Mercurio 26/10/30 y Repertorio Americano 3/1/1931, Costa Rica.

—— (1931). «El sentido de la profesión. Discurso a los graduados de la Universidad de Puerto Rico». Río Piedras. AE0013461.

—— (1932). «Música araucana». En Diario de la Nación (Buenos Aires), el 17 de abril 1932. En GM (1957). Recados contando a Chile. Alfonso Escudero (ed.). Santiago: Editorial del Pacífico, pp. 80-90.

—— (1935). «Magallanes Moure». En Repertorio Americano 30, 1935, abril 20.

—— [1937-1938]. «Magallanes. Notas para un discurso: "Geografía humana de Chile"». AE0014512.

—— (1938). «Como escribo». Texto leído por Gabriela Mistral en el Instituto Vásquez Acevedo, con ocasión del curso latinoamericano de vacaciones, realizado en Montevideo, Uruguay. Transcripción del archivo sonoro en Biblioteca Virtual Miguel de Cervantes, 2007, http://www.cervantesvirtual.com/nd/ark:/59851/bmcdj5v9

—— (1938/1999). «He vuelto». En Luis Vargas Saavedra (ed.), Recados para hoy y mañana II., pp. 245-246. Santiago: Sudamericana.

—— (1942/1999). «Hija del cruce». En Luis Vargas Saavedra (ed.), Recados para hoy y mañana (1ª ed., Tomo II, pp. 254-262). Sudamericana.

—— (1947, abril). «A un sanatorio-liceo en California». En Luis Vargas Saavedra (ed.). Antología mayor: cartas. Santiago: Cochrane.

—— (1948). «La Antártida y el pueblo magallánico». Diario La Nación, 24 octubre 1948; Santiago. AE0013098.

——— (1949). «El oficio lateral» (EO), *Pro-Arte*, abril. AE0014553, disponible en http://www.bibliotecanacionaldigital.gob.cl/visor/BND: 142639

——— y González, María Rosa (1951-1952). «Autobiografía». Cuaderno 95, AE 0013647. Pub. con trozos omitidos y sin editor o redactor indicado en *Mapocho* 43, 1988.

——— (1952, mayo/1999). «Recado sobre La Serena y Pompeya». En Luis Vargas Saavedra (ed.), *Recados para hoy y mañana*, 1ª ed., Tomo II, pp. 267-272. Sudamericana.

TESIS

Toro Abé, María José (2011). «Vocación silenciada: Una mirada a la práctica docente de Laura Rodig». Tesis para optar al Grado Académico de Licenciatura en Humanidades, mención Historia, Universidad Adolfo Ibáñez.

MEDIOS DIGITALES

Beard, n. OED Online, Oxford University Press, marzo 2023, www.oed.com/view/Entry/16554. Acceso: 24 marzo de 2023.
https://archigral.minrel.gob.cl/webrree.nsf/fsRepresentantes

FUENTES DE ARCHIVOS CITADOS

Archivo Histórico del Ministerio de Relaciones Exteriores de Chile.
Benson Latin American Collection, The University of Texas at Austin.
Biblioteca de Humanidades, Universidad Católica, Campus San Joaquín, Santiago de Chile.
Biblioteca Nacional de Chile.
Biblioteca Nacional de México: Archivo Rafael Heliodoro Valle.
Biblioteca del Centro Mistraliano, La Compañía, Universidad de La Serena, Chile.

CeDInCI, Centro de Documentación e investigación de la Cultura de Izquierdas, Buenos Aires, Argentina.

Hispanic Reading Room and Manuscript Division, Library of Congress, Washington D.C.

Hesburgh Library, University of Notre Dame.

Museo Gabriela Mistral de Vicuña, Chile.

Registro de Defunciones en la Circunscripción de Coquimbo, Chile.

Registro Civil, Inscripción de Nacimientos, Vicuña, Chile.

Registro Civil Nacional de Chile, Vicuña, Chile: Matrimonios.

Registro de Nacimientos de Santa Rosa, N. 1 del departamento 2 de Los Andes.

Registro de Matrimonios de Santiago, 1902.

World Newspaper Archive (Base de data): Latin American Newspapers, Parts I & II: Readex/NewsBank.

ENTREVISTAS Y CORRESPONDENCIA CON LA AUTORA DE ESTE LIBRO

Fernando Alegría, Stanford University, Palo Alto, California, septiembre de 1986.

Luis de Arrigoitia, San Juan, Puerto Rico, mayo de 2015.

Doris Atkinson, South Hadley y Northampton, MA, 2007, 2008, 2009.

Gabriela Cano y Patricia Vega, Ciudad de México, octubre de 2013.

Gloria Cortés Aliaga, Santiago de Chile, octubre de 2015.

Doris Dana, Nueva York, 1982 y 1983, y Naples, Florida, junio de 1990.

Sandra McGee Deutsch, 6 abril de 2005.

Fernando Moraga, La Serena, Chile, noviembre de 1985.

Roque Esteban Scarpa, Santiago, Chile, octubre de 1985.

Fidel Sepúlveda Améstica, Santiago, Chile, marzo de 1986.

Bernardo Subercaseaux, Santiago, Chile, noviembre de 1985.

Ernesto Vargas Cádiz, webmaster del sitio web https://amigosdeltren.cl/, enero de 2018.

Índice onomástico